21世纪普通高等教育系列教材

消费心理学

第2版

主　编　刘　军　邵晓明
副主编　肖克源　燕波涛
参　编　李淑华　杜　航　李俊锋　尚闯红　李俊英

机 械 工 业 出 版 社

本书由绪论、消费者个体与消费心理、消费者群体与消费心理、消费心理的影响因素、营销策略与消费心理等知识模块构成，共 17 个部分。为了便于教师教学和学生阅读，书中结合当代社会生活（特别是网络消费）中的热点，在每章安排了章前引例和章后典型案例，此外还在正文中穿插了大量实例，以拓宽读者视野。

本书可作为普通高等教育经济管理类专业的教材，也可供营销人员培训或自学使用。

图书在版编目（CIP）数据

消费心理学/刘军，邵晓明主编. —2 版. —北京：机械工业出版社，2016.1（2024.1 重印）
21 世纪普通高等教育系列教材
ISBN 978-7-111-51951-5

Ⅰ.①消… Ⅱ.①刘… ②邵… Ⅲ.①消费心理学－高等学校－教材 Ⅳ.①F713.55

中国版本图书馆 CIP 数据核字（2015）第 250671 号

机械工业出版社（北京市百万庄大街 22 号　邮政编码 100037）
策划编辑：易　敏　责任编辑：宋　燕
责任校对：朱晓果　封面设计：陈　沛
责任印制：郜　敏
中煤（北京）印务有限公司印刷
2024 年 1 月第 2 版第 12 次印刷
184mm×260mm · 17.5 印张 · 453 千字
标准书号：ISBN 978-7-111-51951-5
定价：49.80 元

电话服务	网络服务
客服电话：010-88361066	机　工　官　网：www.cmpbook.com
010-88379833	机　工　官　博：weibo.com/cmp1952
010-68326294	金　书　网：www.golden-book.com
封底无防伪标均为盗版	机工教育服务网：www.cmpedu.com

前 言

今天的企业面临5个来自外部环境的挑战：技术爆炸、能源紧缺、市场成熟、人才全方位流动和新消费理念的形成。中国消费者在经历了量的消费时代和质的消费时代后，带有感性色彩的个性消费理念逐渐占据上风。人们的消费观念和消费模式正发生着明显的变化，如一些高收入、高学历的消费者，不再把消费视为一种对商品或劳务的纯消费活动，也不再安于被动地接受厂家的诱导，而是要求作为参与者，与厂家一起按照消费者的个性需求，开发出个性化的商品，表现为发展型、享受型的消费占据了一定的市场。对消费者的研究是时代发展的需要，是合作竞争时代企业博弈的需要，也是消费者本人了解市场、科学消费的需要。

消费心理学是一门综合性学科。它直接派生于市场学与心理学，吸收了市场学、心理学、经营管理学、市场营销学、公共关系学以及社会学、数学、统计学等方面的理论与思维方式。本书在编写过程中，以实用性为宗旨，将这几门学科思想融会贯通，体现了完整的知识体系。

本书有如下特点：

（1）在体系上将消费心理学的知识分为4篇：消费者个体与消费心理；消费者群体与消费心理；消费心理的影响因素；营销策略与消费心理。每篇再细分章节，加上绪论共17个部分。此种体系的划分便于学生系统学习，分类归纳，更好地掌握消费心理学的知识。

（2）越来越多的人在互联网上购物，网络营销正日益受到企业的重视，本书新增加了“网络营销与消费心理”一章。

（3）本书案例编写注重新颖，与当代社会经济生活中的热点相结合，与社会发展的经济问题同步。

（4）为了便于教师教学和学生阅读，除了每章前面的引例和每章的典型案例外，书中还穿插了大量的相关案例，增强了内容的趣味性，拓展了学生的知识和视野。

（5）本书由多名研究与讲授市场营销相关课程的高校教师编写，注重了学科内的理论交叉。

本书第1版于2009年3月15日定稿，在出版后的五年多的时间里印刷了10次，被多所国内著名高校、培训机构采用，并获得了用书师生和广大读者广泛、一致的好评。在此，我们感谢所有的读者，尤其是曾经推荐本书以及给本书提出意见和建议的各位朋友！

在本书第1版出版以来的几年里，消费市场，尤其是国内消费市场，发生了诸多重要变化。生产者和服务者想要占领市场，必须比竞争对手先想到消费者心里去，这就要求从业者高度关注市场消费心理变化，包括那些已经发生、正在发生、将要发生的变化。例如，习近平在2015年11月中央财经领导小组会议上指出，在适度扩大总需求的同时，着力加强供给侧结构性改革，着力提高供给体系质量和效率。由此，我们推测压缩过剩产能可能会成为引导市场消费者心理变化的一项主要因素。此外，研究和实践均表明，改变消费者的许多生活方式都是由年轻消费者所推动的，中国的80后一代有1.6亿人之多，越来越成为消费市场的主导者，他们的消费心理，与之前几代相比的明显特征是个性突出，具有划时代的意义。而越来越多的90后正在引发和引领更多、更新的消费习惯和理念，令人瞩目。本书的很多内容和案例都是考虑这些变化和趋势而修订的。

具体而言，本书在第 1 版的基础之上做了以下更新：

第一，对绪论、第八章、第十章、第十六章的引例进行了修改。

第二，对绪论、第一章、第二章、第三章、第八章、第九章、第十章、第十四章、第十六章的典型案例进行了修改，这些案例力争把 80 后、90 后作为主流，使其更能体现当下消费特征。

第三，鉴于网络营销的发展与网络消费的重要性（特别是移动网络消费方面），扩充了第十六章的内容，增加了“第四节　移动网络消费与消费心理分析”，在第十六章的典型案例中加入了目前比较流行的微信营销的内容。

第四，根据读者、教师的建议，修订了本书中的其他一些内容。

本书可作为经济管理类专业的教材，也可作为营销人员的培训和参考用书。

本书由刘军、邵晓明任主编。编写工作具体分工如下：刘军编写前言、绪论和第五、十三章；邵晓明编写第一、四、十五章；肖克源编写第二、三、九章；李俊英编写第六、七、八章；李淑华编写第十四章；燕波涛编写第十六章；尚闯红编写第十章；杜航编写第十一章；李俊锋编写第十二章。全书由刘军、邵晓明统稿。

编者在编写过程中参阅了大量的图书、报刊及网络资源，对这些文献的作者在此一并致谢！限于编者的各种条件，书中不当之处在所难免，真诚希望广大读者批评指正！

编　者

2016 年 1 月

本书作者制作了配套 PPT，使用本书作为教材的授课教师可联系编辑索取（cmp9721@163.com）

目　录

第三篇　消费心理的影响因素

第四篇　营销策略与消费心理

绪论　消费心理学概述

本章提要

商场如战场，市场需求是商家必争之"地"。欲征服竞争对手，需先征服消费者；欲征服消费者，需先掌握消费者的购买心理。21世纪，中国经济进入一个崭新的阶段，现代消费心理学已引起各界的关注。本章探讨消费心理学的研究意义、研究对象、研究内容和方法，学习消费心理学的必要性，以及怎样学好消费心理学等基本问题。

引　例

刘小姐准备买一套名牌化妆品来美化一下自己，上街转了一天回来，却买了一套裙子。

"也不知怎么了，看到它就情不自禁地去试一下，售货小姐一鼓励，就掏钱了。"刘小姐很无奈地说。

这种"情不自禁"的感觉就是一种"潜意识"。事实上，追求漂亮一直是刘小姐内心深处的愿望，裙子的刺激加上售货员的鼓励使她做出了购买行为。"潜意识"需要在外在因素的刺激下才会通过某种行为表现出来。那么，如何激发这种"潜意识"呢？

第一节　研究消费心理的意义

随着市场经济体制改革的逐步深入，我国消费品市场迅速发展，以消费者为主体的"买方市场"格局逐步形成。与此同时，广大消费者在消费水平、结构、观念和方式上都发生了巨大变化，逐渐由贫困型、单一化、被动式消费向小康型、多样化、选择式消费转化。消费者自身的主体意识和成熟程度也远远高于以往任何时期，从而在社会经济生活中扮演着日益重要的角色。正是在这一背景下，我国理论界及工商企业界对消费问题给予了前所未有的关注，关注的重点也由宏观消费现象向微观的消费者的心理与行为拓展。

近年来，随着研究工作的深入，这一研究领域在我国已由介绍、传播进入普及和应用阶段。各种调研机构纷纷开展对消费者态度、居民家庭计划、消费趋势预测等的调查研究，及时跟踪分析我国消费者心理和行为的变化动态。并且，政府有关部门也将消费者态度、预期、行为趋向等作为制定宏观经济决策的重要依据。工商企业则将消费者心理与行为研究的有关原理直接应用到市场营销活动中，用以指导和改进产品设计、广告宣传和销售服务等。消费心理，或称消费者心理，越来越受到理论界及工商界的重视。

一般来讲，消费心理研究有如下意义：

（1）**有助于提高宏观经济决策水平，改善宏观调控效果，促进国民经济协调发展。**消费者心理与行为的变化会直接引起市场供求状况的改变，从而对整个国民经济产生连锁影响。它不仅影响市场商品流通和货币流通的规模、速度及储备状况，而且对生产规模、生产周期、产品结构、产业结构以及劳动就业、交通运输、对外贸易、财政金融、旅游乃至社会安定等各个方面造成影响。近些年来在我国经济生活中所发生的几次重大起伏就有力地证明了这一点。

不仅如此，实践还表明，消费心理是影响改革进程和国家宏观调控效果的重要因素。重视和顺应消费心理，改革方案就能被广大消费者接受和支持，各种调控措施也能达到预期效果。

国家在进行宏观调控时，必须高度重视对消费心理与行为的研究。尤其是在与消费者利益密切相关的物价、税收、工资、利率等的改革与调整方面，应当特别注意预先对消费者的心理承受能力、心理预期倾向以及行为反应的方式、强度和持续时间等进行系统调查和准确的分析预测，根据预测结果制定和调整决策方案，选择实施的措施和时机，以提高宏观决策的正确性，增强调控手段的灵敏度和有效性。

（2）**有助于企业根据消费者需求变化组织生产经营活动，提高市场营销活动效果，增强市场竞争能力。**随着经济的发展和收入水平的提高，一方面我国广大消费者的消费需求日趋复杂多样，不仅要消费各种数量充足、质量优良的商品，而且要求享受周到完善的服务；不仅要满足生理的、物质生活的需要，而且希望得到心理的、精神文化生活等多方面的满足。另一方面，随着市场经济的迅速发展，所有企业都会无一例外地被卷入市场竞争的激流之中，而市场供求状况的改善和多数商品买方市场的形成，使企业间竞争的焦点集中到争夺消费者上来。

为此，企业必须加强对消费心理的研究，了解和掌握消费者心理与行为活动的特点及其规律，以便为制定营销战略和策略组合提供依据。例如，在广告宣传方面，可以根据消费者在知觉、注意、记忆、学习等方面的心理活动规律，选择适宜的广告媒体和传播方式，提高商品信息的传递与接收效果。

实践证明，企业只有加强对消费者心理与行为的研究，根据消费者心理活动的特点与规律制定和调整营销策略，才能不断地满足消费者的消费需要，才能具备较强的应变能力和竞争能力，从而在瞬息万变的市场环境中应对自如。

（3）**有助于消费者提高自身素质，科学地进行个人消费决策，改善消费行为，实现文明消费。**消费就其基本形式来说，是以消费者个人为主体进行的经济活动。消费活动的效果如何，不仅受社会经济发展水平、市场供求状况及企业营销活动的影响，而且更多地取决于消费者个人的决策水平和行为方式。而消费者决策水平及行为方式又与消费者自身的心理素质状况有着直接的内在联系。消费者的个性特点、兴趣爱好、认知方法、价值观念、性格气质、社会态度、消费偏好等，都会在不同程度上对消费决策的内容和行为方式产生影响，进而影响消费活动的效果乃至消费者的生活质量。在现实生活中，消费者由于商品知识不足、认知水平偏低、消费观念陈旧、信息筛选能力较低等原因，以致决策失误、行动盲目、效果不佳甚至受到利益损害的现象随处可见。因此，从消费者角度而言，加强对消费心理与行为的研究也是十分必要的。通过传播和普及有关消费者心理与行为的理论知识，可以帮助消费者正确认识自身的心理特点和行为规律，全面了解现代消费者应具备的知识、能力等素质条件，掌握科学地做出消费决策的程度和方法，学会从庞杂的信息中筛选有用信息的基本技能，懂得如何以较少的花费获取更多的收益，以及如何改善、美化生活、提高生活质量。

此外，在消费变革的时代大潮中，面对丰富多彩的商品世界、变化多端的流行时尚，以及外来生活方式的冲击，某些畸形的消费心理和行为现象一度在部分消费者中滋生蔓延，如盲目模仿、攀比消费、超前超高消费、挥霍消费、人情消费等，有必要加强消费者心理与行为的研究，结合实际剖析我国现阶段各种畸形消费心理与行为现象的作用机制及其成因，树立文明消费的基本标准与模式，从而一方面促使消费者自动纠正心理偏差、改善消费行为、实现个人消费的合理化，另一方面利用示范效应、从众效应、群体动力效应等社会心理机制影响各个地区消费者群，引导社会消费向文明、适度发展。

（4）**有助于推动我国尽快加入国际经济体系，不断开拓国际市场，增强企业和产品的国际竞争力。**当今时代，开放、合作已成为社会发展的主旋律。随着社会主义市场经济的发展和世界经济全球化、一体化趋势的加强，我国越来越多地参与国际经济活动中。2016 年 10 月，人民币正式纳入特别提款权（SDR）货币篮子，成为中国经济进一步融入全球金融的重要里程碑。为了使我国的产品打入和占领国际市场，有关企业必须研究和了解其他国家、地区、民族的消费者在消费需求、习惯、偏好、禁忌以及道德观念、文化传统、风俗民情等方面的特点和差异，对世界消费潮流的动向及变化趋势进行分析预测，在此基础上确定国际市场营销策略，使产品在质量、性能、款式、包装、价格、广告宣传等方面更符合销往国外特定消费者的心理特点。

第二节　消费心理学的形成与发展

一、消费心理学的三个发展阶段

古往今来，发现并注意消费者心理变化及行为表现者，应当首推那些精明善断的商人。他们首先注意到消费者在买卖活动中的一些行为表现与其心理活动有关，于是，一些诱人购买的招数妙法应运而生。

消费心理学作为系统研究消费者心理现象的一门独立的应用科学，是在资本主义工业革命以后，商品经济充分发展、市场问题日趋尖锐、竞争日益加剧的过程中形成和发展起来的。消费心理学的形成与发展大体可以分为以下三个阶段。

（一）早期萌芽阶段

19 世纪末到 20 世纪 30 年代，有关研究消费心理与行为的理论开始出现，并且得到了初步的发展。

这一阶段的主要背景是 19 世纪末 20 世纪初，各主要资本主义国家经过工业革命后生产力大大提高，生产能力超过市场需求的增长速度，市场上的商品供过于求，企业之间的竞争加剧。在这种情况下，为了争夺市场，为数不少的企业生产经营者开始注重商品的推销和刺激需求作用，推销术和广告术也开始应用于企业的经营活动中。

1895 年，美国明尼苏达大学的盖尔首先采用问卷调查的办法，就消费者对商品广告及其所介绍商品的态度与看法进行了研究。1901 年 12 月 20 日，美国心理学家斯科特在美国西北大学做报告，提出广告应发展成一门科学，而心理学可以在其中发挥重要作用的见解，还第一次提出了消费心理学。1903 年，斯科特汇编十几篇论文，编写的《广告理论》一书出版了，它标志着消费心理学的诞生。该书较系统地论述了在商品广告中如何应用心理学原理，以引起消费者的注意和兴趣。1912 年，德国心理学家闵斯特伯格在《工业心理学》一书中，阐述了在商品销售中广告和橱窗陈列对消费者心理的影响。同时，还有一些学者在市场学、管理学等著作中也研究了有关消费心理与行为的问题。比较有影响的是“行为主义心理学之父”约翰·华生的**“刺激—反应”理论**，即 **S-R 理论**。这一理论揭示了消费者接受广告刺激物与行为反应的关系，被广泛地运用于消费者行为的研究之中。

由于此时消费心理与行为的研究才刚刚开始，研究的重点是企业如何促进产品销售，而不是如何满足消费者的需要，加上这种研究基本上局限于理论阐述，并没有具体应用到市场营销活动中来，因此尚未引起社会的广泛重视。

（二）中期应用阶段

20 世纪 30 年代到 60 年代，消费者行为研究被广泛地应用于市场营销活动中，并得到了迅速发展。

这一阶段的主要背景是：1929—1933 年，西方资本主义国家发生经济大危机，生产严重过剩，商品销售十分困难，使传统的卖方市场一下子变成了买方市场。在这种形势下，企业的生产经营观点发生了重大转变，刺激消费被作为一种反危机的手段提了出来。市场学、管理学、广告学、推销学在市场营销活动中得到了广泛的运用，并取得了明显的效果。这些极大丰富和完善了消费者行为理论的研究，使它从其他学科中分离出来，成为一门独立的学科。

从 20 世纪 50 年代开始，人们对消费者的心理现象及其活动规律产生了越来越大的兴趣，特别是由于心理学在各个领域的应用都取得了重大成果，引起了理论研究工作者和企业家们的强烈反响和关注。更多的心理学家、经济学家、社会学家都转入这一领域进行研究，并相继提出了许多理论。例如，1951 年，美国心理学家马斯洛提出了需要层次理论；1953 年，美国心理学家布朗开始研究消费者对商标的倾向性；1957 年，社会心理学家鲍恩开始研究参照群体对消费者购买行为的影响；1960 年，美国正式成立了“消费者心理学会”，1969 年成立了“顾客协会”。与此同时，消费心理学的学科体系也基本形成了。可以这样说，消费心理学从此进入了发展和应用时期，它对市场营销活动的参与、影响和服务的作用也日益明显。

（三）后期变革阶段

从 20 世纪 70 年代到现在，是消费心理学的变革阶段。这一时期，有关消费者心理与行为的研究论文、报告、专著不仅数量剧增，而且在质量上也越来越高，研究方法也越来越科学。许多新兴学科如计算机、经济数学、行为科学等也被运用于消费行为的研究。进入 20 世纪 80 年代后，消费心理学随着社会经济的发展而不断深化，门类越来越多，与市场营销的关系也日益密切。目前，它已成为西方国家市场营销专业人员和大专院校经济类专业学生的一门必修课程。消费心理学已成为现代经济科学中较为重要的学科之一。

二、消费者心理研究的现状与发展趋向

20 世纪 70 年代以来，有关消费者心理与行为的研究进入全面发展和成熟阶段。前人的研究成果经过归纳、综合，逐步趋于系统化，一个独立的消费心理学学科体系开始形成，有关的研究机构和学术刊物不断增多。除了大学和学术团体外，美国等国的一些大公司也纷纷附设专门研究机构，从事消费者心理研究。有关消费者心理与行为的理论和知识的传播范围日益广泛，并且越来越受到社会各界的高度重视。综观近年来消费者心理与行为的研究现状，可以发现以下新的发展趋势。

（一）研究角度趋向多元化

长期以来，人们习惯于从商品生产者和经营者的单一角度研究消费者心理与行为，关注点

集中在帮助工商企业通过满足消费需要来扩大销售，增加盈利。目前，这种单一局面已被打破，许多学者开始把消费者心理及行为同更广泛的社会问题联系在一起，从宏观经济、自然资源和环境保护、消费者利益、生活方式等多种角度进行研究。例如，研究作为买方的消费者的行为对市场变动的影响，各种宏观调控措施对消费者的心理效应，以及政府部门在制定经济规划时如何以消费者心理作为重要参考依据等。又如，顺应20世纪70年代以来消费者权益保护运动的广泛兴起，许多学者注重从消费者利益角度研究消费者心理，以便帮助消费者提高消费能力，学会保护自身权益不受损害。再如，开展有关生活方式的专门研究，即把消费者作为“生活者”，研究不同类型消费者生活方式的特点，以及其与消费意识、消费态度、购买行为的关系，从而帮助消费者提高生活质量。上述各方面的探讨，为消费者心理与行为的研究提供了更广阔、新颖的研究角度。

（二）研究参数趋向多样化

在最初的研究中，人们主要利用社会学、经济学的有关概念作为参数变量，根据年龄、性别、职业、家庭、收入等来分析和解释各种消费者心理与行为的差异。以后，随着研究的深入，与心理因素和社会心理因素有关的变量被大量引入，如需要、动机、个性、参照群体、社会态度、人际沟通等。今天，由于社会环境的急剧变化和消费者自身素质的提高，消费行为比以往任何时期都更为复杂，已有的变量已很难对此做出全面的解释。例如，为什么已成为世界富裕国家之一的日本，其国民却仍崇尚节俭，储蓄率居发达国家之首；而美国人却寅吃卯粮，热衷于“借债消费”。为了准确把握日益复杂的消费行为，研究者开始引入文化、历史、地域、民族、道德传统、价值观念、信息化程度等一系列新的变量。新变量的加入为消费者心理与行为研究的精细化提供了可能性，同时也使参数变量在数量和内容上更加丰富多样，而这一现象正是消费者心理与行为研究的多学科、综合性趋势进一步加强的反映。

（三）研究方法趋向定量化

新变量的加入使各参数变量之间的相互关系更加复杂，单纯对某一消费现象进行事实性记述和定性分析显然是不够的。为此，当代学者越来越倾向于采用定量分析的方法，运用统计分析技术、信息处理技术以及运筹学、动态分析等现代科学方法和技术手段，揭示变量之间的内在联系，如因果关系、相关关系等。定量分析的结果使建立更加精确的消费行为模式成为可能。而各种精确模型的建立，又进一步推动了对消费现象的质的分析，从而把消费者心理与行为的研究提高到一个新的水平。

除了上述方面以外，近期的消费者心理与行为研究内容更为全面，理论分析更加深入，学科体系更趋完善，研究成果在实践中得到越来越广泛的应用。以上趋势表明，有关消费者心理与行为的研究已经进入更成熟的发展阶段。

第三节　消费心理学的基本概念与研究范畴

一、消费与消费心理

消费是一种行为，是消费主体出于延续和发展自身的目的，有意识地消耗物质资料和非物质资料的能动行为。随着社会生产的发展与人类心理活动的日益复杂化，其行为活动的总体水平也在不断提高和发展。消费心理学所研究的是消费者消费行为中心特殊形式表现出来的一般心理规律。对人类消费活动中的一般心理规律和行为表现的研究，构成了消费心理学研究的基本内涵。

（一）消费的含义

人类的消费行为与人类的产生相伴而来，是人类赖以生存和发展的最古老的社会活动和社会行为，是社会进步与发展的基本前提。用现代经济学的观点，可以把人类的消费行为划分为生产消费和生活消费两大范畴。

在生产过程中，劳动者与其他生产要素结合创造出新的使用价值的活动，是生产行为的反映，而生产行为本身就它的一切要素来说，也是消费行为。因此，**在生产过程中，对劳动力及其他生产要素的使用、消耗及磨损，称为生产过程中的消费，即生产消费。**

在生活过程中，人们为满足某种需要，在消耗物质产品与非物质产品的过程中所表现出来的行为活动称为生活过程中的消费，即生活消费。它是指社会再生产过程中“生产、分配、交换、消费”4个环节中的消费环节。

生产消费和生活消费共同构成广义的消费内涵，而狭义的消费则专指生活消费。消费心理学所要研究的具体范畴正是消费者生活消费中的行为表现和心理活动。

（二）消费者的含义

所谓消费者，是指在不同时空范围内参与消费活动的个人或集团，泛指现实生活中的人。它具体包括以下含义：

1. 从消费过程中考察消费者

就一般意义来讲，**消费者是指购买与使用各种消费品的人。**更具体地讲，**消费者是各种消费品的需求者、购买者和使用者。**作为一个动态进行中的消费过程，购买者本身不一定是需求者或使用者，如为他人代买的商品；使用者也不一定是购买者，如尚无生活能力的子女使用父母为他们买来的商品；当然，需求者也不一定必须亲自去购买。如果把消费看作需求、购买、使用三个过程的统一体，那么，处于其中任一过程的人都可称为消费者。换言之，**消费者是指实际参与消费活动某一过程或全部过程的人。**

2. 从消费品的角度考察消费者

对于某一消费品，在同一时空范围内，消费者可以有不同的反应，即即时消费、未来消费和永不消费。按照这3种不同反应，可以把消费者分为：**现实消费者，即通过现实的市场交换行为，获得某种消费品并从中受益的人；潜在消费者，即在目前对某种消费品尚无需要或购买动机，但在将来某一时刻有可能转变为现实消费者；永不消费者，是指当时或未来都不会对某种消费品产生消费需要和购买愿望的人。**

作为某一消费者，在同一时点上面对不同的消费品，可以同时以不同身份出现，如某人对于A商品是现实消费者，对于B商品是潜在消费者，而对于C商品是永不消费者。因此，从消费品的角度考察消费者，可以说，消费者是一个动态行为的执行者。

3. 从消费单位的角度考察消费者

从消费单位的角度考察消费者，可以把消费者划分为个体消费者、家庭消费者和集团消费者。个体消费、家庭消费与消费者个人的需求、愿望和货币支付能力密切相关；团体消费不一定反映消费者个人即团体某成员的愿望或需要，也与个人货币支付能力没有直接关系。

作为某一消费者个人，可以同时成为家庭消费者或集团消费者中的某一成员。因此，从消费单位的角度考察消费者，可以说，消费者是一个广义的参与消费活动的个人或团体。

（三）消费心理

消费心理是指消费者在个人消费活动中发生的各种心理现象及其外在表现，也称消费者心理。在社会范围内，消费者千万次的购买、使用和消耗行为的总和，就构成了消费者心理活动的社会总体消费行为。在一定时期内，社会总体消费行为又影响并制约着消费者个体的心理变化趋向及发展趋势。

应当指出的是，消费者的消费行为不仅表现在购买、使用及消耗各种物质产品方面，同时也表现为对精神文化等非物质产品的需要与追求。随着生产水平的不断提高、消费内容的日趋多样化，物质产品与非物质产品的消费在总消费中所占的比重也将出现较大幅度的变化，这种变化的趋向与社会总体消费环境的变化趋向是一致的。

因此，**消费心理就是指消费者在社会总体消费环境的影响下，调节、控制自身消费行为的心理现象**。这里所指的**消费者行为，主要是指消费者在购买、使用及消耗各种消费品过程中的活动表现。消费品主要是指物质资料商品和精神文化商品、各种劳务及其他无形产品等非物质资料商品。**

（四）消费心理的分类

无论在什么环境条件下，人们的消费活动都不会表现为一种简单的机械性行为，而是表现为对某种需要的行为冲动。这种由需要引起的行为冲动，总是在各种不同心理、社会诸因素的影响下产生、发展和变化。归纳起来，消费心理可分为本能性消费心理与社会性消费心理两大类。

1. 本能性消费心理

本能性消费心理是指由人的生理因素所决定的、自然状态下的心理需要的反映。它是以消费者的生理因素作为基础和载体进行的一般心理活动，也是人类全部消费活动的基础。人类消费活动的基础是从自然状态开始，并逐步发展为较高层次的、复杂的社会行为。人类本能性消费心理的反映强度与方式，主要取决于人的个性心理。例如，饥饿的人在他人的食品面前，可能会表现出抢夺、乞讨或忍耐等截然不同的行为。在排除社会因素的实验状态下考察上述行为方式，主要取决于人的气质、性格及能力等个性因素。

2. 社会性消费心理

社会性消费心理是指由人所处的社会环境因素决定的，以某种生理因素为条件、在社会状态下的心理需要反映。它是人类特有的、高级的、以社会因素为基础和载体进行的具有某种社会意义的心理活动。它使人类的消费活动由简单的满足生活需要变为具有特定含义的社会行为。例如，人类由穿衣蔽体开始，发展到衣着服饰成为人对美的追求，成为人的名誉地位、职业特征等某种外在的表现形式。人的社会性消费心理主要受社会、政治、经济、文化环境的影响，受其自身经济水平的制约，同时，以自身的本能性消费心理为基础。

3. 本能性消费心理与社会性消费心理的关系

本能性消费心理作为人类生存与发展的基础，是人类心理活动的自然流露与反映。社会性消费心理则是由人类特有的社会性功能反映出的源于本能又高于本能的心理活动，是以本能性消费心理为基础，以社会、政治、经济、文化环境为条件，具有特定内涵的高级心理活动。

因此，本能性消费心理与社会性消费心理是一种相互依存、相互联系的关系。前者表现为基础的、初级的心理活动，后者表现为发展的、高级的心理活动；前者是后者的前提与基础，后者是前者的发展与提高。在社会、经济、文化高速发展的今天，消费者的本能性消费心理已越来越被社会性消费心理所掩盖，而以一种隐性的、内在的形式发挥其最本质、最基础的作用，社会性消费心理则成为显现的、主流的表现形式。

二、消费心理学的研究对象

（一）研究消费者购买行为中的心理过程和心理状态

消费者购买行为中的心理过程和心理状态，是一个发生、发展、完成的过程。这个过程是每个消费者都具有的，可以说是消费者心理现象的共性。心理过程和心理状态的作用，是激活消费者的目标导向和系统导向，使他们采取某些行为或回避某些行为。例如在零售商店里，有的消费者采取了购买行为，有的犹豫不决，有的浏览观望，有的拒绝购买，这些行为表现与他们的心理过程发展阶段、发展速度和心理状态有直接关系。具体地说，对消费者购买行为心理过程和心理状态的研究包括以下 3 个方面的内容：①消费者对商品或劳务的认识过程、情绪过程和意志过程，以及 3 个过程的融合交汇与统一。②消费者心理活动的普遍倾向，以及这些心理倾向的表现范围、程度以及心理机制等。③消费者需求动态及消费心理变化趋势。

（二）研究消费者个性心理特征对购买行为的影响和制约作用

消费者的心理过程和心理状态，能体现出他们的个性心理特征，而个性心理特征又反过来影响和制约消费者的购买行为表现。例如，有些消费者能对商品从社会价值、经济价值、心理价值等方面做出比较全面的评论，有的消费者则只能对商品做出某一方面的评估；有些消费者面对众多的商品，能果断地做出买或不买的决策，有的消费者则表现出犹豫不决的态度。这些说明了消费者心理现象存在着明显的差异性。具体地说，消费者个性心理特征对购买行为的影响和制约作用的研究包括以下 3 个方面的内容：①消费者的气质、性格上的差异，如何使他们分化为具有某些购买心理特征的群体。例如，具有胆汁质、多血质、黏液质或抑郁质气质特征的消费者，在购买行为中则表现出不同的心理活动特点。②消费者对商品的评估能力。例如，消费者对商品是深涉还是浅涉，女性消费者和男性消费者对商品进行评估的依据有何差别，少年儿童、青年、中年、老年消费者对商品评估能力各有什么特点。③时尚商品、新潮商品、商业广告、售货方式、店堂设计对不同消费者心理的影响。例如，新颖的商品怎样引起消费者的兴趣，物美价廉的商品如何受到消费者的青睐，引人入胜的商业广告又怎样激发起消费者的购买欲望。

（三）研究消费者心理与市场营销的双向关系

企业的营销策略会影响消费者心理的产生和发展；反过来，不同消费者的心理特点和心理趋向也会对市场营销提出特定的要求。成功的市场营销活动，是能够适应消费者心理要求和购买动机的营销，是能够适应消费者心理变化而开展有效公共关系活动的营销。具体地说，对消费者心理与市场营销双向关系的研究包括以下 3 个方面的内容：①影响消费者心理的各种社会因素和自然因素。例如，收入水平、消费水平对购买序列、消费结构的影响；社会风气、风俗习惯对消费流行的影响；文化程度、职业特点对购买选择的影响；性别、年龄、气候、地域条件对购买心理的影响等。②商品设计如何适应消费者心理。例如，商品结构设计是否符合人体工程学的要求、商品装潢设计是否适应消费者审美要求等。③从心理学的角度开展企业营销中的公共关系活动。例如，对营业员、服务员进行心理训练，以提高企业在消费者中的形象和声誉；搞好店堂环境的设计和对顾客的接待，以吸引更多的消费者进店购物；对消费者心理做预测分析和咨询，以制定相应的营销策略等。

综上所述，围绕着消费者购买行为的“为什么”“做什么”“如何做”的问题，产生了本学科丰富的研究内容。

三、消费心理学的研究方法

研究消费心理，如果方法正确能达到事半功倍的效果。在思维方式上，要摆脱狭隘思想的束缚，代之以适应现代信息社会要求的，以面向现在、面向未来为主要特征的思维方式，不局限于对过去已经发生的消费心理现象的描述，而应当能预测消费者潜在的心理趋向。因此，首先要遵循一些原则，同时采取适当的方法。

（一）研究消费心理应遵循的 4 个原则

1. 客观性原则

在商品和劳务经营活动中，消费者的心理现象是客观存在所引起的。对任何心理现象，必须按它们的本来面貌加以考察，而不能脱离实际去主观臆断。对消费心理，只能在消费者的生活和他们活动的外部条件中进行研究。只有根据消费者所想、所说、所做，才能正确判断其心理特点。同时，还应当在整理对消费者所进行的调查材料时，对所得到的全部事实，包括互相矛盾的事实做全面的分析，在分析事实的基础上再下结论。

2. 发展性原则

发展性原则就是在事物产生、延续、变动的连续过程中研究心理现象的原则。消费者的消费生活，包括消费观念、消费动机、消费结构、消费趋向，在不断地变化。因此要在发展中去研究消费者的心理现象。例如我国消费者的家庭生活方式，出现了由温饱走向小康，由单纯物质消费转向物质、文化消费的趋势；在购买行为中，或持币采购或储币待购。遵循发展性原则，要求不仅要阐明消费者已经形成的心理，还要阐明那些潜在的、刚刚产生的、新的心理特点；不仅要看到消费者现实的个性心理特征和心理状态，还要预测其发展趋向；不仅要熟悉消费者已经形成的心理品质和习惯行为，还要看到其发展前景。

3. 个性研究中的分析—综合原则

在纷繁复杂的商业活动中，消费者在对待不同商品、劳务和各种接待方式的营业员的态度上，能够表现出他们不同的心理特点和个性。尤其是随着消费者的消费需求出现多层次性和个性化，个性在消费心理的研究中占有越来越突出的地位。**个性是指在一定的社会条件和教育影响下形成的、个人的、比较稳定的心理特征总和。**每个消费者都有其个性，并且会在购买行为中表现出比较固定的个性。分析的研究可以帮助我们认识个别消费者在不同的生活、活动条件下的心理；综合的研究有助于我们弄清全部个别心理表现的相互联系，从而找出表明某个消费者整个特点的那些稳定因素。例如，有位消费者曾因退货遭拒绝与营业员争吵，从此以后他购买商品挑选细致，非买到可心的商品不可。通过对这位消费者多次购买行为的分析，可以认为，这位消费者比较稳定的心理特点是直率、急躁、个性强。

4. 联系性原则

对消费心理的研究，还要遵循联系性原则。这首先是由于影响和制约消费心理的内部、外部因素是相互联系的。例如，商店营业环境的优劣会影响消费者的情绪，而消费者的心境又制约着他们对环境的体验。其次，是由于人的心理过程和心理状态也是相互联系的。例如，消费者群体对商品的认识过程，就与他们当时的心理状态紧密相关。最后，是由于本学科具有交叉科学的特点。消费心理学处于许多学科的结合点上，它涉及生理学、哲学、社会学、商业经济学、市场学、广告学、企业管理学等诸多学科，如图 0-1 所示。虽然其中有些内定与一些学科并行不悖地进行研究，甚至与其他学科互有重叠和彼此渗透的情况，但是正像本章第一节所讲的，由于消费心理学的研究对象有其特殊性，因此并不会削弱其作为一门独立学科的地位。这种交叉科学的特点，要求我们在研究中不能孤立地而要联系其他相关科学的成果进行研究。

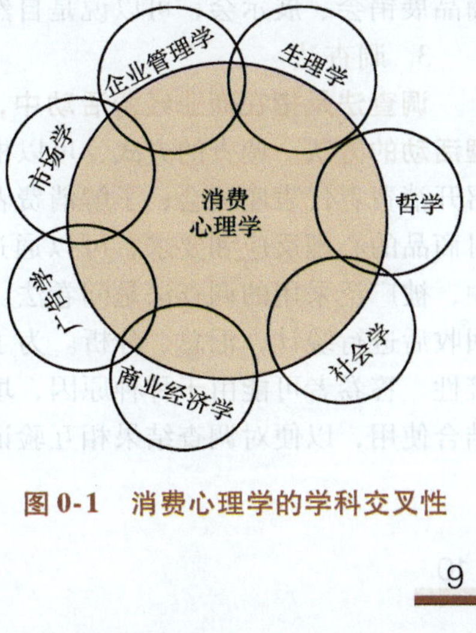

图 0-1 消费心理学的学科交叉性

研究消费心理，在遵循上述这 4 项原则的同时，更重要的是根据研究任务的需要，选择适当的研究方法。

（二）消费心理学的研究方法

消费心理学的心理学理论基础是普通心理学，因此在研究方法上，普通心理学的一些方法可以借鉴和采纳。常用的方法主要有观察法、实验法和调查法。

1. 观察法

观察法是在商业经营活动过程中，通过消费者的外部表现（动作、行为、谈话）去了解其心理活动的方法。这种方法的优点是比较直观，一般也比较真实，切合实际。这是由于消费者是在没有被施加任何影响，没有干扰的情况下被观察的，是一种心理的自然流露。这种方法的不足之处是带有一定的被动性、片面性和局限性。因此通过观察所得到的材料本身还不足以区分哪些是偶然的现象、哪些是规律性的事实。例如，在零售企业中观察消费者的步态和目光时，大致有这样3种表现：①脚步紧凑，目光集中，直奔某个柜台；②步履缓慢，犹豫不决，看着商品若有所思；③步态自然，神色自若，随意浏览。3种表现可以说明进店顾客大致有3类：买者、可能买者、逛客。仅从这些观察中还不能推算出进店顾客实现购物的概率，因为在消费者的行为举止中有许多偶然的因素。

观察法可用于观察别人，也可用于观察自身，这就形成了自我观察法。这种方法就是把自己摆在消费者的位置上，根据自己的日常生活体验去感受消费者的心理变化。应用自我观察法去研究消费者的价格心理、偏好转变、兴趣投向以及情感变换等，常常能收到满意的效果。

2. 实验法

实验法是有目的地严格控制或创设一定条件来引起某种心理现象进行研究的方法。实验法又可分为实验室实验法和自然实验法两种形式。

（1）**实验室实验法**。这种方法**是指在实验室里借助各种仪器进行研究的方法，同时也可以在实验室里模拟自然环境条件或工作条件进行研究**。应用这种方法研究的结果一般比较准确。例如，可以在实验室内运用音像、图片、文字等广告媒体，测定消费者的广告记忆效果。这种方法只适宜研究比较简单的心理现象。

（2）**自然实验法**。这种方法**是指在商业营销环境中，有目的地创造某些条件或变更某些条件，给消费者的心理活动施加一定的刺激或诱导，从中了解消费者心理活动的方法。**由于这种方法是人们有目的地创设或变更条件，因而具有主动性的特点。虽然是在商业营销环境中进行的，但又不是纯自然的，是人们主动地、有目的地施加一些影响，所以这种方法往往能够按照一定的研究目的取得比较准确的材料，是应用范围比较广泛的方法。例如，商务企业举办单项或综合的商品展销会、展示会，可以说是自然实验法的一种运用。

3. 调查法

调查法是指在商业经营活动中，采取各种形式和手段获取有关材料，间接地了解消费者心理活动的方法。调查的方式，可以根据调查目的而灵活采用。例如，了解消费者购买动机，可以召开消费者代表座谈会；了解消费者的兴趣爱好变化，可以应用现场点数统计方法；了解消费者对商品的心理反应和要求，可以通过广告征询、设置意见簿的形式进行等。在消费心理的研究中，被广泛采用的调查法是问卷法。这种方法就是向消费者发生意见征询函，由被调查者答卷，回收后进行统计、汇总、分析。为了提高问卷回收率，可向答卷者赠送小纪念品。问卷法带有直接性。答卷者可能由于种种原因，填写的某些项目可能不是真实想法，因此问卷法要与其他方法结合使用，以便对调查结果相互验证。

典 型 案 例　速溶咖啡的消费动机研究

对消费者动机的研究，是消费者心理学的一个重要领域。如果不了解消费者的购买动机，就无法解释其消费行为。

20 世纪 40 年代，当速溶咖啡这个新产品刚刚投放市场时，厂家自信它会很快取代传统的豆制咖啡而获得成功。因为它的味道和营养成分与豆制咖啡相同而饮用方便，不必再花长时间去煮，也不要再为刷洗煮咖啡的器具而费很大的力气。厂家推销了速溶咖啡，就在广告上着力宣传它的这些优点。出乎意料的是，购买者寥寥无几。心理学家们对消费者进行了问卷调查，请被试者回答不喜欢速溶咖啡的原因和理由。很多人一致回答是因为不喜欢它的味道，这显然不是真正的原因。为了深入了解消费者拒绝使用速溶咖啡的潜在动机，心理学家们改用了间接的方法对消费者真实的动机进行了调查和研究。他们编制了两种购物单，这两种购物单上的项目除一张上写的是速溶咖啡，另一张上写的是新鲜咖啡这一项不同之外，其他各项均相同。把两种购物单分别发给两组妇女，请她们描写按购物单买东西的家庭主妇是什么样的妇女。结果表明，两组妇女所描写的想象中的两个家庭主妇的形象是截然不同的。看速溶咖啡购货单的那组妇女几乎有一半人说，按这张购货单购物的家庭主妇是个懒惰的、邋遢的、生活没有计划的女人；有 12% 的人把她说成是个挥霍浪费的女人；还有 10% 的人说她不是一位好妻子。另一组妇女则把按新鲜咖啡购货的妇女，描写成勤俭的、讲究生活的、有经验的和喜欢烹调的主妇。这说明，当时的美国妇女有一种带有偏见的自我意识：作为家庭主妇，担负繁重的家务劳动乃是一种天职，而逃避劳动则是偷懒的、应被谴责的行为。速溶咖啡的广告强调的正是速溶咖啡省时、省力的特点，因而并没有给人以好的印象，反而被理解为它帮助了懒人。由此可见，速溶咖啡开始时被人们拒绝，并不是由于它的本身，而是由于人们的动机，即都希望做一名勤劳的、称职的家庭主妇，而不愿做被人和自己所谴责的懒惰、失职的主妇。这就是当时人们的一种潜在的购买动机，这也正是速溶咖啡被拒绝的真正原因。谜底揭开之后，厂家对产品的包装做了相应的修改，除去了使人产生消极心理的因素。广告不再宣传又快又方便的特点，而是宣传它具有新鲜咖啡所具有的美味、芳香和质地醇厚等特点；在包装上，使产品密封十分牢固，开启时十分费力，这就在一定程度上打消顾客因用新产品省力而造成的心理压力。结果，速溶咖啡的销路大增，很快成了西方世界最受欢迎的咖啡。

案例讨论：在营销调研中，为什么调查表的设计是十分关键的一个环节？

思考与训练题

1. 怎样理解消费者、消费心理的概念？
2. 消费心理学的研究内容主要包括哪些方面？
3. 简述消费心理的研究方法。
4. 简述学习消费心理学的现实意义。

典型案例　速溶咖啡的消费动机研究

案例讨论：在营销调研中，为什么说调查的设计是十分关键的一个环节？

第一篇

消费者个体与消费心理

第一章　消费者的心理活动过程

本章提要

消费者心理过程实质上是客观事物在消费者头脑中的动态反映。依据反映的性质和形式的不同，这一过程又可分为认识过程、情感过程和意志过程。本章主要研究消费者的心理活动过程，主要包括消费者心理活动中的认识过程、消费者心理活动中的情感过程、消费者心理活动中的意志过程等内容。

引　例

在国外有这样一个有名的案例，这就是史维哲·克拉克公司奶球糖的销售奇迹。这家公司的奶球糖有着“青少年电影糖果”的盛名。调查表明，奶球糖最佳的潜在消费者是略为懂事的儿童，他们的平均年龄在十岁以下，至少进出糖果店已有数百次，在糖果购买方面显得机灵、谨慎、多疑。“遇到买糖棒，我的零用钱用不了太久。”“不是我吃得越来越快，而是糖棒变得越来越小。”因此耐吃正是小孩购买糖果品牌的重要选择点。这一研究结果构成了史维哲·克拉克公司品牌重新定位的基石：他们的新糖果是装在盒子中而不是在包装纸中，每盒有15颗，小孩可以将它们分开，慢慢地一个个地吃。显然，与其他品牌相比，一盒奶球糖会吃得久一点，如果你想将一整盒同时塞入口中，连嘴巴都合不上。新产品上市之后，奶球糖销售记录迅速回升，在接下来的几个月中，克拉克公司的销售额超过了有史以来销售记录的总和。针对过去糖棒不耐吃的特点，克拉克公司延长了消费过程的时间知觉，并成功地实现了品牌重新定位。

思考：克拉克公司的成功对我们研究消费者的消费过程有哪些启示？

第一节　消费者心理活动中的认识过程

消费者通过大脑对外界传递的产品信息进行加工、整理、存储，从而形成对产品的认知过程，也就是消费者心理活动中的认识过程。认识是消费者心理过程的起点，也是消费者行为的主要心理基础，离开了认识过程就不会有消费行为。

认识过程是由简单到复杂，由浅入深的一系列过程。它主要通过消费者的感觉、知觉、错觉、注意、记忆、联想、想象和思维等来完成。

一、消费者认识的形成阶段

（一）消费者的感觉

感觉是人脑对直接作用于感觉器官的外界事物个别属性的反映，是认识的开端。**消费者对产品的认识是从感觉开始的。**在消费活动中，当消费者与产品发生接触时，总会借助眼、耳、鼻、皮肤等感觉器官来感受产品的物理属性和化学属性，并通过神经系统传递到大脑，从而形成对产品的感觉。感觉是人们对客观事物认识的一种简单形式，这种认识是个别的、孤立的、表面的，是一种简单的心理现象，也是一切复杂心理活动的基础。因此，仅仅通过感觉很难对产品做出全面的评判，但是只有以感觉为基础，消费者才能获得对产品各种属性的全面、深入的认识。

感觉不仅是人们获得外界信息的来源，也是人们对客观事物的情感、兴趣的依据。消费者购买行为的产生不仅基于对产品本身的感觉，还基于对购物环境、服务人员态度、服务质量等的感觉。

作为认识过程的心理机能之一，感觉有特殊的表现形态和作用方式，具体包括感受性和感受阈限、感觉适应、联觉等。

1. 感受性和感受阈限

感受性是感觉器官对刺激物的主观感受能力，它是消费者对产品、广告、价格等有无感觉以及感觉强弱的重要标志。在消费活动中，并不是任何刺激物都能引起消费者的感觉。要使消费者对产品产生感觉，就必须了解他们的感受阈限值，使刺激物达到一定的量。**感受阈限是能引起某种感觉并使之持续一段时间的刺激量，**如一定强度的亮度、声音等。消费者感受性的大小主要取决于消费刺激物感受阈限的高低。一般来说，两者呈反向变动的关系。

在刺激物引起感觉之后，若刺激物的数量只发生微小变化，消费者是不易感觉到的。只有当刺激物的数量增加到一定程度时，人们的感觉才能真正产生。这种刚刚能觉察到刺激物的最小差别量称为差别感受阈限，人们感觉最小差别量的能力称为差别感受性，二者呈反向变动的关系。由于各种产品的功能、价格等有不同的差别阈限值，因此消费者对其也有不同的差别感受性。例如，一斤盐涨价一毛钱，消费者就会十分敏感；而一台电冰箱涨价二三十元，消费者可能不会加以注意。了解消费者对不同产品的数量、价格、质量等方面的差别感受性，对合理调节消费刺激量、促进产品销售有重要的作用。

2. 感觉适应

消费者的感受性会随着消费者接触刺激物作用的时间的延长而逐渐减小，这种现象称为感觉适应。人们肯定都有这样的体会：一件新款大衣，刚买回来时候有很强烈的新鲜感，穿过一段时间，新鲜感也就慢慢地降低了，最后可能对这件衣服完全失去兴趣。这种心理现象在文化娱乐消费中表现得更为明显。因为适应的缘故，消费者容易改变自己的兴趣，向其他形式转移。例如在流行音乐市场，上个月的流行歌曲或流行歌手使歌迷们欢呼陶醉，而到了下个月就可能没有什么吸引力了，人们已经为下一位歌手欢呼去了。

感觉适应的结果，对于消费者来说，就是会产生新的消费需求。人们对新商品的好奇心，以及满足新鲜感的动力会通过购买新商品来实现，所以感觉适应现象是推动消费者进行下次消费行为的动力之一，是商品市场不断发展的一种推动力。

3. 联觉

人体各感觉器官的感受性不是彼此隔绝的，而是相互影响、相互作用的，即**一种感觉器官接受刺激产生感觉后，还会对其他感觉器官的感受性产生影响，这种现象就是联觉。**消费者在同时接受多种消费刺激时，经常会出现由感觉间相互作用引起的联觉现象。例如，在优雅柔和的音乐声中挑选商品，对色泽的感受力会明显提高；进餐时，赏心悦目的菜肴会使人的味觉感受增强。联觉对消费者行为有直接影响。

（二）消费者的知觉

感觉器官以感觉的形式对物体的个别属性进行直接的反应。在现实中，物体的各个属性并不能脱离具体物体而独立存在。因此，物体的个别属性总是与整个物体结合在一起被反映的。在图 1-1 上，直观来看是 20 片离散图块，进一步地，从这 20 片离散的图块中人们推得是一只坐着的狗，这是从感觉信息中总合的结果。

图 1-1　个别构成整体

可见，感觉是对刺激的个别属性反映；而**知觉则是选择、组织和解释感觉刺激，使之成为一个有意义的和连贯的现实映象的过程**。知觉这一定义可以简明地表述如下：

$$\text{知觉}=\left\{\begin{array}{l}\text{视}\\\text{听}\\\text{触摸}\\\text{尝}\\\text{嗅}\\\text{内部感觉}\end{array}\right\}\text{某}\left\{\begin{array}{l}\text{物}\\\text{事件}\\\text{关系}\end{array}\right.+\left\{\begin{array}{l}\text{选择}\\\text{组织}\\\text{解释}\\\text{推得意义}\end{array}\right.$$

在实践中，消费者通常以知觉的形式直接反映产品，而不是孤立地感觉其某一方面的属性。例如，我们在品尝菜肴时，通常用色、香、味俱全来评价，而购买计算机时则通常要考虑最佳的性价比。因此，与感觉相比，知觉对消费者的影响更为直接和重要，它决定着消费者对消费信息的理解和接受程度，制约消费者对产品的选择比较，是产生购买行为的前提。

1. 知觉的特征

（1）知觉的选择性。**个体对一些对象或对象的某个（某些）属性知觉，而不对另一些对象及其部分属性知觉，这叫作知觉的选择性**。决定知觉选择性的机制（机制可理解为有目的的反应方式）有：**知觉的超负荷、知觉偏好和知觉防御**。

1）知觉的超负荷。**外来刺激超出个体在正常情况下所能接受的能力时，一部分刺激就会受到心理上的排斥**。早在 1969 年，美国广告公司协会与哈佛大学联合进行了一次全国范围内的调查，旨在了解在半天内实际看到的广告数。结果表明，接受调查的多数人实际上半天内只注意了 11～20 则广告，而通常半天内可能遇到的广告大约为 150 则。当消费者考虑是否购买特定商品时，尽管可供的商品很多，但只在 5 个或者更少的商标上斟酌。由此可见，为了避免知觉的超负荷，知觉自然要进行选择。

2）知觉偏好。**个体对自己认为有价值的或有兴趣的对象表现出较高的感受性**（感受性是指感觉器官对适宜刺激的感觉能力）。例如，小孩对玩具要比对服装、化妆品更敏感；而女性对女性服饰和化妆品则更快觉察。这一点清楚地表现在广告上各类产品与人物性别、职业的联系上。

3）知觉防御。**当某种带有伤害性或于己不利的刺激出现时，消费者会本能地采取防御姿态，关闭知觉通道，拒绝信息输入**。知觉的防御机制告诫我们，在广告的实践中采用否定的感染力方式说服大众时，应持审慎的态度。在现有的一些交通安全宣传栏里，经常展出各种各样的有关交通事故惨状的图片和文字描述，以告诫大众遵守交通规则。然而，究竟有多少观众敢去正视这些图片是令人怀疑的。在现实中，相当多的人连诸如开刀手术的镜头都表现出遮眼回避行为，尤其以妇女、儿童为最。

（2）知觉的理解性。知觉的形成离不开知识和经验。人在知觉中，**过去的经验或者“图式”被作为参照系统，使情景中的各个部分组成完整的映象。**可用一个实验来表征它：让观察者通过挡板上的夹缝看一个图形，如图 1-2 所示。当眼睛保持不动，夹缝横向移动，该图形各部分就顺序地从夹缝里显现出来，观看者依然获得某个完整图形的知觉。可是若眼睛注视夹缝并随之一起移动，使图形的各部分部落在视网膜的同一位置上时，就不可能形成完整的图像知觉了。但是，如果该图形是观看者熟悉的，则仍可知觉到一个完整的图形。这说明已有的图式把同一空间位置上的连续信息组合成了完整的知觉映象。

图 1-2 通过空隙观察图形

消费者在以往的消费实践中积累了一定的商品知识和经验，只有借助这些知识和经验，消费者才能对感觉到的各种信息进行分析选择，认知可以理解的确定事物。知识经验在知觉理解中的作用主要通过概念和词语来实现。概念和词语是知觉对象的标志，如电视机、音响、汽车、软饮料等。人们借助于各种概念和词语的命名，把商品的个别属性联合成为整体。相反，如果缺乏必要的知识经验和相应的概念、词语，消费者就不能形成对商品的正确知觉。例如，20 世纪 70 年代以前，我国大多数消费者从未接触乃至耳闻过冰箱、彩电、洗衣机、音响等家用电器，因此，即使面对这些商品，也很难做出准确判断。知觉经验的不足会导致消费者对产品的知觉迟缓和肤浅，进而影响消费者的购买行为。

（3）知觉的整体性。尽管知觉的对象是复合刺激物，它们的各个组成部分有不同的属性，但**人们并小把消费对象感知为相互孤立的各个部分，而是趋向于把它们感知为一个整体。**消费者在认知消费对象的时候，通常是将各个部分以组合的方式进行整体知觉。这样消费者可以加快对消费对象的认知过程，获得良好的心理感受。

1）完形。客观事物具有许多属性，并且由不同部分组成。**当客观事物作为刺激物对人发生作用的时候，通过人的感觉器官，大量离散的感觉信息传送至大脑，然后按照一定的规则组成某个整体。**这种把事物各个部分有机地结合在一起的特性，称为知觉的整体性或完形。整体的知觉并不等于各部分的感觉之和，这是完形心理学（也称为格式塔心理学）的基本观点。

阿希（Asch. S. E.）做过一组经典的实验。他把参加者分成两个组。一组人阅读一份列有若干描述人品特点的词汇表。它们是：智慧的、熟练的、勤勉的、热心的、坚决的、实际的和谨慎的。实验者要求他们根据这份词汇表写出对此人的简明印象。在第二组人的阅读词汇表里，“热心的”被换成“冷淡的”一词，其余各项保持一样。当他们被要求写出对此人的简明印象时，发现这两组所描述的知觉印象差别很大。具体说，含有“热心的”人被看成是快乐的、脾气好的、更会交际的、更利人的、更和谐的和更富有想象力的。

可见，刺激间的相互作用，尤其是主要成分对其余成分的作用，可能影响知觉成什么样的整体。忽视这一点，可能给广告带来不良后果。例如，福建生产的一种名叫“葫芦牌”神仙酒，打入香港市场后，很受当地人青睐，销路也好。后来，改换了牌号，该产品顿时销路锐减。追究其原因，自然可归咎于牌号的改变。因为这种改变会导致消费者产生对该产品整体知觉的变化。

2）境联效应。刺激间的相互作用还表现为**境联效应（Context Effect）**。这种效应指的是上下联系对知觉的影响。为了表征它，让我们来看知觉图 1-3 与图 1-4 中的马。在图 1-3 上，这匹战马似乎向后倾斜；而图 1-4 上的，虽然同是一匹马，却好似向前。这是因为，前者受到马背上骑手姿势的影响；而后者则受前面一匹马的影响。可见人的知觉会因关联环境不同而有所不同。

图 1-3　一匹马

1-4　一前一后的两匹马

在消费者知觉产品、包装、商标时，境联所表现出的作用也不可忽视。因为，在货品极多的商场里，消费者要准确识别会比较困难。如果能够将商品适当归类出售，将会使消费者的识别简化。比如说，黑妹牌牙膏的包装与黑皮鞋油的包装相似，然而，将它们适当地归类，比方把牙膏与牙刷、肥皂放在一起，把鞋油摆在皮鞋旁，误认就不易发生。在这里，归类的作用就是体现所说的境联效应，即相关联的商品帮助了特定产品的知觉。

（4）知觉的恒常性。**由于知识经验的参与和整体知觉的作用，人们对客观事物的认识更加全面和深刻，即使知觉的条件发生变化，知觉的映像仍能保持相对不变**，即知觉具有恒常性。它使消费者能排除外界因素的干扰，保持对某种产品的一贯认识，从而增加购买的安全性，减少购买风险。比如饮料企业的商标会出现在商品的包装上，也可能出现在电视广告中、商场的宣传物品中、展销会的气球上，以及该企业的运输工具上，即使该商标的形状、大小甚至于颜色不同，人们仍然会把它们看成是同一企业的商标。知觉恒常性的知识对于橱窗设计具有积极意义。

2. 消费者的错觉

知觉的上述特性为消费者正确、全面地感知商品提供了保障。但是，在现实当中，由于某些因素的作用，人们的知觉经常会偏离事物的本来面目，发生歪曲，产生错觉。**错觉是在特定条件下对客观对象歪曲的知觉，具备主要条件它就会出现，而且表现为一定的倾向。**消费者的错觉在商业、服务行业应用例子屡见不鲜。例如，相同容积的两个小盒，利用错觉效果，会显得一个大些一个小些，如把一个正方形旋转成菱形，后者就好似大于前者。这些可以应用在容器造型设计上。

二、消费者认识的发展阶段

（一）消费者的注意

消费者对商品或劳务的认识，通常要经历由现象到本质、由简单到复杂的一系列过程。例如，消费者接收到某种商品信息后，首先会对色彩、形状、光亮、声音等表层信息做出直觉反应，产生外部印象；然后集中注意力，进一步观察、了解该商品的内在质量和性能；最后还要运用已有的知识和经验，对已获得的商品信息进行分析综合，在此基础上得出对该商品全面的认识和结论。注意、记忆、思维等是消费者认识的理性阶段。

在消费活动中，**消费者把心理活动指向并集中于特定对象的状态就是"注意"**。与认识过程的其他心理机能不同，注意不是一个独立的心理活动，而是各个心理机能活动的一种共有状态或特性，这一特性主要体现在指向性和集中性两个方面。注意的指向性表现为心理活动不是同时朝向一切对象，而是有选择、有方向地指向特定的客体；集中性则是指心理活动能在特定的选择和方向上保持并深入下去，同时对一切不相干的因素予以排除。指向性和集中性相互联系，正是在这两者的共同作用下，人们才能在感觉、知觉、记忆、思维以及情感、意志等活动中，有效地选择少数对象，对其做出深刻、清晰、完整的反应。

1. 注意的功能

（1）选择功能。消费者会选择有意义的、符合需要的消费对象加以注意，排除或避开无意义的、不符合需要的外部影响或刺激。面对形形色色的商品，消费者不可能同时对所有的对象做出反应，只能把心理活动指向和集中于少数商品或信息，将它们置于注意的中心，而使其他商品或信息处于注意的边缘或注意的范围之外。

（2）维持功能。消费者把对选择对象的心理反应保持在一定方向上，并维持到心理活动的终结。由于注意的作用，消费者在对消费对象做出选择后，能够把这种选择贯穿于认知商品、制定决策乃至付诸实施的全过程中，而不致中途改换方向和目标，由此使消费者心理与行为的一致性与连贯性得到保证。

（3）加强功能。消费者排除干扰，不断促进和提高消费者心理活动的强度与效率。在注意的情况下，消费者可以自动排除无关因素的干扰，克服心理倦怠，对错误和偏差及时进行调节和矫正，从而使心理活动更加准确和高效率地进行。

2. 注意的类型

消费者在认知商品的过程中，往往表现出不同的注意倾向。有的漫无目的，有的目标专一；有时主动注意，有时被动注意。根据消费者有无目的以及是否需要意志努力，可以将注意分为无意注意、有意注意、有意后注意3种类型。

（1）**无意注意**。这**是指没有预定目的，不加任何意志努力而产生的注意**。消费者在无目的地游览、观光时，经常会在无意之中不由自主地对某些消费刺激产生注意。刺激物的强度、对比度、活动性等，是引起无意注意的主要原因。例如，包装色彩鲜艳的商品、散发诱人香味的食物、形体巨大的广告、与背景反差明显的商品陈列、闪烁变换的霓虹灯、造型或功能奇特的新产品等，都会因其本身的独有特征而形成较强的刺激信号，引起消费者的无意注意。此外，消费者的潜在欲望、精神状态等，也是形成无意注意的重要诱发条件。

（2）**有意注意**。这**是指有预定目的、需要经过意志努力而产生的注意**。在有意注意的情况下，消费者主动把注意力集中起来，直接指向特定的消费对象。因此，有意注意通常发生在需求欲望强烈、购买目标明确的场合。例如，急需购买某品牌数码相机的消费者，会刻意寻找、收集有关信息，并在众多的同类商品中，把注意力直接集中于期望的品牌。与无意注意相比，有意注意是一种更高级的注意形态。通过有意注意，消费者可以迅速地感知所需商品，准确地做出分析判断，从而缩短对商品的认知过程，提高购买效率。

（3）**有意后注意**。这**是指有预定目的，但不经意志努力就能维持的注意**。它是在有意注意基础上产生的。消费者对消费对象有意注意一段时间后，逐渐对该对象产生兴趣，即使不进行意志努力，仍能保持注意，此时便进入有意后注意状态。在观看趣味性、娱乐性广告或时装表演时，人们就经常会出现有意后注意状态。这种注意形式可以使消费者不致因过分疲劳而发生注意力转移，并使注意保持相对稳定和持久。但是，有意后注意通常只发生在消费者感兴趣的对象和活动中。

以上 3 种注意形式并存于消费者的心理活动中。它们之间既交替作用，又相互转化，如无意注意可以转化为有意注意，有意注意进一步发展便转化为有意后注意。在交替与转化的过程 中，3 种注意形式共同促进消费者心理活动有效进行。

3. 注意规律的应用

研究注意的心理规律并应用于产品设计、广告设计、商业环境设计，是商业艺术设计的重要组成部分。这些商业艺术设计主要集中在视觉艺术形式当中，如影视宣传、多媒体推广、展览展示等形式中，集中体现了以视觉为中心的注意心理。其次是听觉艺术形式。相对而言，其余感官形式在商业设计中较少使用。

图 1-5　物品的排列影响注意力

注意广度受物品的排列形式影响。如图 1-5 中的 3 个图，商品的数量相同，但人们注意左边的商品要花较长的时间，因为排列无规律；对中间及右边商品的数目注意要花的时间较少一些，因为商品的排列有一定的规律性。

物品特征明显，与周围的事物反差较大，本身的面积、体积较大，色彩明亮艳丽等，这些因素容易吸引人们的注意。

人们熟悉的事物，在众多不熟悉的事物中容易被注意。

从消费者的角度来看，消费者有强烈需要的商品，或消费者熟悉其形象的商品，容易引起注意。

从社会的效应来看，能造成社会及舆论轰动的事件，容易引起人们的兴趣与注意。

（二）消费者的记忆

1. 记忆的含义

记忆是过去经验在人脑中的反映。具体地说，**记忆是人脑对感知过的事物、思考过的问题或理论、体验过的情绪或做过的动作的反映**。与感知相同，记忆也是人脑对客观事物的反映。两者的区别在于，感知是人脑对当前直接作用的事物的反映，而记忆是人脑对过去经验的反映。也就是说，记忆中保留的映像是人的经验。在消费实践中，消费者感知过的广告、使用过的商品、光顾过的商店、体验过的情感以及操作过的动作等，在经过之后不会完全消失，而是在大脑皮层留下兴奋过程的印迹。当引起兴奋的刺激物离开之后，在一定条件的影响下，这些印迹仍然能够重新活跃起来。这样，消费者就能重新再现已经消失的消费对象的表象（表象是过去感知过的事物在头脑中再现出来的形象）。

人脑可以储存大量的信息，大约将地球上所有的文字知识信息全部接收、记忆下来。而且，记忆保存的时间也很长。人的有些记忆常常能保持七八十年或更长一些。有的人认为，消费者是非常健忘的，实际上，对于消费者来说，不是能否记住的问题，而是如何根据人的记忆规律，赋予消费对象以鲜明的特征，把不好记忆的变为好记忆的、不便回想的变为便于回想的、短时记忆变为长久记忆，使消费者能够很快地、更多地和长时间地记住有关商品信息。

2. 记忆的过程

消费者对过去经验的反映，是要经历一定过程的。心理学研究表明，这一过程包括识记、保持、回忆、再认等几个基本环节。

（1）识记。**识记是一种有意识的反复感知，从而使客观事物的印迹在头脑中保留下来，成为映像的心理过程。**整个记忆过程是从识记开始的，它是记忆过程的第一步。根据所识记的材料有无意义和识记人是否理解其意义，识记可以分为机械识记和意义识记。**机械识记是在对事物没有理解的情况下，依据事物的外部联系机械重复所进行的识记**，如没有意义的数字、生疏的专业术语等。机械识记是一种难度较大的识记，容易对消费者接收信息造成障碍。**意义识记是在对事物理解的基础上，依据事物的内在联系所进行的识记。**它是消费者通过积极的思维活动，揭示消费对象的本质特征，找到新的消费对象和已有知识的内在联系，并将其纳入已有知识系统中来识记的。运用这种识记，消费者容易记住消费对象的内容和形式，保持的时间较长，并且易于提取。

（2）保持。**保持是过去经历过的事物映像在头脑中得到巩固的过程。**巩固的过程并不是对过去经验的机械重复，它是对识记的材料进一步加工、储存的过程。储存起来的信息材料不是一成不变的，随着时间的推移和后来经验的影响，保持的识记在数量和质量上也会发生某些变化。一般来说，随着时间的推移，保持量呈减少的趋势，即人们对其经历过的事物总是要忘掉一些的。此外，储存信息的内容、完整性等，也会发生不同程度的改变。

（3）回忆。**回忆是对不在眼前的、过去经历过的事物表象在头脑中重新显现出来的过程。**例如，消费者购买商品时，往往会把商品的各种特点与在其他商店见到的或自己使用过的同类商品在头脑中进行比较，以便做出选择，这就需要回想，这个回想过程就是回忆。消费者对消费信息的回忆有直接性和间接性之别。所谓“直接性”，就是由当前的对象唤起旧经验。例如，一见到海尔的广告，就想起过去了解到的海尔周到的售后服务等，这种直接的回忆有时比较容易。所谓“间接性”，即要通过一系列的中介性联想才能唤起对过去经验的回忆。例如，购买卡西欧计算器，消费者一时想不起卡西欧的品牌，通过阿童木的广告卡通形象则可能很快回想起来。这种回忆有时需要较大的努力，经过一番思索才能完成，这种情况叫作追忆。企业可以运用追忆的心理技巧，如提供中介性联想，帮助消费者迅速回忆起过去的经验。

（4）再认。**对过去经历过的事物重新出现时能够识别出来，就是再认。**例如，消费者能够很快认出购买过的商品、光顾过的商店、观看过的广告等。一般来说，再认比重现简单、容易，能重现的事物通常都能再认。

上述4个环节彼此联系、相互制约，共同构成消费者完整统一的记忆过程。消费者在进行商品选择和采取购买行动时，就是通过识记、保持、回忆和再认来反映过去的经历和经验的。

3. 记忆的类型

根据记忆内容或映像的性质，记忆可以分为形象记忆、逻辑记忆、情绪记忆和运动记忆。

（1）形象记忆。**形象记忆是指以感知过的消费对象的形象为内容的记忆**，如对商品形状、大小、颜色的记忆。心理学研究表明，人脑对事物形象的记忆能力往往强于对事物内在逻辑联系的记忆，两者的比例约为1000:1。所以，形象记忆是消费者大量采用的一种主要记忆形式，其中又以视觉形象记忆和听觉形象记忆起主导作用。

（2）逻辑记忆。**逻辑记忆是指以概念、判断、推理等为内容的记忆**，如关于商品质量、功能、质量标准、使用效果测定等的记忆。逻辑记忆是通过语言的作用和思维过程来实现的，是人类所特有的具有高度理解性、逻辑性的记忆，是记忆的较高级形式。但是，因为逻辑记忆对消费者的逻辑思维能力要求较高，在传递商品信息时受到一定局限。

（3）情绪记忆。**情绪记忆是指以体验过的某种情绪为内容的记忆**，如对过去某次购物活动的喜悦心情或欢乐情景的记忆。情绪记忆在消费者的记忆过程中经常使用。情绪记忆的映像有时比其他记忆的映像更为持久，甚至终身不忘，因此，在宣传商品时，恰当调动消费者的情感体验，可以使其形成深刻的情绪记忆。

（4）运动记忆。**运动记忆是指以做过的运动或动作为内容的记忆**，如消费者对在超级市场购买商品的过程，即由进场挑选到成交结算的动作过程的记忆。运动记忆对于消费者形成各种熟练选择和购买技巧是非常重要的。

4. 遗忘

在实践中，无论是哪一种类型的记忆，都难以做到永久保持。这是因为在记忆过程中，存在着另一个重要的心理机制，即遗忘。**对识记过的事物不能再认或回忆，或者表现为错误的再认或回忆，称为遗忘**。遗忘是与记忆保持相反的过程，其实质是由于不使用或受其他学习材料的干扰，导致记忆中保持的材料丧失。遗忘可能是永久性的，即不再复习时就永远不能再认或重现；也可能是暂时性的。消费者叫不出熟悉商品的名称，想不起使用过商品的操作程序，这些都属于暂时性的遗忘。

消费者的遗忘是有规律的，根据心理学家艾宾浩斯的研究，消费者的遗忘过程曲线大致如图 1-6 所示。

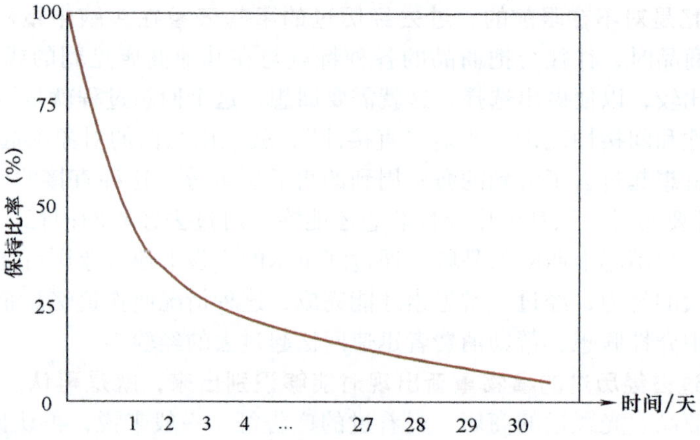

图 1-6 遗忘曲线

从遗忘曲线可以看出，消费者在识记后保持在头脑中的材料随时间的推移而递减，这种递减在识记后的短时间内特别迅速，即遗忘较多。一项试验表明，某广告最后一次重复之后，只相隔 4 个星期，消费者记住它的比例就下降了 50%。此后，随着时间的推移，遗忘的速度缓慢下来，保持渐趋稳定的下降。可见，遗忘的进程是先快后慢。了解消费者遗忘的这一规律，对于企业具有重要的启示：①由于独特的、不寻常的信息较少受遗忘的干扰，具有更大的记忆潜力，因此，广告等消费信息必须具有鲜明的主题和特色。②由于呈现信息的顺序会影响对它的保持，如信息的中间部分最容易被遗忘，因此，在提供消费信息时，应尽可能将最重要的部分放置在开头与结尾。③由于重复可以增加信息在短时记忆中停留的机会，不断地重复还有助于将短时记忆转化为长时记忆，所以，在传递消费信息时，应尽可能多次重复有关内容，但应注意表现形式的多样化和重复时间的间隔性与节奏性，以避免引起消费者的乏味和厌烦情绪。④遗忘的恢复依赖于某些线索，这些线索反过来又会促进对识记材料的回忆。商品的包装、陈列以及广告设计等，都应考虑利用相同的线索来帮助消费者回忆已经遗忘的信息材料。

5. 记忆规律在商业中的应用

各种营销策略都要以信息的形式向消费者传达，因此研究消费者记忆信息的效果是经济活动的必然要求。

首先，需要考虑到消费者接受信息时的记忆极限问题。在商业设计中，应该尽量把有关信息控制在记忆的极限范围之内。例如广告设计，应该尽量遵从记忆心理的极限范围，不要超越这种范围设计出令消费者难懂难看的效果。特别是那些观看时间极短的电视广告、电影广告或者收听的广播广告等，应该尽量把关键信息控制在7～8个单位之内，使消费者能够准确地接受这些信息内容，形成瞬时记忆。如果超过了这一极限，广告中的关键信息相互干扰，广告的传达效率就要降低，既浪费了消费者的时间与精力，也浪费了广告主的时间与金钱。

其次，记忆效果容易受情绪与情感因素的影响。消费者愉快、兴奋、激动、积极的情绪，容易对商品及有关信息形成一个良好的记忆印象，记忆保持的时间一般较长，消费者也愿意回忆这样的良好体验。比如，如果顾客在商店里不但受到了售货员的热情服务，而且售货员的微笑一直留在记忆里，就会大大加强记忆的效果。相反，如果顾客购物时受了气，对于商店的恶劣记忆也会保持较长时间，并长期避免与这种恶劣的经营单位打交道。

（三）消费者的联想

联想是回忆的一种形式，由正在经历的事物或想起的某一事物所引起，使人回想起与之相关联的另一事物，从而形成神经中枢的暂时联系，并使这种联系活跃起来。

联想是心理学家较早研究的一种心理现象，迄今为止，已经总结出一般性的联想规律有4种，即接近联想、类似联想、对比联想、因果联想等。以下介绍这4种联想规律及其在商业中的一些应用。

（1）**接近联想**。如果两种事物在位置、空间距离或时间上比较接近，认知到第一种事物时候，就很容易联想到另一种事物。例如，到了上午十一点半左右，人们一般会想到要吃中午饭了；到了北京，会想到天安门、故宫等，这是接近联想。男人早晨起床之后，一般要做面部清洁一类的事情，有一则商业广告说“男人的一天从飞鹰开始”，早晨起床与“飞鹰”这个品牌在时间上联系在一起了，通过联想强化了记忆。

（2）**类似联想**。两种事物在大小、形状、功能、背景、时间等方面存在类似之处，人们认知到一种事物的时候会联想到另一种事物。比如，邻居家小孩买了漂亮的旅游鞋，作为母亲的消费者会联想自己是否也要给小孩买一双。

（3）**对比联想**。两种事物在性质、大小、外观等方面存在相反的特点，人们在认知到一种事物时会从反面想到另一种事物。在大城市生活的居民，经常面临交通拥堵这样头痛的问题，有些房地产广告就从这一角度出发，引导消费者设想没有交通烦恼的美好景象，进而让人产生如果购买了他们的房产会避免面对交通拥堵烦恼的印象。

（4）**因果联想**。两种事物之间如果存在一定的因果关系，人们可能会由原因联想到结果，或由结果联想到它的原因等。“为什么海狸先生具有这样坚固的牙齿？”“因为它用了全新的高露洁牙膏！”这则广告就是利用了因果联想。

（四）消费者的思维

1. 概述

思维是人脑对客观事物概括的、间接的反映，是认识的高级阶段。**思维是在感知的基础上产**

生和发展的，是人们从对事物的感性认识发展到理性认识的复杂心理活动。思维的产生离不开以下两个条件：

（1）感知。感觉和知觉好比是思维的大门，人们只有通过感知才能获得事物的具体而鲜明的形象。人脑又以这些感知材料为基础，通过综合分析、抽象概括和比较鉴定，从而得到对事物的正确认识，总结出事物的基本特性和发展规律，从感性认识上升到理性认识。

（2）语言。语言是思维的必备工具，思维是语言的具体内容，两者的关系极为密切。语言也是一种客观刺激物，它以声音和描述的形象直接被消费者感知，通过第二信号系统的活动直接引起思维过程。只有这样，消费者的反应才能成为自觉的、有意识的理性认识。

消费者对商品的认识是从商品的表面特征开始的，首先是商品外形，其颜色、口感、气味等是通过感觉器官被了解的；继而，消费者还要了解其内在的质量、基本功能、产地、价格和其他内在属性，这些都是思维的基本内容。

2. 消费者的一般思维过程

消费者思维活动的过程主要有以下几个步骤：

（1）分析过程。消费者对消费对象的分析是在掌握了一定的感性材料的基础上进行的，这就要求消费者尽量缩小购买目标范围，从中选定一个最佳目标。例如，购买彩电时，可选择的品牌较多，但首先消费者要通过分析确定是购买进口的还是国产的，是购买等离子的还是液晶的等。由于出发点不同，考虑后的结果也不同。

（2）比较过程。消费者通过初步分析，确定购买目标范围后，还会对不同产品进行比较。例如，是购买价格较便宜的一体机，还是购买功能较强的台式计算机。这就要对比它们之间的异同点。比较也是对事物鉴别和综合的过程。

（3）评价过程。在确定了商品的购买目标后，消费者会对其进行购前预测评价，运用判断、推理的思维方式，对商品的内在属性及其本质进行概括，对购买决策做好心理活动准备。当购买了这种商品后，消费者仍会对其进行购买后的分析、比较、评价，加深这种思维过程，在反复感知中加深对产品的理性认识。

（五）消费者的想象

1. 想象的概念

想象是指用过去感知的材料来创造新的形象。心理学上把客观事物作用于人脑后，人脑产生出这一事物的形象叫作表象。那么，对于已经形成的表象，经过人的头脑的加工改造，创造出并没有直接感知过的事物的新形象就是想象。由此可知，想象要具备3个条件：①必须要有过去已经感知过的经验，但这种经验不一定局限于想象者个人的感知，也可以是前人、他人已有的。②想象必须依赖于人脑的创造性，需要对表象进行加工，而不是表象本身。③想象是个新的形象，是主体没有直接感知过的事物。例如，木船、帆船、轮船、汽车、火车、飞机、宇宙飞船、航天飞机等，都是人脑创造出来的现实中原本不存在的事物的形象。这些创造发明的新奇形象，归根结底还是来自对客观现实的感知，如汽车、火车是用轮子代替动物的腿，飞机是用机翼代替鸟类的翅膀。二者虽有本质区别，但人们所以能够创造出这些工具，还是受了动物运动的启发，加以想象而发明的。

2. 想象和思维的联系与区别

思维是人脑对现实的间接认识和概括认识。只有在思维过程中，人们才能够认识事物与现象的本质及事物之间的联系。想象与思维密切相关。想象离不开思维，人们在探索和解决新事物时，必须要有思维活动的参加，两者都是比较高级的认识活动。两者的区别是：想象活动的结果是以具体形象的表象形式表现出来的，思维的结果是以抽象概念的形式表现出来的。

3. 想象的分类

想象与注意类似，也分为无意想象和有意想象。**无意想象是没有特殊目的、不自觉的想象，也叫不随意想象，是想象中最简单、最初级的形式。**人的梦境就是无意想象的极端情况。**与无意想象相对应，想象如果带有一定的目的性和自觉性，就叫作有意想象或随意想象。**在进行有意想象时，人们给自己提出想象的目的，按一定的任务进行想象活动。

有意想象又可分为两种形式：再造性想象和创造性想象。这是按想象内容的新颖性、独立性和创造性的不同进行划分的。**再造性想象是根据语言文字的描绘或条件的描绘（如图样、图解、符号记录等）在头脑中形成有关事物的形象。**例如，当读者看过小说《红楼梦》后，头脑中就会构成和浮现出贾宝玉、林黛玉、薛宝钗、王熙凤等人物形象。所谓“再造”，包括两方面的含义：一是指新形象不是主体自己独立创造出来的，而是根据别人的描绘形成的；二是新形象又是经过主体大脑的加工而成的。创造性想象与再造性想象不同，**创造性想象是不依赖现成的描述而是独立地创造出新的形象。**例如，作家对典型人物进行塑造的创造活动，就需要创造想象。鲁迅笔下的阿 Q 就是创造的想象，生活中并没有完全像阿 Q 那样的人，这个典型形象是作者创造出来的。

4. 想象在市场营销活动中的作用

（1）消费者在评价商品时常伴随着想象活动。消费者在购买行为中，有的富于想象，他们买还是不买某种商品，常取决于购买对象与想象中的追求是否相吻合，相吻合就购买，不吻合则拒绝购买。有些女顾客在购买衣料时，常常把衣料搭在身上并照镜子，边欣赏边想象。购买家具时，消费者往往通过想象家具对居室环境美化效果，对家具进行评价。

（2）营销人员的工作需要一定的想象力。营销人员在为顾客服务的过程中，想象的作用不可忽视。成交率的高低在很大程度上取决于营销人员的再造性想象有无差错。优秀的销售人员应该能够想象出哪种商品更适合所接待的顾客的需要。此外，销售人员在摆放商品、陈列橱窗、介绍商品、展示商品等业务中，都可以发挥其创造性想象。

第二节　消费者心理活动中的情感过程——消费者情绪

一、消费者情绪

1. 情绪、情感、感情概述

情绪是人对客观事物需求态度的体验，具有独特的主观体验形式、外部表现形式和极为复杂的神经生理基础。

情感是指情绪过程的主观体验，对正在进行着的认知过程起评价和监督作用，着重于表明情绪过程的感受。

感情是情绪和情感心理现象的统称。在日常生活中，表示关爱的情绪、情感状态以及愿望、需要的感受倾向，代表情绪及情感的一般现象。

消费者在从事消费活动时，不仅通过感觉、知觉、注意、记忆等认识了消费对象，而且对它们表现出一定的态度。根据其是否符合消费主体的需要，消费者可能对其采取肯定的态度，也可能采取否定的态度。消费者采取肯定态度时，消费者会产生喜悦、满意、愉快等内心体验；当采取否定态度时，则会产生不满、忧愁、憎恨等内心体验。这些内心体验就是情绪或情感。

2. 情绪或情感的基本类别

情绪或情感包括以下基本类别：①喜、怒、哀、乐等经常出现的基本情绪；②痛楚、压迫等纯粹由感观刺激引起的情绪；③自信、羞辱等与自我评价有关的情绪；④爱、憎等与人际交往有关的情绪；⑤理智感、荣誉感、美感等与意识有关的情绪或情感。

情绪或情感是人对客观事物的一种特殊反应形式，它的发生与认识过程一样，源于客观事物的刺激。当刺激达到一定强度时，便会引起人的相应体验，从而产生各种情绪反应。这种情绪反应不具有具体的现象形态，但可以通过人的动作、语气、表情等方式表现出来。例如，某消费者终于买到盼望已久的大屏幕彩色电视机时，面部表情和语气会表现出欣喜的特点；而当他发现买回的商品存在质量问题时，又会表现出懊丧、气愤等表情。

3. 情绪、情感的联系与区别

从严格意义上讲，情绪和情感是既有联系又有区别的两种心理体验。情绪一般是指与生理的需要和较低级的心理过程（感觉、知觉）相联系的内心体验。情绪一般由当时特定的条件所引起，并随着条件的变化而变化。所以，情绪表现的形式是比较短暂和不稳定的，具有较大的情景性和冲动性。某种情景一旦消失，与之有关的情绪就立即消失或减弱。

情感则是人们在长期的社会实践中受到客观事物的反复刺激而形成的内心体验，因此，具有较强的稳定性和深刻性。在消费活动中，情感对消费者心理和行为的影响相对长久和深远。例如，对美感的评价标准和追求，会驱使消费者重复选择和购买符合其审美观念的某一类商品，而排斥其他商品。

情绪与情感之间又有着密切的内在联系。情绪的变化一般受到早期形成的情感的制约；而离开具体的情绪过程，情感及其特点则无从表现和存在。因此，从某种意义上可以说，情绪是情感的外在表现，情感是情绪的本质内容。正由于此，实践中两者经常作为同义词使用。

二、消费者情绪的表现形式和分类

（一）消费者情绪的表现形式

1. 激情

激情是一种猛烈的、迅速爆发而持续短暂的情绪体验，如狂喜、暴怒、恐怖、绝望等。激情具有瞬息性、冲动性和不稳定性的特点，发生时往往伴有生理状态的变化。消费者处于激情状态时，其心理活动和行为表现会出现失常现象，理解力和自制力也会显著下降，以致进行非理性的冲动式购买。

2. 热情

热情是一种强有力的、稳定而深沉的情绪体验，如向往、热爱、嫉妒等。热情具有持续性、稳定性和行动性的特点，它能够控制人的思想和行为，推动人们为实现目标而长期不懈地坚持努力。例如，一个书画收藏家为了不断增加藏品，满足自己的爱好 ，可以长年累月地压缩其他生活开支，甚至借钱来购买收藏品。

3. 心境

心境是一种比较微弱、平静而持久的情绪体验。它具有弥散性、持续性和感染性的特点，在一定时期内会影响人的全部生活，使语言和行为都感染上某种色彩。在消费活动中，良好的心境会提高消费者对商品、服务、使用环境的满意程度，推动积极的购买行为；相反，不良的心境会使人对诸事感到厌烦，或拒绝购买任何商品，或专买用以消愁解闷的商品。

4. 挫折

挫折是一种在遇到障碍又无法排除时的情绪体验，如怨恨、懊丧、意志消沉等。挫折具有破坏性、感染性的特点。消费者在挫折的情绪状态下，会对商品宣传、促销劝说等采取抵制态度，甚至迁怒于销售人员或采取破坏行动。

（二）消费者情绪的分类

就情绪表现的方向和强度而言，消费者在购买过程中所形成的情绪，还可以分成积极、消极和双重 3 种类型。

（1）积极情绪，如喜欢、欣慰、满足、快乐等。积极情绪能够增强消费者的购买欲求，促成购买行动。

（2）消极情绪，如厌烦、不满、恐惧等。消极情绪会抑制消费者的购买欲望，阻碍购买行为的实现。

（3）双重情绪。在许多情况下，消费者的情绪并不简单地表现为积极或消极两种，如满意—不满意、信任—不信任、喜欢—不喜欢，而经常表现为既喜欢又怀疑、基本满意又不完全称心等双重性。例如，消费者对所购买的商品非常喜爱，但由于价格过高而又感到有些遗憾。又如，由于售货员十分热情，消费者因盛情难却而买下不是十分满意的商品。

三、影响消费者情绪的主要因素

（一）营业环境的物理条件

营业环境的温度、照明、色彩、空间大小，以及营业环境中人员的拥挤状况等，对于情绪的影响最大。

合适的温度令人感到舒服；过冷的温度令人情绪低落，购物兴致下降；过热的温度令人烦躁，会导致顾客不舒服、不愉快的情绪。

光线的色彩对于情绪的影响已有比较成熟的研究结果。比如，心理学家请来了10 位客人参加了 4 次晚餐，为 4 次晚餐分别布置了 4 种颜色的背景。第一次布置的是绿色，结果用餐的客人吃得很慢，大家的谈话都提不起精神，感到索然无味，有的人甚至打起了瞌睡。第二次布置的是红色背景，客人们都较兴奋，吃得快也吃得较多，有的人甚至打翻了酒杯，还有的人相互拌起嘴来。第三次布置的是白色，客人们吃饭时彬彬有礼，谈话之中没有什么内容，有的人打着哈欠，有的觉得有些无聊。第四次布置的是黄色，客人们吃得好，谈话也相当投机，用餐之后分手的时候大家还互相约定下次再见。这个色彩实验相当有名，研究结果反映了颜色对情绪和行为的影响。

一般而言，**暖色调能够使人情绪兴奋，消费行为比较容易发生；而冷色调容易抑制情绪的兴奋，不利于消费行为的发生。**

营业环境的空间大小与人员的拥挤状况会影响顾客的情绪。人与人之间松散有序、距离适度，顾客购物或消费相对从容，情绪比较稳定。从发达国家对顾客满意度的研究看，社会与经济的发展促使人们增加了心理空间的要求，反映在营业环境方面，顾客增大了对心理空间的要求，人们倾向于较大的物理空间以保护个人隐私。

如果营业环境过于拥挤，一部分顾客的消极、烦躁情绪容易被刺激起来，购物或消费的满意度迅速降低，并且经常以逃避的方式减少消费。

当然，营业环境过于松散、人员稀少，也不利于调动消费者的情绪。如果空空荡荡的营业厅内只有稀稀落落的顾客走动，大部分服务人员无所事事，顾客的情绪难于兴奋，服务人员的情绪也受影响。如果服务质量体系不严密，服务人员的不良情绪还会向顾客传染。

2000 年“五一”劳动节，我国实行七天长假制，结果全国范围内的商业经营单位和旅游景点全部爆满，许多人度过了一个十分拥挤的假日，很多人对这个假日经济非常不满，以至于到了当年的“十一”国庆节，心有余悸的消费者非常谨慎地观望着商家的招数，多数人选择在家休闲的方式。从这一现象可以发现消费者对于营业空间的需要，以及消费者不满意营业空间时的行为调整。如果购物或消费场所过于拥挤，消费者在下一次购物或消费时就会采取回避的方式。

（二）商品特色

经营单位陈列的新商品、风格奇异的商品、式样别致的商品、新包装商品、价格处于消费者心理期望内的商品等，都容易引发消费者的积极情绪。

在营业环境中，商品摆放的位置引人注目、商品 POP 广告新颖醒目、营业环境的设计具有特色等，这些因素也容易引发消费者的积极情绪。

（三）消费者的心理准备

消费者的心理准备状态对于情绪有直接的激发作用，这些情绪又反过来影响原来的心理准备，两者合一，推动购买行为的进行。

消费者的需要水平与动机越强烈，情绪的兴奋程度越高，购买动机转变为购买行为的可能性也越大。从整个市场的角度看，这种关系一直存在，市场上的商品越稀少，人们的需要越是强调，消费者购买越迅速，商品上市之后销售的速度就越快。如果消费者的心理准备不足，难以在短时间内调动起购物的情绪，购买行为也就难于实现。这就是企业为什么要在新商品推广之前，进行大量广告、促销宣传的原因。

但消费者心理是复杂的，如果需要水平很高，而商品与消费者的期望相差太远，消费者的情绪将产生很大的反差，由兴奋情绪变为失望情绪。服务人员在遇到这类消费者时，应该善于理解消费者的这种情绪，绝不可强行推销，增加消费者对厂商与产品的厌恶感。

（四）服务人员的表情与态度

在工作状态下，服务人员的表情必须符合服务质量的要求，不允许像工作之外那样自由随意，因为服务人员的情绪会对消费者情绪构成重大的影响。

服务人员的表情，以“微笑”对顾客的影响最为重要。在服务行业，微笑服务已经成为基本的服务原则，要求服务人员接待顾客的时候，热情待人、礼貌服务，以饱满的情绪、微笑的面容接待每一位顾客。

第三节　消费者心理活动中的意志过程

消费者在经历了认识过程和情感过程之后，是否采取购买行为还有待消费者心理活动中意志过程的实现。消费者在购买活动中不但要借助感觉、知觉、注意、记忆、联想、思维等来认识消费对象，伴随认识过程产生一定的态度和内心体验，还要依靠意志过程来确定购买目的，排除各种因素的影响，最终采取购买行动。

一、意志的概念与特征

（一）意志的概念

意志是消费者自觉地确定购买目的并主动支配、调节其购买行动，克服各种困难，实现预定目标的心理过程。在消费活动中，消费者除了对产品进行认识和情绪体验外，还要经历意志过程。只有经过有目的的、自觉的支配和调节行动，努力排除各种干扰因素的影响，消费者才能实现预定的购买目标。如果说消费者对产品的认识活动是由外部刺激向内在意识的转化，那么其意志活动则是内在意识向外部行动的转化。只有实现这一转化，消费者的心理活动才能现实地支配其购买行为。

（二）消费者意志过程的基本特征

（1）有明确的购买目的。消费者在购买过程中的意志活动是以明确的购买目的为基础的。因此，在有目的的购买行为中，消费者的意志活动体现得最为明显。通常，为了满足自身的特定需要，消费者经过思考预先确定了购买目标，然后自觉地、有计划地按购买目的去支配和调节购买行为。

（2）与排除干扰和克服困难相联系。在现实生活中，消费者为了达到既定目的而需排除的干扰和需克服的困难是多方面的。例如，时尚与个人情趣的差异，支付能力有限与商品价格昂贵的矛盾，售货方式落后和服务质量低劣所造成的障碍等。这就需要消费者在购买活动中，既要排除思想方面的矛盾、冲突和干扰，又要克服外部社会条件方面的困难。

（3）调节购买行为全过程。意志对行为的调节，包括发动行为和制止行为两个方面。前者表现为激发起积极的情绪，包括发动行为机制，推动消费者为达到既定目的而采取一系列行动；后者则表现为抑制消极的情绪，制止与达到既定目的相矛盾的行动。这两个方面的统一作用行为发生、发展和结束的全过程。

二、消费者心理活动的意志过程

在购买活动中，消费者的意志表现为一个复杂的作用过程，其中包括做出购买决定、执行购买决定和体验执行效果 3 个相互联系的阶段。

1. 做出购买决定

这是消费者购买活动的初始阶段。这一阶段包括购买目的的确定、购买动机的取舍、购买方式的选择和购买计划的制订，实际上是购买前的准备阶段。消费者从自身需求出发，根据自己的支付能力和商品供应情况，分清主次、轻重、缓急，做出各项决定，即是否购买和购买的顺序等。

2. 执行购买决定阶段

在这一阶段，购买决定转化为实际的购买行为，消费者通过一定的方式和渠道购买到自己所需的商品。当然，这一转化过程在现实生活会很顺利，往往会遇到一些障碍，需要加以排除。所以，执行购买决定是消费者意志活动的中心环节。

3. 体验执行效果阶段

完成购买行为后，消费者的意志过程并未结束。通过对商品的使用，消费者还要体验执行购买决定的效果，如商品的性能是否良好，使用是否方便，外观与使用环境是否协调，实际效果与预期是否接近等。在上述体验的基础上，消费者将评价购买这一商品的行为是否明智。这种对购买决策的检验和反省，对今后的购买行为具有重要意义，它将决定消费者今后是重复还是拒绝、是扩大还是缩小对该商品的购买。

三、意志过程与认识过程和情感过程的关系

情绪既可以成为意志过程的动力，也可以成为意志过程的阻力。积极的情绪、情感能提高消费者的意志力，激励其克服困难的勇气和信心，顺利地实现预定的购买目的；消极的情绪能削弱消费者的意志力，使其缺乏克服各个方面干扰或困难的信心，影响购买目的的确定和实现。同时，意志过程对情感过程也起着调节和控制作用。通过意志活动，消费者的有些消极情绪可以得

到控制，使情绪服从于理智；有些消极情绪也可以随着意志活动的实现，转化为积极的情绪。由此可见，认识、情感和意志三个过程协同作用，构成了消费者完整的心理，左右着消费者的购买行为。具体可归纳为以下几点：①意志过程——认识过程——意志过程；②意志过程给认识过程以巨大的推动力；③意志过程有赖于情感过程，又能调节情感过程的发展和变化；④意志过程对情感过程起着调节和控制作用。

典型案例　店铺色彩吸引顾客注意

要卖出商品，首先要吸引消费者的眼球，要吸引眼球，就必须注意店铺的色彩设计。色彩无疑是店铺吸引消费者眼球、获取商机的第一利器。据研究，人的视觉器官在观察物体时，最初20秒内，色彩感觉占80%，5分钟后，色彩感觉仍然占到了50%，随后，色彩的印象在人的视觉记忆中继续保持。

然而，色彩运用的目的不仅仅为了吸引消费者的眼球，最终的目的是为了卖掉商品。

那么，我们在商店设计中如何运用色彩才能打动消费者，使其产生购买欲望呢？下面来看看吉尔达鞋店的案例。

1. 和谐

著名的画家梵高曾经说过："没有不好的颜色，只有不好的搭配"。

一般而言，红色代表热情、奔放、喜悦，能引起消费者大脑的兴奋，让消费者联想到火、阳光、刺激、爱；黑色代表高贵、严肃、庄重；白色代表纯洁、简单、洁净；绿色代表生命、生机、环保、健康，与环保、健康的理念相呼应。

不管品牌有什么颜色，都需坚守一个原则，那就是务必实现色彩的和谐。大红大紫虽然能吸引人的注意力，但并非都能表达品牌的诉求，抑或拉开了消费者和品牌的距离。

一般来讲，著名品牌专卖店的色彩是其进入市场的通行证和标志，一般是不会更改的。英国大牌博柏利（Burberry）的店面色彩几乎都是一种精致的米色；香奈儿的店面都是端庄的黑色。

2. 明亮

亮度、颜色的透明度在鞋店设计中很重要。暖色和明亮的色彩给人以前进的感觉；冷色和暗色给人以后退的感觉。具体到鞋店来说，鞋店的明亮度决定了品牌的个性：陈列运动鞋、童鞋的店铺，需要较明亮的色彩；陈列时尚鞋、女鞋的店铺需要稍明亮的色彩，陈列商务鞋的店铺，色彩明亮度稍低。

讨论：消费者注意与哪些因素有关？

资料来源：店铺色彩体现空间个性，第一营销网（http：//www.cmmo.cn），销售与市场，2013-09-18（有删改）。

思考与训练题

1. 什么是感觉和知觉？怎样理解知觉的主要特征？
2. 举例说明记忆、联想的规律在商业活动中的应用。
3. 什么是想象、什么是表象？
4. 情绪与情感的联系与区别是什么？
5. 影响消费者情绪的主要因素有哪些？
6. 意志过程与认识过程和情感过程的关系如何？

第二章　消费需要与购买动机

本章提要

在现实生活中，各种各样的购买行为，都是由消费者的购买动机引起的，而消费者的购买动机却是以其需要为基础的。消费者个体行为的一般规律是：需要决定动机，动机支配行为。这是一个不间断的循环过程。

本章主要研究了消费需要和消费动机；消费需要的产生与分类；消费需要的特征与形态；消费动机的功能、特征与分类；消费动机的冲突、受挫与激发等。

引例

一位从美国归来的访问学者讲述了他在美期间经历的一件事情。一天，他推着采购车在美国一家超级商场挑选货物时，不小心将货架上的四瓶酒碰落，酒洒了满地。他当时心想，这下麻烦了，肯定要赔款了，于是便主动找到售货小姐道歉，并表示愿意赔偿损失。那位小姐一边安慰他，一边用电话向经理通报事故，且检讨了因自己照顾不善而让顾客受惊的错误。更出乎他意料的是，经理出来满脸赔笑，说已经从监控录像里看到了。经理不仅毫无责怪之意，反而向他赔不是，还拿手帕为他拭去酒污。当他再次提到赔款时，经理谦恭地说："是我的职员没把货架放稳，让您受惊，责任应在我"，并再度致歉，然后一直陪他将货物采购完，亲自送他走出商场。据这位学者说，他那次是倾其囊中所有，装了满满一车货物回家，并且以后每周一次的购物都要到该商场去。他粗估了一下，他花在该商场的钱较他弄翻酒瓶所造成的损失多出不止百倍。

思考：此商场经理对待顾客打翻酒瓶一事的处理方式，如何激发了消费者的购买动机？

第一节　消费需要

消费者为什么购买某种产品，为什么对企业的营销刺激有着这样而不是那样的反应，在很大程度上是和消费者的消费需要密切联系在一起的。

一、消费需要的产生与分类

（一）消费需要的产生

人们的消费活动通常是由消费需要引起和决定的，消费需要是消费的先导，是消费活动的内在原因和根本动力。需要与刺激都是动机产生的条件，而需要是最基础的。消费需要包含在人类一般需要之中。

消费活动从根本上讲是一种满足需要的活动。消费者的各种消费需要能否被满足、在很大程度上被满足，将直接影响消费者情绪、态度的变化。消费活动还是一种有目的、有意识的活动。了解这些，对于企业成功地进行市场营销有着十分重要的意义。

1. 消费需要的概念

消费需要是指消费者对以商品和劳务形式存在的消费品的要求和欲望。消费者需要是包含在人类一般需要之中的。在市场营销活动中，消费者的需要不应是一个笼统的概念，而是由各种相关因素构成的组合体，具体包括：①产生需要的消费者的总体数量及性别、年龄、职业、消费习惯、收入水平等基本特征。②消费者实际需要何种商品，商品的性能、质量、价格、款式如何，以及所需消费品的总量大小。③需要的市场区域，即整体市场的或细分市场的需要，以及市场的空间分布如何。④需要的时机与时限，即需要发生的时间、场合，以及是突发的、短暂的需要，还是常规的、长年性或季节性需要。⑤需要的实现方式，即消费者通过何种方式满足需要，如选购、定购或租用，分期付款、网上支付、现款交易或赊购等。⑥需要的市场环境，包括自然、经济、法律、社会文化等宏观环境对消费者需要的影响，企业的营销策略、营销组合运用等对消费者需要的诱导、激发与制约。

对上述构成要素加以分析和确认，消费者需要就成为现实的、具体的和可以测量的。这样，有关消费者需要的研究对企业营销才具有实际指导作用。

2. 消费需要的产生条件

人的需要是客观存在的。就消费者而言，需要表现为消费者对获取各种物质或精神生活消费品的要求和欲望。它通常产生于消费者的某种生理或心理体验的缺乏状态，例如，人们感到饥饿、寒冷、寂寞时，就会产生对食品、服装、交友的需要。许多情况下，消费需要也可由外部刺激引发，例如广告宣传、销售奖励、现场示范等，都可能诱发消费者产生对某种消费品的需要。

（二）消费需要的分类

人类的消费需要可以从不同角度进行分类。其中，最常用、最基本的分类方法是根据购买目的划分，可以分为生产消费需要和生活消费需要两大类。**生产消费需要是指生产者为了满足生产过程中物化劳动和活劳动消耗的需要，也可称为生产需要；生活消费需要是指消费者为了满足个人生活的各种物质产品和精神产品的需要，又称为消费者需要。**消费者需要是最终的消费需要。

（1）按照需要的起源划分，可以分为生理需要、心理需要。**生理需要是指消费者为维持和延续生命，对于衣、食、住、睡眠、安全等基本生存条件的需要。**这种需要是人作为生物有机体与生俱来的，是由消费者的生理特性决定的。**心理需要是指消费者在社会环境的影响下所形成的、带有人类社会特点的某些需要，**如社会交往的需要、对荣誉的需要、自我尊重的需要、表现自我的需要等。这种需要是人作为社会成员在每天的社会生活中形成的，是由消费者的心理特性决定的。

（2）按照需要的对象划分，可以分为物质需要和精神需要。**物质需要是指消费者对以物质形态存在的、具体有形的商品的需要。**这种需要反映了消费者在生物属性上的欲求。其中又可以进一步做低级和高级之分。**低级的物质需要是指对维持生命所必需的基本对象的需要；高级的物质需要是指人们对高级生活用品的需要，**如现代通信工具、汽车、化妆用品、健身器材等，以及用于从事劳动的物质对象，如劳动工具。**精神需要是指消费者对于观念的对象或精神产品的需要，具体表现为对艺术、知识、美、认识和追求真理、满足兴趣爱好的需要，以及友情、亲情**

等方面的需要。这种需要反映了消费者在社会属性上的欲求。

（3）按照需要的形式划分，可以分为生存需要、享受需要和发展需要。**生存需要包括对基本的物质生活资料、休息、健康、安全的需要**。这类需要使消费者的生命存在得以维持和延续。**享受需要表现为要求吃好、穿美、住得舒适、用得奢华，有丰富的娱乐生活**。这类需要的满足，可以使消费者在生理和心理上获得最大限度的享受。**发展需要体现为要求学习文化知识、增进智力和体力、提高个人修养、掌握专门技能，在某一领域取得突出成就等**。这类需要的满足，可以使消费者的潜能得到充分释放，人格得到极大发展。

（4）按照需要的层次划分，可以分为生理需要、安全需要、爱和归属的需要、尊重需要、自我实现需要。美国心理学家马斯洛于 1943 年提出了著名的"**需要层次理论**"，把人类多种多样的需要划分为上述五种基本类型。其中，生理需要是个体为维持生存和发展对基本生活资料的需要，也是各类需要中必须首先满足的最基本的需要。唯有生理需要获得满足后，人们才有可能再产生新的其他层次的需要。

（5）按照需要的商品性能不同划分，可以分为对商品使用价值、审美功能、体现时代特征、社会象征性和提供良好服务的需要。对商品使用价值的需要是消费者需要的基本内容。使用价值是商品能够满足人们某种需要的属性。消费者对商品的需要，首先表现为要求商品具有特定的使用价值，包括对商品的基本功能、质量、外观、规格、品种、安全性能、便利程度、供应数量以及同类商品可供选择的余地等方面的要求。

对商品审美功能的需要，体现了人类追求、向往美好事物的天性。消费者在重视商品使用价值的同时，也要求其能体现良好的审美价值，希望商品在工艺设计、造型式样、色彩、装潢、风格等方面符合自己的审美情趣。

对商品体现时代特征的需要，体现出消费者不断感受社会环境的发展变化，调整自身的消费观念和消费方式，以顺应时代前进潮流的精神。这一需要在消费中表现为要求商品新颖、新潮、富于变化，能反映当代新鲜事物和思想，具有浓厚的时代气息。

对商品社会象征性的需要，是消费者希望通过购买和拥有某种商品来显示富有或身份，提高自身的社会地位和知名度，或者借以传递和表达某种情感。它是消费者的社交、尊重、自我实现等高层次需要在商品性能上的体现。对商品社会象征性的需要，具体表现为要求商品具有高档、名牌、个性化等特征。

对提供良好服务的需要，反映了消费者不仅购买商品，同时还购买服务的现代需求观念，是现代消费者主体意识和权益保护意识的体现。这一需要具体表现为消费者对良好的售前、售中、售后服务，舒适的购物环境，良好的企业形象和产品信誉等方面的要求。

除上述分类外，消费者需要还可以从不同角度做多种分类。例如，按照消费结构可以分为吃、穿、住、用、行等方面的需要；按照商品形态可以分为物质性消费需要和劳务性消费需要；按照商品来源可以分为自给性消费需要和商品性消费需要；按照消费需要的实现程度可以分为现实需要和潜在需要等。各种分类对于企业研究消费者需要、制定市场营销战略与策略具有不同的意义。

二、消费需要的特征与基本形态

（一）消费需要的特征

1. 多样性

这是消费者需要的最基本特征。它首先表现为不同消费者的需要各不相同，千差万别。由于消费者的收入水平、文化程度、职业、性格、年龄、民族和生活习惯不同，自然会有多种多样的爱好和兴趣，对于商品和服务的需求是千差万别和丰富多彩的。不仅如此，就同一消费者而言，需要也是多方面的。消费者不仅需要吃、穿、用、住，还需要娱乐消遣，如欣赏音乐、美术、体育比赛等，这些都体现了消费需要的多样性。此外，消费需要的多样性还表现在，同一消费者对某一特定消费对象常常同时兼有多方面的要求。消费者需要的多样性决定了市场的差异性，这是企业进行市场细分和选择目标市场的基础。

2. 发展性

消费者需要不是一成不变的，随着社会经济发展和人们生活水平的不断提高，人们对商品和服务的需要不论是从数量上还是从质量上或品种方面都在不断地发展。一种需要被满足了，又会产生新的需要。其总的趋势是由低级向高级发展，由简单向复杂发展，由追求数量上的满足向追求质量上的充实发展。

3. 层次性

人们的消费需要是有层次的。一般来说，总是由低层次向高层次逐渐延伸和发展的。当低层次的、最基本的生活需要，即生存需要被满足以后，就会产生高层次的社会需要和精神需要，这就是消费需要的层次性。

4. 伸缩性

消费需要受外因和内因的影响，具有一定的伸缩性。内因主要包括消费者本身需要欲望的特征、程度和货币支付能力等；外因影响主要是商品的供应、价格、广告宣传、销售服务和他人的实践经验等。两个方面因素都可能对消费需要产生促进或抑制作用。例如，从货币支付能力的角度看，现实生活中，每个消费者都几乎同时具有多种消费需要。但是在一定时期内，多数消费者的支付能力是有限的，这就使消费者的需要只能有限地得到满足，并表现出一定的伸缩性，即消费需要并非只能增加不能减少，或者只有当低层次的消费需要百分之百地获得满足后，才能进入高一级层次的需要。现实中，消费需要具有很大的伸缩性，可多可少，可强可弱。当客观条件限制需要的满足时，需要可以抑制、转化、降级；可以停留在某一水平上；也可以以某种可能的方式，同时满足几种不同的需要；在特定情况下，人们还可能满足某一种需要而放弃其他需要。一般来说，基本的日常生活必需品消费需求的弹性比较小，而许多非生活必需品或中、高档消费品的消费需要的伸缩性较大。

5. 周期性

人的消费是一个无止境的活动过程，人的一生是一个不间断的消费过程。一些消费需要在获得满足后，于一定时间内不再产生，但随着时间的推移还会重新出现，并具有周期性。消费需要的周期性主要是由人的生理机制运行引起，并受到自然环境变化周期、商品生命周期和社会时代变化周期的影响。

6. 互补性和互替性

对某些商品的需求具有互补性的特点。例如，购买钢笔时可能会附带购买墨水，购买汽车时可能会附带购买修理工具、防盗器、坐垫套及上光蜡等。因此，经营互有联系或互补的商品，不仅会给消费者带来方便，还能扩大商品销售。此外，许多商品具有可以互相替代的特点。在市场上，经营者常遇到这种情况，某种商品的销售量减少而另一种在消费上可以替代的商品的销售量增加。例如，夏季冷饮销售量增长，水果的销售量可能相对减少。这就要求工商企业及时地把握消费者需要变化趋势，有目的、有计划地根据消费需求变化规律供应商品，更好地满足消费者的需要。

7. 可诱导性

消费需要是可以加以诱导、引导和调节的，即可以通过环境的改变或外部诱因的刺激、引导，诱发消费者的需要发生变化和转移。消费需要的可诱导性，为企业提供了巨大的市场机会。企业可以通过卓有成效的市场营销活动，使无需要转变为有需要，潜在需要转变为现实需要，未来需要转变为近期的购买行动，从而使企业由被动地适应、迎合消费者的需要，转化为积极地引导、激发和创造需要。

（二）消费需要的基本形态

在现实中，多种多样的消费需要并非都处于显性的、既存的统一状态，而是具有不同的形态。存在形态的差异对消费需要激发购买动机的强度以及促成购买行为的方式，有着直接影响。研究消费需要的存在形态，对于了解市场需求的构成状况和变动趋势具有重要意义。

从消费需要与市场购买行为的关系角度分析，消费需要具有以下基本存在形态。

（1）现实需要。**现实需要是指消费者已经具备对某种商品的实际需要，且具有足够的货币支付能力，而市场上也具备充足的商品，因而可以转化为现实的购买行动。**

（2）潜在需要。**潜在需要是指目前尚未显现或明确提出，但在未来可能形成的需要。**潜在需要通常由于某种消费条件不具备所致。例如，市场上缺乏能满足需要的商品，消费者的货币支付能力不足，缺乏充分的商品信息，消费意识不明确，需求强度弱等。然而，上述条件一旦具备，潜在需要可以立即转化为现实需要。

（3）下降需要。**下降需要是指消费者对某种商品的需要逐步减少，并趋向进一步衰退。**导致需要衰退的原因通常是由于时尚变化使消费者兴趣转移、新产品上市对老产品形成替代，以及消费者对经济形势、价格变动、投资收益的心理预期发生变化等。

（4）不规则需要。**不规则需要又称为不均衡或波动性需要，是指消费者对某类商品的需要在数量和时间上呈不均衡波动状态。**例如，许多季节性商品、节日礼品，以及对旅游、交通运输的需求，就具有明显的不规则性。

（5）充分需要。**充分需要又称饱和需要，是指消费者对某种商品的需求总量及时间与市场商品供应量及时间基本一致，供求之间大体趋向平衡，这是一种理想状态。**但是，由于消费需要受多种因素的影响，任一因素变化如新产品问世、消费时尚改变等，都会引起需求的相应变动。因此，供求平衡的状况只能是暂时的、相对的，任何充分需要都不可能永远存在下去。

（6）过度需要。**过度需求又称为超饱和需要，是指消费者的需要超过了市场商品供应量，呈现供不应求的状况。**这类需要通常由外部刺激和社会心理因素引起，如多数人的抢购行为、对未来经济形势不乐观的心理预期等。

（7）反感需要。**反感需要是指消费者对某类商品持否定、拒绝的态度，因而抑制其需要。**之所以如此，可能是商品本身不适合其需要，也可能由于消费者缺乏对商品性能的正确认识，或者因旧的消费观念束缚、错误信息误导所致。

（8）不健康需要。**不健康需要是指消费者对某些危害社会利益或有损于自身利益的商品或劳务的需要。**例如，对香烟、烈酒、毒品、赌具、色情书刊或服务的需要，无论于消费者个人或社会都是无益的。

（9）无需要。**无需要又称为零需要是指消费者对某类商品缺乏兴趣或漠不关心，无所需求。**无需要通常是由于商品不具备消费者所需要的效用，或消费者对商品效用缺乏认识，未与自身利益联系起来。

从上述关于需要形态的分析中可以得到重要启示，即并不是任何需要都能够直接激发动机，进而形成消费行为的。现实中，有的需要如潜在需要、零需要、反感需要、下降需要等，必须给予明确的诱因和强烈的刺激，加以诱导、引发，才能达到驱动行为的足够强度。此外，并不是任何需要都能够导致正确、有益的消费行为。有些需要如过度需要、不健康需要等，就不宜进一步诱发和满足，而必须加以抑制或削弱。

第二节　消费动机

一、动机概述

动机（motive）是一个概括性的术语，是对所有引起、支配和维持生理和心理活动的过程的概括。这个词语来源于拉丁语“movere”，意思是“趋向于”（to move）。所有的生物有机体都会趋向于某些刺激而远离某些刺激，这由它们的喜好和厌恶而决定。

（一）动机的含义

动机是人类所有行为的推动力。更正式地讲，**动机是指引起和维持个体的活动，并使活动朝向某一目标的内部驱动力（内驱力）**。因此，动机有两个组成部分：一是内驱力；二是目标事物。内驱力是促使人采取行动以降低内心紧张感的内心紧张状态。目标事物是存在于外界的一种事物，拥有这种事物可以降低人们内心的紧张感。可见，内驱力为人们的行动提供力量，而目标事物则为人们释放力量提供了方向。

（二）动机的功能

动机具有以下 3 种功能：

（1）激活功能，即动机会促使人产生某种行动。例如，大学生到学校来求学，是由学习知识的动机激发起来的。旅游者外出旅游是在其各种旅游动机的直接驱动下发生的。

（2）指向功能，即在动机的作用下，人的行为将指向某一目标。例如，在学习动机的支配下，大学生会到图书馆去看书，到书店去买书。旅游者在旅游动机的指引下奔向旅游目的地。

（3）强化功能，即当活动产生以后，动机可以维持和调整活动。当活动指向某个目标时，个体相应的动机便获得强化因而某种活动就会持续下去，在遇到困难时能予以克服。动机是在需要的基础上产生的，一种需要演化为哪种动机受到环境因素的影响。无论是物质的需要还是精神的需要，只要它以意向、愿望和理想的方式指向一定的对象，并激起人的希望时就可构成行为的动机。

动机虽以需要为基础，但只有需要，并不一定产生动机。动机的产生至少应该具备两个条件：一是需要；二是具有满足需要的对象。当需要处于萌芽状态，客观上缺乏满足需要的对象时，需要只表现为一种意愿或意向。只有当需要被强化到一定的程度，在客观上又有满足的对象时，需要才转化为动机（图 2-1）。

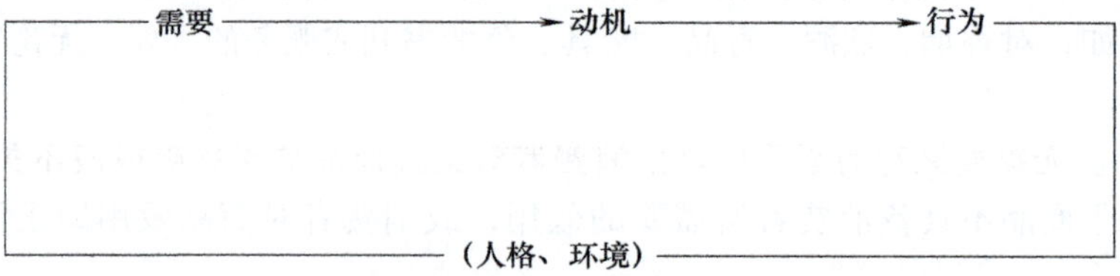

图 2-1　需要、动机与行为的关系

二、消费动机的特征

消费者动机有如下一些特征：

1. 消费动机的原发性

个体缺乏某种东西而产生对某种东西的需求，这种需求推动个体去寻找满足需求的对象，动机就是在这种情况下产生的。就是说，需求使个体产生动机，动机推动个体采取行动。从个体动机产生上看，动机具有原发性特征。对于消费者而言，其内在的需要促使其产生各种消费动机。

2. 消费动机的内隐性

个体的行为是外显的，但支配其行为的动机却是无法直接观察得到的。消费者的消费动机是通过其消费行为推断出来的。例如，消费者入住了高档饭店，我们可以做如下推断：首先他有休息的生理性动机；其次，他可能有追求社会身份、地位，希望得到他人尊重的动机。消费者的动机不是我们观察到的，而是我们根据他的行为和所掌握的知识经验推断出来的。所以说，动机具有内隐性。

3. 消费动机的实践性

动机是行为的内在原因，动机是为行为而存在的。从动机与行为的这种关系上表现出动机的实际特征。动机的这种特征是我们研究它的一个重要原因：了解消费者的消费动机，从而为预测和引导消费者的消费行为提供依据。

4. 消费动机的动态性

动机是与生活经验相互作用而不断变化的高度动态的结构。动机的形成决定于内在的需要和外部环境两大方面因素，当这两种因素发生变化时，个体的动机自然会相应发生变化。外部环境是不可控的，而且人的需要也是经常变化的。这是因为：第一，需要是不可能得到彻底满足的。例如，在固定的时间间隔内，人们就会体验到饥饿需要，这种需要必须得到满足。第二，当过去的需要得到满足时会产生新的需要。由于动机的这种特点，我们就可以通过一些营销手段来影响消费者的消费动机，并继而影响消费者的消费行为。

三、消费动机的分类

一个人复杂多样的动机往往以其特定的相互联系构成动机系统。根据不同的标准，动机可分为以下几类。

（一）按动机的性质分类

根据动机的性质，动机可分为生理性消费动机和心理性消费动机。

1. 生理性消费动机

生理性消费动机来源于人体得以生存和繁衍下去的最基本的生理需要，如对空气、食物、休息等的需要。生理性消费动机具有经常性、重复性、习惯性和相对稳定性的特点。

生理性消费动机在消费者的消费行为中所起作用的大小，与消费者的收入水平与消费结构有直接的联系。在收入水平较低时，其消费活动首先保证满足生理性需要，消费时注重商品和服务的实际效用，而不大考虑其他因素。只有当消费水平达到一定的程度时，生理性消费动机的作用才会逐渐地减弱。

生理性消费动机又可以细分为生存性消费动机、享受性消费动机和发展性消费动机。

（1）**生存性消费动机是为了满足生存需要而激发的购买动机。**生存需要就是人类为了维持自身生存而产生的对基本生活用品的需求。

（2）**享受性消费动机是由于消费者对享受资料的需求而产生的购买动机。**享受资料的需求是人们为了提高生活质量、增添生活乐趣而产生的对各种娱乐、享受消费品的需求。

（3）**发展性消费动机是为满足个体的发展需求而引起的购买动机。**发展需求是人们对发展自己的体力、智力，提高个人才能所必需的消费品的需求，如强身健体、提高技能、增加知识等。

2. 心理性消费动机

心理性消费动机来源于人们的社会环境所带来的需要，如对安全和舒适的需要、被人尊重的需要等。由这些需要驱使的行为动机，来自外部社会，一般通过外界学习而获得。比如，饭店客人在决定住宿、就餐之前，常常伴随着复杂的心理活动，也就是说，他们的消费行为不仅要受到生理性消费动机的驱使，还要受到各种心理活动的支配。这样，心理活动的结果，往往就成为决定消费者消费什么、消费多少、在哪里消费、何时消费的重要因素。与生理性消费动机相比，对于推动消费者的消费行为，心理性消费动机所起的作用有日益增强并逐渐占据主导地位的趋势。

心理性消费动机又可分为感情消费动机、理智消费动机和惠顾消费动机。

（1）**感情消费动机**是指由消费者的情绪和情感变化而引起的心理性消费动机，包括**情绪消费动机**和**情感消费动机**。由消费者的喜、怒、哀、乐、惧、惊等情绪触发的消费动机是情绪消费动机。情感消费动机是由消费者的道德感、理智感和美感等人类高级情感触发的心理性消费动机。例如，有些客人在餐厅设宴，是为了给远道而来的朋友接风洗尘；有的客人购买旅游纪念品，是为了馈赠亲友、增进友谊等。由情绪动机引起的消费行为往往带有冲动性、即景性和不稳定性的特点，它会随着消费者情绪的变化而变化。而由情感动机引起的消费行为则具有相对的稳定性和深刻性，往往反映出消费者的精神面貌。

（2）**理智消费动机是建立在消费者对商品或服务的客观认识基础之上，经过分析、比较之后而产生的一种消费动机。**在这种动机支配下的消费行为具有客观性、周密性和控制性的特点。

（3）**惠顾消费动机是指消费者基于感情与理智经验，对特定的商店、商标、厂牌、商品产生特殊的信任与偏爱而经常、重复地购买的一种动机。**具有惠顾消费动机的消费者往往是企业的忠实支持者，他们不仅通过自己的购买行为给企业带来巨大利益，同时还会把他们的感受、体验情绪传达给其他消费者，从而影响和带动其他消费者的购买行为。

（二）按动机在行为中的作用分类

根据动机在行为中的作用，动机可分为主导动机和辅助动机。在引起复杂活动的各种不同动机中，有的动机强烈而稳定，在活动中起主导和支配作用；有些动机则起辅助作用，只是对主导动机的一种补充。

（三）按动机存在的形式分类

根据动机存在的形式，可以把动机分为显性动机和潜在动机。**显性动机是指动机清晰明确，对当前的行为构成直接的影响。潜在动机则是不清晰明确的，在内在和外部条件成熟的时候才能浮现出来，并对行为产生影响。**

（四）消费者具体的购买动机

以上介绍的是消费者一般的消费动机。在消费者的实际购买活动中，还表现出以下各种不同的具体的购买动机。

（1）**求实动机。它是指消费者以追求商品或服务的使用价值为主导倾向的购买动机。**在这种动机支配下，消费者在选购商品时，特别重视商品的质量、功效，要求一分钱一分货，而对商品的象征意义、商品的造型与款式等不是特别强调。

（2）**求新动机。它是指消费者以追求商品、服务的时尚、新颖、奇特为主导倾向的购买动机。**在这种动机支配下，消费者选择产品时，特别注重商品的款式、色泽、流行性、独特性与新颖性，而产品的耐用性、价格等则成为次要的考虑因素。一般而言，在收入水平比较高的人群以及青年群体中，求新的购买动机比较常见。

（3）**求美动机。它以追求商品的欣赏价值和艺术价值为主要目的，注重商品的颜色、款式、包装等外观因素，讲求商品的风格和个性化特征的美化所带来的美感享受。**求美动机在受教育程度较高的群体以及从事文化、教育等工作的人群中是比较常见的。据一项对近400名各类消费者的调查发现，在购买活动中首先考虑商品美观、漂亮和具有艺术性的人占被调查总人数的41.2%，居第一位。而在这中间，大学生和从事教育工作、机关工作及文化艺术工作的人占80%以上。

（4）**求名动机。它是指消费者以追求名牌、高档商品，借以显示或提高自己的身份、地位而形成的购买动机。**当前，在一些高收入层、大中学生中，求名动机比较明显。求名动机形成的原因是相当复杂的。购买名牌商品，除了有显示身份、地位、富有和表现自我等作用以外，还隐含着减少购买风险、简化决策程序和节省购买时间等多方面考虑因素。

（5）**求廉动机。它是指消费者以追求商品、服务的价格低廉为主导倾向的购买动机。**在求廉动机的驱使下，消费者选择商品以价格为第一考虑因素。他们宁肯多花体力和精力，多方面了解、比较产品价格差异，选择价格便宜的产品。相对而言，持求廉动机的消费者对商品质量、花色、款式、包装、品牌等不是十分挑剔，而对降价、折让等促销活动有较大兴趣。

（6）**求便动机。它是指消费者以追求商品购买和使用过程中的省时、便利为主导倾向的购买动机。**在求便动机支配下，消费者对时间、效率特别重视，对商品本身则不甚挑剔。他们特别关心能否快速方便地买到商品，讨厌过长的候购时间和过低的销售效率，对购买的商品要求携带方便、便于使用和维修。一般而言，成就感比较高、时间机会成本比较大、时间观念比较强的人，更倾向于持有求便的购买动机。

（7）**模仿动机。它是指消费者在购买商品时自觉不自觉地模仿他人的购买行为而形成的购买动机。**模仿是一种很普遍的社会现象，其形成的原因多种多样。有出于仰慕、钦羡和获得认同而产生的模仿；有由于惧怕风险、保守而产生的模仿；有缺乏主见，随大流或随波逐流而产生的模仿。不管缘于何种原因，持模仿动机的消费者，其购买行为受他人影响比较大。一般而言，普通消费者的模仿对象多是社会名流或其所崇拜、仰慕的偶像。

（8）**好奇购买动机。它是为满足自己的好奇心而产生的购买动机。**好奇心是每一个人都有的一种心理现象。当人们对于面前的事物不是很理解，觉得新鲜有趣或者感到奇怪时，人们就会产生想要了解它、尝试它的愿望，并进一步产生购买行为。

（9）**好癖动机。它是指消费者以满足个人特殊兴趣、爱好为主导倾向的购买动机。**其核心是为了满足某种嗜好、情趣。具有这种动机的消费者，大多因为生活习惯或个人癖好而购买某些类型的商品。比如，有些人喜爱养花、养鸟、摄影、集邮，有些人爱好收古董、书画，还有人好喝酒、饮茶。在好癖动机支配下，消费者选择商品往往比较理智，比较挑剔，不轻易盲从。

四、消费动机的冲突与受挫

动机是有方向性的。也就是说，人们会因为某些动机而采取某些行动，也会因为某些动机而规避某些行为。因此，人们经常会面临动机冲突或受挫的情况。

（一）消费动机的冲突

对于消费者来说，最典型的动机冲突就是一个人的购买力（收入）的有限性与欲望（希望购买的东西）的无限性之间的冲突。

心理学家勒温提出 3 种类型的动机冲突，每一种类型都包含心理立场上两股相互对抗的力量。

（1）趋避冲突。当同一个目标既能够满足我们的需要、对于我们有吸引力，同时又会给我们心理上带来威胁、对于我们有某种伤害性的时候，趋近这一目标和逃避这一目标的动机同时存在，并相互冲突，这就是趋避冲突。它是我们日常生活中遭遇最多而又最难解决的一种冲突。

（2）双趋冲突。当我们在有目的的活动中同时存在两个目标，并且这两个目标对我们具有相近的吸引力，使我们有相近强度的趋近动机，但又由于各种原因的限制，必须放弃其中一个目标的时候，就会在心理上产生难以作出取舍的内在冲突，这就是双趋冲突。

（3）双重趋避冲突。当同时有两个目标与我们发生联系，而每一个目标既可以有益于我们，同时又会不利于我们的时候，就出现了双重趋避冲突。比如，当我们面临两种工作选择，一种有利于事业而不利于生活，另一种则有利于生活而不利于事业，这时我们就面临着这种双重趋避冲突。

（二）消费者的挫折处理

当消费动机无法得到满足时，消费者就会产生挫折感。通常情况下，消费者对于挫折的处理方式不外乎两大类：目标替代与心理防卫机制。

目标替代是指消费者会选择一个替代性的目标来代替原先所无法达成的目标。“退而求其次”就是典型的目标替代。例如，某消费者想在某高档社区买房子，然而房子已经卖完了，他只好在临近该社区的地方买一所房子。

另一类的处理方式就是启用心理防卫机制。当某种冲突导致焦虑出现时，我们的心理活动会自然地、无意识地运用歪曲、夸大、补偿、否认、升华等方法来平息内心焦虑，继续维持自我同外部世界的满意关系。**心理活动的这种避免焦虑、恢复情绪平衡与稳定的自我保护倾向，就是心理防卫机制。**

消费者经常采用的心理防卫机制主要有以下几种：

（1）合理化作用。合理化作用也叫文饰作用。它是人们日常生活中运用最多的心理防卫机制之一。当人们的行为或动机的结果不符合社会公认的价值标准，或是自己的意愿、目的不能实现时，为了减轻因自己的价值得不到确立所带来的焦虑情绪，人们会为自己寻找一个“合理的”解释，以便使自己的所作所为看起来合乎逻辑或与社会要求不相违背。

（2）补偿作用。当一个人由于自己某些方面的不足，如形象不佳或身体有残疾时，为了弥补由于这些不足所带来的自我价值缺失，他会在其他方面加倍努力，力求出类拔萃，以求得心理上的平衡，保持自我价值确立感。这种心理的自我防卫机制，就是补偿作用。比如，眼睛近视、体质弱而无法在运动场上驰骋的学生，常常会在学习上加倍努力。

（3）升华作用。日常生活中常常有这样的现象：对于许多社会所不允许的欲望或动机，若是直接表现，将会受到严厉的责罚和自我谴责，引起痛苦的情绪体验；但是，若以社会允许的方式表现出来，却可以受到社会的欢迎，自己的良心也可以得到慰藉。这种以社会允许的方式来表现社会所不接受的欲望或动机，既释放心理能量又不用担心受到责罚的心理防卫机制，就是升华作用。

(4) 投射作用。对于自己身上所具有的带有强烈的自我价值否定性的欲望、动机、态度和个性特点，人们的意识经验常常是不能接受的。人们不能忍受自我价值被严重否定时所引起的焦虑情绪折磨。因此，心理防卫机制会发生作用，使人们无意识地将这些自己所不期望的东西投射到别人身上，使自己觉得是别人具有这些欲望、动机、态度和个性特点，而不是自己具有，由此来消减自我价值被否定的恐惧，维持自己的心理平衡。日常生活中所说的“以小人之心，度君子之腹”，就是典型的投射作用。

(5) 反向作用。在通常情况下，个人行为的方向与其动机的指向是一致的。行为会直接反映人们的需要和动机。但是，当人们具有了某种与社会期望不相符合的动机时，这种动机会引起强烈的受责罚的焦虑情绪。为了避免焦虑，人们不是直接做出与这种动机相对应的行为，而是做出与这种动机相反并与社会期望相符合的行为。这样就可以掩盖自己原有的动机，消减由此产生的焦虑。这种行为表现与社会期望保持一致而与始发动机相反的心理防卫机制，就是所谓的反向作用。

(6) 自居作用。在现实生活中，有些人由于缺乏某些显示自我价值的重要特征，如美貌、成功、地位等，他们会通过将自己比拟成某个貌美、成功或高地位的人，借此在心理上分享他人的优点，消减因自我价值得不到确立所产生的焦虑，维护心理上的平衡。个体为了消减由于缺乏某些显示自我价值的重要特征带来的焦虑，而把自己比拟成在这些方面具有优势的某个人的现象，称为自居作用。

五、消费动机的激发

人类的基本需要以及好奇心等是人们产生消费行为的内在动力，也可以说是主观条件，但如果不具备一定的客观条件，人们的消费行为最终也不会发生。因此，从市场营销工作的角度，不仅要了解人们的消费行为产生的主观原因，还要了解影响消费动机的外在因素以及如何激发消费动机。

（一）影响消费动机的因素

影响消费动机的外在因素很多，这里主要介绍以下3个方面。

1. 商品本身的因素

由于消费者具有不同的爱好、兴趣、个性和经济条件，因此在购买过程中所表现出来的购买动机也是多种多样的。但是，所有的动机都是在外部刺激之下产生的，并有一定的目标指向，这就是一定的商品和服务。不同特点的商品与一定的购买动机是有内在联系的，产品的功能直接决定消费者的购买动机。从消费者对商品的期望和要求可以看出他们的购买动机，同时从市场销售的各种商品的畅销程度也可以分析、判断出消费者比较集中的购买动机。商品功能的设计原则（包括核心功能和附加功能、衍生功能）就是要尽量满足目标市场上顾客的需要。受市场欢迎的商品一定与消费者的购买动机相吻合。

2. 社会因素

社会因素主要是指一个国家或地区的经济状况、文化因素以及社会风气等方面。

首先，一个国家或地区消费水平同这个国家或地区的经济水平成正比。只有当整个国家或地区的经济发达时，人们才有足够的购买力。特别是对于一些高消费活动来说，这种经济基础就显得更重要。有关统计资料表明，当一个国家或地区人均国民生产总值达到800～1000美元时，国民将普遍产生国内旅游动机；达到4000～10000美元时，将产生国际旅游动机。

其次，文化因素可以影响消费者的购买动机。比如，消费者的文化背景、所受的教育程度，会影响人们对不同品位商品的偏好。另外，随着大众传媒在社会生活中的影响越来越大，它在指导消费、引领时尚方面时时激发消费者的购买动机。

最后，社会风气也能影响人们的消费动机。同事、朋友、邻居的消费行为与经历往往能够相互感染，相互效仿。

此外，消费习俗、参照群体、观念定势、消费理念等社会因素都可以对消费者的购买动机产生影响。

3. 自然因素

在研究消费者的购买动机时，还有一个不可忽略的因素就是自然因素。自然因素包括的范围很广，既有民族和种族因素，又有地理因素、性别因素、健康因素，甚至体形因素也会对购买动机产生影响。从地理因素来说，比如我国南方与北方气候差异较大，因此，南方人与北方人在穿、吃、家具等消费方面存在一定的差异。再比如，健康因素也可以影响人们的购买动机。一般地，身体健康的人或不受遗传病、地方病、职业病等威胁的人，在他们的消费结构中用于保健、安全、药品等方面的费用支出较少，他们也较少有购买这方面商品的动机。反之，体弱多病或受到一些职业病、地方病威胁的人，不仅在保健、药品等方面的费用支出较高，而且还要为此而积蓄一笔资金，以备将来之需。

（二）消费者购买动机的激发

激发消费者的购买动机，就是要通过提高人们的消费积极 性，刺激消费者的兴趣，以促使潜在消费者积极地参与到消费活动中去。因此，企业只有从积极有效的宣传、努力开发有特色的商品、提高服务质量、注重市场购物环境等方面入手，才能有效地激发消费者的购买动机。

（1）努力开发有特色的商品。根据赫茨伯格的双因素论，当某种商品的质量、性能、价格等因素能得到满足时，消费者只能处于没有不满意状态；而消费者真正对商品感到满意的是该商品具有的动机作用因素，如赋予商品以某种情感、设计独特、风格优雅等。因此，企业在设计与开发新产品时，要注意突出商品的个性，努力做到以人为本，以商品本身的吸引力来打动消费者。

（2）利用广告宣传，向消费者传递信息。广告宣传是最常用的营销手段之一，特别适用于强化企业和消费者之间的沟通，能高效率地向目标顾客传递有关企业和商品的信息。因此，在现代社会生活中，广告无处不在，无时不在。但无论广告包括什么内容、采取哪种形式，都要通过文字、图像、色彩、音乐等向消费者传递商品信息，使广告诉求引起消费者的兴趣，激发他们的购买欲望。

广告能否发挥作用，产生效果，首先取决于它能否引起人们的注意。一般地，强烈的声响、对比鲜明的色彩或变化强烈的事物、反复不断出现的事物以及诱发人感悟的文字或事物，容易引起人们的注意。

其次，通过商品广告激发消费者的购买欲望，要注意广告宣传的核心内容。一般地，广告宣传的核心内容主要包括产品性能、品牌形象、服务特色以及价格优势等。比如，价格广告的核心是通过广告宣传传播有关产品价格的信息，激发消费者求廉、求实的动机，提高购买欲望。特别是针对价值较高的产品和价格心理敏感的消费者群，价格广告的促销作用十分明显。

（3）购物环境和营业员的服务水平对消费者购买动机的诱导作用。消费者都是带有一定动机和欲望走进商店的。但进商店的消费者并没有全部实现购买。据日本三越百货公司的调查，进店的顾客只有20%发生购买行为。这是由于消费者的欲望有两种：一种是“意识的欲望”（即现实需求），即有明确购买目标的消费者；另一种是“潜在的欲望”（即潜在的需求），即没有明显意识到需要某种商品。有潜在欲望的消费者，常常由于外界的刺激而由一个看客变为一个买者。

六、一些主要的动机理论

动机来自于未满足的需要，所以动机理论也包含了对需要的探讨。有关动机的理论有很多，这些理论从不同角度探讨了人们行为的根本原因。

（一）马斯洛的需要层次学说

1960 年马斯洛在他的著作《动机与人格》中即提出了需要层次学说的理论。他把人的需要分为 5 个层次，即生理需要、安全需要、归属和爱的需要、自尊的需要、自我实现的需要。这 5 个需要层次中排在前面的需要层次应该首先予以满足。1970 年左右，马斯洛修改并补充了他 10 年前所提出的 5 个需要层次，认为人们还有“认识和理解的需要”“审美的需要”，并且把第一、第二层次的需要归为基本的需要层次。国内一些资料引用他的观点时，忽略了他修改的内容，这一点必须注意。

这七大类需要的具体表现分别介绍如下。

（1）生理需要。简单地说，生理需要就是指人们日常生活中穿衣吃饭、解决温饱等类型的需要。引用马斯洛的语言，生理需要是指维持人们体内的生理平衡的需要。当生理方面的需要没有满足时，生理需要是驱使人们进行各种行为的强大动力；当生理需要得到一定程度的满足之后，人们才会产生下一个层次的需要。

生理需要是人们最基本的需要，因此而消费的商品不仅数量大，而且这种需要具有永久性的特点，商品供应必须绵延不断。这就为食品、饮料、服装等行业提供了长久的市场潜力。

（2）安全需要。当生理需要得到了一定程度的满足之后，人们最需要的是周围环境不存在威胁生存的因素，需要生活环境具有一定的稳定性和法律秩序，即需要生活在有一定安全感的社会里。

从满足安全需要的角度上看，所消费的商品类型比较复杂。比如，为了个人安全而购买的自卫防身用品，为了保护家庭财产而购买防偷防盗保安用品，为了得到人身与家庭财产的安全感而购买人寿险与家庭财产险服务等，这些市场的规模都比较大。当然，不同国家的人对于保安商品的消费有不同要求。比如，中国不允许私人购买、收藏枪支用品，而美国等一些国家（或某些州）却允许。

（3）归属和爱的需要。在生理需要和安全需要得到一定程度的满足后，人们会强烈地需要自己的朋友、爱人、亲人等的关怀，需要在一个团体中找到一种归属感，需要被人爱护。如果这种需要不能得到满足的话，人们会强烈地感到孤独、被抛弃。在这种需要的驱使下，人们会去主动地与人交往。

归属与爱的需要反映为人们交朋结友、参与社交活动，以及赠送礼品、公共场所的娱乐消费等方面。生活水平在逐渐提高，生活节奏越来越快，人际交往的需要更加强烈，这类商品市场的发展越来越大，这是全世界范围内的发展趋势。

（4）自尊的需要。有了朋友和亲人之后，人们还需要他人及社会对自己的良好评价，希望自己的实力、成就得到承认，从社会上得到个人的荣誉和威信，还需要有自信心，能拥有个人的自由和独立性，能胜任工作和任务等。

为满足自尊需要而消费的商品包括名牌名贵商品、稀有商品，以及美化自我形象的美容化妆品、服装服饰品等。

（5）自我实现的需要。如果以上 4 个方面的需要得到了较好的满足，就可能激发一种最高层次的需要，即实现自我价值和发挥自我潜在能力的需要。

马斯洛在描述自我实现者的特征时，认为这些人可能不在意所消费的商品，所消费的商品也可能具有独特性。比如为了实现摄影方面潜能，消费者必然购买与摄影有关的器材、用具等；为了发挥绘画方面的潜能，必须购买与绘画有关的材料。一些普通消费者购买专业性商品，多数是为了满足自己在某一领域的兴趣与爱好。

（6）认识和理解的需要。这是人人都具备的一种基本需要，即人们对于各种事物的学习和尝试的需要。马斯洛由人们对安全需要的前提出发，推论出人们进行学习和探究的最终目的是获得生活和生存的安全，并取得安全的方法。洞察事物的奥秘、满足认识事物的需要是一种令人欢快和幸福的事情，学习和探究事物的奥秘也是智者实现自我价值的一种方式。好奇还是儿童的一种天性，儿童从其好奇的事物中得到最大的快乐。

（7）审美的需要。人们对于美的需要也是一种基本的需要。比如，希望行动的完美，对于事物对称性、秩序性、闭合性等美的形式的欣赏，对于美的结构和规律性的需要等，都是审美需要的表现方式。

马斯洛解释了不同层次的需要是如何得以满足的，概括起来主要有如下一些要点：不管是较低层次的生理需要，还是较高层次的自我实现需要，人们对于这些需要可能有一定程度的意识，也可能没有意识。

生理需要和安全需要是人们最基本的需要，一般来说，当最基本的需要没有满足时，这些需要会具有强大的驱使力，驱使人们去进行各种行为来满足最基本的需要，只有当这些最基本的需要得到了一定程度的满足时，其他高层次的需要才会出现。但是要满足最基本的需要即生理需要和安全需要，也还有一些前提做保证，如人们在日常生活中的言论自由、行动自由、得到信息的自由、防卫自由，以及所处的集体中存在正义感、有一定的秩序和诚实。这些条件是满足基本需要的前提，如果不具备这些前提，满足最基本的需要也会出现威胁。

在前 5 个层次的需要中，低一层次的需要只要有了相对程度的满足，即可以出现较高一层次的需要，较高一层次的需要也只要得到相对程度的满足，即可以出现更高层次的需要。也就是说，低一层次的需要不是要得到 100% 满足后才出现高一层次的需要，而可能是在得到了 75%、60%，甚至只是 50% 的满足时，即可以产生更高一层次的需要。

某一层次的需要不被满足的话，这种需要会强烈地驱使人们实施各种行为，去满足这种需要。在这一需要未得到满足之前，这种驱使力处于优势状态（又称优势需要），一旦需要得到满足，优势需要不再驱使人们进行相应的行为。需要满足有时会出现颠倒的现象，即使低层次的需要没有得到满足，也会直接出现高一层次的需要。比如，有些才智卓杰的人甚至直接以自我实现这一最高层次的需要来作为自己的目标。

从心理健康的角度上讲，挫伤人的重要需要，尤其是最基本的需要或者与最基本的需要有关的需要，会导致严重的心理疾病。

（二）麦克利兰的习得性需要理论

戴维·麦克利兰对 4 种基本的习得性需要——成就、合群、权力和独特性或新颖性的需要——激发人们的观点进行了重要的研究。那些有着强烈的成就动机的人努力寻求进步，争取成功，并承担解决问题的责任。合群需要反映了人们交友、成为团体中的成员和与他人亲近的需求。那些有着强烈的合群需要的人倾向于将和他人在一起的愿望摆在对成功的需要之前。权力需要是指获得和行使对他人的控制权的愿望，其目的是要影响、指导或可能统治他人。根据麦克利兰所说，权力需要可能有两种方向。它可以是积极的，导致有说服力的、令人鼓舞的权力，也可能是消极的，导致要求他人屈服的统治欲。最后，独特性需要是指渴望被别人认为自己是不同的且独一无二的。

一些研究调查了麦克利兰的观点和消费者行为之间的关系。例如，近期的一项研究调查了制作个人主页的动机，结果和麦克利兰的习得性需要理论相一致：在可能的动机阐述中，74%的人符合习得性需要中的某一个。最常被确认的两个动机是合群需要（通过个人描述和社会接触）与权力需要（通过掌握技术）。令人惊奇的是，不到25%的人将独特性需要作为最主要的动机，不到20%的人把对成就的需要作为主要动机。

麦克利兰的研究明确地预示，可使用源于4种动机中的某种动机主题开发产品广告。在使用麦克利兰分析的4种需要时，管理者可以通过市场调查评估目标市场的主要动机，然后开发广告主题来激活这一动机，它将反过来影响态度、信念和行为。

（三）经典性条件反射

通过经典性条件反射的过程，可产生一种动机状态，导致消费者的各种行为，包括对广告的反应更积极，形成对产品的肯定态度，在餐馆或杂货店里购买更多的食品，使用食用卡购买更多东西。在经典性条件反射里，一个中性刺激（如产品品牌名称）是和一个可导致反应的刺激相伴的。通过相伴的重复，这个中性刺激就具备了导致反应的能力。

俄国心理学家伊万·巴甫洛夫在研究狗的时候发现了经典性条件反射的原理。这些狗每次看到食物（刺激）时都会开始分泌丰富的唾液（反应）。食物的刺激反射性地导致了分泌唾液的反应。当喂狗之前总是先摇铃，这些狗听到铃声就会开始分泌唾液。因此，这个中性的刺激（铃声）开始激活一种反应（分泌唾液）。

当经典性条件反射发生时，一个先前的中性刺激（称为条件刺激或CS）在导致反应的刺激（称为非条件刺激或UCS）的伴随下多次重复。在这种成对出现的环境里，CS需要出现的UCS之前，这样它可以预报UCS的出现。在多次相伴出现之后，能够导致一种非条件反射的能力就传递给了CS。由CS引起的反应称为条件反射（CR）。经典性条件反射的研究强调，仅仅是CS和UCS配对出现（或时间上接近）还不足以获得经典条件反射。条件反射来自于CS和UCS间包含的信息关联。CS要提供有关UCS的信息，它必须能预报UCS的出现。图2-2描述了这种关联。为了出现最理想的条件反射，CS应在时间上略早于UCS。在巴甫洛夫的实验中，铃声（CS）在时间上先于食物（UCS）。

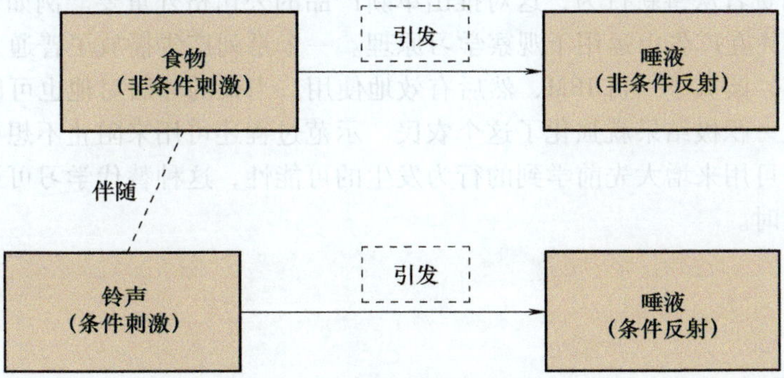

图2-2 经典性条件反射

研究人员发现有各种刺激可能导致消费者的条件反射。例如，音乐可以通过经典性条件反射的过程影响消费者。在一项试验中，一家食品杂货店播放的音乐节拍在9个星期的时间内各不相同。不同时间内在店里的消费者或听不到音乐，或听到慢节奏音乐，或听到快节奏音乐。当测量顾客的移动速度时，发现快节奏条件下消费者的步子比慢节奏条件下要快得多。有趣的是，在慢节奏的条件下的日销售量比快节奏高出38%。

这些结论表明购物者可能对音乐产生了经典性条件反射。快节奏的音乐导致了顾客快速迈步的反应，而快步又抑制了购买。在对一家餐馆的试验中也发现了类似的结果。当播放慢节奏的音乐时，顾客在餐桌旁呆的时间较长且从吧台购买的东西更多。

（四）操作性条件反射

操作性条件反射是指行为结果更改该行为出现的频率的过程。当消费者产生某一行为时，如购买一件产品，行为的结果将改变这一行为再次发生的可能性。如果行为得到了正面的强化——例如产品性能好或朋友称赞这次购买成功——消费者再次购买的可能性就会增加。如果行为受到了惩罚，例如产品坏了或朋友嘲笑这次购买，消费者再次购买的可能性就会降低。强化和惩罚因素是能够戏剧性地影响消费者行为的强烈因素。

操作性条件反射的概念在消费者行为和营销管理中有广泛的应用。对能够影响消费者购买或使用产品或服务的强化应变性进行分析尤其重要。对强化应变性的研究指的是分析所有伴随着产品购买的强化和惩罚因素。强化或惩罚的出现与消费者行为之间的关系或应变性，能够影响消费者行为再次出现的可能性。例如，某消费者进入一家快餐店，餐馆清洁度、排队速度、雇员的礼貌程度以及食品的质量和价格都会成为强化或惩罚因素。

（五）替代学习

替代学习，又称观察学习，是指人们观察他人的行为以形成“行为模式”的现象。

从观察学习理论中可得出3种重要观点。首先，观察学习理论者将人们看成是能够预见其行为结果的象征体，人们预见未来并据此改变他们的行为。其次，人们拥有规范自己行为的能力。通过自我规范过程，人们以感觉自责或自足的方式来提供自我的回报或惩罚。最后，人们通过观察他人的行为和行为的结果进行学习。社会学习理论者尤其强调榜样对通过观察学习传播信息的重要性。

榜样是人们努力模仿其行为的某个人。在下列情况下，榜样的有效性将会增加：①榜样外表迷人；②榜样是可信的；③榜样是成功的；④榜样和观察者相似；⑤榜样克服了困难并取得成功。

榜样能够使消费者从事新行为，这对推出革新产品的公司格外重要。例如，为了扩大个人计算机的吸引力，IBM在广告中运用了观察学习原理。一个系列广告播放了普通人，如一个农民进入一家计算机商店，购买了一台IBM，然后有效地使用。当他的邻居对他也可以使用这样一台计算机而吃惊时，这一积极结果就强化了这个农民。示范过程还可用来阻止不想要的行为，如使用毒品。最后，榜样可用来增大先前学到的行为发生的可能性，这种替代学习可运用于企业为某产品或服务重新定位时。

典型案例　驱蚊产品　借儿童提身价

近日，国家质检总局对称“供儿童使用”的22批次驱蚊产品进行质量安全监测，结果有14批次存在问题，此消息引发媒体热议的同时，也引发了消费者的担忧：市面上的儿童驱蚊产品安全性究竟有多高？

业内人士表示，驱蚊产品并没有成人、儿童的正式划分，所谓的儿童驱蚊产品也没有相应的“国标标准”，不少商家只是借着“儿童专用”“绿色安全”“成分温和”等营销概念来提高产品价格，不少品牌主打的“植物配方”“纯天然”等概念，更多的是为了迎合消费心理，以提高产品身价。

1. 市场观察——儿童产品拼天然

8月9—10日，记者分别走访了位于北京市海淀区的家乐福定慧桥店、朝阳区的世纪华联广渠门外大街店以及丰台区的物美大卖场玉蜓桥店。在各综合超市的驱蚊产品销售区记者看到，不少儿童专用的防蚊液、驱蚊贴、电热蚊香片、驱蚊手环等产品成为入夏以来的热销品。

在走访中记者还看到，市面上儿童驱蚊产品多打着“天然绿色成分”“安全无刺激”“纯净无污染”“长效驱蚊”等口号宣传。与普通类驱蚊产品相比，“儿童专用”产品大多不含DEET（避蚊胺）、驱蚊酯等农药驱蚊成分，以“纯绿色植物精华”驱蚊成为不少品牌产品的主打概念。“儿童专用的驱蚊液没有避蚊胺等对人体有害的物质，里面添加了植物精油，用的是天然绿色配方，对皮肤没有一点刺激，儿童使用起来更安全”。家乐福定慧桥店的有关工作人员向记者推荐一款儿童驱蚊液时这样介绍。

在对比了多款驱蚊产品后记者看到，和普通驱蚊产品相比，儿童驱蚊产品的主要成分差别不大，但零售价格差别很大。市面上受热销的普通驱蚊液的价格多集中在15～50元/瓶，而热销的儿童型驱蚊产品的价格从50～100元不等。比如，某品牌的一款儿童驱蚊液的市场价格为88元/100ml，而同等容量的另一品牌驱蚊液零售价格为19.9元，价格差达4倍。

2. 消费之声——绿色成分更放心

在走访过程中，记者随机采访的多数消费者表示，自己选购儿童专用驱蚊产品的原因主要是受到驱蚊效果、质量安全、气味有无刺激性等因素影响。尽管儿童驱蚊产品的零售价格比普通驱蚊产品高，但所含的绿色成分能够令人更放心。

“给孩子买的，一定要是最好、最安全的。”家住朝阳区九龙花园的消费者冯女士在接受记者采访时表示，更愿意选购儿童专用的驱蚊产品，“价格高一点，安全性就更有保障一些，最起码对孩子身体没有坏处”。

“当然要买儿童专用的，有害物质更少、气味更温和一些。”在京从事电视包装的消费者冉女士在采访中提到，市面上儿童驱蚊产品种类繁多，方便对比选择，而且产品添加的避蚊胺、驱蚊脂等成分的含量较少，更适合儿童使用。“最近家里用的是一款纯天然植物精华的驱蚊液，一瓶的价格就近百元，但是用起来舒服、安全，让人更放心。”

3. 业内分析——多为宣传噱头

“现在的消费者在选购驱蚊产品时，不会单纯地考虑使用效果，产品安全性也越来越重要。”业内人士在接受记者采访时提到，近年来儿童专用的驱蚊产品大量涌现，含有化学物质的驱蚊用品逐步受冷，消费者观念的转变，使得市面上那些采用植物配方的温和型驱蚊产品备受青睐。

4. 数据说话——超七成消费者看重儿童驱蚊产品安全性

驱蚊产品选购因素分析：据问卷星进行的一项有关驱蚊产品的市场调查结果显示，消费者在选购儿童专用的驱蚊产品时，主要考虑的因素（按占比大小排序）分别为：效果80%、安全性73.33%、气味56.67%、价格33.33%、品牌26.67%、使用方式20%。由此可见，产品的实际驱蚊效果最受重视，其次是儿童驱蚊产品的安全性，品牌、价格等因素对消费者选购行为的影响力不大。因此，不少商家纷纷利用消费者对驱蚊产品使用效果和安全性的期待，频频推出高价的儿童驱蚊产品，使得该细分市场不断扩张。

案例讨论：儿童驱蚊产品如何发展才能满足消费者的需求？

资料来源：肖琼.《消费日报》.2014-08-12，第A03版（引文有删改）

思考与训练题

1. 消费需要如何进行划分？

2. 消费需要的特征和形态各是什么？
3. 举例说明 3 种类型的动机冲突。
4. 影响消费者购买动机的因素有哪些？
5. 如何激发消费者的购买动机？举例说明。
6. 举例说明如何理解经典性条件反射、操作性条件反射理论。

第三章　消费者态度

本章提要

消费者态度是介于消费者所受刺激与反应之间的中介因素，它通常被认为是由3种成分构成的，即认知、情感和行为倾向。大量的事实和研究证明，消费者态度影响其行为，但由于在许多情境中有大量的中介变量介入，使它们的关系显得很复杂。本章主要介绍了转变消费者态度的方法，消费者态度的测量，以及如何通过量表法及其他常用方法来了解某一消费者或消费者群体对某些问题的看法等。

引例

红叶超市营业面积260m^2，位于居民聚集区内的主要街道上，附近有各类商场和同类超市。其营业额和利润虽然还过得去，但是与同等面积的商场相比还是不理想。经过对红叶超市购物环境的分析，得知原来是红叶超市为了充分利用商场的空间，柜台安放太多，购物高峰时期就会造成拥挤，顾客不愿入内；商场灯光暗淡，货架陈旧，墙壁和屋顶多年没有装修，优质商品放在这种背景下也会显得质量差、档次低。为了提高竞争力，红叶超市进行了整修，效果是：头一个星期的销售额和利润比过去增加了70%；可是随后的销售额和利润又不断下降，半个月后又降到了以往的水平，一个月后低于以往的水平。为什么出现这种情况呢？观察后发现，有些老顾客不来购物了，增加了一批新顾客，但是新增的顾客没有流失的老顾客多。调查表明，顾客认为购物环境是好了，商品档次也提高了，但商品摆放依然不太合理，同时商品价格也提高了，别的商店更便宜些，一批老顾客就到别处购买了。听到这种反映，红叶超市的经理感到诧异，因为总的来说，红叶超市装修后商品的价格并未提高，只是调整了商品结构，减少了部分微利商品，增加正常利润和厚利商品，其价格与其他超市相同。

思考：消费者的态度为什么会发生转变呢？

第一节　消费者态度概述

态度是管理活动中随时可见的一种心理现象。例如，有的人对工作认真负责、一丝不苟，有的人却马马虎虎、得过且过；对待同一事物，有的人赞同，有的人反对；对于某一问题，有的人持正确态度，有的人持不正确的态度或者无所谓的态度。这些都在很大程度上决定了人们的工作行为和生活方式。

由于消费者的社会生活条件不同、经历各异，从而形成了各自不同的个性、思维方式、世界观、信念等，这些都相应地表现在消费者各种不同的态度上面。研究消费者心理及其购买行为，有必要研究消费者态度的概念、结构、特征、作用。

一、消费者态度的概念

（一）态度

态度是个体对一定对象所持的评价和行为倾向。在心理学中，斯宾塞（H. Spencer）最早使用这一术语，他认为态度是把判断或思维引导到一定方向的先有倾向，它与**“心理定势”（Mental Set）**概念相接近。实验心理学家往往把它理解为**“运动定势”（Motor Set）**“心理历程”，即反应前的倾向或准备。由于个体后天形成的结构化的态度具有肯定、否定或积极、消极之分，它在个体生活中起着定向的作用。

社会心理学家罗森贝格（K. M. Rosenberg）分析了态度的这种内在心理因素，显示出态度作为中介因素与刺激、反应之间的关系，如图 3-1 所示。

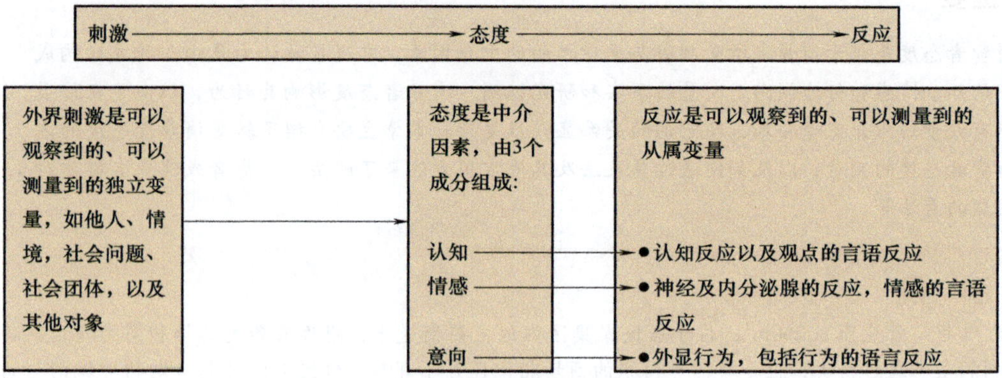

图 3-1 态度模式

从图 3-1 中可以看到，一个人的态度可以从刺激与反应两端来进行观察。态度的认知成分的反应表现在他们观点与语言中，情感成分则有生理与语言上的反应。外显的机体行为是可以直接观察得到的，外界刺激包括问题的情景、他人态度等因素也是可以观察到的，因此，态度是可以分析了解的。由于刺激与反应是一个变量，因此，了解这一个变量即可了解态度转变的历程。

（二）消费者态度

消费者态度是消费者对某一种（类）商品或服务所持的评价观点和行为倾向，它是由认知、情感和意向（即行为倾向）3 个因素构成的持久而稳定的消费者个体内在心理结构，是调节外界刺激与消费者个体反应之间的中介因素。在消费心理学中，研究消费者态度的目的就是为了使消费者态度得以改善，同时调整营销者自己的态度，以有利于提高顾客满意程度、改善企业营销业绩、提高企业经营管理水平。

二、消费者态度的结构

消费者态度是消费者的一种内在的心理结构，它由认知、情感和意向 3 种成分组成。

消费者态度的认知成分，是指消费者对态度对象的评价。它包括消费者对特定对象的认识与理解以及赞成或反对。消费者对客观事物的认识是通过感觉、知觉、思维等认识活动来实现的。然后，消费者平常认识的世界，不一定就是真实的客观世界，而往往是依消费者自己的看法所构成的认知世界（主观世界）。在消费者认知这一内部心理结构中，既包含着认知者（即消费者）的个体认知成果，也包含着他所处社会的群体认知成果。而且这两部分是作为完整的稳定的认知系统去再认知一切事物的。

消费者态度的情感成分，是指消费者个人对于态度对象的情感体验。情感是人对客观事物与人的需要的关系反应。当外界事物作用于消费者时，如果符合其主观的需要或认知体系，他就会采取肯定的态度，这时会产生喜爱、满意、愉快、尊敬等内心体验；如果不符合其主观的需要或认知体系，则会采取否定的态度。消费者态度的情感表现成分，不同于情感的认知或意向表现成分，前者不是单纯反映态度对象本身，也不是由对象引起的意向行动趋向特征，而是以内心“体验”的特殊形式反映态度对象与消费者需要之间的关系，这种反映带有肯定与否定、愉快与悲伤的两极性特征。

消费者态度的行为倾向，是通过消费者的意志行为表现出来的，它支配与调节着消费者的行为倾向，接近、疏远或者保持距离，三者必具其一。**从内部心理肯定与否定行为并在行动中表露态度的意向，这就是态度的又一不同的表现。**

作为刺激与反应之间的中介变量，消费者态度可以转化为外显的行为并使其具有不同的趋向。但是，绝不能把消费者态度与行动之间的关系简单化，认为消费者态度与行为之间是机械的单一因果关系。不少社会心理学的研究指出，行为与态度的相关性并不是只存在着高度相关，有些行为与态度无关或极少相关。另有一些研究则证明，态度只与多重行为存在高度相关，而对单一行为的相关度则较低或不相关。例如，某被试者对于“能说会道”的人总是表现出轻视的态度，但是这绝不能否定他可能对某个为他服务的“能说会道”者采取的肯定态度。因为一个人的态度是其行为的内部心理准备状态，从心理准备到外显行为的转化是一个过程，它受到多种内外界因素的制约。从影响态度的内部深层因素来讲，有价值观、人生观、世界观以及动机等因素影响着态度的转化与行为表现；客观事物也会导致态度与行为不一致。例如，某一被试者可因为某一事物对自己有利或无利（动机）、某个人与自己亲疏如何而表现出个体一贯态度与具体行为之间的矛盾。

总之，构成消费者态度的 3 种基本成分既具有协调性，又具有独立性，它们所起的作用也是不相同的。

三、消费者态度的特征

（一）稳定性

消费者态度不是天生的，是消费者在其社会生活条件中逐渐形成的。消费者态度的形成初期容易改变，一旦形成、巩固，则具有相对的稳定性。消费者态度的稳定性是适应现实的生活条件稳定性的结果。消费者态度的稳定性是构成消费者个性心理特征的重要组成部分，在消费者的行为模式中表现出某种趋向。例如，某些消费者形成了消极、保守的态度，他们就会对几乎一切事物持保守态度，用固定的眼光观察一切事物和人，很明显这种态度特征对适应复杂多变的社会生活是不利的。当然，保守的态度也不只是起消极作用，在其态度和事物的固有本质相联系时，能不为外界现象所迷惑，把握正确的行为分寸。

（二）针对性

消费者态度具有针对性。例如，某一消费者对某一社会名流采取崇拜、诚服的态度，对另一社会名流采取对抗、否定的态度，而对第三个社会名流则又采取敬而远之的态度等。这种态度的多样性表现反映了消费者态度的针对性（或者称灵活性）特征。它从另一个方面与态度的稳定性相对应。造成消费者态度具有针对性的根本原因，在于消费者态度不单纯反映态度对象本身。它受主客观多种因素制约，因此在总的趋向中表现出多样的针对性。如前例所述，某人对不同的社会名流或权威人士表现出不同的针对性态度，可能基于那些社会名流、权威人士本身除具有权威这一共同属性外，尚有其他属性成为引起不同反应的外部根源。从另一角度看，也可能因某人的主观因素起作用，造成态度的差异。

关于态度的对象性或针对性，有过不少理论，其中之一是功能主义心理学的主张。该理论认为消费者之所以选择不同的态度去对待事物或人，是由内心的特殊需要决定的，即依据个体的利害关系决定的。持这种主张的心理学家认为有 4 种态度功能：工具性功能、防御性功能、价值表现功能和认识功能。

所谓**工具性功能**，也称为调整性或功利性功能。这种功能**是指人要尽最大的力量发展能提供经济利益的态度**。当然这里也包括有利可图、自私自利的个体态度在内（除集体经济利益外）。

所谓**防御性功能，是指个体为了保护自我形象、减少内心焦虑而采取的多变的转移态度。**例如，为了不失掉尊严而采取粉饰、否定态度，或以攻为守的虚势反抗态度。自我防御功能是深层心理学研究的重要课题。

所谓**价值表现功能，是指对自身存在意义和作用的肯定态度。**例如，一个人为了表现自己的坦率、诚实而不屈服外界压力，敢于说出事实真相，从不计较个人得失。对这些正直的人来说，主持正义、说公道话、办公道事就是对自身的最大奖励，对这些人来说，高层次的精神需要比直接物质利益更重要。

所谓**认识功能，是指为了满足人的理智需要而表现的态度。**在这种态度中，很难找到直观的物质利益及其需要的作用。

态度的针对性指出了人的主观因素多样性的事实，但是过分强调个体的心理功能，就会忽视社会集体心理功能的作用。

（三）间接性

消费者态度是消费者的一种内心的预备心理状态，它虽制约着消费者的行为趋向，但并不直接表现出来。人们只能观察到别人的言语和外显行为，而不能了解其态度的结构性质与变化。要了解消费者的态度，只能依靠对其言行进行推理和分析，通过各种信息进行综合判断。

四、消费者态度的作用

消费者态度的作用，也称消费者态度的功效，是消费心理学中用来专指对消费者的行为和心理状态产生不同影响的问题。

（一）消费者态度对社会判断的作用

消费者态度作为消费者个体心理结构的重要方面，一旦形成，便会成为整个内部心理结构中的组成部分，并表现出一种习惯的行为反应倾向。这种态度会作为认知与行为的中间变量直接影响消费者的行为和社会认知判断。消费者态度形成后，会对于某些特定的人群或事物持有自己一整套或强或弱、或好或坏的固定看法。这种看法往往阻碍一个人去辨别群体中的个别心理差异，影响正确的社会性判断。

兰波特（W. E. Lambert）等曾在加拿大蒙特利尔做过实验，对象是英裔大学生与法裔大学生。实验目的是想了解学生只凭声音来判断说话者的个性特征的准确性。由于英裔加拿大人的社会背景优于法裔加拿大人的社会背景，所以大学生们对英裔加拿大人的态度也就优于法裔加拿大人的态度。正因为这种态度差别，影响了大学生做出正确的社会性判断。他们对实际上是同一个朗诵者朗诵的声音做出了不同的判断（他们曾受实验者暗示，10 人朗诵同一篇文章，5 人用英文念，5 人用法语念，实际上是每人用两种语言念），认为英语朗诵者比法语朗诵者好，认为前者个子高、风度好、聪明、可靠、亲切、有抱负等。

（二）消费者态度在忍耐力中的作用

忍耐力是人对挫折的适应强度。兰波特（W. E. Lambert）等人以大学生为对象作了疼痛忍耐力的测定。测定的仪器是改装的血压计，即在血压计的气袋上安置一个尖硬的橡皮尖头，将空气袋绑在被试者的手腕，逐渐增加气压，橡皮尖头便刺入被试者的手腕而产生痛觉。气压越大，刺入越深，则疼痛感越强。实验的目的是要验证在客观条件相同的情景中，被试者态度的改变会引起疼痛忍耐力的变化。实验结果表明，在语言暗示等因素的作用下，个体的态度发生变化，从而引起个体疼痛忍耐力的明显提高。

由此可见，消费者态度影响了忍耐力。然而每个人在不同的经历中总会遇到这样或那样的挫折，只是这些挫折有的是短暂的，有的是长时间的，有的很轻微，有的则较严重。人们遭到挫折时所表现的反应也是各不相同的，有的人敢于向挫折挑战，百折不挠，勇往直前；有的人却一蹶不振，精神崩溃。这种对挫折的适应能力，也就是说对挫折的忍耐力，与个体对引起挫折的事物的态度密切相关。例如，一个人把追求高质量的产品和优质的服务放在首位，对花费大量时间和精力、体力去收集产品信息乐此不疲，他对收集产品信息中所受到的挫折的忍耐力就会比较高。

（三）消费者态度对学习的作用

琼斯（E · E. Jones）等人就态度能否影响学习的问题做过实验。他们以美国南部白人大学生两组为受试对象，第一组平常所表现的态度是反对黑人与白人分校、反对歧视黑人；第二组为赞成分校者。实验的过程是，让受试者分别朗诵 11 篇反对黑人与白人分校的文章，然后请受试者将所读过的文章内容尽量完整地写出来。结果发现第一组学生，即学习材料与自己态度一致者，成绩显然优于第二组。

由此可见，与态度相吻合的学习资料容易被吸收、同化和记忆，而与态度相违背的论调则被歪曲。这说明消费者态度影响其学习效果，内在心理定势起了中介因素的作用。

（四）消费者态度对购买行为的作用

营销者一般都认为消费者如果对购买商品感到喜爱、有良好的态度，则必然具有较高的购买效率。但是经过全面、深入的研究发现，消费者态度与购买效率的关系并不是这样简单的。由于有许多中介变量的影响，它们之间的关系就变得十分复杂。研究表明，消费者态度与购买效率之间还存在着第三个变量即激励的作用。营销者应制定科学合理的营销策略作为对消费者的营销激励手段，促使消费者对本企业商品采取较为积极的购买行为，加快消费者购买决策的形成。

第二节　消费者态度的改变与测量

一、态度转变的理论

（一）认知平衡论

美国心理学家海德（Heider）在 20 世纪 50 年代后期提出了**认知平衡论**。他认为世界上各种人、事物和概念，有的各自分离，有的则相互关联，形成类似、接近、相属的关系，而人们通常对关联的人或事物的态度是一致的。例如喜欢某人，同时也喜欢某人的穿着，喜欢他的朋友。这时，认知系统便处于平衡状态。但是，如果喜欢某人，而不喜欢某人的穿着和他的朋友，那么，他的认知系统便处于不平衡状态，这种不平衡状态会引起内心的不愉快。人们为了消除这种不愉快的感受，便会产生态度的改变。

海德的认知平衡论的突出优点是用一种简单而直接的方法解释了态度的变化，并注意了人际关系对认知平衡的影响，缺点是未能指出一个人要解决不平衡状态应该怎样改变态度。

（二）认知失调理论

心理学家费斯廷格（Festinger）提出**认知失调理论**。这里的“认知”包括人们的思维、态度和信念等。费斯廷格的这理论认为，一个人在两种相关认知元素之间不一致，就是失调。例如“长跑能增进健康”，但“要跑那么远的路简直是一件苦恼的事”，这种认知元素之间的不协调就会带来心理上的不愉快，从而促使人们设法减轻或消除其不协调的关系。费斯廷格认为，改变自己的态度以解决不协调的方法有如下几种：

（1）改变认知因素中不协调的双方中任何一种元素，使双方趋向协调。比如，有的人可以暗示自己“自己今后必须坚持长跑，虽然是一件较苦的事，然而苦尽甘来，坚持下来会对健康有利”；也可以怀疑长跑增进健康的说法缺乏根据，以此来协调认知因素的矛盾。

（2）增加新的认知元素，以缓解双方的矛盾。比如，有的人可以采用做操或练拳的方式来代替长跑。

费斯廷格的认知失调理论和海德的认知平衡论的基本假设是一致的，但是费斯廷格强调了个体通过自我调节达到认知平衡，更有实际意义。在营销管理工作中，要改变消费者的认知结构，从而使消费者态度得以改变。

（三）参与改变理论

心理学家勒温（Lewin）通过研究社会群体活动在态度改变中的不同影响之后，提出改变态度的方法不能离开群体的规范和价值，并认为个人在群体中的活动性质能决定其态度，也会改变其态度的性质。

勒温的试验题目是不同的活动方式对美国家庭主妇改变吃动物内脏的态度的影响。被试者被分为控制组和实验组。他对控制组采用演讲的方式，亲自讲解动物内脏的营养价值、烹调方法、口味等，要求他们改变对动物内脏的厌恶态度，把动物内脏作为日常食品。另一组为实验组，勒温组织她们开展讨论，共同议论动物内脏的营养价值、烹调法、口味等，并且分析使用动物内脏做菜可能遇到的困难，如丈夫不喜欢吃的问题、清洁问题等，最后由营养专家指导每个人亲自试验烹煮。试验结果是：控制组有3%的人采用动物内脏为菜；试验组有32%的人采用动物内脏为菜。试验组的被试者主动参与群体的活动，在讨论中自己提出问题又解决问题，因而态度的改变非常显著，速度比较快。而控制组的被试者是被动地参加群体的活动，很少把演讲的内容与自己相联系，因而态度也就难以改变。因此，勒温认为，主动参加活动和被动旁观、接受他人影响，其心理效果不同。这也被其他许多心理学的研究所证明。

二、消费者态度转变的过程

消费者态度形成之后比较稳定持久，但不是不可改变的。在一定的条件下，它会产生变化，从而形成新的态度。消费者态度转变包括两个方面，即方向与强度。方向性转变是以新的态度代替旧的态度，如本来反对的变为赞成，本来喜欢的变为不喜欢，这是不一致转变。**强度转变是指**

态度在量上的变化，而方向性质不变，如由极端反对转变为稍微反对。消费者态度转变的过程一般可划分为以下 3 个阶段。

（一）顺从

由于参与某一群体，或顺应时代潮流趋向而改变自己的态度，称为顺从。概括地说，消费者态度的转变是为了顺应大众以及社会文化潮流。例如，人们的服饰经常反映时尚潮流；人们为了获得物质与精神的报酬或避免惩罚而采取的表面服从行为等。在这个阶段，态度并未发生实质性的变化，只是由于外界的压力表现出服从的行为，但是内心并不一定信从。一旦外因消失，顺从也会停止。

（二）同化

同化是消费者态度形成的第二个阶段，即自愿地接受他人观点和行为，使自己的态度与外界要求一致。例如一个人接受了消费群体的价值观、行为准则的要求，在行动上表现为自觉地遵守，丝毫不带有任何勉强，这就是态度由被动的顺从向主动接受转变的同化阶段。在态度的同化阶段，不仅涉及态度的认知成分，更涉及情感成分与行为成分。

（三）内化

内化是消费者态度形成的最后阶段，它是从内心深层接受他人的观点，使自己的态度内部结构发生变化，从而形成一个新的态度的过程。在态度的内化中，他人的观点不仅被消费者自愿接受，而且被吸收成为自己价值体系中的组成部分。例如，消费者对于某种新潮时尚商品，开始阶段可能是被动接受（顺从），以后能自觉地接受（同化），最后把购买和消费使用该种商品变成了自己生活需要的一部分（内化），不使用它就会感到不舒服。这是态度内化在购买和消费使用商品的物质需要与精神需要（尤其后者）两个方面的典型表现。

上述消费者态度的顺从、同化、内化过程，在一个人的某种态度形成过程中，并不一定进行到底，可能在一定的主、客观条件影响下停留于某一种状况，甚至退回到前一种状况。例如，当某种新潮时尚商品开始流行的时候，某个消费者迫于某种群体压力而顺从。在其消费使用过程中，由于受到消费群体其他成员的影响，对该商品的认知不断地发生变化，也增长着愉快的情绪体验，这就是处于同化的过程。一定时间后，当他把消费使用某种商品的意义纳入自己的价值体系，对该种商品产生热爱的感情时，即达到内化的阶段，对该种商品的良好态度形成。另一方面，在他逐渐增长着对该种商品的认知和情感的同化过程中，不幸接连发生使他极不愉快的事，那么他就可能退到顺从阶段乃至不顺从的状态上去。

三、影响消费者态度转变的因素

影响消费者态度转变的因素较多，一般来说，可从以下 3 个方面加以说明。

（一）态度本身的特性

（1）时间性。小时候学习模仿来的并已定型的态度较不易改变。

（2）极端性。态度越极端，则其改变的可能性越小。

（3）复杂性。假如一个人所形成的态度只是依赖于某一事实，只要这一事实被证明是假的或错的，那么态度易改变。反之，所依赖的事实越多、越复杂，则越不易改变。

（4）一贯性。对某一事物已形成了习惯性的反应态度，则不易改变。

（5）协调一致性。一个人态度中的 3 种成分，即认知、情感、行为倾向趋于协调一致时，态度不易改变。

（6）欲望满足的数量与力量。一次形成某种态度，不仅满足其原来的需要，而且能同时满足其他的需要，满足欲望的数量越多，力量越强，则这种态度越不易改变。

（7）个体价值观念的中心。个人的种种态度反映出他的价值观。凡是与个人基本价值观念有密切关联的态度，一般不易改变。

（二）个性因素

（1）能力。能力强的人其思维具有较高的独立性和批判性，容易理解不同的观点，判别它们是否真有道理，而主动地决定是否改变自己的态度。能力弱的人判断力低，容易受外界力量的影响，易被说服、暗示，也容易接受团体的态度压力，被动地改变自己的态度。

（2）性格。杰尼斯（L. L. Janis）等做过许多有关人格因素方面的研究，结论是缺乏主见、依赖性强的人往往容易信任权威，改变自己的态度；而固执、倔强、思想呆板、迟钝的人易否定权威，态度不易改变。

（3）自我防御机制。所谓**自我防御机制，是指个体在生活经验中所学会的某些应付或适应挫折情境的方式。**自我防御机制强的人，往往尽力保护自己的态度，旨在保持或提高个人的自尊心。自我防御机制弱、自尊心不强的人，则容易改变自己的态度。

（三）个人与团体的关系

态度的形成与个体所属团体有密切关系，因此当一个人对其所属团体具有认同感或具有坚强的信念时，要他采取与团体规范不一致的态度便不容易。也就是说，忠实自己团体的人，常保持与团体规范一致的态度，而且这种态度不易改变。反之，则易受外界因素的影响而改变原有的态度，以致采取与团体规范相对立的态度。

四、转变消费者态度的方法

在市场营销和企业竞争中，消费者的态度决定着产品或品牌的一切。企业应该做和必须做的是影响消费者的态度或改变消费者的态度。虽然态度一旦形成便具有相对稳定性，但并不意味着一成不变。态度是可以改变的，改变消费者态度的策略是存在的。下面分别介绍几种转变消费者态度的方法。

（一）行为参与

行为参与方法是指企业利用消费者其他需要，如好奇、实惠、表现等，吸引消费者参与到产品使用中来，使消费者对产品形成积极态度或改变消费者的消极态度。因为消费行为可以先于认知和情感而发展，导致认知或情感的形成，促使积极态度形成；也可以以与认知和情感相对立的形式发生，导致认知或情感的转变，促使积极态度形成。例如，湖南卫视《超级女声》节目收视率的胜出，就在于她促使了观众的参与。低门槛无条件的报名吸引了几十万人参与海选，观众发短信决定超女的留走和排名使几百万人变成了节目的组成部分，其结果是影响和促成了人们对该节目的积极态度。

行为参与方法主要以操作性条件反射原理为基础，它强调强化物的功能和强化的时间。例如，一位大学生发现某种止痛药能够使他在即使膝盖受伤的情况下也能跑完马拉松，实现了他的止痛预期，这种正强化影响了对这一品牌的止痛药的态度，他很可能在受到其他伤害的情况下去购买同一品牌的止痛药。又如，某消费者在口渴时买了某一品牌的饮料，喝一口后觉得很难受，似中药。在这种强化作用下，则会形成对该品牌饮料的否定态度。因此，行为参与策略的关键是促使消费者试用或购买企业产品并同时确保消费者满意。行为参与方法的具体内容可以是：①邮寄或分发某厂家或商店的购物优惠券，促使消费者用这些优惠券购物。②在商场门口或消费者邮箱里派发某些产品，让他们免费试用。③向光顾某一商店的消费者展示产品，如给消费者用化妆品化妆，让消费者试穿服装。④在特定时间或时段内进行产品降价、折扣、送小礼物等优惠活动。⑤商家或厂家进行买一送一活动。

引导消费者试用产品，可导致消费者在事先没有认知和情感的情况下尝试购买和使用新品牌或新型号产品，进而对所买所试的产品或品牌产生积极态度。

（二）认知改变

对于某一商品，消费者会在心理上产生许多与此相关的认识和信念。这些认识和信念可能是关于该商品的特点或属性的，也可能是该商品与其他事物的关系。每种认识和信念在重要性上和效价的强度上有差异，综合起来就形成了消费者对某商品的不同态度。厂商通过各种方法改变消费者对产品或品牌的认知来影响消费者的态度，致使消费者对产品或品牌形成积极态度，这就是认知改变策略。消费者对产品或品牌的认知的改变可导致对产品或品牌的喜爱，也可直接导致购买行为。

根据多属性态度模式，认知改变的具体方法有：

（1）改变信念。这种方法就是改变消费者对于品牌或产品的一个或多个属性的信念。例如，许多消费者认为进口的化妆品比国产的化妆品好，为了改变消费者的这种信念，厂商可以通过多样的广告宣传，不断地提醒消费者他们的产品在一些重要属性上有更多"更好的"或是"最好的"，如"国产化妆品更适合中国人的皮肤"。改变信念的关键是要提供关于产品表现的"事实"或描述。

（2）改变权重。**改变消费者对产品不同属性重要性的认识程度**，是认知改变策略的另一种方法。消费者在认知某产品或品牌时，常常会看重产品或品牌的某种或某些属性，认为产品的某种或某些属性比其他一些属性更重要。营销者可以进行广告宣传，说服消费者相信自己产品相对较强的属性是该产品最重要的属性。例如，克莱斯勒是最先将安全气囊作为标准配备的汽车制造商之一，于是，它在广告中大力强调这一点，让消费者感到安全气囊是汽车的重要部分。

（3）增加新信念。这种方法就是**在消费者的认知结构中增加新的信念**。可以增加一个以前被消费者忽视的属性。例如，常喝绿茶可以减肥，这对关心自己体重的消费者来说，就增加了他们对绿茶的认知。也可以增加反映实际产品变化或技术创新的属性。例如，潘婷 pro-v 喷雾护发水，它强调由于新的成分原料 Elastesse，其产品可使头发定型时没有僵硬感或黏稠感，从而顺利地影响消费者的态度。增加一个代表某种提高或技术创新的属性比强调先前被忽视的属性更容易改变消费者态度。例如，某些产品强调采用纳米技术，增加了消费者对该产品的认同。

（4）改变理想点。**改变消费者对理想产品的认识**，就是改变理想点的方法。例如，理想的漱口水会含有大量酒精还是根本不含酒精？酒精可以提高漱口水的有效程度，因为它能杀死口腔中的细菌，而且一些人希望在漱口水中含有口味配料。Rembrandt 漱口水广告中却提出相反的观点：虽然酒精会杀死细菌，但也会使一个人的口腔引起不良反应。如果这一广告被广泛认同，就会改变许多消费者的理想点。

（三）情感迁移

厂商可利用消费者对某事、某物、某人的积极情感，将其迁移到对于品牌或产品的好感上来，这就是情感迁移策略。例如，深圳市新天下集团有限公司选用 2005 年度超级女声总冠军李宇春为神舟电脑的形象代言人，就是利用了消费者对"超级女声"及李宇春的关注和喜爱，使消费者的积极情感与神舟电脑联系起来，促使消费者对神舟电脑也产生了同样的情感。而当消费者对产品或品牌产生了喜爱时，这种情感会使他们更多地注意产品或品牌的美好一面，会增加他们对产品的正面信念，进而加强其购买此产品的倾向。

情感迁移策略，从原理上看，是建立在经典性条件反射的基础上的，也就是说利用已经形成的条件反射来形成新的条件反射。在厂商的营销中，可用的方法有：

（1）将消费者所喜欢的某种刺激，如一段音乐，不断地与品牌名称同时播放。过了一段时间后，与该音乐相联系的正面情感就会转移到品牌上。其他刺激，如喜爱的图画、喜爱的运动，也可以使用。

（2）激发对广告本身的情感。消费者对广告的正面情感能导致对产品的喜爱。在广告中可使用幽默、名人或情绪诉求等形式来增加消费者对广告的喜爱。

（3）向消费者不断地、大量地展示某种品牌能使他们对该品牌产生积极的态度。

（四）动机唤醒

有这样一则故事：纽约的一位年轻人摩斯，年纪轻轻就想大展宏图，他在纽约市的一个相当热闹的地区租下了一家相当大的店铺，满怀希望地择了个吉日开始做起保险柜的买卖。然而事与愿违，每天有成千上万的人从他的店前来来往往，店里形形色色的保险柜虽然排得整整齐齐，品种多样，但是很少有人光顾。他费尽心力拼命思索，通宵不眠几天后，终于有了结果。第二天，他匆匆忙忙前往警察局借来正在被通缉的重大罪犯的照片，把照片放大好几倍，然后贴在店铺的玻璃窗上，照片下面再附上一张说明。照片贴出后，来来往往的行人都被照片吸引而驻足观看。他的生意立即有了很大的起色，门可罗雀的店铺突然变得门庭若市，第一个月卖出48台保险柜，第二个月卖出72台，以后每月都卖出七八十台左右。这位年轻人所用的策略就是动机唤醒策略。他通过吸引过路行人看通缉犯照片以唤醒过路行人的安全需要与动机，促使过路行人对保险柜产生或形成积极态度。

从态度原理上说，消费者对一种商品的态度主要取决于该商品能否满足自己的需要，因此，动机唤醒就是唤起消费者的动机，使他们的特定需求显性化，从而对产品或品牌形成积极态度。

厂商可以将他们的产品与消费者的重要需要联系起来，以此来形成或改变消费者的态度，刺激消费者购买；也可以用向消费者显示他们没有考虑到的产品效用来激发消费者的需要与动机，改变消费者态度以支持某产品；还可通过引起消费者的好奇心，激起消费者的信息需要，促使消费者更详细地了解产品，以形成或改变消费者态度。

（五）消除态度阻力

改变消费者态度到底有多容易，这取决于态度阻力。**态度阻力是指某一态度对改变的反抗程度。**一些态度对于改变有非常强的反抗，这会使产品对于竞争对手攻击的影响较小。例如，某些消费者对某竞争对手的产品情有独钟，那么想使他们改变这种态度会非常困难。

态度阻力的大小取决于建立态度所依赖的基础的牢固程度。例如，某消费者吃了一种令他感到恶心的食物，改变他对这种食物的态度几乎不可能。对于产品直接的体验所形成的态度非常牢固，改变的阻力也很强。相反，基于对产品的非直接体验产生的态度则比较容易改变。比如，通过广告形成的态度就比较容易改变。

因此，企业或营销者在试图改变消费者态度时，应选择合适的受众，并且依消费者的态度阻力的差异来展开工作。

改变消费者态度对企业或营销者开拓市场、提高市场占有率有非常现实的意义。

（六）信息传递

从某种意义上讲，消费者的态度是他们在接受各种信息的基础上形成或改变的。因此，厂商可以通过制造和发布公司或产品的各种信息来影响消费者的态度。这里的关键是厂商通过谁发出信息、以怎样的方式呈现信息，因为这将决定信息制造和发布的成效。

同样的信息经由不同的信息源传递，其效果会大不相同。当消费者认为信息源高度可靠时，其态度就易受影响，企业的营销活动便可达到目的。信息源的可靠性表现为信息源的可信性、吸引力、威信、名望等。因此，在现实中，厂商可以通过多种活动提升企业形象、请名人做产品广告、请专家或权威机构做产品认证等，以提高信息源的可靠性。

在日常生活中，常可以看到许多广告邀请专家、明星或真实产品的使用团体为产品代言，这种利用代言人的推荐式广告手法，是期望能给消费者提供专家性、比较性或象征性的引导，从而提升品牌知名度，表现产品的差异化形象，促使消费者的人格物质与品牌形象之间产生连接效果，甚至影响行为规范，于是有越来越多的学者和营销人员将注意力放在广告中使用的代言人或推荐人上。

同样的信息以不同的方式呈现，效果也有差异。信息的呈现方式主要指言语与非言语、单面与双面。有些信息以非语言方式呈现效果更好，有些则适用于语言说明。一般来说，语言信息通常比非语言信息能容纳更多内容，而两者的结合通常比单独使用能提供更多的信息。

信息可分为正面信息和反面信息。**正面信息是指产品好的一面或使用该产品给消费者带来的好处；反面信息是指产品一般的方面或不使用该产品所失去的好处。**呈现的信息是单面的还是正反两方面的，将给消费者不同的影响。一般地说，在消费者并不寻求对该产品进行详细了解的情况下，正面信息更具说服力，而在消费者希望获得某些细节的情况下，从反面提供信息则更具有说服力；如果消费者是友好的，那么单方面信息只强调好处就是最有效的，如果消费者是挑剔的，如果他多次听反面的言论，那么正反两方面的信息则更具效力。双方面的信息会比单方面的信息的可信度更高，但效果也受消费者的文化程度及个性等的影响。

五、消费者态度的测量

消费者态度与行为有密切的关系，如果从态度去了解及预测一个人的行为，就需要可靠而有效的测量方法。但迄今为止，心理学家还未找到一种完美的方法。目前，在心理学上所讲述的态度测量主要是人们的外显行为、语言所表达的意见、情绪及行为倾向。在所有测量态度的方法中，最常用的方法有量表法、自由反应法和行为观察法等。

（一）量表法

1. 态度量表法的内涵

在所有的测量态度的量表中，大部分的量表都是用来测量态度的核心心理倾向的，根据个人做出的回答可以推断反应者本人的态度。所谓态度量表，即以一组问话或词语，测量个人对一件事物态度的正负向及强弱度。测量可以直接或间接地进行。

例如，测量消费者对某品牌家电的态度，可以用直接的方式询问：

（1）你是否认为本品牌家电质量性能很稳定？

A. 非常稳定　B. 比较稳定　C. 一般　D. 不太稳定　E. 非常不稳定

（2）你对本品牌家电的售后服务是否满意？

A. 非常满意　B. 比较满意　C. 一般　D. 不太满意　E. 非常不满意

以上只是态度量表的两个例子，个人可以在量表上选择与自己态度相近的答案，而研究者可以根据个人答案判断其态度的正负强度。

2. 几种量表的应用

（1）总加量表法。总加量表也称里克特量表。它由美国社会心理学家 R. A. 里克特（R. A. Likert）所开创，测量每一种态度就用一个态度量表。它由若干个问题所组成，针对某个态度对象而设计。根据被测者对各问题所作的反应给予分数，以代表该人对某个事物所持的态度的强弱程度。

测量方法和步骤：

第一，设计测量态度的问题。总加量表法大约由 20 个问题组成。设计这个量表的基本前提条件是：认为构成的各个问题的基本价值是相等的，每个问题所包含意义的大小没有本质的差别。程度可分为两等、三等、五等、七等或更细。测量态度所调查的问题一般为 5～25 个。

第二，被测量者进行自我评定。被测量者根据自己的观点在相应项目上打上记号，以便测量者统计。在积极项目和消极项目中，其计分方式是相反的，分别如表 3-1 和表 3-2 所示。

表 3-1　对某品牌家电售后服务是否满意自我评定（正题）

非常满意	比较满意	一　般	不太满意	非常不满意
(5)	(4)	(3)	(2)	(1)

表 3-2　对某品牌家电售后服务是否满意自我评定（负题）

非常不满意	不太满意	一　般	比较满意	非常满意
(1)	(2)	(3)	(4)	(5)

第三，整理结果。研究者对每个项目给予相应的分数。最后将个人的调查量表所得的分数加在一起，可以代表该人对某个对象的态度。

总加量表是最流行的量表之一，因为它使用起来最容易。许多研究者又继续简化了其测量过程，使其更方便。

（2）社会距离量表。社会距离量表也叫“单维量表”，它是由美国社会心理学家 E. S. 布加达斯于 1925 年设计的。它定量地测量人们愿意与其他群体的人保持什么样的心理距离。

测量的方法是由研究者设计出一套能反映不同社会距离的意见，被调查者根据自己的实际看法在相应的意见项内打上记号，然后把一个群体的所有成员的作答加以统计、画出曲线图。曲线图反映了一个群体对某个对象所持态度的距离分布。不同的群体对同一事物的态度距离分布可以做比较，同一群体对几个事物的态度的距离也可做比较。

例如，对某个社会成员（甲）的社会距离调查表：①愿意和他作为知己；②愿意请他参加自己所属的社团活动；③愿意和他做邻居；④愿意和他同事；⑤愿意和他保持一定的距离（最一般的社交关系）；⑥愿意和他少来往；⑦愿意和他绝交。

调查者从以上 7 个项目中选择符合自己态度的一项并打上记号。然后统计群体各成员所选的项目并绘图。图 3-2 是表示同一群体（A）全体成员对成员甲、乙两人的态度的社会距离比较。图中两条曲线表明，群体（A）成员对甲的态度的社会距离比乙小，即甲比较受人欢迎。

图 3-3 是表示两个团体（A 和 B）全体成员对甲的态度的社会距离比较。图中两条曲线表明，两个群体比较起来，A 群体更倾向于甲，B 群体虽然有相当人数倾向甲，但也有少数人要与甲绝交。

（3）语义差异量表。奥斯古德、苏西、塔南鲍姆于 1957 年推导出语义差异量表，用来分析目标对象所具有的形象，以测定和判断其态度的一种方法。

量表收集了许多对称的形容词，采用 7 级尺度的评定形式，通过因素分析把形容词组区分为 3 种不同范畴的态度向量。情感范畴即好—坏，称为评价向量；强度范畴即强—弱，称为潜能向

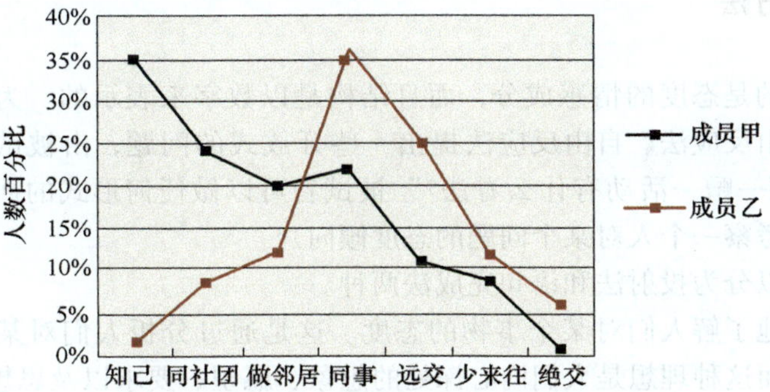

图 3-2　同一群体成员对甲、乙两人的社会距离

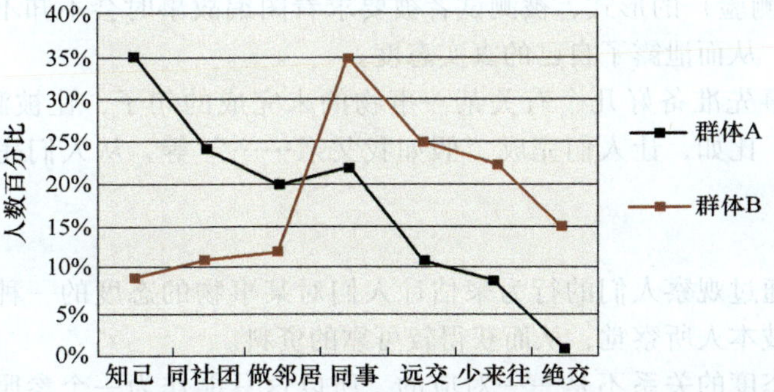

图 3-3　不同群体成员对甲的态度的社会距离

量；最后，修饰词如快—慢构成了活动向量。使用语义差异量表，用所获得的有关对象的评定，就可以知道人们对于有关对象的态度的各个因素。

具体测量方法是：根据主题设计制作一套相对的、两个极端的形容词（约 10 对），平行列在 7 个等级的量表两端。测试时，要求被测试者根据自己的意愿，在量表的某一点打上记号，表示自己对该对象的态度。将被测试者在每一双向形容词量表上的得分加起来，就可以反映被测试者对于该对象的总的态度。

图 3-4 反映了消费者对 A 品牌和 B 品牌家电售后服务的满意情况。

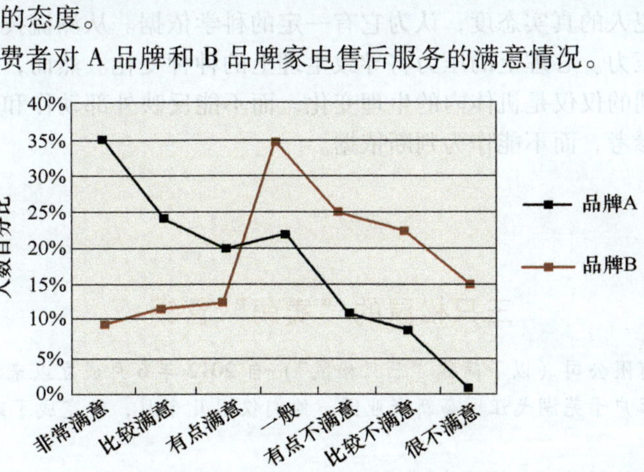

图 3-4　消费者对 A 品牌和 B 品牌家电售后服务的满意情况

（二）其他常用方法

1. 自由反应法

量表法主要测定的是态度的情感成分，而且结构是以数字来表示的。为了探明态度中的理智成分，就需要用自由反应法。自由反应法提出一些开放式的问题，由被试者自由回答。例如“你对某某商品实行买一赠一活动有什么看法?”被试者可以做任何形式的回答，充分表达对事物的认识。从中可以考察一个人对某个问题的态度倾向。

自由反应法又可以分为投射法和语句完成法两种。

投射法是指间接地了解人们对某个事物的态度。这是通过分析人们对某个刺激物所产生的联想来推测其态度，而这种理想是人们内心深处的想象、愿望、要求以及思想方法等无意识地在某个刺激物上的反映。由于被测试者事先不知道测定者的意图，猜不出测定者想要他回答什么，故难以作假，有一定的可靠性。但对其反应进行分析时，测定者的主观性很大。试验中往往采取看图说话（称为 TAT 测验）的形式，被测试者被要求看图编故事时会不知不觉地把自己对某一事物的态度投射进去，从而泄露了自己的真实态度。

语句完成法是指事先准备好几个有关某一事物的未完成的句子，让被测试者将句子写完，从中反映出他的态度。比如，让人们完成“假如我父亲……”等，从人们完成的句子中可以知道他对父亲的态度。

2. 行为观察法

行为观察法是指通过观察人们的行为来估计人们对某事物的态度的一种方法。这种方法的特点是观察时可以不被本人所察觉，从而获得较可靠的资料。

但是由于行为和态度的关系不是一一对应的，所以这只能作为一个参照方面。在实际态度测定中应该将此方法同前面介绍的几种方法结合使用。

3. 生理反应法

生理反应法是指通过检查被测者的生理状况来测定其态度的一种方法。它测定人们态度的情感因素。

当人们产生某种态度时，其态度中的情感因素会唤起机体的植物性神经系统的变化，如心跳加速、呼吸急促、血压升高、瞳孔放大等。通过生理指标的测定，可以推测人们的态度。专家们还认为，人们的植物性神经系统较难自己控制，因此，这种方法尚有一定的可靠性。国外一些部门用测谎器来窥测犯人的真实态度，认为它有一定的科学依据。从测谎技术的角度来说，就是利用了心理上的这种压力。心理上的压力将导致生理上的种种变化。然而，测谎器只是生理变化的记录仪器，它捕捉到的仅仅是机体内的生理变化，而不能反映外部动作和表情。因此，测谎器所提供的数据可作为参考，而不能作为判断依据。

典型案例　三只松鼠的“卖萌”营销

三只松鼠电子商务有限公司（以下简称“三只松鼠”）自 2012 年 6 月成立以来，从“5 人窝”民房的创业环境起家，如今已落户于芜湖弋江区高新产业园。他们仅用几个月，就完成了政府规定的 3 年内免租的指定动作。

如果不清楚的人莽撞地闯进三只松鼠总部办公地，大概会以为到了某个新兴的国产动漫公司。整个墙体都绘满了几米涂鸦风格的彩绘。衍生品小摆件放满了整个陈列区。隔间的玻璃墙上，都是三只松鼠的卡通形象。

这里的人也逃脱不了“松鼠化”的命运。三只松鼠前台的签到簿上，除了其CEO章燎原被规规矩矩地称为章总，其余人都有一个以鼠开头的花名。例如，接管工厂部的胡厚志，花名叫“鼠大疯”，据说这类花名在企业内部已经成功替代了每个人的真名。换上共同的“鼠”姓，在三只松鼠里，就是“家人”。章燎原有意打造一个以“鼠”文化为背景的企业，这个设定至少到目前有效地增强了企业凝聚力和员工归属感。

顾客眼中的三只松鼠是卖坚果的。但是加入公司不到一年的综合管理专员张成却回答说：“三只松鼠的任务是‘卖萌’。”如果说淘宝开启的是“亲文化”，三只松鼠开启的则是“主人文化”。三只松鼠的客服部叫“全球主人满意中心”，客服身为“松鼠星人”，专门为顾客“主人”递送一种叫作“鼠小箱”的包裹，里面附赠的赠品袋叫“鼠小袋”，拍下产品叫“领养一只鼠小箱”。

章燎原鼓励客服与顾客之间的沟通交流，建立除买卖关系以外更深层次的联系。章燎原表示：“怎么样才算是交朋友了呢？如果顾客表扬你了，我认为你是很优秀的。今天说了很多，聊天的字数很多，我们认为聊天聊得很彻底，是从这些方面来衡量的。”这就是章燎原的情感营销。

跟同类电商相比，三只松鼠价格并非最低，但卖萌加亲热的客服所打造的品牌效应让三只松鼠暂时领先。在交谈中，章燎原说三只松鼠用的是“粉丝营销”。虽然三只松鼠已在所有电商平台上铺开，但天猫作为“主战场”占三只松鼠销售额的87%（2013年），对比该平台竞争对手的粉丝数（收藏店铺的人数）：新农哥不到8万，百草味19万左右，而三只松鼠在天猫上的“粉丝”是百草味的2.5倍，达到近48万。

这一成绩，“玩命卖萌”的客户满意部功不可没，回头客很多，二次购买率达到30%。即便满负荷工作，显示器上仍然显示同一时间等待的人数有四五十人。目前，三只松鼠客满部的人数在百人左右，其中售前客服大约70人。从三只松鼠的后台统计数据来看，自2014年1月1日起，三只松鼠天猫店的日平均访客量稳定在15万人次左右，客服日均接待人数稳定在1万人以上。1月7日，由于“腊八”搞活动，接待人数高达1.8695万人。

讨论：分析消费者满意的态度与情感因素之间的关系。

资料来源：黄文潇，三只松鼠的“卖萌”营销与潜在危机，《中国贸易报》，2014-01-23第007版，有删改。

思考与训练题

1. 什么是消费者态度？其结构是怎样的？
2. 消费者态度转变的过程是怎样的？
3. 如何转变消费者的态度？
4. 如何测量消费者态度？

第四章　消费决策与购买行为

本章提要

消费心理学研究证明，消费者行为的出发点是需要，而归宿是需要的满足。消费者的购买行为是由一系列环节、要素构成的完整过程。本章主要介绍消费者决策的理论、消费决策的含义与特点、购买决策的原则、购买行为的一般模式、购买行为过程等，有助于读者全面把握消费者行为的规律。

引　例

李先生家要更新一台洗衣机，根据他们掌握的商品信息，先后转了几家大商场，最后来到国美电器商场。他们把所有的洗衣机先看了一遍，最后来到海尔洗衣机的柜台前。经过营销人员细致、专业性的介绍后，李先生夫妇对海尔全自动洗衣机有了一个全面的了解，认为海尔洗衣机是一个融高科技为一体的、值得信赖的优质产品。营销人员着装整齐、微笑服务，以及他们纯熟的业务知识，热情、耐心的讲解，商场承诺90分钟免费将商品送货到家的优质服务等，都使李先生夫妇产生一种愉快的情感体验，强化了他们决定购买洗衣机的决心。最后，李先生夫妇经过反复思考、权衡比较之后，最终决定在这里购买海尔洗衣机。最后，他们付了款高高兴兴地离开了柜台。

决策是消费者购买活动中的关键环节，在消费者的购买行为中居于核心地位，正确决策是合理消费的保障。当消费者面临众多的相似品牌时，他如何下决心做出心理判断，在几个方案中选择一个最佳方案呢？消费者的购买行为是怎样的过程呢？

第一节　消费决策

一、对消费决策的解释

消费决策，也就是消费者的购买决策。在解释消费决策方面，本书主要介绍5种学说，即消费者卷入理论、边际效用理论、风险知觉学说、认知决策学说和决策规则。这5种学说均起源于美国，传入我国之后，国内专家学者与管理人员按本地市场情况进行了修整。

（一）消费者卷入理论

20 世纪 60 年代左右，美国的消费行为专家提出了“**消费者卷入**”这个概念，即**消费者主观上感受客观商品、商品消费过程以及商品消费环境等与自我的相关性。**主观上对于这些因素的感受越深，表示对该商品的消费卷入程度越高，称为消费者的“高卷入”，该商品则为“高卷入商品”，反之则称为消费者的“低卷入”“低卷入商品”。

比如购买一辆汽车与购买一包方便面。前者需要消费者对商品的性能、质量、价格、消费环境、使用技能等方面进行很高程度的关注，购买决策过程比较复杂，属于高卷入商品；而后者一般不需要消费者花费太多时间与精力去了解其功能与构成、消费环境等问题，决策过程相对比较简单，属于低卷入商品。

消费者卷入是购买决策中的心理活动，影响到消费者对于商品信息的收集、对于商品性能的认识，并且最终影响到消费者对于该商品的态度。因此，研究消费者的卷入现象，可以从侧面反映消费者对于商品的认知以及态度。这一原理也可以反过来运用，即从消费者的态度以及认知程度看出消费者对商品的卷入状态。

消费者卷入的形式大致可以分为 5 种：

一是消费者对**商品因素**的卷入，如对商品品牌的感知、对商品性能的认识、对商品广告信息的主动了解等。

二是消费者在**营销环境**中的卷入，如为了了解商品性能，对于宣传媒体投入的关注，对于促销活动抱有的兴趣等。在收集商品信息、寻找价格合适的购物点以及与服务人员的交流中，消费者在行动上卷入了营销环境。

三是消费者在**人际交往**中的卷入，如与同事、朋友甚至服务人员的交往中得到与商品有关的信息，了解他人消费商品的效果与体验。

四是消费者在**生活环境**中的卷入，如在家庭生活、社会活动、休闲娱乐中受到他人消费行为的影响。（美国人把逛商店时所处的环境、用餐时餐馆里的环境等都包括在内）

五是消费者在活动中的卷入，如上班的时候、体育运动过程中、阅读一类的活动中，消费者得到了商品的有关信息。

在不同的市场环境，上述 5 种消费者卷入形式有不同的卷入深度。比如在美国的消费市场，第一种和第二种卷入方式对于消费者的心理行为影响更大一些，即消费者更关注商品特性和营销环境，而在国内消费市场，第一种、第三种和第四种形式的卷入程度更高一些，即人们更关注商品质量、他人对商品的评价和消费体验。

图 4-1 方便地描述了卷入程度与商品类型之间的关系，称为卷入方格。

消费者的高度卷入，会导致消费者对于商品的情感加深，进而形成商品品牌的情感依恋。出于情感保护的需要，有些消费者会自觉地维护商品品牌的形象。这样的例子，莫过于美国消费者对于可口可乐公司的情感深度。

	理智型产品	情感型产品
低卷入	食品 饮料 清洁用品 小家电	化妆品 小型礼品 书籍
高卷入	汽车 大型家电 房子	珠宝 艺术品 高级礼品

图 4-1　卷入方格

1985 年春天，可口可乐公司向全美消费者宣布，他们要停止已经使用了 99 年之久的可口可乐老配方，代之以一种新的可口可乐配方。新配方的研制花费了 400 万美元，新配方的口感略有一点甜味，通过市场调查发现这种甜味相似于百事可乐的味道。这一消息一经宣布，全美消费者的抱怨和抨击仿佛炸了锅一样，有的直接写信或打电话给亚特兰大可口可乐公司的总部，威胁说美国将损失世界上最大的一项贸易，有的向当地零售商提出抗议，认为这种做法是对顾客的不尊重。从年青的美国人到年老的美国人，可以说都是喝可口可乐长大的，年老一些喝可口可乐长大的美国人还组织了抗议游行，向总公司提交了要求他们改变决定的抗议书，口号是“你们没有权利这样做！我们要喝原来的可口可乐！”结果可口可乐公司研制的新配方只好暂且收藏起来，还是使用原来的老配方为全世界生产世界上第一大饮料。

“消费者卷入”这个概念为消费者心理行为研究提供了一种新的思路。工商企业感兴趣的是，消费者为什么购买了别的品牌而不购买本公司品牌？消费者决策中到底考虑什么内容？有了“消费者卷入”这个概念，可以从商品类型、信息渠道、卷入深度等角度来分析消费者决策，并预测可能出现的购买行为。

在我国，研究大件商品的消费者卷入问题，应该重点注意“信息不对称”引起的困惑。理论上讲，人们购买房产、小汽车、昂贵的珠宝等大件或高档商品，以及热水器等高风险商品时，消费者卷入的程度肯定会加强。但事实是，消费者的卷入程度并不理想，主要原因在于信息不对称。比如人们购买房产时，有关房产的真正成本、真正的质量标准、后期物业管理的费用等信息，消费者很难得到，消费存在巨大的风险。

总的来说，消费者卷入这一学说主要停留在概念使用阶段，进入量化研究的难度较大。

（二）边际效用理论

边际效用理论是西方经济学家提出的一种理论，现在已经应用于消费者决策及其行为分析当中。概括起来，这一理论可以表述如下：当人们消费商品的时候，追求商品带来的最大满意度是人们消费商品的目的和愿望；随着消费商品数量的增加，给消费者带来的总的满意程度也在增加；在总的满意程度增加的同时，每一单位商品给消费者带来的满意程度却在减少。从表4-1中可以看出，消费50~60个商品单位时，商品的数量增加了10个，而平均每个商品带来的满意度由1.5%降至1.3%。

表4-1　消费商品的数量与满意度之间的关系

商品消费数量	满　意　度	每一单位商品得到的满意度	新增加商品得到的满意度（边际效用）
50	75%	1.50%	—
60	80%	1.30%	0.50%
70	82%	1.17%	0.20%
80	83%	1.03%	0.10%
100	84%	0.80%	0.05%

出现边际效用递减的原因主要有两个方面：一是消费者消费新商品时，出于求新动机的影响，对于新商品的满意度很高，而当消费商品数量增加，消费者对于新商品会逐渐地适应，新鲜感逐渐降低，如果再继续消费这种商品的话，满意程度就会下降。二是消费者的需要得到了相对程度的满足之后，就会产生新的消费需要，原有的消费需要变得相对不那么重要了，所以继续增加商品的消费数量，所得到的满意度不会同步增加，边际效用递减的现象就会出现。

从消费者边际效用递减的现象中，市场营销人员应该得到一定的启发：开发商品、占领市场一定要有长远的眼光。一种商品一经开发并投放，经营管理者要迅速做好开发下一代新商品的准备。这是因为不管你的商品如何好、市场占有率如何高，消费者对于商品的适应并出现消费心理边际效用递减的现象是迟早要出现的。一旦消费者体验出现边际效用递减，消费者会从心理上逐渐厌弃这种商品，主动寻找新的、感兴趣的商品，经营者如果不想方设法开拓市场，就会被消费者抛弃。宝洁公司在开发市场时有一条成功的经验，就是尽可能细分市场。比如洗涤产品市场，宝洁公司开发了十几个品牌的衣物洗涤用品，消费者的选择余地大大增加，心理厌弃的出现可能相对延迟。

（三）风险知觉学说

消费者在决定购买商品的时候，经常会面临一些两难的问题，即购买商品带来满足、愉快的同时，也会带来一些不愿意、不希望的损失或者潜在的危险，甚至会带来一些现实的伤害。这些损失、危险性甚至伤害是消费者清楚地意识到的，这就是消费者的风险知觉。

消费者可能会遇到的风险分为 4 种类型：

第一种类型是购买了甲商品之后，影响对乙商品的消费，这是消费支出性风险。比如，有的消费者喜爱大屏幕彩色电视机，那种宽大的屏幕所产生的视觉愉快是小屏幕彩电无法相比的。但这种大屏幕彩电的价格比较昂贵，对于普通消费者而言，购买这样的商品需要一段时间的积蓄，积蓄过程中，日常生活的开支必须酌情节减。节减日常生活的开支就是一种损失，日常消费受到影响。

第二种类型是当消费者使用某种商品时，可能会给他的社会关系带来不利影响甚至于损害，这称为社会性风险。这种现象在风格新颖的服装、服饰类商品消费中比较典型。比如在特定的生活或工作环境中，服装风格与同事、朋友相差较大，可能招致他人较多的注意和议论，有些消费者心理会产生一定的焦虑与担心。在社会观念趋向于平均主义、内部联系相对紧密的消费群体内部，这一类消费风险是比较常见的。

第三种类型是消费了某种商品之后，会给消费者本人的形象带来直接损害和危险，称为形象性风险。这类风险知觉的情况比较复杂，比如食品消费方面，一些营养成分高、味道可口的食品大家都喜欢吃，如巧克力，但有些女性消费者害怕吃多了之后体重增加、影响形体，所以购买这类食品之前头脑中已经产生回避心理。

第四种风险是消费者认为购买了某种商品之后，商品本身会带来麻烦甚至潜在的危险称为功能风险。比如家用燃气热水器可以大大方便消费者在家中的洗浴，但消费者可能担心因使用不当或产品质量低劣造成中毒甚至死亡的情况。

消费者购买前知觉到消费商品的风险，必然要尽量减少或消除这种风险。人们减少、消除风险知觉的方法有 5 种：

一是尽量全面地收集与商品有关的信息，增加对该商品的了解。例如，通过报纸电台电视台等宣传媒体来了解这种商品的特点，通过与服务人员的交谈来了解该商品，通过有消费经验的人来了解这种商品的使用效果等。消费者对于商品的了解越深，对可能带来的风险与危害的认识也就越清楚，如果消费者认识到这种风险远远小于这种商品带来的益处，或可以用一定的办法降低风险，消费者会坚持原来的购买心理，完成购买行为。如果对于这种风险的认识越多，发现消费这种商品可能带来的风险很大，消费者又无法克服这种风险，他会放弃购买。

二是在购买之前尽量请人提出参考意见，邀请有消费经验的人一起购买，或挑选商品的时候尽量请人提出参考性意见，找出商品的毛病和缺点，避免购买商品之后给自己带来的风险。例如，在服装商品消费中，许多女性消费者愿意邀请同伴帮助挑选；在大件商品购买中，人们愿意请熟人或有经验的人帮助选购商品。

三是尽量购买那些知名度高、产品形象和企业形象都很好的商品。

四是保持原来的消费行为与品牌忠诚。明知有消费风险，又不能获得足够充分的信息，也不愿意花费相应的消费成本，消费者可能维持原来的消费行为，继续购买已经习惯的品牌，避免购买不熟悉品牌的风险。

五是采取从众型购买行为。此时消费者认为大家都在选择某种品牌，一定有相应的道理，应该没有大的问题，即使不是最好的选择，也不应该是最坏的后果。

（四）认知决策学说

这一学说是从认知的角度来解释消费者的决策过程，强调影响消费者行为内外因素的整体性，而不是仅仅从某一个方面来解释消费者的决策。

当消费者接受商品信息之后，要经过一个知觉选择的过程才能引起注意。消费者的人格、能力、态度、价值观等企业不可控制的因素会影响信息的接受和选择，信息的内容、结构、技巧、发布信息的传播者等企业可以控制的因素也会影响信息的接受和选择。消费者对于已经接收到的信息要经过一个记忆、储存的阶段，形成相应的态度，并与个人的行为准则、社会的行为准则等因素一起，整合为购买商品的决策，最后决定是否购买该商品。消费者的购买决策在商品环境中，还会表现出不同的卷入程度。

这一信息加工过程可以用图 4-2 表示。

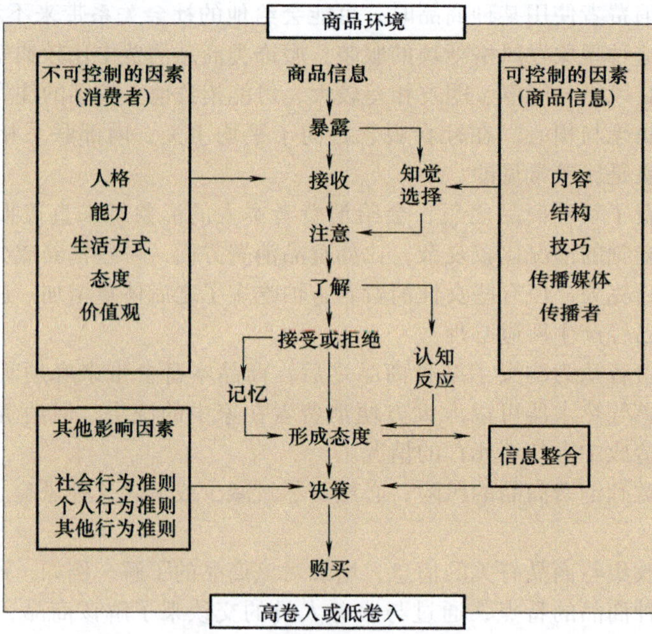

图 4-2　消费者认知决策图

从认知的角度来解释消费者的决策，运用了现代心理学和行为学的概念，比较切合于当代消费者的实际状况。这一学说在分析影响消费者的内外因素时，考虑的因素比较全面，比如分析商品信息的特点对于消费者信息加工并导致最终购买决策的影响时，强调了商品信息的结构、信息内容、信息发布技巧、信息传播媒体以及信息传播者等因素对于消费者加工信息的影响，与我们研究公共关系时所分析的信息传播原理是一致的。在分析消费者内在因素对信息加工并形成消费行为的影响时，把消费者的性格特点、态度、价值观、能力等因素包括进去了，也把消费者个人行为的准则等因素包括进去了，是比较科学而又全面的做法。

研究人员使用相应的数学模型与分析技术，可以发现上述每种要素与消费者最终决策之间的相关性，因此，这一学说具有较强的实践操作性，这是该学说最大的可取之处。

该学说的不足之处，是它带有一定的以“产品为中心”时代的印记，没有考虑消费者的体验与反馈等内容。

二、消费者购买决策的含义与特点

（一）购买决策的含义

一般意义上的决策，是指为了达到某一预定目标，在两种以上备选方案中选择最优方案的过程。就消费者而言，**决策是指为实现满足需求这一特定目标，消费者作为决策主体在购买过程中进行的评价、选择、判断、决定等一系列活动。**

购买决策在消费者购买活动中占有极为重要的关键性地位：①消费者购买决策进行与否，决定了其购买行为发生或不发生；②决策的内容规定了购买行为的方式、时间及地点；③决策的质量决定了购买行为的效用大小。

正确的决策会促使消费者以较少的费用、精力，在短时间内买到质价相符、称心如意的商品，最大限度地满足自身的消费需要；反之，质量不高或错误的决策，不仅会造成时间、金钱的损失，还会给消费者带来心理挫折，对以后的购买行为产生不利影响。所以，决策在购买行为中处于核心地位，起着支配和决定其他要素的关键作用。

（二）购买决策的内容

消费者的购买决策的内容因人、条件及所处环境的不同而不同，但所有消费者的购买决策都离不开以下几个方面的具体内容：

（1）为什么买（Why），即权衡购买动机。消费者的购买动机是多种多样的。同样购买一台洗衣机，有的人是为了节约家务劳动时间，有的人是为了规避涨价风险，有的人则是为了显示富有。

（2）买什么（What），即确定购买对象。这是决策的核心和首要问题。不仅要确定购买哪一种商品，而且要确定具体的对象及具体的内容，包括商品的名称、品牌、商标、款式、规格和价格。

（3）买多少（How），即确定购买数量。购买数量一般取决于实际需要、支付能力及市场的供应情况。如果市场供应充裕，那么消费者既不急于买，买的数量也不会太多；如果市场供应紧张，那么即使目前不是急需或支付能力不足，也会负债购买。

（4）在哪里买（Where），即确定购买地点。购买地点是由多种因素决定的，如路途远近、可挑选的品种数量、价格以及服务态度等。它既与消费者的惠顾动机有关，也与消费者的求廉动机、求速动机有关。

（5）何时买（When），即确定购买时间。购买时间也是购买决策的重要内容，它与主导购买动机的迫切性有关。在消费者的多种动机中，往往由需要强度高的动机来决定购买时间的先后缓急；同时，购买时间也与市场供应状况、营业时间、交通情况和消费者可供支配的空闲时间有关。

（6）如何买（Which），即确定购买方式。购买方式包括是函购、邮购、预购还是代购；是付现金、开支票，还是分期付款等。

（三）购买决策的特征

消费者的购买决策具有某些共同的特征，具体如下：

（1）决策主体的单一性。由于购买商品是满足消费者个人或家庭消费需要的个体行为活动，因而通常表现为消费者个别的、独立的决策过程，即由消费者个人单独决策或由家庭成员共同制定决策。

（2）决策范围的有限性。由于购买决策大多是解决如何满足消费者个人及家庭的需要问题，因此，与其他事项的决策相比，消费者的决策范围相对有限，仅仅限于购买何种商品、购买时间和地点、购买方式等方面的决策上。

（3）决策因素的复杂性。影响购买决策的因素复杂多样，既有消费者的个性品质、兴趣爱好、态度倾向、生活习惯、收入水平等个人因素，又有社会时尚、所属群体、社会阶层、家庭等环境因素的影响。

（4）决策内容的情境性。影响决策的各种因素会随着时间、环境的变化不断发展变化，因此，消费者的决策具有明显的情境性，其具体内容和方式因所处情境不同而不同。

三、制定购买决策的原则

消费者在决策过程中，总是依据一定的标准、尺度，对各种方案进行比较选择，从中确定最优方案，而选择标准及尺度的拟订又是从一定原则出发的。决策原则贯穿于决策过程的始终，指导着消费者的决策活动。

（一）最大满意原则

就一般意义而言，消费者总是力求通过决策方案的选择、实施，取得最大效用，使某方面的需要得到最大限度的满足，按照这一指导思想进行决策，即为最大满意原则。遵照最大满意原则，消费者将不惜代价追求决策方案和效果的尽善尽美，直至达到目标。

但是，在实际中想要贯彻最大满意原则，需要满足许多苛刻的附加条件，如需要详尽全面地占有信息、对各种备选方案进行准确无误的评价比较，以及能够精确预测各种方案的实施后果。而消费者受主观条件和客观环境的限制，几乎不可能全部具备上述条件。此外，是否达到最大满意，完全依赖于消费者的主观感受和评价。而受心理因素和环境变化的影响，消费者的主观感受不是一成不变的，购买前视为最佳的方案，购买后可能评价降低，甚至产生相反的感受。因此，所谓最大满意原则，只是一种理想化的原则，现实中人们往往以其他原则补充或代替它。

（二）相对满意原则

在现代社会，消费者面对多种多样的商品和瞬息万变的市场信息，不可能花费大量的时间、金钱和精力去收集制定最佳决策所需的全部信息；即使有可能，与所付代价相比也绝无必要。况且，人的欲望是无止境的，永远不可能达到绝对的、最大限度的满足。因此，在制定购买决策时，消费者只需做出相对合理的选择，达到相对满意即可。例如，在购置皮鞋时，消费者只要求经过有限次数的比较选择，买到质量、外观、价格比较满意的皮鞋，而无须花费大量时间跑遍所有商店，对每一双皮鞋进行挑选。贯彻相对满意原则的关键是根据所得与所费的比较，合理调整选择标准，使之保持在适度、可行的范围内，以便以较小的代价取得较大的效用。

（三）遗憾最小原则

遗憾最小则立足于逆向决策。由于任何决策方案的后果都不可能达到绝对满意而存在不同程度的遗憾，因此，有人主张以可能产生的遗憾最小作为决策的基本原则。运用遗憾最小原则进行决策时，消费者通常要估计各种方案可能产生的不良后果，比较其严重程度，从中选择最轻微的作为最终方案。例如，当消费者因各类皮鞋的价格高低不一而举棋不定时，有的人将宁可选择价格最低的种类，以便使遗憾降低到最低程度。遗憾最小原则的作用在于减少风险损失，缓解消费者因不满意而造成的心理失衡。

（四）预期—满意原则

有些消费者在进行购买决策之前，已经预先形成了对商品价格、质量、款式等方面的心理预期，在对备选方案进行比较选择时，既不挑选最佳方案，也不选择可能产生遗憾最小的方案，而是与个人的心理预期进行比较，从中选择与预期标准吻合度最高的作为最终决策方案。运用预期—满意原则，可大大缩小消费者的抉择范围，迅速、准确地发现目标商品，加快决策进程，同时可避免因方案过多而举棋不定。

第二节　消费者购买行为的一般模式

研究消费者购买行为模式，对于满足消费者需要、搞好市场营销工作具有重要的现实意义。关于消费者购买行为模式，国外已有不少论述和研究成果，有的至今仍有参考价值，并为人们所使用。本节先介绍国外有关的购买行为模式，然后讨论消费者购买行为的一般模式。

一、购买行为模式介绍

（一）尼科西亚模式

尼科西亚模式是20世纪60年代在《消费者决策过程》一书中提出来的。该模式由四大领域构成：从信息源到消费者态度；对信息的调查和评价；购买行动；反馈。详见图4-3。

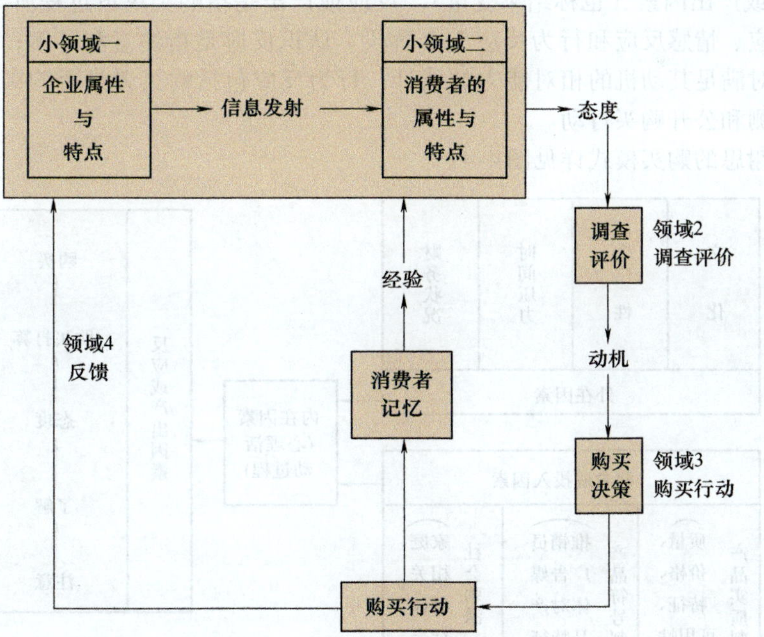

图4-3　尼科西亚购买行为模式

（1）从信息源到消费者态度。它又分为两个小领域，即小领域一和小领域二。小领域一包括企业属性与特点，小领域二包括消费者属性与特点。企业通过推销活动把信息发射给消费者，消费者受其信息的影响，并经过自己处理而形成对商品和服务态度的输出。

（2）消费者形成对某商品和服务的态度后，就开始对该商品和服务进行调查和评价，并形成购买动机的输出。

(3) 在购买动机的驱使下形成购买决策并采取购买行动。

(4) 消费者购买后，将购买经验（或者教训）反馈给大脑储存起来，以指导今后的购买行为，或者把购买后的感受反馈给企业。

尼科西亚购买行为模式对市场营销理论做出了贡献。该模式推理比较严谨，简单明了。但该模式没有对外界环境作用的说明，四大领域中的内容也不易把握。

(二) 霍华德—谢思模式

霍华德—谢思模式于20世纪60年代初先由霍华德提出，后经修改与谢思合作编写了《购买行为理论》一书，提出了霍华德—谢思模式。

该模式通过四大因素来描述消费者的购买行为：

(1) 刺激或投入因素（也称输入变量）。刺激或投入因素是指由销售部门控制的因素，它包括：产品实质刺激，如某产品的质量、价格、特征、可用性及服务等；产品符号刺激，如通过推销员、广告媒体等把产品特征传递给消费者；社会刺激，如家庭、相关群体、社会阶层等。

(2) 外在因素（也称外在变量）。外在因素是指购买决策过程中的外部影响因素，如文化、个性、财力等。

(3) 内在因素（也称内在过程）。内在因素是指介于刺激和反应之间起作用的因素。它是霍华德—谢思模式最基本、最重要的因素。它主要说明投入因素和外在因素如何在心理活动中发生作用，从而引出结果。

(4) 反应或产出因素（也称结果变量）。反应或产出是指购买决策过程所导致的购买行为，它包括认识反应、情感反应和行为反应3个阶段。认识反应是指注意和了解；情感反应是指态度，即购买者对满足其动机的相对能力的估计；行为反应包括购买者是否购买或购买何种品牌的认识程度预测和公开购买行动。

霍华德—谢思的购买模式详见图4-4。

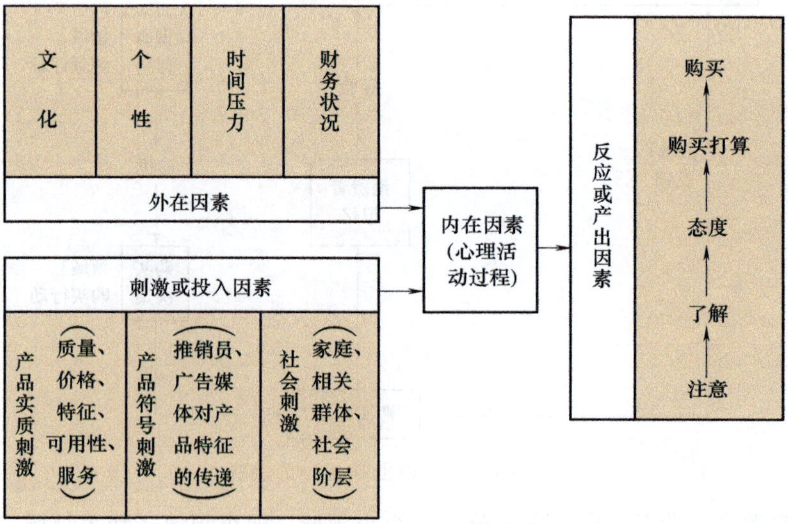

图4-4 霍华德—谢思的购买模式

霍华德—谢思模式认为，投入因素和外在因素就是购买行为的刺激物，它们通过唤起和形成动机，提供关于各种选择方案的信息等影响购买者的心理活动状态。购买者受到刺激物和以前购买经验的影响，开始接受信息，产生自己的一系列动机，做出对可选择产品的一系列反应，形成一系列购买决策的中介因素，或者制定出一系列使其动机与满足动机的备选方案相配合的规则。这些动机、选择方案和中介因素相互作用，便产生了某种倾向或态度。这种倾向或态度与其他因素，如购买行为的限制因素结合后，便产生了购买结果，即购买意向和实际购买行为。

霍华德—谢思模式利用心理学、社会学和管理学的知识，从多方面解释了消费者的购买行为。此模式结构严谨、内容完整，并且只要将模式内的变量或相对重要性改变后，就可适用于各种不同产品和各种不同消费者的购买模式，其参考价值较大，一直被人们所重视。

（三）EBK 模式

EBK 模式也称恩格尔模式，是由美国俄亥俄州立大学三位教授——恩格尔（J. F. Engel）、克莱布威尔（R. D. Blackwell）和科特拉（D. T. Kollat）于20世纪70年代在《消费者行为》一书中提出来的。该模式特别强调消费者购买决策过程，或者说，这一模式是以消费者制定购买决策过程为基础而建立起来的。在这一模式中，消费者心理（大脑）构成了"中央控制器"。外界的信息，包括产品的物理特性和社会压力等方面的无形因素输入大脑后，通过处理，即外界信息在态度、经验和个性的作用下，便可产生"中央控制器"的输出结果，即购买决定。当然，如果输入信息不与消费者的态度、经验和个性相结合的话，就不会产生输出结果。EBK 模式详见图 4-5。

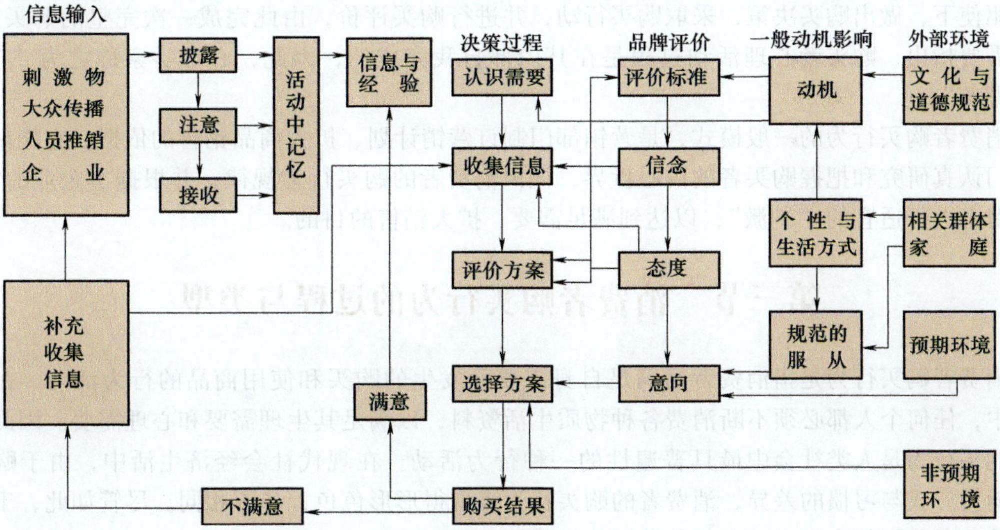

图 4-5 EBK 模式

EBK 模式可以说是一个购买决策模式，它详细地表述了消费者的购买决策过程，强调了购买决策系列化。该模式变量完全、逻辑性强，但过于烦琐，不易掌握。

以上 3 种购买行为模式各有千秋，但它们有一个共同的问题，就是模式中变量较多、模式比较复杂，不便掌握和利用。由于每个消费者的个性不同，工商企业投射的信息各异，社会环境不断变化，不可能把所有影响消费者购买的因素固定、一点不漏、具体的都表现在购买行为模式中，这就需要对复杂的购买行为进行抽象和概括，以得出包括所有购买者行为在内的消费者购买行为的一般模式。

二、消费者购买行为的一般模式

购买行为是人的行为的一个组成部分。因此，任何消费者的购买行为都脱离不了人类行为的一般模式，即 S-O-R 模式。这里的“S”代表刺激，“O”代表个体生理、心理特征，“R”代表反应。也就是说，个体通过刺激，经过心理活动，最后产生反应。

根据人类行为的一般模式理论，我们认为消费者购买行为模式如图 4-6 所示。

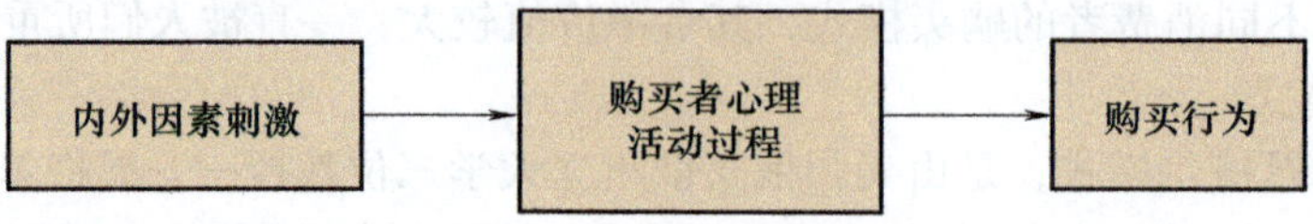

图 4-6　消费者购买行为模式

上述购买行为的一般模式表明，所有消费者的购买行为都是由刺激引起的，这种刺激既来自外界环境，如产品的质量、款式、服务、广告、社会的政治情况、经济情况、科技水平、地理特点、文化因素，以及个人的年龄、性别、职业、收入、居住条件、家庭结构、社会阶层、参照群体等，也来自消费者内部的生理和心理因素，如生理需要、心理需要、动机、个性、态度、观念、习惯等。消费者在种种刺激因素的作用下，经由复杂的心理活动过程，产生购买动机，在动机的驱使下，做出购买决策，采取购买行动，并进行购买评价，由此完成一次完整的购买行为。这里需要指出，购买者心理活动过程是在其内部自我完成的，因此，心理学家称之为“暗箱”或“黑箱”。

消费者购买行为的一般模式，是营销部门制订营销计划、扩大商品销售的依据。它能帮助营销部门认真研究和把握购买者的内心世界，认识消费者的购买行为规律，并根据本企业的特点，向消费者进行适宜的“刺激”，以达到满足需要、扩大销售的目的。

第三节　消费者购买行为的过程与类型

消费者购买行为是指消费者为满足自身需要而发生的购买和使用商品的行为活动。在社会生活中，任何个人都必须不断消费各种物质生活资料，以满足其生理需要和心理需要。因此，消费者购买行为是人类社会中最具普遍性的一种行为活动。在现代社会经济生活中，由于购买动机、消费方式与习惯的差异，消费者的购买行为表现得形形色色，各不相同。尽管如此，千差万别的消费者购买行为仍呈现出某种共同的规律性。

一、消费者购买行为的过程

消费者购买行为是由不同阶段所组成的，见图 4-7。图 4-7 描述了消费者购买行为要经过的 5 个阶段，但是，这并不意味着消费者购买任何东西都会经历这 5 个阶段。在日常购买中，消费者经常跳过或逆向经过一些阶段。在购买“弱参与”的产品时，消费者可能会跳过某些阶段。例如消费者购买牙膏，往往会直接进入购买过程，不必搜索信息和评估。因为他对这类商品非常熟悉，而且这一类商品价值比较低，即使购买行为发生偏差也不会产生严重的后果。但在购买“强参与”的产品时，消费者就可能反复地经历上述各个阶段。例如，购买住房时消费者将反复搜索信息、评价估量，花费的时间也非常多。

图 4-7　消费行为的 5 个阶段

1. 确认需要

购买过程从消费者确认一个问题或产生一种需要开始。这种需要可能由内部刺激引起。比如，个人的正常需要强烈到一定程度变成了一种动力，如饥饿、干渴等；也可由外部刺激引起，如一个人路过一家面包店，面包的香味可能刺激她感到饥饿。

对消费者需要被认知的过程的研究，关键在于了解哪种产品类别与品牌可以满足消费者哪些内在的需要，可以透过哪些外在刺激引发消费者对某种产品和品牌的需要。例如，汽车可以满足人们来去自如、方便快捷的需要，同时也可以满足人们对地位、权势、自我肯定、刺激等其他心理需要。若一项产品可同时满足的需要越多，那么能够刺激消费者的途径也就越多。然而，需要不一定会带来行动，因为消费者会衡量需要的重要性，以及满足这个需要的可能性。假如是重要而又可能的话，便会采取消费行动，反之，若问题不太重要或自己根本无能力解决，便会把行动延后甚至取消。另外，有需要、有能力也不一定就会购买。消费者在做购买决定的时候，需要一定的理由或者是动机。

纸尿裤的发明给现代母亲带来了很大的方便，但纸尿裤在美国刚上市时迟迟打不开销路，原因是纸尿裤开始的广告诉求重点一直在强调纸尿裤能使妈妈在照顾宝宝时更轻松愉快。当时的家庭主妇虽然很喜欢这种新产品，但总有一种罪恶感，她们害怕一旦被亲朋好友发现自己给孩子使用纸尿裤，会认为自己是个奢侈浪费、爱偷懒的妈妈。根据这一消费心理，厂商决定将广告诉求重点改为强调纸尿裤能够使婴儿更加舒爽健康，给妈妈们提供了一个理直气壮的购买理由，结果纸尿裤市场迅速扩大。

2. 搜索信息

消费者产生需要后，就会为了满足这种需要而去关注有关商品。例如，一位想买摄像机的人会变得注意摄像机的信息、品牌、朋友用的摄像机、摄像机的相关装置等。每一位消费者在搜索商品信息时，所花的精力是不同的，这要看他的驱动力有多大，以及认知风险的高低。

消费者可以从不同的来源获得信息，包括：①个人来源，包括家庭、朋友、邻居和熟人等，这方面的信息对购买决策最具影响力。②商业来源，包括广告、销售人员、商店、包装和展示等，这方面的信息数量最多，它会告诉消费者大量有关该商品的种类和款式等。③公共来源，包括大众传媒和消费者协会等，这方面的信息最具客观性和权威性。④经验来源，包括个人的购买和使用经验以及通过对产品的搬运、检查等产生的对产品的认知等，这方面的信息对决策过程的最初和最后阶段最具决定性作用。一般情况下，消费者得到的多数产品信息来自商业来源，最有效的来源是个人来源，尤其是在消费者对服务的选择上。

不管消费者如何努力收集信息，也免不了有所遗漏。因此，消费者所获得的产品信息只是所有产品信息（即“全集合”）中的一部分（即“有知集合”）。无论采用哪种方式和渠道，消费者在开始收集信息时，都会先根据自己的需要预设标准。这种预设标准受到消费者本人价值观、对商品的态度、消费习惯、消费能力以及文化背景的影响。当然，在收集信息的过程中，预设标准有可能改变。因此，消费者在进行初步的淘汰工作将根本不能满足其预设标准的信息排除在考虑之外，形成“不可行集合”，剩下的则成为“考虑集合”，有待下一阶段筛选。这一过程如

图4-8所示。

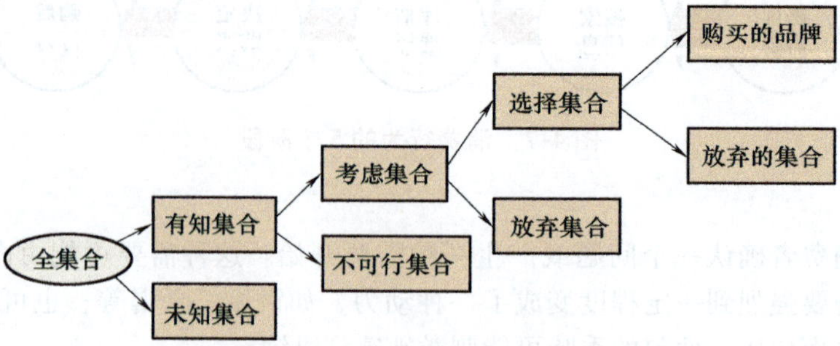

图4-8 消费者品牌决策的连续集合

例如，通过收集信息，消费者熟悉了市场上的一些竞争品牌和特征。图4-9左边第一个方框表示消费者考虑的全部品牌，而某个消费者只熟悉整批品牌中的一部分（知晓品牌组）。在这组品牌中，只有某些品牌能适应最初的购买标准（可供考虑的品牌组）。当该消费者收集了这类品牌的大量信息之后，只有少数品牌被作为重点选择（选择品牌组）。消费者根据自己经历的决策评价过程，从选择组中做出最后决策。

图4-9表明，公司必须有战略地使它的品牌进入潜在顾客的知晓组、可供考虑组和选择组。公司应该深入研究有哪些其他的品牌留在消费者的选择组中，以便制订具有竞争吸引力的营销计划。另外，营销者应该对消费者的信息来源加以识别，并评价它的相关重要性。同时，还应该询问消费者最初听到有关品牌信息时有什么感觉，以后又得到什么信息，以及各种不同信息来源的相互重要性等。这些答案将来帮助公司为目标市场准备有效的传播计划。

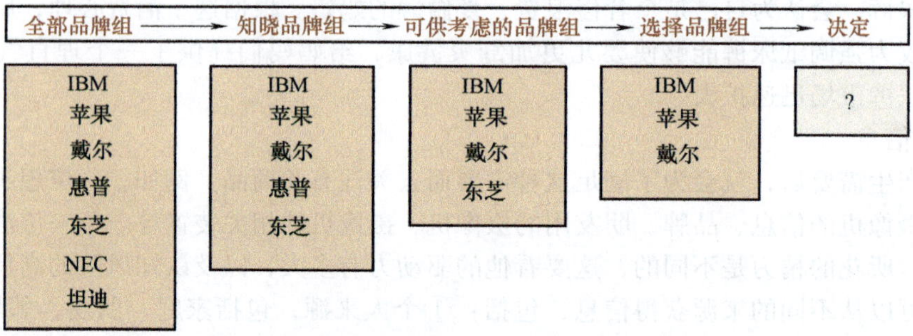

图4-9 消费者决策过程中相继考虑的品牌组

3. 评估选择

在众多的品牌中，消费者将如何处理信息和决定品牌呢？第一，消费者可以在一个产品上面找到一组产品属性。比如，摄像产品属性可能包括图像质量、使用方便程度、机身大小、价格等方面。哪些属性有用，不同的消费者会有不同的看法，消费者最注意与自己需要相关的部分。第二，对于消费者特定的需要来说，不同属性重要程度不同。例如，就摄像机而言，摄影爱好者往往会考虑其性能的高低，而旅游者则主要考虑其便利程度。第三，不同品牌有不同属性，消费者会根据自己的经验和综合各方面信息，找出选择品牌的依据。第四，消费者期望的产品总满意度会随不同的产品属性变化。例如，买摄像机的消费者可能有如下期望：质量性能好；中等大小；重量较轻等。第五，消费者通过对不同品牌的评估产生对产品的态度。

就买摄像机的情况，假设该消费者需要摄像机的4种属性是图像质量、使用方便、机身大小和价格。很明显，如果某种摄像机所有性能都是最好的，我们能预测该消费者会买它。如果消费者只依某一个属性做购买决定，那也容易预测他的选择。可是，大多数消费者在消费过程中，会考虑多种属性，而各种属性的重要程度又不同。同时，在不同的情况下，有不同的评估过程。有一些情况下，消费者仔细计算、思考；另一些情况下，同样的消费者不怎么评估或根本不评估，而是依靠直觉和冲动去购买。有时消费者自己做购买决定，有时靠朋友、导购员或销售人员。在实际中，有些产品属性虽然非常重要（重要因素），但在购买决策上，却发挥不了影响力（非决定因素）。例如鲜奶的消费者都非常重视鲜奶的营养，但因为对每个品牌而言，营养已经成为必备属性，虽然重要，不能决定消费者的选择。

4. 决定购买

在评估选择阶段，消费者评价品牌，形成选择范围，并从“选择集合”内做一个最后的选择，决定究竟要买什么品牌。然而，在购买意图与购买决策之间，有两种因素会相互作用，如图 4-10 所示。

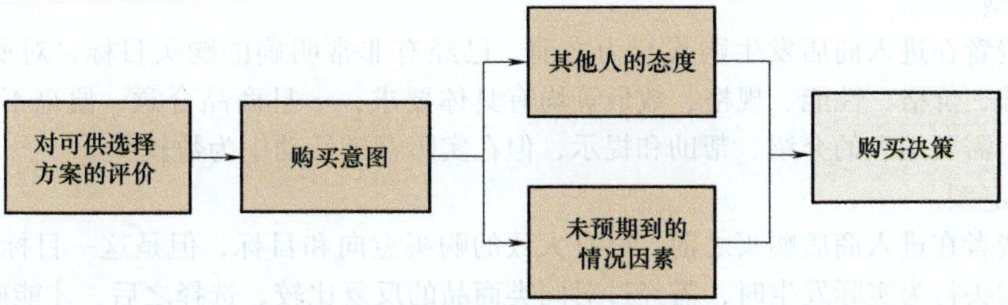

图 4-10 对可供选择方案的评价和购买决策之间的步骤

第一个因素是其他人的态度。别人的态度会影响一个人的选择，其程度取决于：①其他人的否定态度的强烈程度；②购买者对遵从旁人的愿望的动机。旁人的否定态度越强烈且与购买者的关系越密切，购买者就越是会修改自己的购买意图。从相反面来说，购买者对品牌的偏好也因其喜欢的人的喜欢而增加。当与购买者关系密切的人持不同的观点而购买者又想让他们皆大欢喜时，他人的影响就变得非常复杂了。

信息媒体（Infomediaries）扮演着公开各种观点和评论的作用。例如，饭桶网、大众点评网公开顾客对餐厅的评价，亚马逊网站上有消费者对书籍的评论，消费者毫无疑问地会受到这些形形色色的评价的影响。

第二个因素是未预期到的情况产生的影响。某些突发事件可能会改变购买意图。

如果没有重大的反对意见或其他特殊情况出现，消费者就会实施购买行为。在实施购买行为之前，消费者还需解决“到什么地方购买”“何时购买”“买多少”“如何购买（分期付款、刷卡、付现金）”等技术性问题，这些问题看似枝节，却有可能成为从购买意图到购买行动之间的干扰因素。例如，某人决定以分期付款方式购买汽车，但发现需要找两位保证人，在不想麻烦朋友的情况下，他考虑延后购买，以便有足够存款一次付清。但是在延后期间，他完全可能改变主意。

5. 购后行为

购买产品后，会产生一系列的购后行为。购后行为通常包括购买后的评估、处理购买后的不协调以及产品用完后的处理。假如所购商品完全符合自己的意愿，甚至比预期的还要好，消费者不仅自己会重复购买，还会积极地向他人宣传推荐。相反，假如所购商品不符合其愿望或效用很差，消费者不仅自己不会再购买，还会发泄对商品的不满情绪，竭力阻止他人购买。

通过上述5个阶段，消费者完成了其购买活动，根据消费者购买行为过程的不同阶段，企业可以采取不同的营销对策，给消费者以支持，促成良性的购买行为。确认需要阶段是消费者需求确定的前夕，大量的广告宣传会对消费者起诱导作用；在收集信息阶段，企业应在大量广告宣传的基础上，展示商品的特性和优点；在评估选择阶段，企业应开展试销和赠予活动，宣传一系列售前、售中、售后服务的措施；在决定购买阶段，要为消费者提供全方位的优质服务，如终身保修、不满意可退换等，以坚定消费者的购买意愿；购后评价阶段是企业对诸多服务许诺予以兑现的阶段，如果企业所宣传的全方位优质服务均能落实，消费者会产生良好的购后体验，这一购买行为的完成将有利于企业在消费者心目中树立良好的形象。

二、消费者购买行为的类型

对消费者行为分类的标准很多，每一种分类方法都可以从不同侧面反映消费者行为的特点。

（一）按消费者购买目标的选定程度划分

1. 确定型

这类消费者在进入商店发生购买行为之前，已经有非常明确的购买目标，对所要购买的商品种类、品牌、价格、性能、规格、数最等均有具体要求，一旦商品合意，便毫不犹豫地买下。这类消费者不需要别人的介绍、帮助和提示，但在实际营销活动中为数较少。

2. 半确定型

这类消费者在进入商店购买之前，已有大致的购买意向和目标，但是这一目标不是很具体、明确。直至购买行为实际发生时，需经过对同类商品的反复比较、选择之后，才能确定购买的具体对象。例如，夏季来临，某消费者确定了要买空调的大致目标，但对空调品种、规格、性能、价格等方面的具体要求尚未完全明确。为此，消费者在购买过程中，需要对上述问题进行推敲、比较，并希望得到别人的参谋帮助，以便确定一个明确的购买目标。这类消费者易受他人观点的影响，成交时间长，一般需要提示或介绍。营销人员可见机参谋，以坚定其购买决心。他们在消费者中为数众多，应是服务的重点对象。

3. 不确定型

这类消费者在进入商店发生购买行为之前，没有任何明确的购买目标。这类消费者茶余饭后散步或是顺路都可能步入商店，漫无目的地观光浏览。所见某一商品、所闻某一商品信息，都可能引发消费者的需要，唤起其购买欲望；一旦有了购买目标，消费者会马上发生购买行为，但有时也可能不买任何东西。究竟发生购买行为与否，与商店内外部环境及消费者的心理状态有关。对这类消费者，营销人员应主动热情地服务，尽量引起他们的购买兴趣。

（二）按消费者购买态度与要求划分

1. 习惯型

这类消费者一般依靠过去的购买经验和消费习惯采取购买行为。他们或长期惠顾某商店或长期使用某品牌、商标的商品，环境变化、年龄增减等都不会改变这类消费者的购买习惯。他们在购买商品时果断成交，不受时尚流行的影响，购买行为表现出很强的目的性 。

2. 理智型

这类消费者善于观察、分析、比较。他们在购买前已经广泛收集所需要商品的信息，了解市场行情，并经过权衡利弊之后才做出购买决定；购买时又表现得理智慎重，不受他人及广告宣传的影响，挑选商品仔细认真，很有耐心。在整个购买过程中，这类消费者保持高度的自主，并始终由理智来支配行动。

3. 经济型

这类消费者对商品的价格非常敏感。以价格高低评价商品优劣的消费者，往往认为价格高的商品质量高，价格越高越要买；对廉价商品感兴趣的消费者对同类商品价格的差异极为敏感，只要价格低便认为合算，削价、优惠价、处理价的商品对这部分消费者具有极强的吸引力。因此，经济型又称价格型。

4. 冲动型

这类消费者对外界刺激敏感，心理反应活跃，在外界商品广告、推销员、他人影响的刺激下，不去进行分析比较，以直观感觉为依据迅速购买，新产品、时尚商品对他们的吸引力最大。

5. 感情型

这类消费者的心理活动丰富，易兴奋，爱想象，富于感情，想象力和联想力也较丰富，因此，在购买时容易受感情支配，也容易受外界环境的感染诱导，往往以商品是否符合自己的感情需要来确定购买决策。

6. 疑虑型

这类消费者性格内向，言行谨慎、多疑。他们在购买前三思而后行，购买后还会疑心是否上当受骗。

7. 随意型

这类消费者或缺乏经验，或缺乏主见，或奉命购买，在选购时大多表现得优柔寡断、缺乏主见，一般都希望销售人员的提示和帮助。随意型也叫不定型。有的消费者在生活上不苛求、不挑剔，表现在购买行为上也比较随便，这类消费者也属随意型。

（三）按消费者在购买现场的情感反应划分

1. 沉着型

这类消费者由于神经过程平静，反应缓慢沉着，因此购买动机一经确定就不易改变，也很少受到外界因素的影响，在购买活动中除了必需的语言之外，始终保持沉默，感情不外露，抑制性强，交际适度，但不是很随和。

2. 温顺型

这类消费者的神经过程比较薄弱，生理上尽量避免任何过大或过小的神经刺激，表面上不受外界环境的影响，但内心却又体验深刻。在购买行为上，从选购商品到最后实现购买行为，都愿意遵从售货员的介绍和意见，信赖他们，所以能很快做出购买决定。这类消费者对所购商品本身的情况并不过多考虑，但对服务人员的态度很敏感。

3. 活泼型（健谈型）

这类消费者的神经过程平衡而灵活性高，善于适应各种环境，有广泛的兴趣爱好，但易于变化；表现在购买行为方面显得健谈、活泼，在购买和挑选商品时，愿意与人接近、攀谈，主动与顾客或售货员交换意见。

4. 反抗型（反感型）

这类消费者的个性心理具有较高的敏感性，时时警觉着外界环境细小的变化，多愁善感，性情孤僻。在实现购买行为时，这类消费者的主观意志较强，不喜欢听取别人的意见，以怀疑的观点审视周围的一切，对售货员及其他顾客都有不信赖感。

5. 激动型（傲慢型）

这类消费者易于激动，言行举止时有暴躁、狂热的表现，自制力差，在购买行为上也表现出不善于考虑，傲气十足，对商品和营销人员的要求有时不近情理。对此，营销人员在各方面应给予较多的关注。

总之，在购买活动中，受购买时间、地点、环境、个性、心理及购买对象等多方面因素的影响，不同的消费者会呈现出多种不同的购买行为类型。因此，要用动态的、差异化的观点对消费者的行为加以观察、分析和判断。

典型案例　现场充绒的示范效应

俗话说，百货迎百客，而北京王府井大楼则亮出新招，把南京羽绒厂的充绒“车间”搬进了商场。果然，羽绒被的日销售额由3 000元上升到万元以上。这个现场充绒“车间”有15m²，透过全封闭铝合金玻璃墙，三位工人称绒、充绒、缝纫的一举一动，顾客一目了然。羽绒被的含绒量有50%、70%、90%三种，重量可多可少，高密度防绒布袋有7种颜色和图案可供选择。“车间”外，围满了驻足的顾客，记者现场采访了数位购买者。62岁的焦先生是听熟人介绍从鼓楼赶来的。“一位熟人半月前在这里买了床羽绒被，他说这玩意儿灵得很，热得盖不住！我寻思自己也到该享受一下的年纪了。这不，就蹬着小三轮载着老伴一起来了。”湖南新化铁路局电务段梁先生说：“当地虽然也有卖的，但买现成的，只能摸摸捏捏，弄不清里面到底是啥玩意儿，心里老犯嘀咕，现在眼见为实，花钱买了放心。一辈子就买这一床，多花点钱值得。”当他数出450元交款时，自言自语道：“这是计划外开支，超支了。”还有一对约50岁的夫妇则是为儿子结婚买的。一问，他们自己还是用的棉被，父亲不无幽默：“眼下不是时兴‘孝子’嘛！”一位中年妇女买了两床含绒量50%的羽绒被，她对记者说：“这被子虽说含绒量不高，但价格较便宜，也挺暖和。我原打算买含绒量90%的，但一床要450元，再添些钱就能买两床含绒量50%的。这样，我和儿子就都有了。”虽说也有顾客买含绒量较低的羽绒被，但绝大部分顾客还是买含绒量90%的。一致的回答是：“要买就买个好的，想想也觉得舒坦。”据已有10年工龄的王先生介绍，南京羽绒厂是家外贸企业，因引进生产线扩大生产量，才有部分产品内销，现在厂里是两个市场一起抓。百货大楼毛织组组长介绍说：“我们对所谓市场疲软进行了调研，认为疲就疲在品种上，软就软在质量上。我们和工厂联合开展现场充绒销售，就是提高产品质量和服务质量的浓度，实践证明是成功的。”26日是星期天，这一天，共有40位顾客高高兴兴地从这里买去了羽绒被，价值是1.7万元。这些顾客在开票前一般要经过半小时的观察和选择，做出“决策”并开票后，又要经过半小时才能充制完成。有的人说：“这家厂子真会做生意！”也有的人说：“生意就该这么做！”

案例讨论：现场充绒这种贩卖方式虽然现在已不流行，但却很能说明消费心理对购买决策的影响。请分析现场充绒为什么会使消费者选择购买这家厂子的羽绒被？

思考与训练题

1. 举例说明什么是高卷入商品、低卷入商品？
2. 谈一谈边际效用理论的启示与实际应用意义。
3. 什么是消费者的购买决策？购买决策的原则是什么？
4. 消费者购买行为的一般模式是什么？
5. 如何理解消费者购买行为的过程？

第五章　消费体验与品牌忠诚

本章提要

本章介绍了消费者在使用商品、享受商品价值的过程中所形成的心理体验以及这些体验对顾客本人及他人的消费行为的影响。顾客满意度系统的建立、评价和品牌忠诚度的量化考核是今后一段时间内值得研究的课题。

引　例

法国航空公司有一项培养品牌忠诚度的计划，针对一个月至少乘坐一次超音速协和式飞机的乘客赠送许多有趣和不寻常的礼物，而不是对机票进行小幅减价。

因为吸引新客户的成本要比维持老客户高4~6倍，管理人员必须高度关注建立和维持品牌忠诚度。与品牌忠诚度紧密联系的是消费者的满意度与消费体验。实际上，让顾客感到高度满意是大多数公司的主要目标。

思考：企业是如何将消费者团结在自己周围的呢？

第一节　消费体验与满意度理论

消费享受与消费体验的过程是商品价值得以发挥的过程。通过消费者的感受，消费目的和商品的功能得到实现。消费目的的实现，满足了人们对于生存和发展的需要，在一定意义上满足了人们对于幸福生活的愿望。

消费的过程也是体现消费者个性的过程，每一位消费者的心理特点与生理特点的差异，会导致消费体验与商品价值的享受在感受方面的不同。人们感官上的差异造成了相同的商品具有不同的感官体验；个性上的差异，也会引起消费体验的不同效果；人们所处的生活环境与工作环境不同，消费享受与消费体验也会不同。

一、消费体验与评价

消费者使用商品、获得商品价值的过程中，形成主观体验、出现情绪反应、做出主观评估和判断的心理过程称为消费体验。

把商品买回去之后，消费者就要真正地使用它、享受它、消费它，商品的质量、功能、味道以及使用的效果等，会在商品的使用和消费中得以体现。消费者通过使用商品、消费商品，用自己的标准作一些评价，这些评价可能影响下一次消费行为，还可能影响其他消费者的行为。

我们研究消费体验的重点是，消费者在哪些方面的体验会更深刻一些，哪些因素影响消费者购物后的体验，这些体验积累形成的消费经验又是怎样影响下一次的消费行为或影响他人消费行为的。

从消费需要的满足程度看，商品特性接近或高于消费者的期望，产生满意的消费体验会更深刻。消费者的满意体验具体表现为：对于商品形象的肯定、对于商品经营单位和服务人员的信赖、对于商品价格的肯定与认同感等。当消费者亲身体验到满意的效果之后，对经营单位和服务人员形成愉快的记忆，会使一些消费者非常愿意将愉快的印象向其他消费者传播。

如果商品特性低于消费者的期望（尤其是商品特性远远低于消费者的期望）时，消费者不满意的体验会很深刻。这种不满意的体验表现为：对于商品形象的否定；对于商品经营单位的怀疑与不信赖；在商品价格与功能等方面产生不平衡的心理，有上当吃亏感，在情绪上容易变得消极而不愉快。除了消费者自己会尽力避免这种吃亏上当的消费行为外，有些消费者还会把这种体验告诉其他人，令其他消费者对商品或经营单位产生戒备心，最终损害该经营单位的企业形象。

除上述两种极端的消费体验外，更普遍的情况是消费者处于中间类型的消费体验，比如对于商品或企业形象比较满意、稍不满意、无所谓等。对所有这些体验都可以进行量化研究。

消费体验中的评价内容，会表现在如下方面：

一是对于商品质量、商品属性等的评价。消费者按照原来各种渠道得来的信息和判断标准来评价商品的质量，也从商品的价格、包装、功能和使用效果等方面综合起来评价商品的质量。这种综合评价的方式类似于平衡效应，商品的价格高，消费者会要求商品的质量也要好；否则就会做出质次价高的评价。

二是对商品形象及品牌形象的评价。商品的名称会留在消费者的头脑中，形成记忆和印象，在一个消费群体中这种记忆和印象即构成商品名称的知名度。这种知名度是影响消费者下一次选购商品的心理基础。

三是对经营单位及服务质量的评价，包括对于经营单位、服务人员的评价。这些评价主要体现在营业环境方面。

对消费者体验与评价的研究，已经成为现代营销活动的基本组成部分。工商企业研究消费者体验与评价的目的是创造让顾客满意的要素，最终让顾客对商品品牌满意，对营业环境满意，促成顾客对品牌保持一定的忠诚度并在该营业环境保持重复的购买行为。围绕着让顾客心理满意问题的研究，形成了一整套理论，即**顾客满意度（Customer Satisfaction，CS）理论**。

二、顾客满意度的概念

早期的市场研究表明，无论满意还是不满意的顾客都对公司的盈亏有极大影响，比如：

1 个满意的顾客会告诉其他 4 ~5 个顾客有关他满意的体会。

100 个满意的顾客会带来 25 个新顾客。

获得 1 个新顾客的成本是保持 1 个满意顾客的成本的 5 倍。

每 1 次顾客投诉，就意味着还有 20 名顾客有同感，只不过他们懒得说罢了。

问题得到解决的用户有 70% 会成为企业最忠诚的顾客。

作为科学的概念，“顾客满意度”是1986年由美国的消费心理学家提出的。瑞典是全国范围首先形成顾客满意度指标的国家。当时瑞典面临国际竞争加剧、国内经济增长速度减慢、市场已经发展成熟等困难，价格已不再是最有力的竞争武器，减小重复购买者的需求价格弹性变得日益重要，因为在低弹性时企业价格即使高于竞争者也能保住顾客，这就要求有高的顾客满意度。日本在20世纪90年代初生产力指标上还远不如美国，但却享有大额贸易顺差、强劲的经济及良好的产品声誉，原因何在呢？关键是顾客的高满意度带来顾客对品牌的忠诚度，而这与企业利润息息相关。

顾客满意度，是指顾客存在着对商品、服务及相关因素的情感体验。

顾客满意度的概念提出之后，在市场上直接形成了一整套的营销策略；再由营销策略向上渗透，进入了企业的管理理念当中，成为企业管理策略的重要组成部分。

顾客满意度理论，是指研究顾客满意体验的形成机制，制定顾客满意体验的营销策略而形成的一整套思想体系和经营规则。顾客满意度不是决定顾客忠诚的唯一因素，但无疑是最重要的因素。顾客的满意与不满意情绪，不仅仅会影响顾客个人将来的消费行为，而且会影响他人将来的消费行为，营销人员便不得不研究这种重要的影响因素。解释顾客满意度的学说较多，这里介绍其中的两种。

目前比较流行的方法是顾客满意度“双因素”法，这是从双因素理论发展而来的。双因素理论是由美国心理学家弗雷德里克·赫茨伯格（Frederick Herzberg）于1959年提出来的。他和他的同事们对匹兹堡附近一些工商业机构的约200位专业人士做了一次调查。调查主要是想了解影响人们对工作满意和不满意的因素。结果发现，导致对工作满意的因素主要有5个：成就、认可、工作本身的吸引力、责任和发展；导致对工作不满的主要因素有：企业政策与行政管理、监督、工资、人际关系及工作条件等。

他认为影响顾客满意度的诸多因子中，有些因子是顾客要求企业必须做到的，如果做不到，顾客会非常不满意，这些因子即不满意因子，如食品的质量、家用电器的安全性能等；有些因子是顾客期望企业能够做到的，如果企业做不到，顾客没有严重的不满意，但是当企业满足了顾客的期望甚至超过了顾客的期望时，顾客会非常满意，这些因子即满意因子，如购物时的等候时间、商品增值服务等。因此，顾客满意度分为三个层次：第一层次是不满意水平；第二层次是期望水平；第三层次是满意水平。相应地，每个层次都有各自的影响因子，即满意因子、期望因子、不满意因子，如图5-1所示。

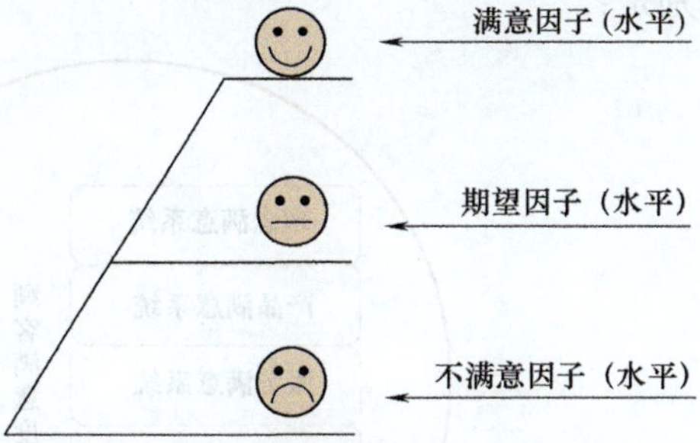

图5-1 满意度的3个层次

早期的双因子理论把“满意因子”“不满意因子”及“期望因子”分别看待，认为这三个层次的因子在性质与类型上存在不同。近期的研究显示，从“期望因子”到“满意因子”在层次上与性质上存在不同，但在种类上可能是一致的，即满意因子是连续的变量，从期望水平到满意水平之间存在一个可接受的区间。比如礼仪服务方面，企业礼仪服务做得较好，顾客认为这是应该的；企业礼仪服务做到很好，顾客的满意度会上升；企业一旦没有做好，这个因素会成为不满意因子。因此，在满意与期望的体验之间，存在一个区间，这个区间称为可接受区间，区间的峰值为“理想水平”，区间的谷值为“可接受水平”。研究人员使用这种思路分析玻璃行业的服务质量体系，其结论是，“供货因素”的可接受区间最小，也就是说，用户对供货的要求非常严格，供货因素有严格的保障，用户才能真正满意；而供货因素稍有差错，用户的满意度会迅速下降。这一行业中的“服务礼仪因素”可接受区间最大，也就是用户对这一行业的礼仪要求相对宽容。

解释顾客满意度的第二种方法是图示法。它是将顾客满意度的数据与企业策略实施情况结合起来，构成顾客满意度策略图，横轴表示该因子的策略实施效果，竖轴表示顾客的满意度。所有满意度因子可以分为四大类：一是“锦上添花类”，企业的策略实施得当，顾客满意度高；二是“保持类”，企业策略实施效果平平，但顾客也还比较满意；三是“改进类”，企业策略实施较好但顾客满意度较低，必须找出问题的根源，提高顾客满意度；四是“无效类”，该类因子对顾客不太重要，顾客满意度也较低。如图5-2所示，是某食品品牌的满意度图示。

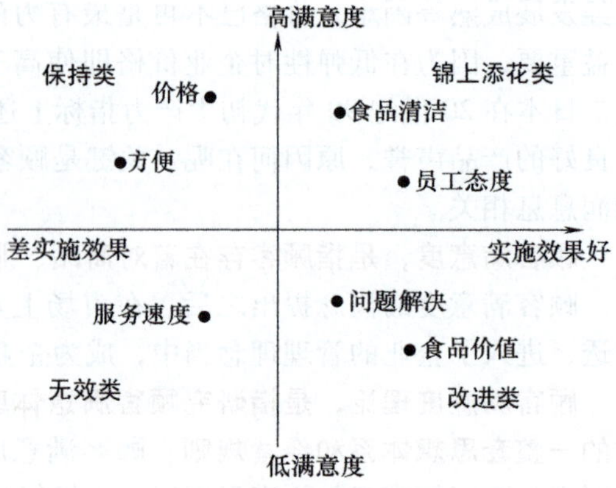

图5-2 满意度与实施策略图示

三、顾客满意度系统

（一）顾客满意度系统的构成

影响顾客满意度的因素非常多，这是由顾客心理活动的复杂性决定的。这些影响因素构成了一个系统；分析这个系统内各种因素影响力的大小，可以建立相应的营销与管理策略体系。

顾客满意度系统是指企业在营销与管理过程中，以最大程度满足顾客的满意度为前提来制定相应的营销与管理方案和策略，目的是最大限度地维持固定的顾客群，最终稳定企业的效益。

当前比较成熟的看法是，顾客满意度系统由5个子系统组成，如图5-3所示。这5个子系统分别是：

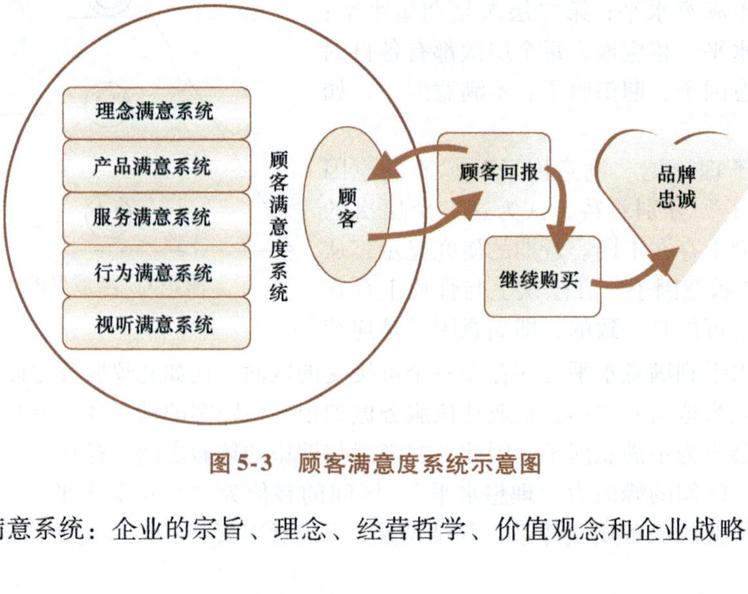

图5-3 顾客满意度系统示意图

（1）理念满意系统：企业的宗旨、理念、经营哲学、价值观念和企业战略带给顾客的满意状态。企业建立CS工程，从顾客出发制定经营理念，以此为指导调整企业的组织结构和运行方式，并通过各种方式传递给顾客，顾客获得认知、形成体验并做出反应。

（2）行为满意系统：企业的组织管理、公关宣传、标准行为模式等方面带给顾客的满意状态。这是在企业经营理念的指导下，以顾客的利益为出发点而制定的企业的行为规范、行为机制、行为模式等。

（3）视听满意系统：企业对外传播的一切可视听性形象带给顾客的满意状态，包括企业的名称、标志、标准色、标准字和应用系统。这些内容既要反映出企业的理念，又要新颖、赏心悦目，顾客才能够有积极的满意状态。

（4）产品满意系统：产品带给顾客满意的状态，包括产品的质量、功能、设计、包装、品位和价格等因素，还包括企业根据顾客的个性需要设计出个性化产品等。

（5）服务满意系统：顾客对企业服务的满意状态，包括企业服务的保证系统与增值系统等。

前三个子系统与企业的识别系统（即CI系统）基本接近，所以有些人认为顾客满意度（CS）是在CI的基础之上发展起来的。这从字面上看有一定的道理，但顾客满意度CS体系与CI体系相比有本质上的飞跃。顾客满意度体系具有产品与服务两个方面的基础，这是顾客消费产品的真正价值所在，并且顾客满意度体系已经上升为企业经营管理的战略高度。

在探索顾客满意度主因子方面，不同行业可以按自己的特色建立本行业模型。

以速递行业为例，影响顾客满意度的因子包括速递的时效性、上门服务情况、工作人员的态度、服务规范性等。在快餐服务业，有的企业选择了5大类因子，分别是清洁程度、员工态度、服务速度、店内方便性、产品属性，每个大类再可以细分10~20个子因子。

美国商务部于1987年设立了马尔科姆·鲍德里奇国家质量奖，其目的是奖励那些在产品与服务方面表现优秀的美国公司。它在顾客满意度的因子方面建立了比较规范的模式，包括8个方面的因素，每种因素的重要程度有所不同：①了解顾客的要求和期望；②顾客关系管理；③顾客服务标准；④对顾客的承诺；⑤解决质量改进方面的投诉；⑥确定顾客满意度；⑦顾客满意度结果；⑧顾客满意度比较。

（二）顾客满意度系统的建立

建立顾客满意度系统，主要有两种思路：一种是要点式；另一种是系统式。

前者是使用一些提纲挈领式服务满意系统的口号用语，提出的措施容易操作，服务人员容易培训，也容易得到顾客的反应；其缺点是离科学的顾客满意度体系距离较远，容易流于表面形式。这是因为服务项目没有系统性，经过一段时间之后，顾客的满意度要素就会转移，原来的要点并不一定符合以后的顾客要求。

后者是实施标准化管理的企业制定的一整套体系，包括上述顾客满意度5个子系统的全部内容。

建立顾客满意度系统，主要包括4个步骤：

第一步，建立顾客满意度模型。针对企业特点与目标顾客群的特征，提出顾客满意度的基本要素，即发现满意度因子。这些因子少则几十个，多则几千个。这个过程是调查研究的过程，有些资料上简称为**顾客满意度模型探索（Customer Satisfaction Model Research，CSMR）**。

第二步，管理制度的规范化、标准化。针对顾客满意度的因子，对企业的理念系统、组织结构系统、产品生产系统、产品质量系统、行为语言系统、标志系统等进行规范化、标准化。这些规范与标准可以参照相关的产品质量与服务质量控制标准。

第三步，培训与实施。顾客满意度系统的实施过程，实际上也是企业管理制度规范化、标准化的实施过程，通过对企业全体员工的思想教育、知识教育与行为训练，使全体员工真正理解顾客满意度系统的重要性，在工作的每一流程每一细节中完全按照规范化、标准化的方式来做。

第四步，系统的监控。顾客对企业的理念、产品、服务、行为等有什么样的体验以及行为上的反应，要通过对顾客的调查跟踪与测试才能清楚，因此监控过程也是顾客的反馈过程。监控的结果一方面用于评价员工的工作质量，作为改进员工工作质量、实施奖罚的依据；另一方面用于改进顾客满意度的指标系统，调整各因子的关系。

建立顾客满意度系统，可以参考国际上通行的服务质量标准，即ISO 9000系列标准。美国商务部的马尔科姆·鲍德里奇国家质量奖，对于选择顾客满意度因子以及实施顾客满意度标准有重要的参考价值。有关服务质量标准实施的要点介绍如下：

了解顾客的要求和期望

- 通过访问、交谈和其他方式识别细分市场、顾客和潜在顾客群，包括竞争者的顾客及他们的要求和期望。
- 识别产品和服务的质量特征以及这些质量特征对顾客或顾客群的相对重要性。
- 与其他关键数据和信息进行交叉比较。这些数据和信息包括顾客的抱怨、损失和收益以及有助于产生顾客要求和期望及关键产品和服务特征信息的绩效数据。
- 评价和提高确定顾客要求和期望过程的有效性。例如，改进了的访问，接触其他顾客，分析或交叉比较。

顾客关系管理

- 公司上下都确保理解顾客服务的要求并做出答复。
- 确保顾客能通过较方便的途径评价、投诉和寻求帮助。
- 追踪顾客对产品和服务的满意度，获取改进信息。
- 授权与顾客接触的员工恰当解决问题，必要时可以采取额外的措施。
- 制定对顾客服务人员的具体要求，对其进行培训（认知、态度和道德标准）。
- 为使服务人员提供及时有效的顾客服务，在技术和后勤方面给予支持。
- 分析投诉信息、顾客成长和流失、损失订单，评估公司政策的成本和市场后果。
- 评价和改进顾客服务过程。

顾客服务标准

- 依据顾客的要求和期望选择规范的、客观的测量标准。
- 全员参与制定、评价、改进和改变标准。
- 公司各部门都要制定具体要求或标准，确保有效地支持希望满足顾客服务标准的顾客服务人员。
- 跟踪调查、确保关键的服务标准得以满足。
- 如何评价和改进服务标准。

对顾客的承诺

- 产品和服务担保及产品保证：理解、条件和信誉。
- 公司为提高顾客对其产品和服务的信任和信心所做的其他承诺。
- 公司的产品和服务在过去三年中的改进如何体现在担保、保证和其他承诺中。

解决质量改进方面的投诉

- 将公司不同部门的正式和非正式的投诉及批评性的建议汇总，在全公司做整体评价，并适时加以利用。
- 确保顾客服务人员恰当地解决投诉。
- 汇总顾客反应改善的情况，包括答复时间的变化。
- 分析投诉以确定其内在原因，根据这些信息加以改进，如过程、标准及顾客沟通。
- 评价公司对投诉的处理，以改进公司对投诉的反应和将其转化为预防性措施的能力。

确定顾客满意度

- 所用方法的类型和频率，包括确保客观性和有效性的程序。
- 如何按顾客群体细分满意度，如何决定与竞争对手相关的顾客满意度。
- 满意度结果和其他表明满意的方面（如投诉、顾客的获得与流失）的相关性。
- 从顾客满意数据中如何提取有效的信息，根据这些关键的产品和服务质量特征来决定顾客偏好。
- 顾客满意度信息如何运用于质量改进方面。
- 评价和改进确定顾客满意度的方法。

顾客满意度结果

- 按顾客群体划分产品和服务，找出顾客满意度变化趋势和关键的顾客满意度指标。
- 主要负面指标的变化趋势。这些负面指标包括抱怨、投诉、退款、打电话责怪、退货、再次服务、调换货、贬低、修理、保证成本和保证工作。

顾客满意度比较

- 与同行业一般的、领先的、世界领先的或公司关键市场中其他竞争者比较顾客满意度结果。
- 独立组织（包括顾客）做的访问、竞争奖励、认知和评分。
- 顾客的成长或流失趋势。
- 相对于国内及国际的主要竞争者而言，公司获得或失去的市场份额变化趋势。

四、顾客满意度研究

顾客满意度研究，是指对顾客消费商品或服务过程的满意指数进行测量与研究，作为产品质量与服务质量改进、监督的依据。

国内企业研究顾客满意度，多采用问卷调查的方式来收集顾客满意度结果。有些企业在商品的说明书与质量保证书中，附上由顾客填写的评价表格，或质量跟踪记录表，顾客的评价随时可以寄到公司，对于企业加强生产质量管理、及时收集消费者意见、及时处理顾客使用商品中遇到的问题具有一定的积极意义。

科学、系统地研究顾客满意度并为企业提供决策依据，需要标准化的研究方法和测量指数。针对不同行业、不同商品的特点以及不同的研究目的，有不同的顾客满意度研究模式。零售服务企业对顾客满意度的测量一般使用**“服务质量监测”（Quality of Service Audit，QSA）**这一概念，家用电器企业使用**“顾客全面满意度”（Totally Customer Satisfaction，TCS）**这一概念，还有的企业使用**“顾客经验监测”（Customer Experience Monitor，CEM）**这一概念。

下面以零售服务、餐饮行业为例，解释顾客满意度研究中的测量指标。这些行业的顾客满意度指标体系包括十大类，如表5-1所示。在实践中，应该针对不同行业的需要对这些研究项目进行改造。

表5-1 顾客满意度体系中的研究项目（节选）

项目名称	顾客评价					
	很好	较好	一般	较差	很差	得分
一、基本礼貌						
1. 进店时，服务员打招呼及时（如5s内）						
2. 招呼顾客时，目光亲切，眼神专注						
3. 服务员打招呼时看着顾客，言辞友善面带微笑						
4. 招呼顾客时，使用了企业的标准用语						
…						
二、服务质量						
1. 服务员为顾客服务时态度认真，在接待顾客的期间，没有与其他人员谈论与服务无关的事宜						
2. 服务员真诚地对顾客说了“谢谢您”						
3. 如果顾客带着孩子，他们也得到服务员的问候						
4. 场内设有儿童专用椅						
…						
三、服务技巧						
1. 主动向顾客介绍货品并提供所需规格、式样、颜色等						
2. 鼓励顾客试用、试穿						
3. 顾客不满意时，主动、热情地给顾客更换其他的规格、式样、颜色，或介绍其他商品给顾客						
…						
四、店面整洁						
1. 外部停车场、门前入口、人行道清洁，无垃圾、废物、污垢，地面无油渍						
2. 门窗清洁，无灰尘、指纹及污垢						
…						
五、货品、货架整洁						
1. 柜台和自助区清洁、有条理						
2. 商品上没有积垢，没有洒落，陈列商品没有过少或过多的现象						
…						

（续）

项目名称	顾客评价					
	很好	较好	一般	较差	很差	得分
六、设备维护						
1. 商场所有照明灯光设备使用正常，没有损坏、闪烁的现象						
2. 商场音乐音量适中，不妨碍正常的谈话，但能清楚地听到广播声音						
3. 更衣室整洁、门锁安全						
4. 商品的包装、纸袋、容器、托盆或器皿保持清洁完好						
5. 推车、购物篮摆放整齐，车内及篮内干净，没有脏物						
6. 停车场维护良好						
…						
七、管理人员态度						
1. 管理人员礼貌待客，保持笑容						
2. 遇到顾客询问时，积极完成职责内的工作，从不推脱						
…						
八、促销与广告						
1. 促销海报、吊旗和台卡清洁整齐						
…						
九、商品评价						
1. 商品包装完好，指示清楚						
…						
十、总体评价						
1. 计划购买的商品都买到了						
…						

注：计分方法为：顾客评价为“很好”的计5分，评价为“良好”的计4分，评价为“一般”的计3分，评价为“较差”的计2分，评价“很差”的计1分。

第二节　消费者的品牌忠诚

品牌忠诚表现为消费者在较长的一段时间内，对于特定品牌所保持的选择偏好和重复性购买行为。高水平的忠诚度表现为消费者对该品牌保持强烈的选择偏好与高频率的重复性购买，甚至将该品牌视为唯一的购买选择；低水平的忠诚度表现为选择偏好不强，重复购买的频率低等。

品牌忠诚度是品牌之间相比较而言的一个概念。如果市场上竞争的品牌较少，消费者不得不重复购买，这种情况不能视为品牌忠诚；只有当市场竞争品牌多，消费者可以自由选择却仍对某些品牌保持重复性购买，才是真正的品牌忠诚。

消费者的高忠诚度意味着该品牌能够保持稳定的市场规模；消费者选择品牌时较低的忠诚度或没有品牌忠诚，意味着同类品牌市场中更大的动态变化，品牌之间的竞争加剧，每一品牌为争取更多的市场机会而进行的营销投入就要加大。如果消费者能够形成对特定品牌较高水平的忠诚度，该品牌面临的竞争压力相对要小一些，面对市场竞争而进行的营销投入也会少一些，从宏观的竞争角度看是在以更经济有效的手段运作商品与市场。

图 5-4 是美国保险经纪人的顾客忠诚度与利润之间的关系图，可以佐证顾客忠诚度对企业盈利的影响。

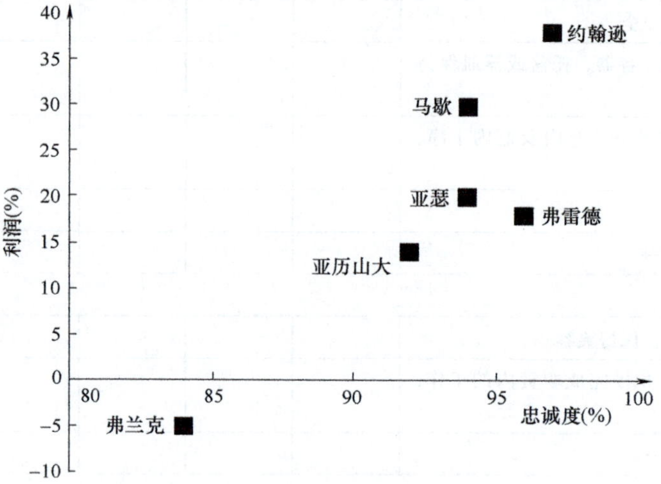

图 5-4 顾客忠诚度与利润的关系

消费者的品牌忠诚度反映了企业在市场中的竞争力，这是国内外专家学者和管理人员形成的一种共识，消费者的品牌忠诚度可以纳入企业资产的评估指标之中。

一、品牌忠诚度的基础

归纳起来，保持高水平忠诚度需要 5 个方面的心理行为基础，如图 5-5 所示。

一是品牌知名度很高。虽然消费者对于自己不忠诚的品牌也可能有较高的品牌认知度，但对于自己所忠诚的品牌，消费者必然表现最高程度的认知度，未提示知名度与提示知名度都在 100% 或接近 100%。

二是对品牌的价值判断很高。消费者对商品的价值判断包括对总体质量、包装与形象、档次、服务质量、价格适应性，满足需要的程度等多方面的评价。价值判断通过价格反映出来。消费者对商品的价值判断对忠诚行为有非常重要的影响，较高的价值判断会降低消费者的购买阻力，有利于长期保持

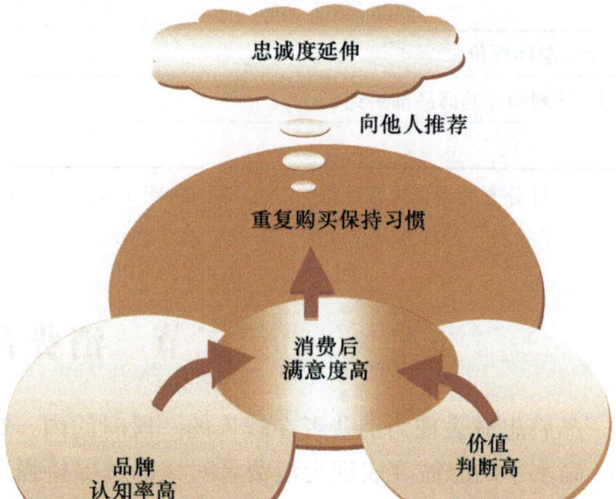

图 5-5 品牌忠诚度结构示意图

稳定、重复的购买行为。

三是消费者的满意度很高。满意度是消费体验、情绪与态度的综合表现，很高的满意度才能促成消费者重复购买。如果消费者的满意度降低时，忠诚行为就会被中断。

四是消费者的重复购买习惯。高的忠诚度，意味着消费者在较长的时间内对于该品牌表现出较高频率的重复购买行为。比如快餐食品的消费中，忠诚度高的品牌，消费者购买的频率可达到每月4~6次甚至更多；而对竞争品牌中的购买频率只有每月1次以下。

五是消费者向他人介绍。忠诚度高的消费者十分乐意向其他消费者进行介绍和推荐，比如很乐意介绍自己使用这种品牌的经验，希望与亲朋好友共同分享消费这种商品的快乐，介绍购买这种品牌的渠道等。这种行为在消费群体中具有典型的示范作用，消费者在无形当中推动品牌形象的传播，并延伸了品牌忠诚度。

对品牌忠诚度高起作用的外在因素包括：长期稳定的商品质量；商品本身的特色，这些特色与消费者动机吻合；优美的营业环境与特色，与消费者的购买风格一致或接近；长期稳定的商品形象与广告诉求；有相对稳定的消费群体。

二、品牌忠诚度测量

既然品牌忠诚度已经被列入企业资产评估的指标之一，高的忠诚度代表较稳定的消费习惯，即稳定的市场份额，任何厂商都会珍惜品牌忠诚度，因此对忠诚度进行测量是必不可少的。

测量忠诚度的指标主要分为5大类，其逻辑关系是依照上述忠诚度构成的基础而确定的，即品牌认知、品牌价值、使用经验、行为习惯、介绍推荐。这些测量指标当中有一部分与消费者购买行为测量、顾客满意度测量、品牌形象测量等指标相互交叉，具有特色的指标是“重复购买率”“品牌替代率”“向他人推荐”等核心指标。

1. 品牌认知

品牌认知方面一般包括5个子指标：①未提示知名度，即无提示状态下对于品牌的回忆率。②提示知名度，即提示状态下对于品牌的回忆率。③媒体认知，即对传播该品牌的媒介状态与特征的认知。④商品属性认知，即对商品各属性及其综合性的评价，包括商品特色、商品优势等方面的认知。⑤形象联想，即在品牌个性、品牌特征在情感方面的联想。

2. 品牌价值

品牌价值判断包括4个子指标：①价格认知，即对商品实际价格的认知，认为该品牌商品的价格是高了还是低了。②价值评价，即对商品价值大小做出的综合性评价。评价商品的价值越大，消费者心理上会认为值得付出更多的货币。③价格需求弹性，即在不同的价格等级水平上，消费者群体表现出来的不同的接受与需求程度。④价格的延伸性，如果该品牌延伸到同类商品的另一品种，所表现出来的价格认同感。

3. 使用经验

消费者使用经验方面的测量指标有3个：①购买愿望，即主观上购买该品牌的动机强烈程度。②使用时间，即消费者使用该品牌的时间，一般以年或月表示。③满意度，即使用商品后，消费体验中的情绪与态度反应，包括积极、满意的反应和消极、不满意的反应。

4. 行为习惯

行为习惯方面的测量指标有5个：①购买频率，即在一定时间段内购买该品牌的次数。②重复购买率，即继续购买该品牌的意向性。③品牌替代率，即当前与过去相比，购买目标品牌比率的变化。④品牌替代意向，即缺乏目标品牌时转向购买竞争品牌的意愿程度。⑤购买趋势，即计划购买与当前购买相比，购买目标品牌的变动趋势。

5. 介绍推荐

消费者向他人主动介绍或推荐的行为，是反映品牌忠诚度的重要特征，一般使用4个子指标：①推荐意向强度，即向其他消费者推荐的意向性与强度。②推荐理由，即消费者向他人推荐商品的优势、理由与消费经验。③推荐渠道，即消费者向他人推荐的消费方式与购买渠道。④代购意向，即消费者为其他消费者代为购买的意向强度。

典型案例

可口可乐的二战传奇

第二次世界大战给世界带来了巨大灾难，却给了可口可乐公司一只诺亚方舟。可口可乐总裁罗伯特·伍德鲁夫下令以五美分一瓶的价格向服役军人销售可乐，得到了持久的忠诚，恐怕再也找不到比这更高的顾客忠诚度了。

一、最廉价又最昂贵的饮料

1941年12月7日，日军突袭美国海军基地珍珠港，美国被直接卷入了世界大战的漩涡。紧张的战事使可口可乐的经营陷入困境，国内销售情况不佳，国外的销路更是一筹莫展。可口可乐的第二任董事长罗伯特·伍德鲁夫焦虑万分。正在“内外交困”的时候，伍德鲁夫的老同学班塞从战区给他打来电话，说了句让伍德鲁夫既伤心又感激的话：“我不是想你，我是天天在想你的可口可乐。”班塞的一句话使伍德鲁夫心中豁然开朗：如果前线的将士都能喝到可口可乐，那么当地的人自然也可以喝到这种饮料，这样销路还用发愁吗？次日，伍德鲁夫发表特别声明：“不管我国的军队在什么地方，也不管本公司要花多少成本，我们一定让每个军人只花五美分就能买到一瓶可口可乐。”为此，可口可乐公司印刷了取名为《完成最艰苦的战斗任务与休息的重要性》的小册子。小册子强调，由于在战场上出生入死的战士们的需要，可口可乐对他们已不仅是休闲饮料，而是生活的必需品了，与枪炮弹药同等重要。可口可乐公司一共派遣248人随军到国外。尔后，这批人随军辗转，从新几内亚丛林到法国里维拉那的军官俱乐部，一共卖了100亿瓶可口可乐。可口可乐激发了美国士兵的士气，同时也紧紧抓住了每一个士兵的心，这些士兵一辈子都能对可口可乐保持高度的忠诚。

二、特殊的公关

追求“月晕效应”与追求利润同等重要，可口可乐成功的公关活动，为企业树立了良好形象，巩固了顾客忠诚。在第二次世界大战期间，可口可乐与不少名人结缘。五星上将巴顿把一地窖可口可乐当作必需品，无论他转战何处，都要技术观察员跟着搬迁装瓶厂。巴顿有次半开玩笑地说：“我们应当把可口可乐送上前线，这样就不必用枪炮去打那些混蛋了。”

更富有传奇色彩的是，伍德鲁夫与美国大英雄艾森豪威尔的密友关系也是在可口可乐的基础上建立起来的。1945年6月19日，艾森豪威尔从战场凯旋，美国人为他们的英雄举行了一次丰盛的午宴。在午宴之后，有人问艾森豪威尔将军是否还要点什么。

“给我来杯可口可乐好吗？”艾森豪威尔笑容满面地脱口道。一饮而尽后，艾森豪威尔严肃地说：“我还有一个要求。”侍者肃立恭听，结果传入耳朵的却是：“我还要一瓶可口可乐。”

伍德鲁夫终于在1952年将艾森豪威尔送进白宫，艾森豪威尔以压倒性的胜利当选总统。树立可口可乐的爱国形象，恐怕是伍德鲁夫最成功的公关举措。可口可乐也是广播节目《胜利大游行》的赞助者，他们雇请了100多个乐队在全国各军事基地演出。这些都以非广告的形式出现，却取得了异常良好的广告效果，赢得了顾客的忠诚。

案例讨论：请说明可口可乐在第二次世界大战中赢得顾客的忠诚的关键成功之处。

思考与训练题

1. 为什么说消费的过程也是消费者个性化体现的过程？请举例讨论。
2. 研究顾客满意度因子对企业有何益处？
3. 顾客满意度系统由哪几个子系统组成？
4. 为什么说品牌忠诚度是企业的无形资产？

第六章　消费者心理行为特征

本章提要

消费心理活动的一般规律表现出某些共性或共有特征，这些共有特征集中表现在消费者个性、气质、性格与生活方式等方面。本章分别详细讨论消费者个性形成的基本理论及其如何影响消费者购买选择，消费者气质、性格与消费技能的特征及其如何影响消费者行为，消费者生活方式及其对消费者行为的影响。

引　例

王青是小丹的大学同学也是她同寝室好友。得知王青来上海出差，小丹真是喜出望外。毕业之后，她们有好几年没有见面了。在约定的地点碰面后，王青提议去酒吧。于是她们来到附近的一家小酒吧。因为是白天，酒吧里人不多，很安静。当服务员问她们要什么饮料时，王青和往常一样要了一罐嘉士伯啤酒。她性格外向活泼，朋友很多，平时常和朋友一起去酒吧或打网球。小丹要了一杯果汁，她很少喝酒，也很少来这样的地方。她一向很文静，生活圈子很小，最喜欢看书、看电影和听音乐，有空的时候会呆在家里边看书边听音乐，或看视频。她觉得这样的生活简单而快乐。小丹和王青具有截然不同的性格、兴趣爱好，这对她们在选择饮料时有什么影响呢？消费者之间的个性差异，对每个人的心理过程和生活方式有什么影响呢？

第一节　消费者的个性心理特征

在消费实践中，消费者无一例外地经历着认知、情感、意志等心理机能的活动过程，这一过程体现着消费心理活动的一般规律。正是在这一基本规律的作用下，消费者的行为表现出某些共性或共有特征。然而，不同的消费者又表现出千差万别、各具特色的行为。面对同一消费刺激，即使处于同一社会环境，属于同一民族、年龄、职业和社会阶层，不同的消费者也经常会表现出不同的反应方式和行为表现。这说明消费者个体对外部因素的作用具有选择性，这种选择性来自于个体心理的差异性因素，即个性心理因素。因此，除了研究消费者的一般心理过程外，还要研究其特殊的个性心理特征。

一、个性的概念

“个性”被看作是“一种将特性、态度、能力倾向等观念组合在一个个体身上的独特方式”(Marx，Hillix)。也有人从行为学的角度定义个性：“个性是由癖性、习惯和使一个人同其他任何一个人区别开来的行为组成的。”个性也称为个性心理特征或人格。心理学家研究个性是为了解释在一定时间内，不同情景下个体行为所表现出来的一致性。也就是说，个性可以解释那些不随情景改变而改变的相对稳定的行为，因此测量个性即可以预测行为。个性研究中测量出的个体性格结构特征也是区别个体的方式。

由此可见，**个性是指个人带有倾向性的、本质的、比较稳定的心理特征的总和。它包括消费者的兴趣、爱好、能力、气质、性格、行为方式等许多方面。**从个性的形成基础来看，个性具有生理和心理两方面的属性。**个性的生理属性反映在人的生理基础上，主要表现在基本神经反应的特点、天资和气质等方面。**兴奋和抑制这个基本神经过程的反应强度、平衡强度和转化灵活度，都会直接左右主体对社会实践和社会影响的接受能力、吸收能力和反应能力。社会影响和实践体验正是通过神经系统而起作用的。**个性的社会属性是指个体在社会实践活动中逐渐形成的心理因素，主要表现在人生观、兴趣、爱好、能力、性格、行为方式等方面。**人们通过实践活动获得广泛的经验，这些经验经过一段时间的演化而分解，有些发展为兴趣和爱好，有些转化为活动能力，有些促进了气质的形成和发展，有些泛化为定势的人格意识，就是性格。简言之，个性是在生理机制的基础上，经过广泛的社会实践活动而形成的；反过来，个性又会支配人们的行为。

二、有关个性的理论

个性特点对营销人员来说是非常有价值的。例如，一家公司发现人造甜味佐料的用户中有较大的一部分易受他人影响，而且为了减肥也愿意接受其他人（特别是医疗方面的专家）的指导，这一发现意味着在广告中可通过一个有权威性的人物宣传该产品。

(一) 自我意识理论

分析消费心理中的自我意识，主要有两种学说，第一种是由美国心理学家詹姆斯提出来的，第二种是由美国心理学家沃特提出来的。

詹姆斯认为，人们对于自我的认识分为3个方面：物质自我、社会自我和精神自我。物质自我包括对于自己的身体、衣着形象、家庭等方面的认识和评价。为了满足物质自我的要求，人们会追求身体外表的漂亮，满足自己生理上的欲望，并爱护自己的家庭。社会自我包括对于自己的社会名誉、地位、亲戚、财产等方面的认识和评价。社会自我会调节人的行为去吸引别人的注意、取得别人的喜爱、追求情爱、追求名誉、进行竞争、产生野心等。精神自我则包括对于自己的智慧、道德水平、宗教体验等方面的认识和评价，由此产生优越感或自卑感。在精神自我的引导下，人们会追求宗教与道德上的完美，用良心来衡量是非，追求个人的智慧和上进。

詹姆斯的学说从3个方面来分析自我意识，条理十分清楚，也比较容易理解，从经验上讲，与人们对于自己的看法比较吻合。

沃特认为，人的自我概念由4个组成部分：真实自我、理想自我、自我形象和镜中自我。

真实自我是一个人完全客观的、真实的自我本质。虽然这一部分自我是真实客观的，但是任何人对于自己的真实自我都不能客观全面地认识，潜意识是造成这种情况的一种原因。因此，一些消费行为的发生是在不客观、不全面的认识中造成的。

理想自我是一个人希望达到但目前并没有达到的一种状态。随着自我的发展，人的追求是没有止境的，因此理想的自我永远也不能全部实现。理想自我与一个人所崇拜和信仰的对象有关，与所追求的目标也有很大的关系。在消费行为中，消费者为了实理理想自我，常购买一些高档商品甚至于极品来满足自己对于理想自我的需要，如购买高级服装、高级装饰品等。一些消费者还购买极为豪华的汽车、游艇、私人别墅等来满足理想自我的需要。

自我形象是消费者本人对于自己的看法、认识和评价。这种形象是理想自我与真实自我的结合物。沃特认为，人们表达自我形象的重要方式就是消费，购买商品的目的是为了保持、完善或改变自己的某种形象。

在自我形象的控制下，人们会购买那些能够塑造良好自我形象、符合群体规范与要求的商品，而避免购买那些可能破坏自我形象、不符合消费群体的规范或不被消费群体接受的商品。

镜中自我是消费者从他人关于自己的看法和评价中认识的自我。由于他人的学识、年龄、社会地位不同，对于自我的看法和评价也会不同，所以镜中自我与他人看法之间是一种互动的关系。

沃特的学说与詹姆斯的学说相比，在分析自我意识的功能方面更适用一些，他把理想自我、自我形象看成是调节人们行为的一种力量，由理想自我支配自己去达到理想的地步，自我形象引导自己去塑造一种良好的社会形象。反映在消费行为上，人们购买有利于塑造自我形象的商品，而回避那些不利于建立良好的自我形象的商品。这种分析与消费者实际的购买心理相符合。

（二）精神分析理论

弗洛伊德的精神分析理论强调个性具有无意识的特点，而个性是由儿童时期的冲突造成的。这些冲突来自于个性的 3 个方面——本我、私我、超我。

本我控制着个人的大多数基本需要，并且驱动了诸如饥饿和自卫等需要。作为驱动人行为的全部内部力量源泉，本我根据一个原则发挥作用，指导人的行为以获得快乐和避免痛苦。本我完全是无意识的，不依赖任何客观实体。例如，一个新出生的婴儿，其行为就完全受到本我的支配。

私我是指个人的自我意识，并且在随着与外部世界相互作用的过程中逐渐发展，私我也是对客观现实的一种反映。作为本我的控制者，私我**在寻求一种能够为社会所接受的实现本我目标的方法**。例如，一个人可能有种侵略性的反社会欲望，那么他就可以通过购买一辆大马力的跑车来部分地满足这一需要，而不是直接表现出来。

超我约束本我并对其冲动有抑制作用。超我并不控制本我，但它**通过造成一种负罪感惩罚不可接受的行为来对本我加以限制**。如同本我一样，超我以一种无意识的方式发挥作用，而且经常是抑制可能是基于本我的需要而产生的行为。超我代表了一种理想而不是现实，它激励我们以一种道德的方式去从事自己的行为。

根据弗洛伊德的理论，私我控制着本我与超我之间相互矛盾的需求。儿童时期无法解决的矛盾将导致防御机制的形成（私我用来缓和精神紧张的方法），并且会经常以一种成年人觉察不到的方式影响其以后的行为。

知 识 延 伸　　动机研究

将弗洛伊德的理论用于营销的心理学家认为，本我和超我共同作用以产生一种购买某种产品的无意识的动机。尽管这些动机极难确定，但是它们却可能是解释某些购买行为的核心环节。因此，精神分析理论在营销中的应用被称为动机研究（Motivation Research），其常用的两种方法是深度采访（Depth Interview）和投射技术（Projective Techniques）。

深度采访（depth interview）是指与消费者个人进行面对面的采访，目的是确定预先设计的问题所无法发现的深层次的或受到压抑的动机。一般会组织8~12个消费者聚在一起，在一位主持人的指导下，鼓励在一次没有约束的采访中进行自由地交谈，对一些可能揭示深层需要或无意识动机的问题进行讨论。他们对问题的回答也会被认真地加以解释，以揭示其动机和潜在的购买方面深层次想法和动机。

最早这样做的是欧内斯特·迪希特（Ernest Dichter），他被称为“动机研究之父”。他第一次应用这一理论是在1940年为宝洁公司做宣传，帮助其象牙（Ivory）香皂重新占领市场。根据对年轻人的深度采访，迪希特发现这些人将洗澡作为一种仪式，特别是在约会前。对他们来说，洗澡是一种“驱除所有烦恼、所有罪恶、所有邪恶而净化自己”的一种方法。以此为基础，迪希特提出这样一个口号：“潇洒起来，让象牙香皂给你一个新的开始……抛弃你所有的烦恼。”时至今日，动机研究仍然被广泛应用并卓有成效。

投射技术就像深度采访一样，目的在于确定那些难以表达或确认的动机。因为消费者可能并不知道自己的购买动机，所以研究人员不能向消费者直接提出其无法回答的问题。相反，给予消费者一个环境、一幅漫画或一些单词，并要求他们做出回答，他们会在这样一个没有威胁性或者相关性的环境中表达出自己对产品的感觉和关心。

在20世纪40年代末期进行的一次著名试验中，马森·海尔瑞（Mason Haire）应用投射技术发现了为什么速溶咖啡第一次被推向市场时妇女们不愿去购买它。他设计了两份购物清单，除了一份清单包括普通咖啡而另一份包括速溶咖啡之外，这两份购物清单完全相同。随后，他要求接受调查的人设想哪种类型的女人最有可能设计出这份清单。在清单中包括了速溶咖啡的采购者被认为是懒惰和缺乏组织能力的。这些发现阐明了，许多妇女对购买诸如速溶咖啡或速成蛋糕等产品存在一种深层次的恐惧，因为她们担心丈夫会以为自己是在回避作为家庭主妇的传统角色。由于这一研究，速溶咖啡在广告中被置于一个家庭环境中，在这一家庭环境中刻画出丈夫对使用速溶咖啡的赞同。而在今天，如果再做一次这样的研究就会得出完全不同的结果，因为这种女性角色的传统观点已经不再流行了，但是，这无疑是一个利用一种精神分析导向的方法确定消费者动机的经典例子。

其他投射技术包括要求消费者完成句子（购买某品牌的人是……），完成漫画中的泡泡对话框（一个正在换尿布的丈夫，在他头上有一个泡泡对话框，要填入他正在说什么），要么就把品牌或产品描绘成具有人或动物特征的形象。

（三）社会/文化理论

弗洛伊德最早的学生卡尔·荣格（Carl Jung）和阿尔弗雷德·阿德勒（Alfred Adler）将精神分析方法应用于不同的方向。荣格认为，一个人的文化修养造成了一种过去的共同记忆的积累——哺育的女性，勇敢的战士，年老的智者。荣格称这些共同拥有的记忆为原型（Archetypes）。荣格的理论运用于广告中表现为在广告中采用被公认为具有积极文化意义的形象。

阿尔弗雷德·阿德勒是社会导向的最早的支持者，强调个人在社会环境中为获得一种优越地位而努力奋斗。他强调，儿童会形成一种自卑感，而他们成为成人的主要目的就是克服这种感觉。

卡伦·霍妮（Karen Homey）也是一位社会理论家。她认为个性是伴随着一个人学会处理焦虑的过程而发展起来的，而这种焦虑是来源于父母与子女的关系。她将人分为3种类型：①**顺从型**，他们倾向于与他人打成一片，特别希望获得他人的爱或被他人欣赏。②**攻击型**，他们的上进心特别强，总想超越他人和赢得他人的尊敬。③**我行我素**，他们倾向于独立、自给自足、摆脱各种形式的束缚。

（四）特性理论

特性理论（Trait Theory）认为，个性是由描述一般反应倾向的一组特性组成的。特性理论者列出个性清单以调查人们对不同事情的反应，如同意或不同意某种说法，喜欢或讨厌某种特定类型环境或人。随后，对这些内容进行统计分析，把它们概括为几个个性的层次。这种方法没有事先规定个性，也不像精神分析理论和社会理论，那样对影响行为的特性有某些特定的假设。

许多研究利用个性特点来确定细分市场。一项对吸烟行为的研究发现，那些吸烟较多的人对进攻性以及成就评价较高，而对秩序和服从评价较低（所有的个性都在标准的个性清单里）。吸烟多的人更有可能追逐权力和竞争力，不像非吸烟者那样具有强迫性和顺从性。因为这种对权力和竞争力的强调，万宝路牛仔成为最成功的香烟宣传之一也就不足为奇了。

三、个性如何影响购买选择

大部分人的特性或特质，都具有一种固定的生理基础。每一个人的生理结构及遗传现象虽有不同，但与其双亲及其他亲属的结构相似，所以我们能在相同的家庭之中，看到个人表面特征的相似之处。

（一）个性输入的过程

人根据接受的信息或知觉而产生行为。有专家选取了一群5~77岁的人做视力测验，结果发现其视力从15岁起逐渐上升，直至50岁能保持在同一水准；往后就开始下降（中国人多在45岁起视力就开始下降）。至于听觉方面，老年人的听觉不如年轻人敏锐（中国人大致在60岁以后开始衰退）。

味觉及嗅觉方面，味觉的变化在50岁以上。触觉的敏感也随年龄而下降，20~65岁的人对于痛苦的感觉有20%的差异，70岁以后有显著的下降；而且女性对于痛苦的感觉比男性更为敏锐，女性忍受痛苦的能力也比男性更为脆弱。

（二）中心过程与输出

1. 知觉及视觉

知觉方面很少发现有关年龄差异的研究，兰达尔及拜里因两人对此问题共同进行研究后提出知觉上速度及正确性的差异。柯罗克发现如有最佳的照明条件则20~50岁年龄之间的人其视觉并无差别；如亮度降低、时间缩短，年轻与年老之间则存在很大的差异：年轻者易于辨别事物，年老者却有困难；年轻者较短的时间内能辨别，年老者则需较长的时间。

2. 学习

老年消费者较之年轻人或儿童，对于事物的接受速度要慢，这是由于智力逐渐衰退之故。由于老年人业已建立的模型而对部分问题又有新的反应，所以骤然之间难以适应。但根据美国的一项调查，许多没有专业的工作人员在学习新方法时，年老的与年轻的工作人员差异很少；年老的工作人员与年轻的工作人员在接受训练的反应上并无显著差异，在某种方法上可能更佳。这是由于经验的累积，使其学习的绩效加大之故。

3. 心理能力

关于心理能力的试验，通常是根据不同的项目来衡量智力。心理学家琼斯及柯特两人曾对一个村庄中所有10~60岁的人进行全面调查试验，结果发现心理能力在16岁时增加到最高峰，而在60岁时则有若干下降；在这一范围中心理能力随着年龄的增长而减少。在许多情况中，语言的能力通常较非语言的能力减少得更多。而在学习活动或专业工作中，语言水准，已成为个人最佳业务指标及拓展业务的重要工具。

4. 观念的形成

人类的观念可由观察形成。一般在8岁时，人的观念已经逐渐形成，以后会随着新的认识使观念更复杂。

少年时期可以说是观念的雕塑期，这是皮亚杰及其同事研究的结果。

老年人有一种倾向，往往对于以简单基础形成的观念会热烈附和，即惯于以一种单纯的因素作为基础来区分各种现象。

语言是人类特性之一。一般而言，人类在6个月时便有发音的意念，9个月的儿童便可模仿发音，大致一岁左右可讲话，之后讲话的单字迅速增加。平均而言，女孩讲话较男孩早，并保持更高的语言水准。通常智力更佳的儿童也更会讲话，语言能力与其他能力之间（包括心理能力）也有一种相似的正相关。一个人在社会上的地位越高，便有更好的家庭及机会学习。人类的语言能力，受到环境因素的直接影响者更多。

5. 输出—心理活动

就心理活动而言，通常年纪较大的人较年轻人更慢。消费行为的发生，并非仅仅是心理活动的结果，还有其他因素，如人格、社会因素及文化因素等，这些均足以影响行为的发生。

第二节　消费者的气质、性格与消费技能

前面提到，个性包括消费者的兴趣、能力、气质、性格等许多方面，其中气质和性格是消费者相对比较典型的个性心理特征，下面加以重点论述。

一、消费者的气质

（一）气质的概念和特征

“气质”（Temperament）一词源于拉丁语“temperamentum”，原是比例、关系的意思。从消费心理学的角度看，**气质是指个体心理活动的典型的、稳定的特征。**这些特征主要表现在心理过程的强度、速度、稳定性、灵活性及指向性上，如情绪体验的强弱与快慢、思维的敏捷性、知觉的敏锐度、注意集中时间的长短、注意转移的难易以及心理活动倾向于外部世界还是内心世界等。

气质作为个体典型的心理动力特征，是在先天生理素质的基础上通过生活实践，在后天条件的影响下形成的。由于先天遗传因素不同及后天生活环境的差异，不同个体之间在气质类型上存在着多种差异。这种差异会直接影响个体的心理和行为，从而使每个人的行为表现出独特的风格和特点。例如，有的人热情活泼、善于交际、表情丰富、行动敏捷；有的人则比较冷漠、不善言谈、行动迟缓，但自我体验较为深刻。

气质的差异和影响同样存在于消费者及其消费活动中。每个消费者都会以特有的气质风格

出现在他所进行的各种消费活动之中，而不信赖于消费的内容、动机和目的。购买同一商品，不同气质类型的消费者会采取完全不同的行为方式。

气质作为个体稳定的心理动力特征，一经形成，便会长期保持下去，并对人的心理和行为产生持久影响。但是，随着生活环境的变化、职业的熏陶、所属群体的影响以及年龄的增长，人的气质也会有所改变。消费者的气质也会发生相应变化。当然，这一变化是相当缓慢的、渐进的过程。

此外，作为一种心理动力特征，气质还可以影响个体进行活动的效率和效果。在消费活动中，不同气质的消费者由于采取不同的行为表现方式，如态度热情主动或消极冷漠、行动敏捷或迟缓，往往会产生不同的活动效率和消费效果。这一特性，正是人们在消费心理研究中关注气质研究的意义所在。

（二）气质学说与类型

1. 主要的气质学说

心理学家对气质这一心理特征进行过许多不同角度的研究，并对气质做出了相应分类。

（1）阴阳五行说。中国古代没有心理学，但是有心理学思想。春秋战国时期，一些学术思想体现出类似气质分类学说。例如，在中国春秋战国时期的一些医书中，根据阴阳五行说，按阴阳强弱分为太阴、少阴、太阳、少阳、阴阳平和5种，将人分为金、木、水、火、土5种类型。

（2）体液说。古希腊著名医生希波克拉底最早提出了气质的体液学说，认为人体的状态是由体液的类型和数量决定的。他根据临床实践提出，人的体液类型有4种，即血液、黏液、黄胆汁、黑胆汁。根据每种体液在人体内所占比例不同，可以形成4种气质类型：血液占优势的属于多血质，黏液占优势的属于黏液质，黄胆汁占优势的属于胆汁质，黑胆汁占优势的属于抑郁质。希波克拉底还详细描述了4种典型气质的行为表现。由于他的理论较易理解，所以这一分类方法至今仍为人们所沿用。

（3）血型说。日本学者古川竹二等人认为，气质与人的血型具有一定联系。4种血型即O型、A型、B型、AB型，分别构成了气质的4种类型。其中，O型气质的人意志坚强、志向稳定、独立性强、有支配欲、积极进取；A型气质的人性情温和、老实顺从、孤独害羞、情绪波动、依赖他人；B型气质的人感觉灵敏、大胆好动、多言善语、爱管闲事；AB型气质的人则兼有A型和B型的特点。这种理论在日本较为流行。

（4）体形说。德国精神病学家克瑞奇米尔根据临床观察研究，认为人的气质与体形有关。属于细长体形的人具有分裂气质，表现为不善交际、孤僻、神经质、多思虑；属于肥胖体形的人具有狂躁气质，表现为善于交际、表情活泼、热情；属于筋骨体形的人具有黏着气质，表现为迷恋、一丝不苟，情绪具有爆发性。

（5）激素说。激素说认为，人体内的各种激素在不同人身上有着不同的分布水平。某种激素水平较高，人的气质就带有某种特点。例如，甲状腺激素水平高的人，容易精神亢奋、好动不安。

（6）高级神经活动类型说。前苏联心理学家巴甫洛夫通过对高等动物的解剖实验，发现大脑两半球皮层和皮层下部位的高级神经活动在心理的生理机制中占有重要地位。大脑皮层的细胞活动有两个基本过程，即兴奋和抑制。兴奋过程引起和增强大脑皮层细胞及相应器官的活动，抑制过程则阻止大脑皮层的兴奋和器官的活动。这两种神经过程具有三大基本特性，即强度、平衡性、灵活性。所谓强度，是指大脑皮层细胞经受强烈刺激或持久工作的能力；所谓平衡性，是指兴奋过程的强度和抑制过程的强度之间是否相当；所谓灵活性，是指对刺激的反应速度和兴奋过程与抑制过程相互替代、转换的速度。

巴甫洛夫根据上述3种特性提出了高级神经活动类型的概念，并据此划分出高级神经活动的4种基本类型，即兴奋型、活泼型、安静型、抑制型，并指出所谓气质就是高级神经活动类型的特点在动物和人的行为中的表现。具体来说，兴奋型的人表现为兴奋过程时常占优势，且与抑制过程不平衡，情绪易激动、暴躁，言谈举止有狂热表现；活泼型的人神经活动过程平衡，强度和灵活性都高，行动敏捷而迅速，兴奋与抑制之间转换快，对环境的适应性强；安静型的人神经活动过程平衡，强度高但灵活性较低，反应较慢而深沉，不易受环境因素的影响，行动迟缓而有惰性；抑制型的人其兴奋和抑制两种过程都很弱，且抑制过程更弱一些，难以接受较强刺激，是一种胆小而容易伤感的类型。

由于巴甫洛夫的结论是在解剖实验基础上得出的，并得到后人的研究证实，因此，具有较强的科学依据。同时，由于各种神经活动类型的表现形式与传统的体液说有对应关系，因此人们通常把两者结合起来，以体液说作为气质类型的基本形式，而以巴甫洛夫的高级神经活动类型说作为气质类型的生理学依据。

2. 基本气质类型

基于上述认识，我们可以把消费者的气质划分为以下4种基本类型。

（1）**胆汁质**。他们的高级神经活动类型属于兴奋型。他们的情绪兴奋性高、抑制能力差、反应速度快但不灵活、直率热情、精力旺盛、脾气暴、容易冲动、心境变化剧烈。

（2）**多血质**。他们的高级神经活动类型属于活泼型。他们的情绪兴奋性高、外部表露明显、反应速度快而灵活、活泼好动、动作敏捷、喜欢交往、乐观开朗、兴趣广泛而不持久、注意力易转移、情感丰富但不够深沉稳定。

（3）**黏液质**。他们的高级神经活动类型属于安静型。他们的情绪兴奋性低，外部表现少，反应速度慢，一般表现为沉静安详、少言寡语、动作迟缓、善于克制忍耐、情绪不外露、做事踏实、慎重细致但不够灵活、固执己见。

（4）**抑郁质**。他们的高级神经活动类型属于抑制型。他们的情绪兴奋性高、反应速度慢而不灵活、刻板、敏感细腻、脆弱多疑、孤僻寡欢、对事物的反应较强、情感体验深刻但很少外露。

应当指出的是，上述4种类型是气质的典型形态。在现实当中，大多数消费者的气质介于4种类型的中间状态，或以一种气质为主，兼有另一种气质的特点，即属于混合型气质。

（三）气质与消费者行为

消费者不同的气质类型，会直接影响和反映到他们的消费行为中，使之显现出不同的甚至截然相反的行为方式、风格和特点。概括起来，大致有如下几种对应的表现形式。

1. 主动型和被动型

在购买现场，不同气质的消费者其行为主动与否会具有明显差异。多血质和胆汁质的消费者通常主动与售货员进行接触，积极提出问题并寻求咨询，有时还会主动征询其他在场顾客的意见，表现十分活跃；而黏液质和抑郁质的消费者则比较消极被动，通常要由售货员主动进行询问，而不会首先提出问题，因而不太容易沟通。

2. 理智型和冲动型

黏液质的消费者比较冷静慎重，能够对各种商品的内在质量加以细致地选择比较，通过理智分析做出购买决定，同时善于控制自己的感情，不易受广告宣传、外观包装及他人意见的影响。而胆汁质的消费者容易感情冲动，经常凭借个人兴趣、偏好以及商品外观的好感选择商品而不过多考虑商品的性能与实用性。他们喜欢追求新产品，容易受广告宣传及购买环境的影响。

3. 果断型和犹豫型

在制定购买决策和实施购买时，气质的不同会直接影响消费者的决策速度与购买速度。多血质和胆汁质的消费者心直口快，言谈举止比较匆忙，一旦见到自己满意的商品，往往会果断地做出购买决定，并迅速实施购买；抑郁质和黏液质的消费者在挑选商品时则显得优柔寡断，十分谨慎，动作比较缓慢，挑选的时间也较长，在决定购买后易发生反复。

4. 敏感型和粗放型

在购后体验方面，消费者的气质不同，体验程度会具有明显差异。黏液质和抑郁质的消费者在消费体验方面比较深刻，他们对购买和使用商品的心理感受十分敏感，并直接影响到心境及情绪，在遇到不满意的商品或遭受到不良服务时，经常有强烈的反应。相对而言，胆汁质和多血质的消费者在消费体验方面不太敏感，他们不过分注重和强调自己的心理感受，对于购买和使用商品的满意程度不十分苛求，表现出一定程度的容忍。

不同气质类型与购买行为表现的对应关系可参见表6-1。

表6-1　不同气质类型与购买行为表现的对应关系

<table>
<tr><th colspan="3">高级神经活动类型</th><th>气质类型</th><th>购买行为表现</th><th>接待注意事项</th></tr>
<tr><td rowspan="3">强型</td><td colspan="2">不平衡（兴奋型）</td><td>胆汁质</td><td>易冲动，忍耐性差，对销售人员的要求高，容易发生矛盾</td><td>要注意态度和善，语言友好，千万不要刺激对方</td></tr>
<tr><td rowspan="2">平衡</td><td>灵活性高（活泼型）</td><td>多血质</td><td>活泼热情，“见面熟”，话多，改变主意快，易受环境和他人的影响</td><td>应主动接近，介绍（提示），交谈</td></tr>
<tr><td>灵活性低（安静型）</td><td>黏液质</td><td>内向，购买态度认真，不易受暗示及他人的影响，喜欢独立挑选，动作缓慢</td><td>要有耐心</td></tr>
<tr><td>弱型</td><td colspan="2">抑制型</td><td>抑郁质</td><td>多疑，动作迟缓，反复挑选</td><td>要有耐心，多介绍，要允许反复</td></tr>
</table>

二、消费者的性格

（一）性格的含义与特征

1. 性格的含义

“性格”（Character）一词原意为印记、特色、记号、标示，主要用来表示事物的特性。在现代心理学中，**性格是指个人对现实的稳定态度和与之相适应的习惯化的行为方式。**

性格是个性心理特征中最重要的方面，它通过人对事物的倾向性态度、意志、活动、言语、外貌等方面表现出来，是人的主要个性特点即心理风格的集中体现。人们在现实生活中显现出的某些一贯的态度倾向和行为方式，如大公无私、勤劳、勇敢、自私、懒惰、沉默、懦弱等，都反映了自身的性格特点。

性格有时易与气质混为一谈。实际上，性格与气质既有联系，又有区别。气质主要是指个体情绪反应方面的特征，是个性内部结构中不易受环境影响的比较稳定的心理特征；性格除了包括情绪反应的特征外，更主要地还包括意志反应的特征，是个性结构中较易受环境影响的可变的心理特征。同时，性格与气质又相互影响、互为作用。气质可以影响性格特征的形成和发展速度以及性格的表现方式，从而使性格带有独特的色彩；性格则对气质具有重要的调控作用，它可以在一定程度上掩盖或改造气质，使气质的消极因素受到抑制、积极因素得到发挥。

人的性格是在生理素质的基础上，在社会实践活动中逐渐形成和发展起来的。后天所处的社会环境及教育条件千差万别，因此，人们的性格存在着明显差异。这种差异性是绝对的，也是性格最本质的属性之一。由于性格的形成主要决定于后天的社会化过程，而社会环境是不断变化的，因此，性格虽然也是一种比较稳定的心理特征，但与气质相比更易于改变，即具有较强的可塑性。

2. 性格的特征

性格是十分复杂的心理现象，包含多方面的特征。一个人的性格正是通过不同方面的性格特征表现出来，并由各种特征有机结合，形成独具特色的性格统一体。性格的基本特征包括以下4个方面：

（1）性格的态度特征，即个人对现实的态度的倾向性特点。例如，对社会、集体、他人的态度，对劳动、工作、学习的态度，以及对自己的态度等。

（2）性格的理智特征，即心理活动过程方面的个体差异的特点。例如，在感知方面，是主动观察型还是被动感知型；在思维方面，是具体罗列型还是抽象概括型，是描绘型还是解释型；在想象力方面，是丰富型还是贫乏型；等等。

（3）性格的情绪特征，即个人受情绪影响或控制情绪程度状态的特点。例如，个人受情绪感染和支配的程度，情绪受意志控制的程度，情绪反应的强弱、快慢，情绪起伏波动的程度，主导心境的性质等。

（4）性格的意志特征，即个人自觉控制自己的行为及行为努力程度方面的特征。例如，是否具有明确的行为目标，能否自觉调适和控制自身行为，在意志行动中表现出的是独立性还是依赖性，是主动性还是被动性，是否坚定、顽强、忍耐、持久等。

上述性格特征反映到消费者对待商品的态度和购买行为上，就构成了千差万别的消费性格。例如，在消费观念上，是俭朴节约还是追求奢华；在消费倾向上，是求新还是守旧；在认知商品上，是全面准确还是片面错误；在消费情绪上，是乐观冲动还是悲观克制；在购买决策上，是独立还是依赖；在购买行动上，是坚定明确、积极主动，还是动摇盲目、消极被动。

（二）性格理论与类型

鉴于性格在个性结构中的重要地位，长期以来，许多心理学家高度重视对性格理论的研究，并尝试从不同角度对人的性格类型进行划分。这些理论和分类方法对研究消费者的性格类型具有重要的指导意义和借鉴作用。在有关学说中，比较重要的有以下几种。

1. 机能类型说

这种学说主张根据理智、情绪、意志3种心理机能在性格结构中所占的优势地位来确定性格类型。其中，以理智占优势的性格称为理智型。这种性格的人善于冷静地进行理智的思考、推理，用理智来衡量事物，行为举止多受理智的支配和影响。以情绪占优势的性格称为情绪型。这种性格的人情绪体验深刻，不善于进行理性思考，言行易受情绪的支配和左右，处理问题比较感情用事。以意志占优势的性格称为意志型。这种性格的人在各种活动中都具有明确的目标，行为积极主动，意志比较坚定，较少受其他因素的干扰。

2. 向性说

美国心理学家艾克森提出按照个体心理活动的倾向来划分性格类型，并据此把性格分为内向、外向两类。内向型的人沉默寡言，心理内向，情感深沉，待人接物小心谨慎，性情孤僻，不善交际；外向型的人心理外向，对外部事物比较关心，活泼开朗，情感容易外露，待人接物比较随和，不拘小节，但比较轻率。

3. 独立—顺从说

这种学说按照个体的独立性，把性格分为独立型和顺从型两类。独立型的人表现为善于独立发现和解决问题，有主见，不易受外界的影响，较少依赖他人；顺从型的人则表现为独立性差，易受暗示，行动易为他人左右，解决问题时犹豫不决。

4. 特质分析说

美国心理学家卡特尔通过因素分析，从众多行为的表面特性中抽象出 16 种特质，如兴奋、稳定、怀疑、敏感、忧虑、独立、自律、紧张、乐观、聪慧、有恒、敢为、幻想、世欲、实验等。这 16 种特质的不同结合，可以产生出多种性格类型。

5. 价值倾向说

美国心理学家阿波特根据人的价值观念倾向，对性格做了以下 6 种分类：

(1) 理论型。这种性格的人求知欲旺盛，乐于钻研，善于观察、分析、推理，自制力强，对于情绪有较强的控制力。

(2) 经济型。这种性格的人倾向于务实，从实际出发，注重物质利益和经济效益。

(3) 艺术型。这种性格的人重视事物的审美价值，善于审视和享受各种美好的事物，以美学或艺术价值作为衡量标准。

(4) 社会型。这种性格的人具有较强的社会责任感，以爱护、关心他人作为自己的职责，为人善良随和，宽容大度，乐于交际。

(5) 政治型。这种性格的人对于权力有较大的兴趣，十分自信，自我肯定，也有的人表现为自负专横。

(6) 宗教型。这是指那些重视命运和超自然力量的人，一般具有稳定甚至坚定的信仰，逃避现实，自愿克服比较低级的欲望，乐于沉思和自我否定。

6. 性格九分说

近年来，性格九分法作为一种新的分类方法，在国际上引起重视并逐渐流行开来。这种分类方法把性格分为 9 种基本类型：

(1) 完美主义型。其特征是谨慎、理智、苛求、刻板。

(2) 施予者型。其特征是有同情心，感情外露；但可能具有侵略性，爱发号施令。

(3) 演员型。其特征是竞争性强，能力强，有进取心，性情急躁，为自己的形象所困扰。

(4) 浪漫型。其特征是有创造性，气质忧郁，热衷于不现实的事情。

(5) 观察者型。其特征是情绪冷淡，超然于众人之外，不动声色，行动秘密，聪明。

(6) 质疑者型。其特征是怀疑成性，忠诚，胆怯，总是注意着危险的信号。

(7) 享乐主义者型。其特征是热衷于享受，乐天，孩子气，不愿承担义务。

(8) 老板型。其特征是独裁，好斗，有保护欲，爱负责任，喜欢战胜别人。

(9) 调停者型。其特征是有耐心，沉稳，会安慰人；但可能因耽于享受而对现实不闻不问。

从上述理论介绍中可以看出，由于有关学者在划分性格类型时的研究角度和所持的依据各不相同，因此得出的结论也各不相同。这一现象给我们以重要启示，即性格作为在社会实践中形成并随环境变化而改变的主要个性心理特征，具有极其复杂多样的特质构成与表征，单纯以少数因素加以分类，是难以涵盖其全部类型的。

这一状况同样存在于对消费者性格类型的研究中，而且由于消赞活动与其他社会活动相比更为复杂，因此消费者的性格类型更难以做统一界定，而只能在与消费实践的密切结合中加以研究和划分。

（三）消费者的性格类型

消费者的性格是在购买行为中起核心作用的个性心理特征。消费者之间不同的性格特点，同样会体现在各自的消费活动中，从而形成千差万别的消费行为。性格在消费行为中的具体表现，可以从不同角度做多种划分。

1. 从消费态度角度分类，可以分为节俭型、保守型和随意型

（1）节俭型的消费者在消费观念和态度上崇尚节俭，讲究实用，在选购商品的过程中较为注重商品的质量、性能、实用性，以物美价廉作为选择标准，而不在意商品的外观造型、色彩、包装、品牌及消费时尚，不喜欢过分奢华、高档、昂贵、无实用价值的商品。

（2）保守型的消费者在消费态度上较为严谨，生活方式刻板，性格内向，怀旧心理较重，习惯于传统的消费方式，对新产品、新观念持怀疑、抵制态度，选购商品时喜欢购买传统的和有过多次使用经验的商品，而不愿冒险尝试新产品。

（3）随意型的消费者在消费态度上比较随意，没有长久、稳定的看法，生活方式自由而无固定的模式，在选购商品方面表现出较大的随意性，且选择商品的标准也往往多样化，经常根据实际需要和商品种类的不同采取不同的选择标准和要求，同时受外界环境及广告宣传的影响较大。

2. 从购买行为方式角度分类，可以分为习惯型、慎重型、挑剔型和被动型

（1）习惯型的消费者在购买商品时习惯参照以往的购买和使用经验，一旦他们对某种品牌的商品熟悉并产生偏爱后，便会经常重复购买，形成惠顾性购买行为。同时，他们受社会时尚、潮流的影响较小，不轻易改变自己的观念和行为。

（2）慎重型的消费者在性格上大多沉稳、持重，做事冷静、客观，情绪不外露。选购商品时，通常根据自己的实际需要并参照以往的购买经验，进行仔细、慎重的比较权衡，然后做出购买决定。他们在购买过程中受外界的影响较小，不易冲动，具有较强的自我抑制力。

（3）挑剔型的消费者在性格上表现为意志坚定，独立性强，不依赖他人，在选购商品时强调主观意愿，自信果断，很少征询或听从他人的意见，对售货员的解释、说明常常持怀疑和戒备心理，观察商品细致深入，有时甚至过于挑剔。

（4）被动型的消费者在性格上比较消极、被动、内向。由于缺乏商品知识和购买经验，这类消费者在选购过程中往往犹豫不决，缺乏自信和主见；对商品的品牌、款式等没有固定的偏好，希望得到别人的意见和建议。由其性格决定，这类消费者的购买行为常处于消极、被动状态。

值得指出的是，上述按消费态度和购买方式所做的分类，只是为了便于我们了解性格与人们的消费行为之间的内在联系以及不同消费性格的具体表现。在现实购买活动中，由于周围环境的影响，消费者的性格经常难以按照原有面貌表现出来，所以，在观察和判断消费者的性格特征时，应当特别注意其稳定性，而不应以一时的购买表现来判断其性格类型。

三、消费技能

消费技能是消费者为了尽量达到满意以及完美的消费效果而形成的一种能力。

（一）消费技能的组成

消费技能的组成可以从 3 个方面来讨论。一是基本消费技能，这方面的技能包括：消费者对

于商品的感知辨别能力；对于商品及相关信息的分析和评价能力；购买商品过程中的决策能力等。二是特殊消费技能，在消费过程不具有普遍性，比如在家用电器操作、服装搭配等方面的消费技能即属于这一类。这方面的技能与消费者的专业知识水平有密切的关系。三是保护消费利益的能力，主要是运用合法手段和渠道保护自己的消费利益。这3个方面的消费技能是相互联系在一起的。

1. 基本消费技能

（1）感知辨别商品的能力。每个人的感觉、知觉都具有一定的特点，比如在手感方面，有的消费者手感敏锐，摸一摸衣服的面料，就能判断出这件衣服面料的质量，是什么料子做的；而缺乏手感的消费者则不能。在饮食方面，有些美食家不仅可以从酒的颜色看出酒的生产年代，可以从酒的气味判断酒的原料与产地，而且可以从酒的口感判断真正的生产者、推断酒的配制过程；而普通的饮酒者不具备这样的辨识能力。消费者的感知辨别技能对最终的消费体验构成直接的影响。感知辨别技能强，无疑提高了对消费者的期望水平，在一定意义上使消费者对商品更加挑剔。

（2）分析评价商品的能力。这种能力反映在消费者收集商品信息、分析评价商品信息的来源、评价他人的消费行为、评价购物环境等方面。评价能力是消费技能中比较复杂的一种技能，既包括获得信息、分析信息，也包括以自己的标准来判断信息。

分析评价能力强的消费者，收集商品信息时相对主动一些，尤其在高档商品的信息收集方面，他们对广告有比较全面而正确的认识，对购物环境中的促销手段有明确的判断能力（如“托儿”的问题）。所谓“货比三家”，就是说消费者进行多种商品的比较之后，才做出自己的评价和判断，选择感到最满意的一家。

（3）购买决策能力。这主要是指在选择商品时能否正确地做出决策，购买到让自己满意的商品类型。消费者对该商品的卷入深度、对该商品的认识程度、使用该商品的经验以及使用该商品的习惯，是影响决策能力的首要因素。在介绍消费者卷入时提到过，消费者对于该商品的卷入越深，对该商品的认识越多、越熟悉，一般购买决策的过程要更快一些。消费者本人使用该商品的经验多一些的话，会在很大程度上加快消费者的购买决策速度，提高购买决策的能力。

消费者的性格特点、气质类型和思维特点，是影响决策能力的重要因素。有的消费者一见到新式样的商品就立即做出购买的决定，决策能力很强；有的消费者犹豫不决，难以做出决定，这在很大程度上取决于消费者的性格特点和气质类型等。

在特殊情况的购物环境中，消费者的购买决策能力明显受环境影响。比如在商品价格上涨、顾客出现大量抢购的情况下，平常决策速度快的消费者会及时地做出判断，以最快的速度加入到购买的队伍中去；而在平常就犹豫不决的消费者则会产生更多的心理矛盾和冲突，导致错失购物的良机，或盲目地加入到购物的队伍中去。

2. 特殊消费技能

特殊消费技能可以从两个方面来说明：一是在日用品消费方面，比如人人都有穿衣的消费需求，而有些消费者的相对经验丰富，他们善于挑选衣服；二是在专业性商品的消费方面，这类商品需要特殊的专长才能消费，如高档照相器材、计算机等。

不管是在日用消费品还是在专业性商品的基础之上所形成的特殊消费技能，消费者自身所具备的专业知识与特殊消费技能的形成有极大的相关性。

3. 保护消费利益的能力

在市场体制还不完善的社会，保护消费利益的能力是消费技能中很重要的组成部分。

我国的市场经济秩序刚刚建立，在商品的购买和消费过程中还存在着许多侵犯消费者权益的问题。解决这些问题一方面必须依靠更加完善的法律制度，另一方面还需要消费者增强自我保护的能力。

消费权益的保护能力首先取决于消费者本人对于正当的消费权益的正确认识。具体表现为对于消费者权益的认识程度，是否正确掌握有关法律知识，对于保护自我消费利益的评价标准怎样（有的人比较宽容，有的人则比较苛刻）。我国消费者在保护自己的消费权益时，意识上的落后是相当明显的，不善于运用法律的手段保护自己的消费权益；其次取决于消费者是否能够运用各种有效的法律手段来保护自己的正当权益，在运用法律手段方面，能否正确地采取措施，如保护好现场、保存好各种资料、采取正确的投诉渠道等。

（二）消费技能的表现

消费技能在选择商品、消费决策以及消费体验过程必然有所表现。尽管人们的消费技能有高有低，但是总会以一定的方式表现出来。我们把消费技能由高到低分为 4 种类型，即老练型、熟练型、略知型、生疏型。

1. 老练型

这一类消费者对于所购商品不仅非常了解，而且有长期的甚至长年的消费经验，对商品的性能、价格、质量、生产情况等非常熟悉。他们还有可能是特定商品种类的专家，或在很长的时间内对该商品有强烈的兴趣和爱好，或者长期以来对于该商品的生产和销售极为内行。这些消费者对商品的了解完全有可能超过购物场所中的服务人员。比如，一个音响发烧友对于音响器材品牌的了解程度，远胜于一个刚刚参加工作的，或对音响器材兴趣较少的服务人员。

老练型消费者注重商品的质量，包括商品的内在质量和外观质量；注意商品的综合性能和自己亲身对商品性能的感受，能比较理智地对待商品广告的宣传或服务人员的推荐。他们选购商品时比较冷静，如果服务人员以不适当、不内行的方式介绍商品的特点，会引起他们对服务人员的戒备。比如，一个长年使用冠心病药物的老年消费者，对于市场上各种冠心病的药品非常熟悉，服务人员热情的推荐、广告热心的关怀可能使他们偶尔去试一试新型药品，而真正打动他们并吸引他们长期购买则需要较长的心理时间。由于他们对商品质量具有很强的鉴别能力，即使他们购买了服务人员认为并不吸引人的商品，他们也能自得其乐，满心喜欢。老练型消费者因为消费经验丰富，能够比较准备地预测市场的变化。经济条件好、购买能力强的老练型消费者，经常成为特定商品的消费榜样，引导出新的消费潮流。

2. 熟练型

相对于老练型消费者来说，熟练型消费者的消费技能只是略为逊色，老练型消费者毕竟是少数，而熟练型消费者所占的人数远远比前者要多。

熟练的消费者对于特定商品种类具有比较丰富的消费经验，对于商品的价格、质量、性能等方面比较熟悉，但是如果要让他们真正地鉴别商品某一方面的特点时，偶尔也会出现拿不准的情况。熟练型消费者购买商品一般不需要别人的参谋，但在有些情况下，因为自己感到拿不准而可能偶尔请人参谋一下。他们一般不反对服务人员和广告宣传所提供的有关的商品信息，同时也会主动分析和判断这些商品信息。有些消费者使用特定商品的时间相当长，但是因为知识结构、消费兴趣等方面的原因而没有达到老练型消费者那样的程度。比如一般城市居民家庭都要使用电视机，老练型消费者能够从电视机的电路、色彩饱和度、开机时亮度的变化、关机时屏幕的亮点情况以及性能价格比等方面选择电视机；而熟练型消费者只能从电视机的色彩、开关功能、图像的稳定性等一些外观指标来判断。

3. 略知型

这一类消费者属于略微具备一些商品方面的知识，掌握少量商品信息，自己没有消费经验或消费经验较少，主要是通过其他人的介绍、广告宣传及其他宣传途径来了解商品的；但了解的程度不深，甚至听说过该商品但是从来没有见过。

略知型消费者进入购物环境之前，没有相应的购物准备或购物准备很少，购物动机可能不明确，甚至没有购物动机，经常在促销当中形成购买动机或形成购买行为。因为他们对于商品的了解不多，所以比较愿意听取服务人员为他们介绍商品的各项特点，更希望有其他顾客现场购买，通过他人反映商品的特点，证实商品的品质，便于自己做出分析和评价。如果服务人员的态度热情而又诚恳，给他以信赖的感觉，那么他会很快地形成购买动机；如果服务人员及购物环境给他留下的印象不好，那么他很可能不再有购买动机了，至多成为一个冷静的旁观者。

4. 生疏型

生疏型消费者在某类或某种商品的消费方面不具备基本的消费技能，没有基本的消费信息。比如商品是全新的商品，以前市场上没有销售过，或市场虽然销售过但消费者本人从来没有接触到这种商品，以至于不具备购买和消费这种商品的技能。

对所有商品都缺乏消费技能的消费者很少见。

有一种特殊的生疏型消费者，即消费者有良好的消费愿望，但缺乏消费商品必要的知识，致使消费目的走向误区，出现错误的甚至是严重后果的消费结果。比如有些望子成龙的父母，给未成年的子女购买大量的高级营养品和滋补性药品，有些营养品与滋补品中含大量的激素成分，孩子服用之后，造成早熟、身体畸形现象。这种消费行为对生活质量有一定的损害。

以上 4 种分类，只是一个相对的概念。每一位消费者可能在某一方面或某一类商品消费时表现为老练型，而在另一类商品的消费上又表现为生疏型。消费者的兴趣和主动培养消费技能的意识起着重要的作用。有些消费者长期坚持每天喝牛奶，但并没有辨别牛奶质量的能力，直到有一天喝完牛奶之后，感觉到肚子难受以至于进了医院，才发现当天喝的牛奶变了质。从此以后，消费者对于牛奶的品质就加以注意了，慢慢地学会了识别牛奶品质的办法，在牛奶消费方面，消费技能逐渐达到熟练的地步。

第三节　消费者的生活方式

一、生活方式对消费者行为的影响

生活方式是指人们如何利用自己的时间（活动），在他们生活的环境中他们认为什么比较重要（利益）以及他们对自己和周围世界的看法（观点）。生活方式也被称为**消费心态特征（Psychographic Characteristics）**，因为活动、利益以及观点都是可以量化的心理导向变量。一些用来定义生活方式的活动、利益和观点如表 6-2 所示。

表6-2 活动、利益和观点

活动	利益	观点
工作	家属	人际关系
嗜好	家庭	社会问题
社会活动	工作	政见
度假	社区	商业
娱乐	娱乐	经济
俱乐部活动	时尚	教育
社区活动	食品	产品
购物	环境	未来
运动	成就	文化

来自不同文化群体、不同社会阶层、不同职业的人，可能会具有完全不同的生活方式。有的人选择“归属型”的生活方式，有的人选择“成就型”的生活方式，有的人选择“潇洒型”的生活方式。这些不同的生活方式在一定程度上都是消费者自我概念的反映，它提供了纯粹的描述性统计数据所无法提供的洞察消费者动机、情感和信念的可能性。另外，生活方式与消费者的价值观、兴趣和活动模式密切相关。简言之，生活方式就是人如何生活。具体地说，它是个体在成长过程中，在与社会诸因素交互作用下表现出来的活动、兴趣和态度模式。个体和家庭均有生活方式，家庭生活方式部分地由家庭成员的个人生活方式所决定；反过来，个人生活方式也受家庭生活方式的影响。

研究消费者生活方式通常有两种途径。一种途径是研究人们一般的生活方式模式，另一种途径是将生活方式分析运用于具体的消费领域如户外活动，或与公司所提供的产品、服务最为相关的方面。在现实生活中，消费者很少明确地意识到生活方式在其购买决策中所起的作用。例如，在购买登山鞋、野营帐篷等产品时，很少有消费者想到这是为了保持其生活方式。然而，追求户外活动和刺激性生活方式的人可能不需多加考虑就购买这些产品，因为这类产品所提供的利益与其活动和兴趣相吻合。

生活方式与个性既有联系又有区别。一方面，生活方式在很大程度上受个性的影响。一个具有保守、拘谨性格的家庭主妇，其生活方式不大可能太多地包容诸如登山、跳伞、丛林探险之类的活动。另一方面，生活方式关心的是人们如何生活，如何花费，如何消磨时间等外显行为；而个性则侧重于从内部来描述个体，它更多地反映个体思维、情感和知觉特征。

二、生活方式的特征在营销策略中的应用

在现代市场营销中，生活方式是被广泛运用的一个概念，越来越多的人支持企业基于消费者的生活方式开展市场营销活动。营销人员基于消费者生活方式的营销策略更有吸引力和说服力。企业基于消费者的生活方式进行的营销活动，可称为“生活方式营销”。生活方式营销的意义源自“产品是人们生活方式的基石”（Solo- mon），是将商品定位于某一特定的生活方式，使商品与目标消费者理想的生活方式相适应。例如，斯巴鲁（Subaru）汽车最初进入美国市场时，只是一个毫不起眼的牌子，它奋力与其他进口车竞争。当斯巴鲁成为美国滑雪爱好者们的专用车之后，这一名字便与那些滑雪爱好者们的生活方式联系了起来，从而在美国积雪地区的进口

车市场中占有了很大的市场份额。

典型案例　　最女人的信用卡

台新银行玫瑰卡在上市的短短一年半时间里突破了10万张的发卡量，并以独特的诉求建立了其女性的、认真的品牌个性，一跃成为台湾女性信用卡的领导品牌。在台新银行加入发卡行列之前，我国台湾的信用卡市场几乎是花旗与中信的天下。然而资料显示，女性持卡人拥有较好的信用历史，她们工作稳定，发生呆账的情形少。女性消费者较容易被感性诉求打动，进而产生认同。加上女性消费能力的不断提升，台新银行预测女性的信用卡市场将有很大的发展空间，因此将女性区隔为台新银行信用卡的主要目标市场。

她们的个性写真是：喜欢煮咖啡，不喜欢煮饭；工作全力以赴，表现一流，男人开始习惯；渴望有女强人的成就，又渴望如小女人般受宠；热情、爱冒险，却又心思细密；喜欢出国旅游，会赚钱，也会花钱，高兴就好；有自己的生活品位，有自己的消费主张，有专属于女人的信用卡——台新银行玫瑰卡。

玫瑰卡第一阶段的定位是"最女人的信用卡"，它清楚地表达了玫瑰卡的属性。其广告以展现玫瑰卡的气质并且塑造玫瑰卡独特的个性来取得目标群的认同，让目标消费群体接触到广告时会被诉求所感动，相信自己便是那一位拥有玫瑰卡的独特女人。

第二阶段则对"最女人的信用卡"进行升华，以"认真的女人最美丽"为个性写真，因为"认真"是一种生活态度、消费主张；"美丽"则是女人热衷追求，喜爱被赞美的心理。

品牌个性一经设定，所有的营销广告活动便围绕其展开。为此，台新银行采取了如下策略：

(1) 建立产品优势。例如，增加持卡权益：旅游平安险，金卡免费道路救援服务，全球购物保障，代缴电费、电话费及交通罚款等。

(2) 直销。直接针对目标女性现场办卡。通过业务员在全省人流集中处如百货公司、电影院等门前摆摊位，直接与目标对象接触，缩短犹豫期，成功率非常高。

(3) 针对性的推广。在细分出女性市场以后，台新银行又针对不同的女性进行了一系列有针对性的推广活动。例如，针对应届毕业的大学女学生，寄发DM，允许她们以年费6.6折优惠申请，并获得免费的SPA试用；针对50000名高使用率的玫瑰卡会员，鼓励她们推荐自己的亲朋好友申请台新银行信用卡。

(4) 与女性杂志结合。参与《美丽佳人》杂志三周年庆，由《美丽佳人》引进法国巴黎名模，展现当季流行秀，并举办《美丽佳人》杂志音乐会。后又由《美丽佳人》杂志邀请国内知名音乐家举办演奏会，邀请玫瑰卡会员欣赏。

(5) 创造持续的情人节活动，辅以成功的事件行销运作，与女人最爱的情人节紧密结合，在每年西洋情人节及七夕，举办大型现场办卡活动，以女人喜爱又与玫瑰卡相关联的玫瑰花、巧克力及玫瑰花茶做赠品。情人节已成为玫瑰卡的节日。

(6) 借不同版本玫瑰卡上市之机，展开独特的公关活动。例如，1997年11—12月，推出"认真的女人，宠爱自己"活动，玫瑰卡会员可以在全省UBEX特约商店，优惠选购一只纯HVS级0.3克拉UBEX南非天然美钻。

由于一系列的卓越策划，台新银行玫瑰卡成功地在信用卡市场绽放，成为女性信用卡第一品牌。"认真的女人最美丽"更成为广告流行语，被人们广泛引用，成为台新银行玫瑰卡最重要的品牌资产。

案例讨论：分析台新银行玫瑰卡品牌个性塑造的成功之处。

思考与训练题

1. 何谓个性？个性如何影响购买选择？

2. 何谓气质？顾客的气质类型有哪几种？
3. 何谓性格？性格具有哪些特征？
4. 举例说明消费技能的组成。
5. 谈一谈生活方式的特征在营销策略中的应用。

第二篇

消费者群体与消费心理

第七章　消费群体概述

本章提要

消费群体是指由具有某种共同特征的若干消费者组成的集合体。对消费群体进行细分，并研究消费群体对其成员的影响，可以为企业进行市场细分、确定目标市场和制定分类市场的营销心理策略提供依据。本章首先对消费群体的含义、特征进行讨论，并介绍了细分消费群体的一般方法，然后深入分析了消费群体与个体成员的相互影响。

引　例

专家型消费群体的兴起

现在很多珠宝行里有这样一种现象：越来越多的顾客在购买珠宝首饰时显得很专业，能随口说出钻石的VS、VVS级等术语，业内人士称这一现象为“专家型消费群体的兴起”。有顾客说他们对珠宝知识的掌握来源于报纸媒体对珠宝知识的宣传，看多了，自然就心里有底了。

据不完全统计，“专家型”消费群整体消费群中所占的比例不是很大（约占25%左右），但该群体大多素质较高，大专及本科以上学历占到了半数以上，该层次人群的年龄分布在35～65岁居多，特别是五六十岁的中老年夫妇一起前来购物的时候，其认真和内行的程度，让营业员都暗暗称奇。他们已不满足于一些浅层次的服务，更关心首饰的品质和深层的个性化服务。现在有很多消费者的心目中已有了品牌阶梯，他们能一口气说出来很多品牌，如上海老凤祥、周大福、ENZO、六福、戴梦得等，而且这中间的很多人会使用称重天平、超声波检测仪等专业仪器，并且能准确地指出天平称重时的误差及错误。

这些精明的“专家”消费者给商家提出了新课题：专家型消费群体的消费心理有何特点？什么样的营销方案能够吸引并留住专家型消费者呢？

第一节　消费群体细分

一、消费群体的含义

消费群体，是指由某些具有相同或相似消费特征的消费者组成的群体。同一消费群体在购买心理和购买行为等方面具有很大的相似性，而不同的消费群体之间则存在较大的差异。

研究消费群体的购买特征，可以进一步把握群体消费者的购买心理和购买行为规律，为企业进行市场细分、确立目标市场和制定分类市场的营销心理策略提供依据。例如，高收入群体和低收入群体，老龄消费群体、中年消费群体、青年消费群体、儿童消费群体等，都具有不同的购买心理和购买行为习惯，理应在科学细分的基础上，制定行之有效的营销策略。

二、消费群体的特征

消费群体具有以下特征：

（1）广泛性。消费群体往往人口众多，地理分布范围广泛。

（2）分散性。由于消费群体的构成单位是个人，从而造成消费群体成员分布的分散性。

（3）同质性。消费群体成员之间必然在某一方面或几个方面具有相同或相近的个性特征，如在性别、年龄、性格、消费习惯、偏好、文化程度、职业、收入、品牌忠诚或是其他方面相同或相近。

（4）复杂性。消费群体成员之间除了在某一方面或几个方面具有相同或相近的个性特征外，还必然会有其他若干方面的不同。例如，按照性别细分的两个消费群体——男性和女性之间，必然在年龄、性格、消费习惯、文化程度、职业、收入等方面具有不同的特征。

（5）稳定性。消费群体一旦形成，在较长一段时期内，其成员构成是相对稳定的，这为营销者制定营销策略提供了机会。

（6）变化性。消费群体形成之后，并非一成不变。随着消费者消费需求的发展变化，消费群体的构成人员、数量、规模也将随之发生改变。

（7）情感性。消费群体对消费品的购买大多缺乏专门的甚至是必要的商品知识，对商品质量、性能、价格、使用方法、维修、保养乃至市场行情不甚了解，多属非专家型购买，只能根据个人好恶和感觉做出购买决策，因此，易受情感因素、企业广告宣传和促销活动的影响。

（8）季节性。消费群体的季节性是指由于季节性消费而形成的消费群体。一是季节性气候变化引起的季节性消费，如冬天穿棉衣、夏天穿单衣，冬天购买采暖设施、夏天购买制冷设备等。二是风俗习惯和传统节日引起的季节性消费，如中秋节吃月饼、端午节吃粽子等。

三、消费群体细分的方法

消费群体细分（或称目标市场细分）是营销与广告操作过程非常重要的策略之一。细分过程一般使用地理、人口统计、社会与心理行为等指标，本书除了比较常见的细分指标之外，还详细介绍了从心理行为来细分消费群体的指标与方法。

消费群体细分的指标体系可分为两大类。第一类是通常意义的统计指标，因为国家政府的有关部门对这些指标进行过统计，如消费者的社会与人口特征指标、消费者生活环境指标等，这些指标还可以细分为消费者年龄、性别、家庭人口、职业、职务、收入水平，以及消费者的地理位置、地区经济特征等；第二类是消费者的心理行为指标，如消费者的兴趣爱好、价值观、消费习惯、消费需要、使用频率、消费体验、品牌忠诚度、消费者沟通等。这些指标当中，消费习惯、消费价值观等具有相对的稳定性，而消费者需要、品牌认知、消费体验、消费者情绪等具有较大的变动性。

（一）消费群体细分的常用指标

在菲利普·科特勒等人所著的《市场营销管理》中，细分消费群体的指标分为地理因素、人口统计因素、社会因素和心理行为四大类。大类中还可以细分出二级指标，如社会因素还可以细分为社会阶层、生活风格、人格个性等。菲利普·科特勒等人细分消费群体的方法已经成为制定营销策略的经典。当然，与菲利普·科特勒的指标相比，我国细分消费群体的二级指标与之存在一定的差异，比如地理因素中，科特勒以人口密度来细分，而在我国必须以农村、城镇或城市来区别消费群体。相对而言，消费者行为方面的指标差异不大（见表7-1）。

表7-1　消费群体细分的常用指标

国外的细分指标（科特勒的分类）	我国常用的细分指标
地理因素	
地区 太平洋岸、高山区、西北区、西南区、东北区、东南区等 **人口密度** 都市、郊区、乡村 **气候特点** 北方、南方	**地理范围** 东北地区、西北地区、华北地区、华中地区、华东地区、华南地区、西南地区、经济特区 **城市规模** 小城市、中等城市、重点城市、大型城市、超大城市 **城乡差别** 农村、小城镇、中小城市、大城市 **气候特点** 北方、南方
人口统计因素	
性别 男、女 **年龄** <6岁、6~11岁、12~19岁、20~34岁、35~49岁、50~64岁、65岁及以上 **家庭人口数** 1~2人、3~4人、5人及以上 **家庭生命周期** 青年单身、青年已婚无子女、青年已婚有6岁以下子女等 **收入** <1000美元、1001~2500美元等 **职业** 专业和技术人员、管理人员，官员和老板、职员，推销员、工匠、领班、操作员、农民、退休人员、学生、家庭主妇、失业 **国籍** 美国、英国、法国、德国 **受教育程度** 小学或以下、中学肄业、高中毕业、大专肄业、大专毕业 **宗教** 天主教、基督教、犹太教、其他	**性别** 男、女 **年龄** 婴幼儿、少年儿童、青年、中年、老年 **家庭人口** 1人、2人、3~4人、5人及以上 **家庭类型** 单身家庭、丁克家庭、传统三口、混合型家庭等 **家庭生命周期** 初婚期、生育期、满员期、减员期、鳏寡期 **收入** 极低收入、较低收入、中偏低收入、中收入、中偏高收入、很高收入、极高收入 **职业** 普通工人、农民、公司商贸管理人员、国家机关、军人警察、医药卫生、文教科研、财政金融保险、个体经营者、学生、离退休、无业 **职务** 职员、专业技术人员、企业管理人员、党政机关干部等 **工作状态** 在职、下岗、离退休、留职等 **受教育程度** 小学或以下、初中、高中中专、大专大学、研究生及以上 **宗教**
社会因素	
社会阶层 下下、下上、中下、中上、上下、上上阶层 **生活方式** 简朴型、追求时髦型、嬉皮型 **人格个性** 被动、爱交际、喜命令、野心	**社会阶层** 主要依照收入水平划分 **生活方式** 简朴型、时尚型等 **人格个性** 主动积极型、消极被动型等

（续）

国外的细分指标（科特勒的分类）	我国常用的细分指标
消费者行为因素	
准备程度 未知晓、知晓、已知道、有兴趣、想得到、试图购买	**准备与认知程度** 没有认知、指示认知、未提示认知
消费态度 热情、积极、不关心、否定、敌视	**消费态度** 热情、积极、无所谓、消极、否定
追求利益 质量、服务、经济	**追求利益** 商品功能、质量、价格、服务等
使用状况 从未用过、以前用过、第一次使用、经常使用	**使用状况** 从未用过、以前用过、第一次使用、经常使用
使用时机 普通时机、特殊时机	**使用时机** 普通时机、特殊时机
使用频率 不常用、一般使用、常用	**使用频率** 偶尔使用、一般使用、常用
品牌忠诚 无、一般、强烈、绝对	**品牌忠诚** 无忠诚、中等忠诚、高度忠诚、绝对忠诚
	消费群体组织性 紧密型、松散型

上述消费群体细分的指标也反映了消费者的外部特征，但是消费者自觉主动的心理行为特征没有在上述指标体系中反映出来，所谓“以消费者为中心”的营销思想，其实集中反映了经营者对消费者的心理体验、个性特征、兴趣爱好等方面的尊重，因此，进行消费群体的细分必然要认真研究消费者心理行为方面的指标。

（二）消费群体细分的心理行为指标

实际上，20 多年前就已经有了从消费者心理与行为方面来细分消费群体的研究，随着计算机技术的发展，这套指标体系已经逐渐成熟和完善，其中综合反映消费者心理行为的成熟指标体系应当是 AIO，即消费者行为（Activities）、兴趣（Interests）和观点（Opinions），这是美国消费者行为研究及广告研究专家共同探索出来的、用于消费群体细分的指标体系。这些指标又称为生活态度与价值观监测（Values Attitudes and Lifestyles，VALS）系统或生活风格监测体系。VALS 是在 1978 年由 SRI 公司组织实施的，包括消费者媒体偏好及购买行为方面的数据，1989 年之后进行了改进并扩展为 VALS2 版本。美国的消费者心理行为专家认为，人们的生活环境影响人们的生活风格，生活风格影响人们的消费行为特征，因此，从生活风格来判断消费者的行为特征具有更大的方便性，不仅可以减少研究消费者行为过程出现的许多尴尬场面（消费者许多行为具有私密性，人们可以谈论自己的生活风格，但不愿意描述具体的消费行为），而且因为生活风格具有一定的稳定性，从生活风格可以预测较长一段时间之内的消费行为特征。因此 AIO 研究已是消费者研究中具有独立体系的常规项目，发达国家为此积累了系统的研究资料。

AIO 主要覆盖的二级指标分别是：行为方面包括消费者的工作类型、个人爱好、社会活动、娱乐活动、假日行为、社区活动、购物行为、体育活动、俱乐部活动等；兴趣方面包括消费者的家庭兴趣、居室兴趣、工作兴趣、社区兴趣、消遣、潮流、食物、传媒、成就等；观点方面包括消费者对待自我、社会热点、政治方面、商业方面、经济方面、教育方面、产品方面、未来方面、文化方面等。

在 VALS2 版本中，共有 42 道陈述句问题需要消费者做出“同意”与“不同意”的回答，比如“我经常对理论问题有兴趣”“我观察周围世界的兴趣很少”“我厌恶自己的手上沾上油腻的东西”等。除此之外，再将消费者的性别、年龄、受教育程度、职业、家庭结构、地理位置等因素结合起来，形成完整的消费群体细分指标体系。事实上，在消费群体细分的实施过程，覆盖了消费者兴趣、消费态度、消费偏好、消费者价值观、消费习惯、使用频度、品牌忠诚度以及背景资料等多方面的信息，涉及几十个甚至上百个消费者基本数据，因此记录这些信息必须使用标准的调查问卷。从常规经验看，完成上百个消费者基本数据的调查，每份问卷大致需要 30 分钟以上的时间，属于难度比较大的消费者调查。

以饮料产品的市场细分为例。在消费者心理与行为方面需要收集的信息包括人们对于饮料类型的选择、饮料口味的偏好、饮料购买地点的偏好、购买饮料的价格敏感区间、饮料与食物的食用特征、日常娱乐项目的偏好、文化消费品的选择、社会人际交往的特点、对于公众人物的关注程度、对自我形象的意识等。

消费群体细分的步骤可以分 5 步，下面要做具体的介绍。其中，第一步需要调查员到现场采集数据，第五步需要研究人员依靠集体的智慧进行描述，其余三步均需要使用专用统计软件对数据进行处理。SPSS 之类的统计软件包含这样的功能。

第一步，使用严格的抽样调查方法，收集消费者心理、行为与个人背景等方面的信息。为了减少抽样过程产生的误差，消费群体细分的样本量要求比较大，一般要求随机的样本量在 500 人以上，这样抽样误差可以控制在 5% 以内。

第二步，数据录入、整理并标准化。数据录入相应的计算机程序之后，需要对所有数据进行标准化处理，比如，有的问题采用五分制评分方法，而有的则是十分制，需要统一。这是一个细节问题，如果遗漏就会导致数据中出现不可理解的怪现象。

第三步，使用特定的统计方法对这些数据信息进行加工，比如聚类分析或判别分析法，由计算机识别出心理行为特征接近的消费者，这些心理行为特征接近的消费者可以称为消费群体。这是消费群体细分的核心技术环节，可以参考统计类图书中关于聚类分析的知识。

第四步，通过计算机再次运算，分别统计已经细分的消费群体在心理与行为方面的数值及每个群体内部的差异性。

特别需要说明的是，使用 SPSS 一类的软件进行聚类分析时，细分为多少个群体需要考虑 3 个方面的因素：一是每个群体内部的差异性，如果差异不明显，说明细分比较精确，如果差异比较大，说明细分不一定精确，可能需要再做进一步的细分；二是研究人员的经验对细分结果的判断；三是细分结果的实用价值。研究人员应当依靠经验来判断细分结果是否具有相应的实用价值，而不是完全依赖计算机。因此，上述操作过程中的第三步和第四步不是一次就能完成，需要多次反复，最终由研究人员确定最优的细分结果。

第五步，对已经细分的消费群体进行概念性描述与命名。这是一个有趣的步骤，它涉及细分结果对于营销推广、产品形象建立、广告策略选择等环节的操作意义。优秀的命名可以迅速提升目标群体的形象。表 7-2 是某饮料品牌的消费群体细分指标及细分之后的命名。

表 7-2 某饮料品牌的消费群体细分指标与命名

指标	群体 1	群体 2	群体 3	群体 4
年龄分布	20 ~ 30 岁为主	30 ~ 50 岁为主	16 ~ 35 岁	16 ~ 40 岁为主
性别构成	女性为主	男性为主	男性为主	无明显差异
收入水平	中高	中	高	中低

（续）

指标	群体 1	群体 2	群体 3	群体 4
饮食习惯	喜好零食	讲究规律	无规律，不爱零食	有规律
饮料偏好	酸奶	茶饮料	偏好不明显	偏好不明显
品味偏好	甜、酸	清淡、辣	新奇，未经历的	无偏好
购物决策	常有同伴	常无同伴	常有同伴	随意
商场选择	大商场	无偏好	大商场	无偏好
人际交往	固定朋友为主	固定朋友为主	朋友广泛	朋友广泛
同性明星	中度关注	低度关注	中度关注	中度关注
异性明星	高度关注	中度关注	高度关注	中度关注
命名	青春女性	中年男性	激情男性	生活平稳型

针对这 4 种消费群体的营销策略是不同的，比如对群体 1 的营销策略应当以大型商场和个性化明显的餐饮店休闲店为主要渠道；群体 4 应当以便利店为主要营销渠道。在广告模特的选择方面，群体 3 应当使用前卫性的、有一定反叛精神的模特形象，群体 4 与群体 3 刚好相反，应当使用朴实、稳重一些的模特。

最后再次强调一点，虽然消费群体细分过程使用了计算机及统计技术，但这个过程仍然带有一定程度的主观性，研究人员的经验背景以及对细分结果的实用价值判断会投射到最终的结果中，研究人员必须兼顾数据的精确性与实用价值等多方面的因素。

第二节 消费群体对成员的影响

消费群体影响其成员的主要方式包括：群体规范对成员的影响，消费群体的内部沟通，消费群体对成员的影响因素等。

一、消费群体对成员的规范性影响

规范是指在一定社会背景下，群体对其所属成员行为合适性的期待，它是群体为其成员确定的行为标准。无论何时，只要有群体存在，无须经过任何语言沟通和直接思考，规范就会立即发挥作用。规范性影响之所以存在，是由于奖励和惩罚的作用。为了获得赞赏和避免惩罚，个体会按群体的期望行事。一些广告声称，如果使用某种商品，就能赢得社会的接受和赞许，利用的就是群体对个体的规范性影响。同样，宣称不使用某种产品就得不到群体的认可，也是运用了规范的影响。

消费群体的内部规范，有成文的和不成文的两种形式。成文的群体规范，包括规章制度、法律等行为准则；不成文的群体规范很多，如某一年龄阶段消费群体的消费心理特征，某一地区或民族的消费风俗习惯等。这两种形式的群体规范在消费者经济生活中都是普遍存在的。不论是成文的还是不成文的群体规范，对消费群体成员都具有相同的约束力。

二、消费群体的内部沟通

消费群体的内部沟通主要可分为两种形式：积极沟通和消极沟通。

（一）积极沟通

积极沟通是指当消费者得到了满意的体验，或认为自己获得了所消费商品的真正价值，或消费者愿望得到极大的满足时出现的传话效应，他们把这种美好的消费经验转告他人。

积极沟通具有以下作用：①令消费者满意的消费效果得到了宣传。②给工商企业的生产、经营活动产生良性的反馈作用。③消费者积极的沟通不仅为企业传播了信息，而且为企业节省了大量的宣传资金。④消费者满意的沟通也反映了消费者对该品牌的忠诚。

美国的沃尔玛公司是世界上著名的零售商，顾客在有意无意之间谈起“沃尔玛公司是著名的零售商”之类的话题，或沃尔玛的最低价格，或在沃尔玛商场购物的经验时，相当于无形当中给沃尔玛做了积极的宣传。该集团的广告宣传费用只占营业额的0.5%，相对于Kmart公司2.5%的广告费，或Sears公司3.8%的广告费而言，沃尔玛实际上每年节省资金达10亿美元，这些节省的资金直接形成了企业的利润。从一点上讲，消费者积极沟通的规律性是值得经营管理人员研究的。

（二）消极沟通

消极沟通是指消费者得到不满意的体验后，消费者产生消极的情绪反应，并且有一种强烈的愿望要把这种不满的情绪转告他人，既影响了消费者本人以后的消费行为，也强烈地影响了其他消费者的行为。

可以将不满意消费者的行为模式进一步分为采取行动与不采取行动两类。

不采取行动的消费者会留下不满意的态度，他们希望营销者能够为提高其消费满意程度而有所改变，如在商品的质量、品质或是服务等方面。如果消费者的不满意态度长期不能得到改善，这种不采取行动的消费者也会转变成采取行动的消费者，例如抱怨，转向其他经销商购买，或转向其他竞争者品牌购买等。

而采取行动的消费者一般会采取以下5种行为方式中的一种或几种：抱怨、不再购买、向朋友诉说、向政府与组织投诉、诉诸法律。

三、领导型消费者与消费代言人

领导型消费者或消费代言人，也称意见领袖。消费群体内有一些成员具有巨大的影响力，他们的一言一行都可能被其他消费者仿效，他们就是意见领袖。他们的消费方式是其他成员的榜样，他们对某种商品的推荐会迅速引起市场的消费高潮，有可能带领消费者步入一种新的消费时尚。

领导型消费者或消费代言人具有以下5种基本力量：

（1）专家力量。领导型消费者是某一产品领域的专家，享有丰富的与产品有关的专业知识，熟悉消费者自身的问题，因此相对于其他信息来源来说，他们的意见对群体成员往往更具说服力。

（2）知识力量。领导型消费者在提供建议或忠告前，已经甄别、评价和综合了不同品牌的产品信息，而且不代表某一公司利益，没有什么个人企图，提供的是客观、真实且往往是正、反两方面的信息，因此，他们的信息和意见更易赢得其他消费者的信赖。

（3）权威力量。领导型消费者在社会上很活跃，联系广泛，他们还可能掌管着社区团体或俱乐部。由于他们的社会地位，领导型消费者往往享有合法的权威力量。

（4）参考力量。由于领导型消费者在价值观和信念上与群体内的其他消费者相似，所以他们往往是其他消费者仿效的对象。当在一种商品类别内将领导型消费者以兴趣或专长进行区分时，他们对其“同类”将更具说服力。“同类”是指两人在教育、社会地位和信念上的相似。在社会地位和教育水平上，领导型消费者通常略高于受其影响的人，但这种差异并未大到他们应被归入不同社会阶层的程度。

（5）安全力量。领导型消费者往往是最早采用新产品的创新型消费者，所以承担了大量的风险，当他们的经验被其他消费者知晓和接受时就可以大大降低意见跟随者的不确定性。特别是在企业的营销传播仅仅集中在产品的正面信息时，创新者的经验可能包含有正、反两方面的信息，在这种情况下，普通消费者将更容易注意领导型消费者的信息，从而回避那些没有得到积极评价的产品或品牌。

领导型消费者或消费代言人一般是社会上的名人，所以他们在市场上引起的消费波动称为“名人效应”。普通消费者关注的影视明星、歌星、体育明星、社会活动家、政治人物、广播电视节目主持人等，都可能成为名人。对一些普通消费者来说，名人代表了一种理想化的生活模式。

四、消费群体对其成员影响程度的因素分析

不同产品或者在不同的情景下，消费群体对其成员的影响程度是有差异的。这取决于多种因素，包括产品的性质及其对个体和群体需要满足的程度、群体成员个体的特征及其与群体之间关系的性质等。具体涉及以下几个因素：

（1）产品的可见性。一般而言，产品或品牌在使用时的可见性越高，群体的影响力就越大，反之则越小。

在公共场所使用的生活必需品，群体对其成员的影响是：对产品的影响小，而对品牌的影响大，如手表、服装等；在私人场所使用的生活必需品，则对产品、品牌的影响都不大，如床上用品；在公共场所使用的奢侈品，群体对其成员的影响是，对产品、品牌的影响都很大，如高尔夫球、赛马等；在私人场所使用的奢侈品，则对产品的影响大，而对品牌的影响小，如DV、游戏机等。

（2）产品的必需程度。对于食品、日常用品等生活必需品，消费者比较熟悉，而且很多情况下已形成了习惯性购买，此时消费群体的影响相对较小。相反，对于奢侈品或非必需品，如高档汽车、时装等产品，购买时受群体的影响较大。

（3）产品与消费群体的相关性。某种产品与消费群体的功能或价值实现的关系越密切，个体遵守群体规范的压力就越大。例如，对于经常出入豪华饭店和星级宾馆等高级场所的群体成员来说，着装是非常重要的；而这对于只是在一般饭馆或酒吧喝啤酒的群体成员来说，其重要性就小得多。

（4）产品的生命周期。当产品处于投入期时，消费者的产品购买决策受群体影响很大，但品牌决策受群体影响较小。在产品成长期，群体对产品及品牌选择的影响都很大。在产品的成熟期，群体影响在品牌选择上大而在产品选择上小。在产品的衰退期，群体影响在产品和品牌选择上都比较小。

（5）个体在购买中的自信程度。研究表明，个体在购买电视机、汽车、家用空调、保险、冰箱、媒体服务、杂志书籍、衣服和家具时，最易受群体的影响。这些产品，如保险和媒体服务的消费，既非可见又同群体功能没有太大关系，但是它们对于个人很重要，而大多数人对它们又只拥有有限的知识与信息。这样，群体的影响力就由于个人在购买这些产品时信心不足而强大

起来。除了购买中的自信心外，不同个体受群体影响的程度也是不同的。

自信程度并不一定与产品知识成正比。研究发现，知识丰富的汽车购买者比那些购买新手更容易在信息层面受到群体的影响，并喜欢和同样具有有丰富知识的伙伴交换信息和意见。新手则对汽车没有太大兴趣，也不喜欢收集产品信息，而更容易受到广告和推销人员的影响。

典型案例　市区加油站消费群体分析

济南石油分公司第18加油站位于220国道上，占地面积2000m²。虽然地处交通要道，每天来往车辆络绎不绝，但是在前后不足10km的路段上，有近10座加油站相互竞争。在市场相对固定、价格没有优势的条件下，18加油站通过细分消费群体，找到了促销增量的有效办法。他们将加油站周围消费群体划分为出租汽车、驾校用车、家用小车、政府用车、运输业车辆、汽车销售公司等类别，并开展针对性促销，效果比较明显。

1. 出租汽车

出租汽车一般分为两大类，一类是个人买车，加入出租公司；另一类是出租公司买车个人租用。不管是哪一类，经营时都有两种情况：一是车主全天自行驾车经营，根据自己的精神状况及经营情况，自行安排营运时间和加油时间，因此加油时间和地点不固定；二是车主只干白天，晚上则将车租给别人经营，收取一定的租金，即所谓“歇人不歇车”。经营时间一般为白班早上7点至晚上7点，夜班为晚上7点至第二天早上7点，这样他们一天就有两次固定的接车时间，同时需要有固定的接车地点。为了方便，出租车司机一般都愿意选择离一方司机较近的加油站作为接车点。接班时，由交车司机付款将油箱加满，同时双方检查车辆状况、擦洗车辆。

一辆出租车每天的加油量大约在40～60L，是一个很大的消费群体。其消费心理可概括为：作为出租车车主，由于车辆的费用全部由自己承担，所以对油品的质量最为重视；而作为租赁方，由于他们只负担当班时的油款，所以只关心油价。

因此，作为加油站首先要做好宣传，主要是向车组宣传：油站的油品质量好，数量足，快捷方便，服务好，这样不仅可以满足车主对油品质量的需求，同时可以避免租赁司机加劣质油品损坏车辆。如果将流动性很强的出租车拉到加油站，成为相对固定的加油群体，加油站便可得到一批固定客户，增加加油量。

2. 驾校用车

驾校有公安、交通部门或机关、团体开办的，也有个人出资经营的，但不管是哪种形式，驾校的教练车拥有量最少也在10～30辆，多的有上百辆。学员每一期要学习一个月，其中前三天是场地教学，其他时间为公路驾驶学习，一辆教练车每天行驶8h，约300多公里，每天用油10～20L，一般每周加两次油，这样算来，他们的用油量是相当大的。在驾校的教学费用中油款占30%，因此，他们最关心油品的价格、数量和质量。驾校的车与其他单位的车还有个不同的地方，就是驾校的车辆都是按公安、交通部门制定的固定路线往返行驶。所以，他们在选择加油站时，一般是选择在行驶路线上、距离驾校较近的加油站，其次考虑的是价格、数量、质量、服务。

3. 政府用车

政府部门可信度高，但条件苛刻，特别是折扣幅度，在投标时，加油站要仔细计算。某一时期用一定的折扣率计算，优惠幅度可以接受，但要考虑将来油价的变化。折扣率一定，油价越高，折扣金额就越多，甚至可能在某一时期，让利太大会使自己无法承受。所以，最好是以固定每升优惠多少金额来签订投标合同。

4. 运输车辆

由于国道、省道上的检查站、收费站点逐渐增多，使得许多大型的运输车辆弃国道而选择高速公路。但由于高速公路上的油价每升要高 0.10～0.15 元，所以很多车辆会在上道前将油箱加满，中途需要加油时，有的车辆就会从高速公路上下来，到距离下道口近的加油站加满油箱后再上道，所以高速公路附近的加油站生意越来越好。一辆大型运输车辆一次可以加 1t 油，少的也要加 300～500L，这是一个很大的客户群体。但加油站必须满足他们的特殊要求，提供高速公路服务区一样的全面服务，热情接待，以解除他们的旅途疲劳。

5. 汽车销售公司

由于国内汽车的需求逐年增加，一些大型汽车销售市场应运而生，这也是一个很大的消费群体。一般汽车在出厂前只加少量的装车油，顾客购买车辆后要先加油，而购车的人对周围的环境可能不熟悉，不知道到哪里加油，主要听汽车销售人员的介绍。靠近汽车销售中心的加油站可以通过各种方法和途径与售车人员沟通，通过他们把顾客介绍过来，而顾客也乐意接受售车人员的建议。通过调查发现，新购车的客户一般都有一种欣喜、满足、成功的感觉，于是加油站根据客户特殊心理，特别准备了红绸带，给每辆新车加满油后再系上一条象征平安、吉祥的红绸带，客户感到特别满意。

案例讨论：分析本案例中揭示的消费群体细分的方法。

思考与训练题

1. 消费群体的含义与特征？
2. 消费群体细分的方法有哪些？
3. 消费群体如何影响其成员的消费心理与行为？

第八章　主要消费群体的消费心理

本章提要

消费者群体是由具有某种共同特征的若干消费者组成的，也称为消费群体。凡是有共同特征的消费者，在购买行为、心理特征及购买习惯等方面都有许多相同之处。根据多种特征对消费者进行区分，就形成了多个互不相同的消费者群体。本章以消费者的性别、年龄、收入为标准，详细介绍了不同消费群体的行为特征。

引　例

在百度上搜索“拼客”，出现的相关内容高达近500万条，成为流行一时的热门词汇。“拼客”是近年来出现的新兴群体。这里的“拼”不是拼命、拼刺、拼抢、拼杀、拼争、拼死，而是拼凑、拼合；“客”代表人。狭义的拼客是指为某件事或行为，素不相识的人通过互联网，自发组织的一个群体，如旅游、购物等。

拼客是一种时尚、一种潮流、一种理念、一种生活的态度、一种生活的方式。拼客一族的形式多样，如拼房，就是找人合租房。许多刚参加工作，收入不高的年轻人，在拼客网站上发帖子，很快就能找到“拼房”伙伴，这样就能分摊房租，节省开支。再如拼车，就是在起始地和目的地相同或相近或顺路的情况下，几个人结成伴，一起搭车上路，车费均摊或根据路程远近按比例分配。还有些人是“拼餐”，上班时不爱吃工作餐，找几个人一起去饭店包餐，非常划算。离家在外的打工者，节日很孤单，找几个朋友大家AA制拼餐，出一份钱，能吃到各种特色菜。此外，还有“拼学”“拼游玩”等。依靠网络，拼客一族已在全国各地搭建了相应的平台，生活中可拼的种类太多太多。原本在现实中很难找到的“拼友”，借助于网络就变得简单多了，形成了一种新型的消费群体，成为一种热潮。

消费群体的研究对于企业的营销策划有着重要的作用。那么，不同的消费群体有怎样的消费心理呢？

第一节　不同性别消费群体的消费心理

人的性别差异是造成个体心理活动差异的重要因素。而人的消费心理特点服从于人的心理特点，男性消费者与女性消费者由于性别不同而引起的心理活动的差异称为消费心理的性别差异。抛开社会地位、收入水平、生活背景、生活阶段等因素，这里只单纯从性别差异这一角度来研究男性消费者与女性消费者的特点。

一、男性消费者的消费心理

男性消费者主要是指成年男性消费者，他们在消费市场中占有很重要的地位。与女性消费者相比，男性消费者关注、购买的商品大类虽然少，但其消费额度却并不低。

（一）男性消费者市场的特点

1. 较多男性拥有高价值商品的购买决策权

从目前中国的实际来看，男性总体的就业率和收入水平相对于女性来说要高，而且对于如汽车等产品的产品结构、产品性能了解较多，这也就使男性在购买技术、结构较为复杂的耐用消费品时拥有了更多决定权，这类商品通常价值较高。

2. 男性购买决策实施迅速

男性对于某种商品的购买动机一旦形成，就会迅速付诸实施，实现购买决策。而且，男性出于某种心理需要，在购买商品时很少挑剔，也不愿反复比较权衡，只是从总体上评价商品的优缺点，注重商品的质量、性能价格比、产地、品牌等方面的特征，讲求实用性。

3. 男性选购商品范围较窄

一般来讲，男性对于日常生活用品的要求不高，但在新产品方面，接受起来却比女性要快，尤其是一些高新技术产品。另外，出于工作、社会的压力，男性在获取知识、经验、技能等方面有较高的要求，因此，在购买学习用品、参加各种培训等方面比女性的消费需求高。

（二）男性的消费心理特点

男性一般表现出刚强粗犷、心胸开阔、意志坚强、决策果断、喜欢探险等心理特点。在消费心理方面，男性比女性要简单得多，一般来说，较突出的消费心理特点有以下几个方面：

1. 求新、求异、求癖心理

敢于尝试新的事物、喜欢探险的个性，导致男性对许多新产品情有独钟，并对新产品的奇特性有较高要求。男性消费者求新的心理还表现在购物方式上，如网上购物的消费群体中，有60%以上为男性。相对于女性来说，男性的许多嗜好是不太多见的，如集邮、摄影、野游、登山、品茶、收藏、养花、养鸟等，而且对一部分人来说许多嗜好都已经到了成瘾的地步。

2. 购买产品的目的明确、决策果断

大多数男性消费者都是事业型消费者，购买商品喜欢“直奔主题”。他们业余时间宁愿在家看电视或报纸，也不愿到商场去闲逛，到商场往往是“有备而来”，即确实是有需求，购买过程中一旦遇到能满足自身需求的商品就立即购买，不做过多比较，甚至不问价格。即便是买到不太符合要求的商品，发生争执或退货的情形也较少。

3. 注重产品的整体质量和使用效果

相对于女性来说，男性的理性消费次数明显偏多，特别是涉及一些高档耐用消费品，如汽车、住宅等，男性在购买时很注重产品的整体质量和使用效果，对于产品的评价也来自于本身的日常积累和同事、朋友的介绍，不太会受诸如促销、销售人员游说等外界环境的影响，更很少受商家炒作的影响。

4. 购买产品时要求方便、快捷

尤其是在购买价值不高、日常生活用品等商品时，男性消费者的该消费特点更加突出。就因为如此，他们只对住所或工作单位周边的购物环境有所了解，不欣赏商家的烦琐手续，不喜欢购物付款排长队，不喜欢长时间的等候提货等凡是延长购物时间的因素。

针对以上男性消费市场和男性消费心理的特点，作为男性消费者要防止商家利用以上特点进行欺诈，而对于企业来说，尤其是生产或销售的商品在购买时大多是男性消费者拥有决策权的，要有针对性地开展营销工作，以适应男性消费者的消费心理。

二、女性消费者的消费心理

这里讨论女性消费者主要是成年女性消费者，是市场上有实际购买力的女性，年龄一般在18～55岁。在家庭生活的角色划分中，女性大多承担着照顾全家老小生活起居的重大责任，而且，据调查，有40%左右的女性掌握着家庭的财政大权，因此，长期以来，女性消费者一直是家庭消费的主力，也是社会消费的重要环节。

（一）女性消费者市场的特点

1. 人数多，有购买能力，采购领域广，购买欲望强烈

在我国，年龄在20～50岁的女性消费者占到了人口总数的20%以上，处于该年龄段的女性大多已婚，有家庭，收入较稳定，一半左右的人可以掌控家庭的经济收支，有较强的购买能力。不仅如此，中青年女性在家庭中充当女儿、妻子、母亲等多种社会角色，她们在消费女性专用产品的同时，也是家庭消费品、儿童用品、男性用品、老年用品的主要购买者。例如女性消费者更加注意教育儿女，不惜重金对儿女开展智力投资；她们理解并支持丈夫的工作，对男性用品也有关注；她们孝敬老人，关注老人的身体健康。

2. 消费角色的多元性

随着经济收入的增加和女性地位的提高，中年女性往往掌管着家庭生活的日常经济开销，并在购物活动中同时充当多种角色。在家庭生活用品的消费中，一般情况下，她们既是消费行为的决策者、执行者、影响者，同时也是使用者。她们在家庭购买中扮演的角色，比其他成员所扮演的角色要多，不仅与拥有影响力而无决策权的青少年相比是这样，即使与有时担当决策者而较少担当执行者的丈夫及家庭中的长辈相比也是如此。

3. 消费需求的实惠性

中年女性一般上有老、下有小，担负着家庭主妇的责任，操办和安排着全家衣食住行的全部开销。她们普遍具有勤俭持家、精打细算的传统美德，消费行为多以能否满足生活的实际需要（即实用）为前提。比起其他年龄段的女性，特别是青年女性，她们更追求实惠性。而且，女性消费者对商品的观察相当仔细并有耐心，在各方面相同的条件下，她们不惜浪费时间而“货比三家”，直到真正达到“物美价廉”才满意。

4. 情绪型消费特征明显

一般认为，女性感情丰富，容易受非理性心理影响，主要表现为女性消费者在购买服装、家庭用品时往往凭感觉、凭印象，在购买食品和化妆品时多凭消费习惯和品牌形象。在购物过程中，比较容易受折扣、广告等外在市场氛围以及人为气氛的影响，因此许多购买行为的产生往往是在漫无目的的闲逛中发生的，即产生了“非必需消费行为”。一个普遍的现象就是许多女性在折扣期间购买商品，回家之后发现根本没有用处，或家里已经有很多类似商

品了。

根据零点调查公司在北京、上海、广州三地进行的针对18～35岁青年女性的非理性消费行为和一些新兴消费现象的调查报告，在分析了女性在各领域的消费行为之后得出了以下结论：

- 非理性消费占女性消费支出比重的20.0%。
- 受打折影响而购买了不需要或不打算买的东西的女性为56%。
- 为店内POP及现场展销而心动并实施购买的女性达40.8%。
- 受广告影响买了没用的东西或不当消费的女性为22.8%。
- 50.7%的青年女性都有过受到促销人员诱导而消费不当产品的经历。
- 55.5%的青年女性“和朋友逛街受朋友影响”而消费了本不打算买的产品或服务。
- 在极端情绪中购物消费的女性多达46.1%。

5. 女性消费的自我意识增强

该特点表现在两个方面，一是现代女性的自我意识强调商品能与自身个性、气质、家庭环境和谐统一，即“排众”消费心理。例如，为了显示其独特个性，购物时尽力使自己服饰的样式、风格做到与众不同，为了达到这一目的，许多女性宁愿付出较高的费用来单独定制消费品。另外，女性自我意识的增强还表现在渴望拥有更多可自由支配的时间，希望脱离传统，按自己的方式生活，寻找自身的价值。因此，女性消费者对减轻家务劳动的商品可谓是“情有独钟”，如半成品食物、厨卫电器等，与此同时，对劳务消费、精神文化消费的兴趣也大大提高。

（二）女性的消费心理特点

女性一般表现出情感丰富、情绪变化大且观察较细腻等心理。她们语言能力较强，联想丰富，重视家庭和睦稳定，重视外表与形体的美感。女性消费者的行为有个人差异，因状况不同而有所变化，主要受三种因素的支配，即经济因素、社会因素和心理因素。就心理因素来说，又包括动机、知觉、价值观、人生观、态度、个性等。现代女性的消费心理呈现出以下一些特点：

1. 追求美与时尚

爱美之心人皆有之，女性尤其如此，如果让女性在商品的美与实用之间挑选，往往前者更受追捧。这也就难怪有些女性会用几个月的工资购买一件根本没有场合穿的晚礼服。女性不仅本人崇尚美丽，还注意家庭、丈夫、儿女、恋人的形象之美。在选购商品时，不仅注重商品的使用价值，还关注商品的造型美、包装美、色彩美等外在表象，甚至在营销过程中体现的各种美感都可能诱发女性的购买热情。女性追求美与时尚，与其说是在购买商品，不如说是在购买精神享受。另外，女性的审美观对社会消费潮流有着重大影响，尤其年轻女性，因此，产品的流行大多随着女性审美观的变化而变化。

2. 追求实用与情感并重

与男性消费者有些相同的地方是，女性消费者在购买生活日常用品时，更关注产品的实际效用，关心商品带来的具体利益，在购买中表现出强烈的求实心理，希望某种商品能最大限度地满足自己的某种需求，同时也希望商品经久耐用。但女性在购买诸如服装、首饰、化妆品和高档消费品时，购买行为则多受情感因素的影响，如流行时尚、特别设计、商品色彩、精巧配件等因素的影响，一旦产生购买冲动，就会忘记理性消费的概念，从而产生情绪消费。如今，随着现代女性社会地位的提升，收入水平的提高，女性在奢侈品消费方面逐渐表现出更强的购买力。在购买此类产品时，女性消费行为大多是受情感因素的影响，对于奢侈品的购买大多出于满足情感需要的目的。这种情感消费从根本上反映出女性追求自我实现等心理需求，感性的女人从感性的消费中获得了被认同和自我完善需要的满足，实现了情绪及感情上、需求与现实购买能力上的平衡。

3. 追求商品的便利性和创造性

女性在家庭生活中扮演的社会角色较多，因此在料理家庭生活方面倾注的精力和时间也较多。比如，大多数女性在工作之余还要安排家庭成员的饮食起居，家务劳动压力较大，于是，能够减轻家务劳动量、缩短家务劳动时间的商品会受到女性消费者的欢迎。女性希望在购买和使用商品的过程中得到更大的便利，因而对于能够满足自己该方面需要的方便消费品，如速食食品、罐装食品、冷冻食品、调味料等，她们愿意尝试并最先接受。不仅如此，女性对于生活中新的、富有创造性的商品，也会独具慧眼的首先捕捉到，并抢先购入，在使用的过程中也不会忘了向朋友同事介绍商品的优点，这显然是对商家有利的行为。

4. 追求自尊与被他人尊重

女性消费者有较强的自尊心和自我意识，她们往往以选择眼光、购买内容及购买标准来评价自己、评价别人，希望自己的购买能够有某种超人之处，希望自己的购买最有价值、最明智也最理性。商家的宣传和销售人员的态度都会直接或间接地影响她们的购买行为以及购后情绪，从而决定她们是否会产生重复购买行为。“愉快购物”是让许多女性成为忠诚顾客的一个关键要素。

（三）针对女性消费者心理的营销策略

1. 产品策略

日常消费品的设计，应注重细节，色彩款式独特新颖并且时尚，使用方便，快捷。方便食品、半成品，在考虑节省家务劳动时间的同时，要做到品种多样，食品口味丰富，能够满足不同人群的需要。女性用品的设计要独具匠心，贴心舒适并在不露痕迹中表现出细节之美。其中女性服饰设计要避免大众化，不管材料质地如何，做工一定要精细，让女性在不经意中能够表现出女性独有的婉约之美。女性奢侈品的设计要做到独一无二，应该做到定制生产，以满足女性追求唯一的心理需要。

2. 价格策略

产品价格的制定也要考虑女性消费者心理特征。一般女性的求廉心理主要针对于日常消费品，而对于高档服装、首饰她们则相信“一分价钱一分货”，廉价的服装、首饰除非有足够的理由让她们相信“物超所值”，否则她们不会表现出过多的关注。但对于名牌打折销售的商品，她们则会热情高涨。

3. 渠道策略

电视直销一般并不会受到女性的喜爱，因为她们往往认为购物、逛街是一种享受，尤其对于服装、首饰，她们要试穿、试戴一下才能感知到效果。再加上目前电视购物出现的一些问题，出于安全的考虑，她们一般不会轻信电视直销。商场购物是许多女性喜欢的购物方式，销售女性商品的商场销售区域，环境的布置要符合女性消费者的心理，营造一个舒适、温馨的购物场所，使女性能悠闲地观赏、品评、浏览商品，现场销售人员要做到体贴、细致的服务，关键时刻给予消费者一定的有价值的建议。网上购物目前来看比较受年轻女性的青睐，女性网民网上搜索或购买的商品一般是化妆品、名牌饰品、服装和儿童用品。女性网上购物最关心的是消费安全，因此商家可以让顾客通过网络获取产品信息之后再到实地去购买商品，或者在实体店真实感受商品后再来网上购买，同时应利用服务中介商、制造商为产品提供信息、金融、物流等配套服务。

4. 促销策略

对女性消费者经常购买的商品要进行广告宣传，信息要突出商品的实用性、经济性或时尚性等内容，尤其是商品的品牌、档次、消费群体构成等信息。名牌产品的打折促销、赠送赠品是许多女性购物的最爱。商家现场促销活动要关注女性消费者的情绪变化，销售人员要懂得尊重女性消费者的自尊心，在帮助消费者做出正确选择的同时别忘了适时做出赞美。折扣商品要说明理由，并让女性消费者认为现在购买正是时候。

社会的进步与发展，使得近年来女性消费者的消费方式和消费习惯发生了很大的变化，与之相对应的女性消费市场也发生了变化。第一，“感觉”好的商品和服务应运而生。女性购买商品比较多地强调“美感”，容易受感情作用而产生购买行为。越来越多的女性要求自我展现，要求生活品位。能够带来梦想体验的商品受到女性的青睐。与此同时，能够购买“享受心情”的咖啡厅、杂货店、精品店更是受到了女性的欢迎。第二，外观包装设计精美的商品受追捧。女性的购买欲望多受直观感觉影响，因此比较注重外观设计，尤其对包装特别注意。老式的包装已不再吸引她们，她们青睐的是表现个性和情趣的包装。第三，附赠品受欢迎。有些女性一方面会花上几百元买一套流行时装，而另一方面在菜场上买菜却讨价还价、斤斤计较，某种程度上说明她们对价格较低的商品会计较，而对高档品却认为价高质好。附赠品正是迎合了女性的这种心理。第四，商业用品畅销。例如，职业女性和男性一样必须携带工作文件和资料，但是以前女性用的提包，几乎都是用来携带化妆品、小东西等漂亮物件的坤包，或略缺功能性的大手提袋。现在提包制造商已经针对女性生产出了商业提包。它们不仅可以放很多文件，还附有许多小袋子供女性放化妆品和小东西，重视功能性的同时没忘了时髦。类似的商品还有女式手机、女式摩托车等。

第二节 不同年龄消费群体的消费心理

按照年龄指标，消费者可以分为婴幼儿消费群体（0~3 岁），少年儿童消费群体（4~18 岁），青年消费群体（19~35 岁），中年消费群体（36~55 岁），老年消费群体（56 岁以上）。在这五类消费群体中，婴幼儿消费群体相对较特殊，他们虽然是产品的最终消费者，但消费决策和购买者却是他们的父母或其他长辈，所以分析婴幼儿消费群体的消费行为应转移到分析中青年消费群体的消费行为。

从世界范围来看，年轻人口型的国家，少年儿童一般占总人口的40%左右，老年人口型的国家，少年儿童占总人口的30%左右。在2013年我国的人口年龄结构中，0~14岁的人口为22329万人，占总人口的16.4%；15~64岁的人口为100582万人，占总人口的73.9%；65岁及以上的人口为13161万人，占总人口的9.7%。与第五次全国人口普查相比，0~14岁人口的比重下降了6.1个百分点，65岁及以上人口的比重上升了2.1个百分点。

依据年龄不同划分消费群体，主要是因为不同年龄段的消费者由于受不同社会环境、教育程度、生理和心理特征，以及不同的需求和消费心理的影响，会有不同的消费特点。

一、少年儿童消费群体

少年儿童消费群体是由年龄在4~18岁之间的消费者组成的群体。自20世纪80年代以来，虽然我国少年儿童占总人口的比例在逐年下降，但消费总额却在逐年增加。我国长期以来实行的计划生育政策以及历史积淀形成的家庭观念，决定了这个特殊年龄段的消费者是当今社会最具潜力的消费群体。

少年儿童属于未成年消费者，自我意识能力尚在成熟过程中，道德观念还需要完善和发展，自我控制能力不强，没有独立的经济能力。因此，少年儿童消费行为并不能完全由自己做主。消费心理学研究认为：儿童消费行为主要受到父母、同伴同学、教师和商家等的影响。

（一）少年儿童消费者的消费心理特征

4～18岁的少年儿童，可以分为三个阶段，即学龄前（4～6岁）、学龄期（6～11岁）和少年期（12～18岁）。不同年龄段的少年儿童也表现出不同的消费心理特征。

1. 学龄前儿童消费者的消费心理特征

6岁以前的儿童，身体迅速成长，对周围的事物认知能力迅速增强，他们已经开始了学习过程，对身边的事物开始有了好坏之分，他们开始喜欢让家长带着逛商场，尤其是玩具区和食品区，并开始有意识地挑选自己喜欢的商品。学龄前儿童的消费心理特征主要表现为：

（1）消费中学会了比较。此时的儿童学会了辨别和比较，有了选择满意商品的心理，对曾经使用过的商品或电视（尤其少儿节目）中曾出现过广告的商品会表现出极大的热情。此阶段的消费者虽然大多还不识字，但却可以识别并叫出若干种商品的名称。具体到消费行为就是“只认名牌商品”（电视广告中出现过或自己接触过的商品），对于包装漂亮，尤其是有熟悉的卡通图案的包装物非常感兴趣，而不管实际的商品自己是否喜欢。

（2）模仿性消费特点突出。学龄前儿童由于自身缺乏辨别事物的能力，因而模仿性比较突出。儿童时期的消费往往模仿父母、小朋友和影视人物，带有显著的模仿性特征。具体体现为对别的小朋友的玩具、书籍尤其喜爱，并要求立即获得，也就是俗话说的“别人的东西都是好的”。但随着年龄的增长，儿童的自我意识逐渐增强，这种模仿性消费将逐渐被自主性消费所取代。

（3）消费情绪不稳定。学龄前儿童消费情绪不稳定，容易受外界因素的影响，对消费品的好恶情绪波动较大。前几天还喜欢的东西，突然就不喜欢了，而自己以前不喜欢的东西由于别的小朋友有于是自己又喜欢起来，可谓是让人“琢磨不透”。

2. 学龄期儿童消费者的消费心理特征

处于学龄期的儿童，由于大部分时间是在学校学习，所以消费行为受外界环境的影响更大，尤其是受教师和同学的影响大。此时，儿童的心理上已经有了要求独立的意识，期望摆脱家长的控制，并且开始有了独立购物的愿望。这一时期，消费心理特征主要表现为：

（1）个性消费特点开始显现。此时的消费心理逐渐体现为个性的消费心理，儿童不会再盲目模仿其他人，而要求自己的玩具、学习用品要与众不同，要体现“本人”个性。

（2）消费情绪趋于稳定。儿童自己控制感情的能力在学校生活中得到了提高，消费情绪开始稳定，有了自己的判断标准，购物明显倾向于自己喜爱的商品，而且会表现出一种持续性的热衷，对自己喜欢的物品会格外小心，会妥善保管自己的物品。

（3）消费行为受社会影响的程度加大。上学让儿童更多地接触到了社会，家庭小环境对儿童的影响日渐减少，具体表现在儿童购物会受社会流行的影响。加上如今儿童在家庭中的中心地位，目前，与其说是家庭在影响孩子，还不如说是孩子在影响家庭。

3. 少年期儿童消费者的消费心理特征

少年期是儿童向青年过渡的时期，此时期的孩子无论是在生理上，还是在心理上都发生了很大的变化。首先是自尊心增强，希望自己被重视、被尊重、被关心。其次是行为能力有了很大的提高，虽然在经济和生活上仍然还不能独立，解决问题的能力还不够完备，但他们希望显示自己的聪明和智慧，行为上要求独立、自主，并希望参加有创造力、支配力的活动，从中希望得到他人的肯定。他们的消费心理特征表现在：

（1）喜欢与成年人攀比。少年消费者从主观上认为自己已经是成年人了，应该有成年人的权利和地位，学习、生活都要求自立，不希望家长在诸如交友、学习等事情中多加干涉。在消费行为上也喜欢自己做主，独立购买自己喜欢的商品。

（2）购买行为趋于稳定。随着知识的不断丰富，再加上与同学之间的不断探讨，少年消费者的购买行为趋向稳定。而且随着独立购物机会的增加，少年的感性认知也不断增强，对消费品具备了初步的判断、识别的能力，消费倾向开始确立，消费习惯也日益养成，并且对商品的品牌开始有了自己的辨别意识。

（3）消费行为受社会影响大。少年与社会的接触无论是在范围上还是在时间上都大大增加，受社会环境影响的程度不断提高，对包括新产品、新技术、新环境等事物充满了好奇。而且，此阶段的消费者极容易成为“追星族”，在消费行为上就会表现出对于诸多明星的青睐，因而对明星使用的商品品牌或明星做广告的产品会表现出极大的兴趣。

（4）在家庭消费中的决定性作用开始显现。少年是家庭支出的主要对象，在家庭消费中也起着重要作用。少年会对父母的消费行为进行干预，尤其是涉及自己使用的商品时，会要求家长按照自己指定的品牌购买或自己亲自去买。在商品的选择上，独立意识、个人喜好得到了充分的体现。甚至于一些家庭在购买高档贵重商品时，如计算机、手机、汽车、住房等商品时，均会征求少年消费者的意见，并积极采纳。

（二）少年儿童的消费行为特点

1. 消费行为的依赖性

首先是少年儿童还没有独立的经济能力，在支付能力上必须依赖父母或其他长辈，父母在付款的同时，也会将自己的意见掺杂进来，在某种情况下，孩子不能完全按照自己的意愿购物。其次，少年儿童在购买商品时，缺乏自己的主见，他们只知道要买，但不知道为什么买，而且也缺乏对商品的鉴别能力，于是消费行为会更多地依赖父母。

2. 消费行为缺乏明确性

消费行为缺乏明确性具体表现在少年儿童缺乏社会生活的经验，他们购买欲望的产生往往是因为看了电视广告或看到其他同龄人拥有于是就想自己获得。在现实购物过程中，少年儿童会表现出没有明确的购买目的，看到一个就想买，看到下一个就不要之前买的那个，表现得前顾后盼，犹豫不定，而且容易受到销售人员的鼓动。

3. 消费行为的感性化

消费行为的感性化，首先表现在少年儿童具有天真、幼稚、感性的心理特点，他们喜欢幻想，从而会对商品表现出更大的好奇，他们的购物标准往往会遭到父母的指责。例如，他们对文化娱乐用品感兴趣，玩具、游戏、娱乐设施、儿童读物等商品会比一件名牌衣服更让他们爱不释手。他们的购物原则是“只买喜欢的，不论贵贱和品质”。其次，少年儿童对外界事物的认识主要是感观方面的认识，表现在较小的时候选择商品时只看重商品的外观，不太注意商品的品牌和生产厂家，“只买好看的，我想要的和我喜欢的”。但随着年龄的增长，加上家长的灌输和小朋友的影响，会逐渐产生品牌意识，于是会表现出“非某某牌子不买的，凡是某某牌子的我都喜欢”的购物心理。而且在一段时期，孩子的固执消费心理会表现得相当突出。最后，少年儿童的感性消费还表现在模仿性消费动机较强烈。选购商品时经常参考别人的消费行为，模仿他人的消费方式，喜欢与身边的人攀比，进而表现出别人有什么自己就买什么的消费心理。

4. 容易产生错误的消费行为

少年儿童虽然没有个人收入，但基于现在对子女关爱有加的家庭观念，导致少年儿童的消费水平大幅度提高。如果缺乏正确的消费引导，少年儿童会有许多错误的消费行为出现，如用零花钱“请客吃饭”，花大价钱购买电子游戏装备等，如果没有及时地被纠正，这种错误消费甚至会使孩子步入歧途。

（三）针对少年儿童消费心理的营销策略

商品的设计、包装、促销等方面都应适合少年儿童的消费心理。

1. 产品策略

在产品设计方面，第一，要想办法让少年儿童了解商品的功能和用途，最好的方法就是让孩子试用这些商品。第二，改善商品的设计和包装。改变商品的外观形象主要是为了吸引少年儿童的眼球，激发其购买欲望。比如少儿读物类的书籍，少年儿童喜欢装订精美，而且有许多卡通图片的；少儿学习用品则要外观形状丰富多彩，图案生动活泼，色彩艳丽，并且有小动物形象或卡通明星形象。比如，同样是一盒饼干，包装上有迪斯尼卡通形象的就比其他商品畅销。第三，注意商标的设计。商标在少年儿童心目中占有重要地位。据调查，有许多孩子在三岁左右还没有认识字之前就能识别出许多著名商标的标识，尤其是他们经常使用的商品，如饮料、牛奶、玩具、儿童名牌服装等。随着年龄的增长，商标意识也会逐渐增强。因此，在设计商标时，特别是图案商标、品名、色彩、广告宣传要针对少年儿童的心理偏好进行设计，使其容易记忆和识别，让少年儿童喜欢并产生深刻印象。

2. 价格策略

对于商品的价格，少年儿童一般是不关心的，尤其是父母操持购物的时候，再加上，销售人员在介绍商品时不会谈及价格，电视广告中也几乎不提价格，虽然许多父母希望自己的孩子有经济头脑，但大环境的影响使少年儿童缺乏价格意识。只有在用自己的零花钱给自己购买小件物品时，他们才有可能考虑一下如何用有限的钱购买更多的商品。许多商家就是利用了孩子不考虑价格，在对儿童用品定价时采取了高价策略。

3. 渠道策略

许多少年儿童有过和家长一起到大商场和超市购物的经历，而且购物过程会让他们觉得新奇。他们尤其喜欢到商场和超市的儿童玩具区，喜欢尝试那些自己没有见过的玩具。大多数零售商了解这一点，他们把儿童感兴趣的商品陈列在儿童能看到和能拿到的地方。在儿童（尤其婴幼儿）用品市场上，网上销售目前也受到许多年轻父母的追捧。原因是他们工作较忙，下班之后又会急不可待地回家陪孩子，并且考虑到孩子年幼，不宜带孩子去人流密集的地方，网上购买的商品较商场的便宜并且货物齐全，送货及时。网上购买较多的商品是婴幼儿奶粉、婴幼儿护理用品等，商家应加大对网络渠道的重视。

4. 促销策略

少年儿童的消费心理导致他们在购物时，会表现出热衷于得到奖品超过产品本身。他们认为赠送的小玩具是专给他们的，不需要花钱买。于是就会出现因为要得到麦当劳儿童套餐的赠品，不管自己是不是喜欢吃都一定要求购买儿童套餐。商家对于儿童用品的促销可以说没有比附赠小玩具更便宜、更适合的了。虽然有些人认为商家的这种行为有“贿赂”嫌疑，该行为使儿童不能正确地评定商品本身的价值，并使孩子为了得到奖品而过分要求父母购买不必要的商品。对于此，商家要考虑的问题就是如何使赠送的奖品更有使用价值，更能够利于开发少年儿童的智力。或者有能力的商家可以专门开发出某种益智商品，只作为赠品附赠，不单独销售，作为对家长们的一种回馈，达到使商品增值的目的。

二、青年消费群体

青年是处于人生中从少年向中年过渡的阶段。根据我国第六次人口普查的数据，我国 18 ~ 35 岁的青年人约 3.7 亿人，占总人口的比例为 27.61%。青年消费群体在自我意识方面已经相当成熟，道德观念也相当完善，自我控制能力增强，大部分消费者已经具备了独立的经济能力，消费行为的实现具有很大的自主性，在选择商品方面会有十分明显的个人偏好。相对于其他消费群体来说，青年消费群体的探索意识和冒险意识较突出，是创造消费流行和追逐流行的群体，而且消费潜力巨大。

(一) 青年消费者的消费心理特征

较少不更事的少年消费者来说，青年人的思维能力有了较大的发展，随着文化知识和社会生活经验的丰富，其消费心理也日渐成熟。

1. 追求时尚，展现时代特征

青年人信息资源丰富，思想活跃，敢于创新，勇于探索，对未来生活充满了幻想。在消费活动中，青年人对商品的造型和外观，要求要展现时代风尚；对商品的结构和性能也要求能符合现代科学技术和现代生活方式；对服务的消费，追求享受、新潮和快捷。具体表现就是如果“腰包允许”，购物场所一定要舒适；衣服最好是名牌；吃饭要求快捷或追求享受；住房最好是自己的，装修要有风格；出行要现代化的交通工具最好，节假日最好能成群结队地到外地去旅游。一个社会，一种新的消费趋势肯定是与青年人分不开的，时代的特征也最好到青年人身上去寻找。

2. 追求个性，消费要体现“与众不同”

青年人是一个迫不及待展现自我的群体，这一点从消费心理上也能看到。他们更多地喜欢能够体现个性的商品，往往把所购买的商品与个人性格、理想、身份、职业、兴趣等联系起来，并形成购买需求的总趋势，除非经某些权威人士的提醒，否则会保持这种趋势较长时间。青年人对自身的形象要求也在不断提高，包括内在形象和外在形象。如果有时间，他们会不断地去“充电”，满足社会对于个人不断提升的要求。另一方面，在外在形象方面，也要不落俗套。名牌商品是他们展现自身价值的重要途径，那些“与国际流行同步，与我国国情适应”的名牌商品是他们追逐的对象，服饰、数码产品等体现得尤为明显。

3. 消费现在，展望未来

青年消费者在追求商品的时尚个性的同时，也关注商品的实用性和科学性。他们要求新商品要反映时代的特征，还要符合现代科技的要求。尤其一些更新换代较快的高新技术产品，他们要求所购买的商品其技术含量要高，能够代表最先进的工艺和技术。

4. 感性消费，易于冲动

青年人在购物时，情感因素和直觉因素会起到重要作用。当理智与情感产生矛盾时，后者往往会占上风，在购物决策上，他们容易受社会、环境、权威人士等因素的影响，部分人甚至会产生消费崇拜心理，跟随明星人物的消费方式。而且由于心理负担较小，“花钱不后悔”对于他们来说是很容易做到的。另外，青年人的这种感性消费还体现在他们有较强的超前消费心理，许多青年人尝试或正在使用消费信贷，去购买汽车、住房、耐用消费品等。

(二) 青年消费者的消费行为特点

1. 消费者数量众多，消费潜力大

青年消费者构成了一个庞大的消费者群体，人口众多，而且大多数是经济上刚刚独立，追求

不受父母约束的自主消费的愿望刚刚实现，并且青年是人的一生中最重要、最丰富多彩的时期，没有结婚的青年人舍得用一个月的工资在情人节那天给情侣买一份像样的礼物，刚刚结婚的青年人要花掉几年的积蓄置办新家，初为人父母的青年人要舍得花钱“不让孩子输在起点上”。诸如此类，注定青年消费群体市场无论是从数量上，还是消费潜力上都是一个广阔的、有吸引力的市场。

2. 消费独立性强，在消费决策中影响力大

对于商品消费，青年消费者可以做到独立决策、独立购买、独立使用。即便是在校的大学生，虽然没有独立的经济能力，但父母对于每月的生活费如何使用也不会太多干涉。而参加了工作的青年人，每月有了固定收入，如果家庭没有太大的经济负担，在消费上就会有更多的需求，尤其一些高收入的青年人在自我消费方面可以做到随心所欲。随着步入社会的时间越长，青年人的收入不断增多，参加的社会活动越多，消费需求就越多。不仅如此，在家庭消费方面，父母们往往认为年轻人思想活跃，关注事物全面，有着新的消费观念，所以在家庭消费决策中大多都要征询青年人的意见，这样也使青年人成为家庭消费领域的决策者。

3. 消费追求个性、时尚

青年人自我意识的成熟，对自我形象的关注，以及自我表达能力的增强，使其消费具有明显的个性特征。而且，青年本身就代表了个性、时尚。他们对新鲜事物抱有极大的好奇，愿意亲自去体验一些新奇的消费方式。对于消费流行，他们总是最先捕捉到并大胆地追逐。对于某些代表时尚先锋的特殊商品，他们会不计成本地购买。比如，他们舍得用6000多元钱去购买一款新上市的iPhone。

4. 新的消费方式层出不穷

网上购物是青年消费者消费购物的新宠，许多青年消费者通过浏览网站并参与网络拍卖获取自己满意的商品。除此之外，团购也是青年人最先发起的一种购物方式。现如今，又有了一种新的消费方式，是以“拼”字开头的，包括“拼车”“拼饭”“居合族”等，形式很多，道理却一样，是以AA制为原则，实现资源的有效利用。

（三）新婚青年和青年人家庭消费者的消费心理特征及行为特点

人在青年阶段往往会完成人一生中的两件大事：结婚、生子。而这两件事情无论哪一件，都会伴随产生较大的家庭开支。此时的青年人已经尝试到了家庭生活的艰辛和琐碎，已经开始有了对家庭及其子女的责任感。这时青年的消费不仅具有一般青年人的消费特点，还表现出其特殊性，即新婚青年和青年人家庭消费的消费心理特征。

1. 新婚青年消费心理及行为

（1）消费集中，且需求量大。青年人建立家庭是一个从无到有的过程，要置办的家庭用品较多，此时的购买大多集中在购房、装修、购买家居用品和家用电器、购车和操办婚礼上，穿的商品和吃的商品被放到了次要位置。由此来看，虽然结婚青年的绝对数量并不高，但其购买力却是巨大的，同时对社会的消费影响也较大。比如，一对青年人要结婚，购买一套60万元的住房，首付15万元，然后装修要5万元，购买家具要2万元，购买家电要3万元，购买私家车要10万元左右，操办婚礼也要2万元左右，这样算下来，大约结婚前后的两年时间内，该家庭支出大概要40万元，还不包括从购买住房开始每月要还的银行贷款以及新婚旅行的费用。又由于有些商品要在结婚之前集中购买，而大多数人选择结婚的时间又相对集中，这样也导致结婚用品市场的销售有淡旺季之分。

（2）消费心理特点鲜明。青年人对未来的家庭生活充满着幻想和渴望，在消费行为和心理

上对物质商品的选择也就具有较高的期望值，对精神享受也有较高的追求。其所购买的商品要求新颖时尚又不违背传统风俗，舒适高雅，并且能够象征爱情的甜蜜和永久。因此，结婚用品市场的消费就有了传统与现代并存的特点，比如大红喜字不能少，高级轿车和现代化的家居用品更能凸现出主人的审美和经济实力，与此同时，浪漫的婚纱照，富有特色的新婚旅行也是许多青年人结婚所必需的一部分开销。

2. 青年人家庭消费心理及行为

青年人结婚之后，大多会离开父母单独生活，之后的两三年内，孩子也会降临在小家庭中，此时青年人在消费心理和行为上会有许多新的特点。

（1）“丁客一族”家庭的消费特点。随着社会的发展，人们观念的改变，许多青年人在结婚之后选择不要子女，他们也不愿与老人住在一起，喜欢两个人独立的、无拘无束的生活方式，他们的消费行为也表现出自由享受、即时消费的特点，如精神文化消费支出在不断增长，主要是休闲、娱乐、旅游、文化消费等，服饰类商品需求旺盛，食品消费额也居高不下，原因是很少自己做饭，而选择外出就餐。

（2）“初为人父母”的青年人家庭消费特点。随着孩子的降生，家庭的消费中心会随即发生改变，以婴幼儿用品为中心开展消费，有关的商品包括婴幼儿护理用品、食品、服装、玩具等。有经济能力的家庭，在选择相关商品时会尽量选择高档、名牌商品，在选择品牌时，一般会关注相关妇幼保健医院的推荐或有经验的朋友及家人的推荐。又由于父母往往对孩子寄予了很高的期望，此时的年轻父母已经开始关注 3 岁之前孩子的智力开发，益智书籍和玩具的消费增加，同时也会报名参加一些“亲子班”。

（四）面向青年消费者的营销策略

对于企业来说，青年可能是最“不忠诚”的消费者，他们喜欢追求新鲜刺激，消费变化多端，消费倾向不容易掌握。青年人的心理其实十分矛盾，他们一方面积极“追求自我”，喜欢突出自己；另一方面却对团体有很高的认同性，喜欢做每个年轻人都做的事。中国目前的青年消费者约有 3 亿人，约占全国总人口的 1/4。企业要想争取到青年消费者市场，必须针对青年消费者群体的心理与行为特点，确定相应的经营策略。

1. 注重新产品设计与研发

“喜新厌旧”是青年消费者的一个特征，企业要想吸引青年消费者，就要及时推出反映时代潮流、采用先进技术、美观实用的新产品，并不时注入浪漫元素，尤其是结婚用品和家居用品。产品的包装设计要突出时尚感，产品的性能设计要突出生活中的创造性元素。

2. 销售环境布置要清新时尚，并富有现代气息和个性特色

青年消费者可能不会长时间地关注或购买某一种产品，因为不断尝试新的商品可以令他们有一种新潮感，但有时他们却会钟爱某一个购物环境，喜欢那里的购物风格和商品特色，喜欢到那里去购买不同品牌的商品，因为那里所经营的商品与青年的气质性格、兴趣爱好、价值观念、时尚追求有共同之处。因此，企业在布置销售环境时要考虑到青年消费者心理的共性与个性差异，突出现代、时尚的购物理念。

3. 构建网上购物平台

青年消费群体是网上购物的主要参与者，在商品销售渠道的选择上，企业要考虑设置网上购物平台销售某些特色商品，这不仅适应了青年人喜欢上网的习惯，还可以满足青年人喜欢猎奇的消费心理。

4. 促销手段多样化

针对青年消费群体的促销方式可以不拘一格，因为他们的接受能力很快，并愿意接受新的方式。例如，家具用品成套销售价格优惠，家装材料团购优惠，婚庆套餐服务等，不仅给购物较集中的青年人以实惠，还可以激发其消费动机，促成购买行为。

三、中年消费群体

在所有的消费者群体中，中年消费者的收入水平是最高的，支出能力也是最强的，消费商品的覆盖范围广泛，消费经验丰富。而且，中年消费者在家庭中是绝对的购买决策者和执行者，并且左右着未成年子女和家中老年人的购买决策，在消费活动中处于重要的决策地位。

（一）中年消费者的特点

1. 人数众多，人员素质高

根据我国第六次人口普查数据，我国35～55岁的人口已占全国总人口的33.37%。这些人具有较高的文化基础知识，积累了丰富的社会经验和生活阅历，综合素质在不断提高，在消费领域，他们大多属于知识型的消费者。

2. 消费角色的多重性

中年消费者大多是家庭经济的主要负担者，是处于上有老、下有小的时期，而无论家庭成员的多少，他们在家庭中都处于购买决策者的地位。他们不仅要决策一般家庭生活用品的购买，还决策家庭耐用消费品以及子女、老人包括自己的衣食用品的购买。不仅如此，他们在购物消费活动中，对购物环境、具体商品、销售形式以及对售后服务的选择等，都表现出较强的参与消费的自主意识和判断能力。

3. 注重理财，量入为出，把握理性

中年消费者虽然可支配收入较高，但在家庭理财时他们讲究经济合理支配，量入为出。由于多数中年人与社会保持着密切的联系，对商品信息反映出传递快捷、更新频繁、准确性高的特点，他们在对信息进行分析的过程中，大大提高了消费的理性水平，对消费市场和消费商品均能够谨慎审视、理性分析。

（二）中年消费者的消费行为特点

1. 购买时，注重商品的实用性、价格及外观的统一

中年人购物时不像年轻人那样注重时尚和浪漫，而是更多地关注商品的实际效用、合理的价格和简洁大方的外观。多数消费者认为，他们购买商品追求的是它的使用价值，为商品的外观、包装花费太多不值得，除非在特定情况下才会奢侈浪漫一回，如赠送礼品。

2. 理性消费远超过情绪性消费，计划消费远超过冲动性消费

与年轻人感情丰富、情绪多变、消费观念不成熟不同，中年消费者心理稳定，购买商品既要考虑经济负担，又要考虑商品性价比，消费技能较强；通常只有列在购物清单上的物品才是选择对象，否则不予考虑，购物计划性较强。在购买商品的品牌选择上，他们一般有自己的消费习惯，对购物的场所和时间也有固定的选择，进而会成为一些商家或厂家的忠诚顾客。

3. 尊重传统，较为保守，对新产品缺乏足够的热情

这与中年人所受的教育有关，也与他们的人生经历有关。除非新产品能确实令其相信，这些商品是物有所值，否则他们会静观其变，先让其他消费者做试用实验。

4. 注重商品使用的便利性

中年消费者承受着来自家庭和社会的双重压力，在家庭中，他们在要保障经济来源的同时，

还要照顾家庭成员的饮食起居，因此，在购物时，倾向于购买能减轻家务劳动时间或提高工作效率的产品。

5. 个性化消费重新出现

中年消费者的收入比较稳定，心理与自我意识已经成熟并定型，这使他们对个性化的消费方式有了相当高的信心。中年人的个性化消费是建立在自己固有的审美观上的，在自己的消费领域有自己独有的理由。

（三）面向中年消费者的营销策略

中年消费者人数众多，购买活动多，购买能力强，所购买的商品品类繁多，争取这部分消费者对于商家具有重大意义。

1. 产品设计要突出实用性、便利性

中年消费者消费心理稳定，追求商品的实用性和便利性，华丽的包装、新奇的造型、色彩艳丽、动感十足的画面往往不被中年消费者喜爱。“物美价廉”“物超所值”是他们购买商品时最关注的内容。还有，中年消费者生活节奏比较紧张，一般不会将购物视作一种休闲和消遣，而是要讲求时间效率，因此，在购物时他们会选择方便的地点购物，所购商品除容易获得外，还要使用方便。

2. 服务至上，培养忠诚顾客

中年消费者在购买家庭日常用品时，往往是习惯性购买，如习惯到一个固定的地点购物、购买经常使用或接触的品牌。作为生产者和经营者，要看到这一点，及时建立顾客跟踪机制，建立顾客档案，并根据不同消费者的消费习惯，提供不同的服务，这样会起到良好的促销效果，增加顾客重复购买的概率。另外，中年消费者在购物后，一旦发现问题，大多会直接找经营者解决，经营者要切实给他们解决问题，并进一步完善售后服务跟踪机制，提供至真至诚的服务，以留住忠诚顾客。

3. 促销广告活动要理性化

企业或商家面向中年消费者开展商品广告宣传或现场促销活动，要理性化。中年消费者购物多为理性购物，不会轻易受外界环境因素影响和刺激。因此，在广告促销活动中，要靠商品功能、效用打动消费者。在现场促销时，营业员面对中年顾客要以真诚的态度、丰富的产品知识来说服顾客，并给顾客留下思考的空间和时间。

四、老年消费群体

老年消费群体是指55岁以上已经退休或即将退休的消费者。我国这部分人已占人口总数的18%，并且仍有增加的趋势。由于我国老龄化形势明显，老年消费群体应该是商家高度关注的市场。老年消费者由于生理演变的结果，在购买心理和行为上与其他消费者群有许多不同之处。

（一）心理惯性强，对商品、品牌的忠实度高

老年人在长期的消费生活中形成了比较稳定的态度倾向和习惯化的行为方式。对商标品牌的偏好一旦形成，就很难轻易改变，尤其对于“老字号”的喜爱是令许多年轻人所不能理解的。因此，商家为争取更多的老年消费者，要注意“老字号”及传统商标品牌的宣传，在保持原有风格的基础上不断推陈出新。

（二）注重实际，追求方便实用

老年消费者心理稳定程度高，注重实际，较少幻想。其购买动机以方便实用为主，在购买过程中，一般要求提供方便、良好的购物环境和售后服务。因此，老年商品的陈列位置及高度要适

当，商品标价和说明要清晰明了，同进做到服务周到、手续简便，以便提高老年消费者的满意程度。

（三）需求结构呈现老龄化特征

随着生理机能的衰退，老年消费者对保健食品和用品的需求量大大增加。只要某种食品、保健用品对健康有利，价格一般不会成为老年消费者的购买障碍。同时，由于需求结构的变化，老年消费者在穿着及其他奢侈品方面的支出大大减少，而对满足其兴趣、嗜好的商品购买支出明显增加。

（四）部分老年消费者抱有补偿性消费动机

在子女独立、经济负担减轻之后，部分老年消费者产生了强烈的补偿心理，试图补偿过去因条件限制而未能实现的消费愿望。尤其是在营养食品、健身娱乐、特殊嗜好、旅游观光等方面的消费，他们有时乐于支出。

针对老年消费者购买心理与行为特点，企业不但要提供老年人所希望的方便、舒适、有益于健康的消费品，还要提供良好的服务。同时，要考虑老年人娱乐休闲方面的要求，提供适合老年人特点的健身娱乐用品和休闲方式。近几年来，“银色浪潮”在中华大地上悄然涌动。许多有远见的企业家正在发掘一个崭新的市场——“银色”市场。由于老年人在吃、穿、用、住、行方面都有特殊要求，因此这个市场要求有自己独特的产品和服务。目前，欧美、日本等发达国家的企业，已开发出一系列适用于老年消费者的“银色商品”，并形成相当规模的老年服务市场，我国这一市场也有待大规模开发，并终将显示出巨大的市场潜力和良好的前景。

典型案例　吸引年轻人是国货的首要任务

2014年年初以来，由于国家领导人及夫人带头垂范，自主品牌、民族品牌“如沐春风”，一些国货精品因进入“国礼清单”（如红旗L5汽车）也着实火了一把。近来，记者与自主品牌制造商攀谈，总能感受到对方做大品牌的信心——“今年，一定要趁着这股东风好好发展一下，把品牌影响力提升到新高度。”

尽管信心满满，可提升自主品牌常常有瓶颈，其中最大的问题之一就是——如何吸引年轻人的目光。有历史的自主品牌，往往是上了年纪的大叔大妈们喜欢，年轻人少有问津。记者近日看了几次老品牌的展览，里面80后、90后的参观者简直凤毛麟角。无疑，上了年纪的人由于在计划经济物质匮乏的时代长期使用老品牌，有着不可割舍的记忆；而年轻人在市场经济环境中长大，外资、合资品牌早已蜂拥而至，对于老品牌没有留念。但是，无论是老品牌还是新生的自主品牌，无论是日用消费品还是电器、汽车等大件消费品，年轻群体的消费量都是最大的，也是最有潜力的。

一些品牌专家告诉记者，仔细分析80后、90后的消费习惯，会发现他们的消费心理其实并没有想象中那样的“崇洋媚外”，甚至对于国外奢侈品牌的喜好度并不比60后、70后强。他们追求新技术、高质量，追求个性化，心中也常常迸发爱国激情。瞄准这些因素激发他们的消费热情，对于自主品牌的复兴很关键。

要让年轻人认可民族品牌的质量和技术，需要两个方面的共同努力。一则是民族品牌自身的质量技术水平要提升。记者采访时发现，大部分民族品牌技术过硬，但目前的产销量并不大，在未来发展过程中，如何解决好产销大幅提升面临的稳定性问题尤为重要。因为，在网络发达时代，只要大批量产品中某些批次出现一点瑕疵，就可能让民族品牌的声誉受到很大影响；在过去几年中，部分民族汽车品牌就是因为快速扩张中质量不过硬，在销量和声誉上受到很大影响；而一些民族消费品品牌也在少数批次的瑕疵产品上

"栽了大跟头";二则是要善于宣传,从年轻人容易接受的角度,在他们热爱的网络数字世界发力,让他们了解民族品牌。许多年轻人不是不愿意用民族品牌,是他们确实没有什么机会、没有什么场合,可以接触到民族品牌的产品,毕竟,民族品牌在市场营销上的攻势远不及外资与合资品牌。因此,在成本有限的前提下,如何很好地宣传民族品牌,是一门艺术。

当然,我们看到,不少自主品牌已经开始这方面的突破。上海家化一则网络Flash动画《花露水的前世今生》,网络点击达2000多万次,让大量年轻人认识了六神品牌,并开始使用花露水这一传统产品;而自主品牌全新荣威550新车上市,不仅大幅提升技术质量,而且瞄准80后,搭建"全新中国力量"微信平台,承诺加入平台人数突破550万时,将用所有人上传的正能量形象,制成《中国青年形象片》,在全球五大洲的代表性地标广场上播放,宣扬中国年轻人的新形象。这些举措,其实都体现了民族品牌的创新和努力。只要持续坚持下去,应该会取得良好成效,真正打造被市场充分认可的"国货精品"。

案例讨论:针对年轻人的消费心理特点,民族品牌应如何做好市场营销工作呢?

资料来源:丁波.吸引年轻人是国货首要任务.《解放日报》,2013-05-07,第009版(引文有删改)

思考与训练题

1. 女性消费者有哪些消费行为特点,企业应如何针对女性消费者开展营销活动?
2. 少年儿童消费者有哪些消费行为特点?举例说明儿童产品市场是如何开展营销活动的。
3. 结合本人实际和典型案例,谈谈青年消费者有哪些消费特点。
4. 请指出不同收入群体的消费心理特点。

第三篇

消费心理的影响因素

第九章 环境因素与消费心理

本章提要

消费者的购买行为既受消费心理因素的影响，同时也必然受到诸多外部环境因素的影响。本章主要介绍影响消费者行为的六大环境因素，包括政治与法律环境、经济环境因素、社会文化环境因素、家庭环境、科技发展环境、参照群体环境。

引 例

1977 年，洛杉矶的斯坦福·布卢姆以 25 万美元买下西半球公司一项专利，生产一种名叫“米沙”的小玩具熊，用作 1980 年莫斯科奥运会的吉祥物。此后的两年里，布卢姆先生和他的伊美治体育用品公司致力于“米沙”的推销工作，并把“米沙”商标的使用权出让给 58 家公司。成千上万的“米沙”被制造出来，分销到全国的玩具商店和百货商店，十几家杂志上出现了这种带 4 种色彩的小熊形象。开始，“米沙”的销路很好，布卢姆预计这项业务的营业收入可达 5000 万到 1 亿美元。不料在奥运会开幕前，由于前苏联拒绝从阿富汗撤军，美国总统宣布不参加在莫斯科举行的奥运会。骤然间，“米沙”变成了被人深恶痛绝的象征，布卢姆的盈利计划也成了泡影。

消费者心理是一种复杂的社会心理现象，会受到多种外界既广泛又复杂的各种因素的影响。那么影响消费者心理的环境因素有哪些呢？它们是如何影响消费者心理的呢？企业如何积极地、创造性地适应并积极地改变环境，从而创造或改变目标顾客的消费心理呢？

第一节 政治法律环境与消费心理

政治与法律环境是影响消费心理的基础性因素。政治环境一方面通过作用于经济环境来间接影响消费者心理；另一方面，政治环境的许多因素会对消费者心理产生直接的影响。良好的法律环境是消费者正常消费的前提，是消费者消费信心来源的重要保证。法律环境一方面对消费者心理与行为产生导向性激励，另一方面对消费者心理与行为产生制度性约束。政治与法律相互联系，共同影响着消费者心理。

一、政治环境

**政治环境是指影响消费者心理的外部政治形势和状况以及国家方针政策的变化对消费者心

理带来的或可能带来的影响。在国内，安定团结的政治局面，不仅有利于经济发展和人民货币收入的增加，而且影响消费者心理，导致市场需求的变化。

1. 政治局势

政治局势是指企业营销所处的国家或地区的政治稳定状况。一个国家的政局稳定与否会给企业营销活动带来重大的影响。如果政局稳定，人民安居乐业，就会带来良好的消费环境；相反，政局不稳，社会矛盾尖锐，秩序混乱，会对消费者心理产生重大影响，进而影响经济发展和人民的购买力。例如，如果一个国家的政权频繁更替，尤其是通过暴力改变政局，这种政治的不稳定，会给消费者的消费行为带来极大的风险，从而抑制消费心理。

2. 方针政策

各个国家在不同时期，根据不同需要会颁布一些干预经济发展的方针政策，这些方针政策会对消费者的心理取向、消费信心产生直接或者间接影响。

（1）经济发展政策。一个国家的经济与社会发展政策等影响企业的生产和营销，结果必然影响市场供求双方的心理。例如，改变资源的供给，扶持和促进某些行业的发展，限制另一些行业和产品的发展，这些政策都会对企业产生巨大影响。例如，我国在产业政策方面制定的《关于当前产业政策要点的决定》，明确提出了当前生产领域、基本建设领域、技术改造领域、对外贸易领域各主要产业的发展序列，加上诸如人口政策、能源政策、物价政策、财政政策、金融与货币政策等，都给企业研究经济环境、调整自身的营销目标和产品构成提供了依据，同时也为消费者制订长期的消费计划提供了依据。

（2）税收政策。国家通过征收个人收入调节税调节消费者收入，从而影响消费者的购买力，影响消费者需求；国家还可以通过增加产品税来抑制某些商品的需求，如对香烟、酒等课以较重的税收来抑制消费者的消费需求。这些政策必然直接影响到消费者心理，抑制部分产品社会购买力，从而影响商品交易水平。

（3）市场干预政策。各种各样的市场干预政策通过直接影响商品供求关系来影响消费者心理与行为，从而达到政府所希望的市场运行状态。国际上各国政府采取的对市场经济活动有重要影响的政策和干预措施主要有：

1）进口限制。这是指政府所采取的限制进口的各种措施，如许可证制度、外汇管制、关税、配额等。它包括两类：一类是限制进口数量的各项措施；另一类是限制外国产品在本国市场上销售的措施。进口限制措施改变了商品供求状况，达到了保护本国工业的目的。

2）价格管制。当一个国家发生了经济问题时，如经济危机、通货膨胀等，政府就会对某些重要物资，乃至所有产品采取价格管制措施。政府实行价格管制通常是为了保护公众利益，保障公众的基本生活，但这种价格管理直接影响了企业的定价决策，在保护消费者的同时会抑制企业的生产积极性。

3）外汇管制。这是指政府对外汇买卖及一切外汇经营业务所实行的管制。它往往是对外汇的供需与使用采取限制性措施。外汇管制对消费者购买行为特别是跨国界消费活动产生重要影响。例如，实行外汇管制通常会抑制本国居民到国外消费的欲望和外国侨民在本国消费的需要。

4）国有化政策。这是指政府由于政治、经济等原因对企业所有权采取的集中措施，即为了保护本国工业避免外国势力染指等原因，将外国企业或者本国非国有企业收归国有。这一因素通常同政治局势、国际关系等联系在一起，从深层次上影响消费者心理。

3. 国际关系

国际关系是指国家之间的政治、经济、文化、军事等关系。发展国际间的经济合作和贸易关系是人类社会发展的必然趋势，任何企业在其生产经营过程中，都可能或多或少地与其他国家企业或个人有往来，开展国际营销的企业更是如此。因此，国际关系也就必然会影响消费者心理和企业的营销活动。这种国际关系主要包括两个方面的内容：

（1）企业所在国与消费者所在国之间的关系。一国消费者对待外国企业及其产品的心理特征与两国之间外交关系的关联度较高。交往双方国家外交政策会对两国的消费者都产生比较直接的影响。如果A国与B国的关系良好，则B国消费者就会对A国企业及其产品比较认可；反之，如果A国对B政府持敌对态度，那么，B国消费者对A国的企业及其产品就会消极对待，甚至攻击或抑制。

（2）企业所在国与消费者所在国之外的第三国之间的关系。例如，一些阿拉伯国家曾经联合起来抵制与以色列有贸易往来的国际企业，当美国可口可乐公司试图在以色列办厂时，引起部分阿拉伯国家消费者的普遍不满，因为这些阿拉伯消费者认为这样做有利于以色列发展经济。而当可口可乐公司在以色列销售成品饮料时，却受到阿拉伯国家消费者的欢迎，因为他们认为这样做会消耗以色列的外汇储备。这说明企业所在国与消费者所在国之外的第三国之间的关系也影响到消费者心理。

二、法律环境

法律是体现统治阶级意志、由国家制定或认可并以国家强制力保证实施的行为规范的总和。对消费者来说，法律为消费活动提供导向和权益的保障，只有依法消费才能得到法律的保护；对企业来说，法律是评判企业营销活动的准则，只有依法进行的各种营销活动，才能受到国家法律的有效保护。法律环境影响消费者心理，对市场消费需求的形成和实现具有一定的调节作用。营销者研究并熟悉法律环境，既能有助于把握消费者心理，完善自身管理和经营，也可运用法律手段保障自身的权益。因此，研究消费者心理活动规律，必须了解国家或政府颁布的有关贸易投资、行业标准、产品召回等方面的法律法规。

（1）贸易投资有关法规。消费者所在国贸易投资有关法律法规的成熟程度是外国企业营销的重要环境因素，会直接或间接影响到外国企业在市场国的营销活动，进而影响到消费者心理。例如，美国《反托拉斯法》规定不允许几个公司共同商定产品价格，一个公司的市场占有率超过20%就不能再合并同类企业。

（2）行业标准。各国法律对各个行业的产品或者运作管理有不同的规定。例如，产品由于其物理和化学特性事关消费者的安全问题，因此，各国法律对产品的纯度、安全性能有详细甚至苛刻的规定，目的在于保护消费者。各国法律对商标、广告、标签等都有自己特别的规定。比如，加拿大的产品标签要求用英、法两种文字标明；法国却只使用法文产品标签。广告方面，许多国家禁止电视广告，或者对广告播放时间和广告内容进行限制。例如，德国不允许做比较性广告。一般来讲，凡是符合国家有关标准的企业和其产品更容易获得消费者的认可和喜爱。

（3）产品召回有关法规。**产品召回制度是指产品的生产商、销售商或进口商对于其生产、销售或进口的产品存在危及消费者的人身财产安全缺陷的，依法将该产品从市场上收回，并免费对其进行修理或更换的制度。**建立产品召回法律制度有利于保护消费者的人身财产安全，增进消费信心，促进产品销售。同时，实行产品召回制度将促使企业不断改进产品质量，改善人们的物质生活水平。

自20××年7月3日起至8月21日，中国消费者协会（以下简称消协）收到累计数百名消费者关于X公司Y型数码相机的投诉，消费者反映，从购买后一年开始，相机就在正常使用情况下陆续出现黑屏、镜头无法伸缩、曝光过度等故障，经常需要维修。消协将消费者提供的5台该款相机送往兵器工业照相机质量监督检测中心查验，结果显示样品均存在不同程度的断电、黑屏、镜头无法正常工作等故障，主要缘于快门中信号线设计不合理、采用质量不合格的排线料、出厂时未进行严格质量测试。X公司回复的书面调查函里称，Y数码相机是通过了国家指定的质量监督部门检验合格后生产销售的。X公司8月24日以“用户使用不当”为由，拒绝相机超出保修期用户的免费维修要求，并声称“免费换机的事情绝对不会做”，仅在中消协初步调解之后同意客户交钱换机。而消协投诉部主任证实，X公司在我国台湾地区推行的措施是免费更换，在大陆就不是。此事件在国内各大媒体都有详细的报道，引起了公众广泛的关注。虽然此事在后来得到了解决，但是消费者对该品牌出现了信任危机，甚至引发了部分消费者对缺乏召回制度的数码相机行业整体的顾虑。

第二节　经济环境与消费心理

从我国目前的情况来看，影响消费心理的经济因素主要包括消费者收入水平、消费者支出模式和消费结构、消费者储蓄和信贷等直接影响消费者心理的因素，以及经济发展水平、经济体制、地区与行业发展状况、城市化程度等间接影响消费者心理的因素。

一、直接影响消费心理的经济环境因素

光有人还不能构成市场，这些人还必须具备一定的购买力。而购买力水平则是市场形成并影响其规模大小的决定因素，也是影响消费者心理活动的直接经济环境。其主要包括：

（一）消费者收入

消费者的收入水平对消费者心理与行为表现出直接的、显著的影响。

在市场经济环境下，消费者的收入及对心理活动的影响，通常可以表现为以下几种形式：

1. 消费者个人可支配收入与个人可任意支配收入对消费心理的影响

（1）个人可支配收入。这是在个人收入中扣除税款和非税性负担后所得余额，它是个人收入中可以用于消费支出或储蓄的部分。它构成实际的购买力，消费者的消费欲望以此为限。

（2）个人可任意支配收入。这是在个人可支配收入中减去用于维持个人与家庭生存不可缺少的费用（如房租、水电、食物、燃料、衣着等项开支）后剩余的部分。这部分收入是消费心理需求中最活跃的因素。个人可任意支配收入的多少既影响到消费者的购买欲望，也影响到消费心理倾向。一般来说，这部分收入主要用于满足人们基本生活需要之外的开支，如购买高档耐用消费品、旅游、储蓄等。它是影响非生活必需品和劳务消费的主要因素。

2. 消费者绝对收入变化与相对收入变化对消费心理的影响

（1）消费者的绝对收入变化。**绝对收入变化是指消费者所获得的货币以及其他物质形式的收入总量的升降。**对大多数以货币收入为主的消费者来讲，影响消费者心理的主要因素是货币收入绝对数额的上升与下降。一般来讲，当消费者货币收入增加时，消费者的心理需求欲望随之增强；反之，其心理需求欲望则减弱。这种增强与减弱的心理倾向，一般与消费者的简单思维活动有关。

（2）消费者的相对收入变化。**相对收入变化是指在消费者绝对收入不变时，由于其他社会因素（如价格、分配等）的变化引起原有对比关系的变动，从而使收入发生实际升降。**相对收入变化分为以下两种情况：

1）消费者本人的绝对收入没有发生变化，而其他消费者的绝对收入发生变化；或者消费者本人绝对收入的变动幅度大于或者小于其他消费者绝对收入的变动幅度。这种变动，消费者短时间内不容易觉察，只有经过一段时间的对比之后才能对消费者心理产生影响。

2）消费者的绝对收入没有发生变化而市场上商品的价格发生了变化，或者是消费者绝对收入的变化幅度大于或者小于商品价格的变动幅度，使可购买的商品数量发生了变化。这种变动对消费者的心理或欲望产生直接影响，对消费者的货币投向、消费结构及消费数量都产生明显的制约或者放大作用。这种变动是消费者相对收入变动的一种反映，并影响着消费者的购买心理活动。

（3）消费者的绝对收入与相对收入的关系。消费者的绝对收入与相对收入之间存在以下两种变动关系：

1）当消费者的绝对收入与相对收入呈同向变动时，即同升或者同降，对消费者的心理不会产生过大的影响。

2）当消费者的绝对收入与相对收入呈反向变动时，即一升一降，对消费者的心理影响会非常大。它一般表现为绝对收入的上升、相对收入的下降。比如，当消费者进入市场后，发现物价上涨的幅度大于自己收入上升的幅度或他人收入增加的幅度大于自己收入增加的幅度时，就会使原已膨胀的消费欲望受到打击，转而出现不稳定或者失望的心理感觉。

3. 消费者当期收入与预期收入对消费心理的影响

所谓消费者当期收入，是指在当时的条件下消费者的收入水平。消费者的当期收入不反映社会其他因素对收入的影响，只反映当时的收入总量。

所谓消费者的预期收入，是指消费者以当期收入为基础，以当时的社会环境为条件，对今后收入的一种预计和估算。这种预计和估算，取决于消费者对个人能力的信心和对社会发展前景的信心。

一般情况下，当消费者估计预期收入将高于当期收入时，他可能增加当期消费支出，甚至于举债消费，以提高当前的消费水平；反之，当消费者估计预期收入将绝对或者相对低于当期收入时，他将降低现有的消费水平，减少日常支出，而较多地用于储蓄或者投资，以期获得未来收益，从而使未来的消费水平不至于下降，或者可以提供基本的生活保障。在市场经济条件下，中老年人由于自身能力的下降，大多具有这种心理表现，即对未来信心不足，储蓄欲望大于消费欲望。

（二）消费者支出模式和消费结构的变化

随着消费者收入的变化，消费者支出模式会发生相应变化，继而使一个国家或地区的消费结构也发生变化。西方一些经济学家常用**恩格尔系数**来反映这种变化。恩格尔系数表明，在一定的条件下，当家庭个人收入增加时，收入中食物开支的增长速度要小于其他方面开支的增长速度。食物开支占总消费量的比重越大，恩格尔系数越高，生活水平越低；反之，食物开支所占比重越小，恩格尔系数越小，生活水平越高。

这种消费支出模式不仅与消费者收入有关，而且还受到下面两个因素的影响：①家庭生命周期的阶段影响；②家庭所在地点的影响。

第二次世界大战以来，西方发达国家的消费结构发生了很大变化：①恩格尔系数显著下降，目前大都下降到20%以下；②衣着消费比重降低，幅度在20%～30%之间；③住宅消费支出比重增大；④劳务消费支出比重上升；⑤消费开支占国民生产总值和国民收入的比重上升。

（三）消费者储蓄和信贷情况的变化

消费者心理还要受储蓄和信贷的直接影响。

消费者个人收入不可能全部花掉，总有一部分以各种形式储蓄起来，这是一种推迟消费的心理，形成潜在的购买力。消费者储蓄一般有两种形式：一是银行存款，二是有价证券。当收入一定时，储蓄越多，现实消费量就越小，但潜在消费量越大；反之，储蓄越少，现实消费量就越大，但潜在消费量越小。

我国居民有勤俭持家的传统，长期以来养成储蓄习惯。据调查，居民储蓄的目的主要用于供养子女和婚丧嫁娶，但从发展趋势看，用于购买住房和大件用品的储蓄占整个储蓄额的比重将逐步增加。我国居民储蓄增加，显然会使企业目前产品价值的实现比较困难；但另一方面，企业若能调动消费者的潜在需求，就可开发新的目标市场。比如1979年，日本电视机厂商发现，尽管中国人可任意支配的收入不多，但中国人有储蓄习惯，且人口众多，于是，他们决定开发中国黑白电视机市场，不久便获得成功。当时，西欧某国电视机厂商虽然也来中国调查，却认为中国人均收入过低，市场潜力不大，结果贻误了时机。但是从总体上来说，不确定性对中国居民的即期消费有负面影响，中国居民预防性储蓄动机降低了消费愿望。

目前广泛存在的消费信贷对消费者心理的影响也很大。所谓**消费信贷，就是消费者凭信用先取得商品使用权，然后按期归还贷款，以购买商品。**这实际上就是消费者提前支取未来的收入，提前消费。主要的消费信贷主要有：①短期赊销；②分期付款购买住宅；③分期付款购买昂贵的消费品；④信用卡信贷等。信贷消费允许人们购买超过自己现实购买力的商品，从而创造了更多的就业机会、更多的收入以及更多的需求；同时，消费信贷还是一种经济杠杆，它可以调节积累与消费、供给与需求的矛盾。当市场供大于求时，可以发放消费信贷，刺激需求；当市场供不应求时，必须收缩信贷，适当抑制、减少需求。消费信贷把资金投向需要发展的产业，刺激这些产业的生产，带动相关产业和产品的发展。我国现阶段的信贷消费还主要是公共事业单位提供的服务信贷，如水、电、煤气的缴纳；其他方面，如教育、住宅建设以及一些商家的信用卡消费正在逐步兴起。

二、间接影响消费者心理的经济环境因素

除了上述直接影响消费者心理活动的因素外，还有一些经济环境因素也对消费者心理活动产生间接制约作用。

（一）经济发展水平

消费者心理要受到一个国家或地区的整个经济发展水平的影响，它从总体上制约着消费者心理活动的范围。美国学者罗斯顿根据他的**“经济成长阶段。”理论**，将世界各国的经济发展归纳为5个阶段：传统经济社会阶段；经济起飞前的准备阶段；经济起飞阶段；迈向经济成熟阶段；大量消费阶段。凡属前三个阶段的国家称为发展中国家，而处于后两个阶段的国家则称为发达国家。我国目前正处于经济起飞前的准备阶段，随着社会主义市场经济体制的不断完善，我国经济必将起飞。

1. 经济发展水平影响消费品的供应数量和供应质量

经济发展水平不同，消费品的供应数量和供应质量就不同，在此基础上形成的消费心理也不同。这种不同表现为：

（1）消费者求新、求奇心理的强弱对比。当经济总体发展水平较低、消费品生产的更换周期较长、消费品的市场寿命周期相对较长时，消费者对消费品选择中的求新、求奇心理就会由于

缺乏物质基础而被抑制，进而较长时间被压抑的心理活动就会逐渐弱化。反之，随着生产力水平的迅速发展，各种消费品的品种、花色层出不穷，被激发的消费活力大大强化了消费者的求新、求奇心理。

（2）经济发展速度与消费心理扩展速度的关系。由于社会经济发展水平从总体上决定消费者心理的变化强度，所以，从一般意义上讲，消费者心理发展的速度应稍慢于经济发展的速度。也就是说，当一种新产品上市一段时间后，才会引起消费者的购买需求和购买兴趣。但是，在现实经济生活中并非总是如此，对于包括我国在内的许多发展中国家来说，随着改革开放的深入及与国际交往的不断增多，消费者的消费“目光”由原来仅局限于国内而转向“放眼世界”。以高度发达的经济水平引导的发达国家的消费方式，成为发展中国家消费者的“模仿”目标，造成发展中国家消费者心理的扩张速度快于经济增长速度的局面。这一点在我国居民经济生活中表现得也十分明显，反映出消费者心理对经济发展的巨大影响力。

2. 经济发展水平形成不同的生活环境

在不同的社会经济发展水平上，将会形成不同的生活环境，而不同的生活环境又会影响或者形成不同的消费心理。例如，在西方许多发达国家，经济发展导致了明显的城市化趋势。在这种状态下生活的城市消费者，如果不能利用闲暇时间认真调节生活节奏，往往会因为人口密度过大、生活空间狭小、拥挤以及噪声、空气污染等引发“城市病”，使消费者经常出现烦躁不安、精神厌倦等情绪。而大多数消费者为了适应这种生活环境而引发的野外郊游或重回大自然的心理愿望，即“假日经济”现象也就不足为奇了。在消费生活中，矿泉水成为都市中的畅销品、各种空气清洁器受到青睐等都是消费者心理的反映，而这归根到底也是由于社会经济发展引起的社会生活环境的变化所致。

3. 经济发展水平影响消费者需求偏好

经济发展阶段不同，消费者的收入不同，消费者对产品的需求偏好也不一样。例如，在经济发展水平比较高的地区，消费者重视产品款式、性能及特色，注重品质多于注重价格；而在经济发展水平低的地区，消费者则较重视产品的功能及实用性，认为价格因素比产品品质更为重要。

总体来说，伴随着经济发展水平的提高，各类新产品层出不穷，人们的消费观念和消费模式会日益改变，消费者心理会进一步成熟；同时，市场规模会不断扩大，企业市场机会大大增多。

（二）经济体制和政策

形成于一定生产力水平上的经济体制制约着消费者的总体消费活动，影响着消费者心理的形成、发展与变化。世界上存在着多种经济体制，有计划经济体制、市场经济体制、计划—市场经济体制、市场—计划经济体制等。

不同的经济体制对消费者心理的影响不同。例如，在计划经济体制下，企业是行政机关的附属物，没有生产经营自主权，企业的产、供、销都由国家计划统一安排，企业生产什么，生产多少，如何销售，都不是企业自己的事情。在这种经济体制下，消费者心理研究不受重视，消费者需求被压抑，消费者心理表现为简单的接收心理，行为上表现为单一的、雷同的消费活动。而在市场经济体制下，企业的一切活动都以市场为中心，市场是其价值实现的场所。在这种体制下，消费者的多样化、个性化的消费心理得以释放，消费行为也表现出多样化、成熟化的特点。

我国经过多年的经济体制改革，现阶段已基本建立起市场经济体制，在这种体制下，消费空前旺盛，消费心理在支配消费行为方面起到了更大的作用。

另外，在政策方面，一些重大国家政策也会普遍地影响消费行为和消费心理，例如：

（1）住房消费。随着住房制度改革的深入，“居者有其屋”已成为广大城镇居民的共识。居民购买一套住房动辄几十万元甚至几百万元，使购房家庭大多耗尽了多年的积蓄或者背上银行债务，这在很大程度上限制了其他消费。当然，随着居民经济收入的提高，这种情况也在发生变化。

（2）教育消费。教育体制改革以来，居民教育消费呈现多样化且快速增长势头。教育是一项长期性开支，不是短期行为，一般要持续数年甚至更长，因此形成了一个巨大的消费市场。

（3）医疗消费。医疗制度的改革使过去不需要列入家庭消费的开支变得越来越不容忽视，医疗费用日渐升高，医疗市场潜力巨大。

（三）地区与行业发展状况

我国人口分布不均，各地区经济发展很不平衡，逐步形成了东高西低的发展格局。同时在各个地区的不同省市，还呈现出多极化发展趋势。这种地区经济发展的不平衡，对消费者心理产生重要影响。比如，对于购买同一大宗消费品的居民来讲，在东部沿海经济发达城市的居民相对于在西部欠发达城市居民的消费心理满足程度要低。

我国行业与部门的发展也有差异。今后一段时间，我国将重点发展高科技、农业、原料和能源等基础产业。这些行业的发展必将带动商业、交通、通信、金融等行业和部门的相应发展，也给消费心理与营销活动带来一系列影响。譬如伴随着我国第三产业的发展，多样化消费心理必然得以进一步释放，服务消费的需求会大量增加。

（四）城市化程度

城市化程度是指城市人口占全国总人口的百分比，它是一个国家或地区经济活动的重要特征之一。城市化是影响消费者心理的环境因素之一。城市化不仅仅意味着农转非，更意味着在中华大地上，以人口集群和都市消费为核心的生活方式将渗透到中国的每一个角落。

城市居民一般受教育程度较高，思想较开放，容易接受新生事物，展现自我、发展自我的合理消费成为城市消费者生活的主流。因此，在其他条件不变的情况下，伴随着城市化程度的提高，消费者消费欲望会越强烈，消费者会更加偏好时尚、新奇、高质量的商品。

随着城市化的发展，城乡结合部、地级市、县、中心城镇的居民消费升级将创造未来重要机会，蕴含巨大的商业机会。同时，农村依然有广阔的市场，有着巨大的消费潜力。这一社会结构的客观因素决定了企业在国内市场中，要考虑城市化的进程，根据中国现阶段居民消费心理特点，开发适销对路的产品与服务。

第三节　社会文化环境与消费心理

伴随着人类社会的不断发展，物质与文化产品的不断丰富，人们普遍追求满足生理需求之外的更高需求，这就使得文化与亚文化、消费价值观与消费审美观、社会阶层、传统节日等社会文化因素对消费者行为的影响越来越明显。

一、文化与亚文化

文化是一个应用广泛而频繁但却很难明确描述的概念。从广义上讲，文化是人类社会历史实践中所创造的物质财富和精神财富的总和；从狭义上讲，文化是一个社会的意识形态以及与之相适应的制度和组织，一般是指一个社会的知识、信念、艺术、法律、伦理、风俗习惯等内容构成的复合体。广义的文化具有3个层次：

（1）表层文化：物质文化。物质文化是整体文化构成中的基础，它是人类创造出来的有形的物质财富，是文化的物质载体，也称为“硬文化”。它主要包括3个方面：一是社会产品和生产经营的物质条件，如产品的设计、生产、包装、销售、服务，以及厂房、机器设备等；二是人们生活的物质环境，如城市建设、住宅、公共交通、学校、医院等；三是文化设施和娱乐场所，如图书馆、影剧院、运动场等。物质文化包容了社会一切有形的物质形态。

（2）核心层文化：精神文化。这是社会文化的核心，通常是指为社会多数成员所共有的并指导和支配他们行为的思想意识，其内容包括理想、信息、价值观念、行为取向、法律意识、道德规范、审美情趣、心理习惯等。精神文化相对于物质文化来说是看不见、摸不着的，但却无时无刻不通过物质形态表现出来，因此也被称为“软文化”。

（3）中介层文化：制度文化和教育文化。制度文化是指协调社会各方面关系，规范人们行为的各种法规和制度。教育文化是指通过各种形式的教育影响人们的思想观念和道德品质，是增进人的知识和技能的活动，如家庭教育、学校教育、社会教育等。在社会文化中，教育具有独特的功能和特性，属于文化结构层次中的一个相对独立的层次。

不同国家、地区的人受不同文化的影响，对同一产品可能持有不同的态度，直接或间接地影响产品的设计、包装、销售渠道、产品被接受的程度、分销和推广措施等。文化主要由两部分组成：一是全体社会成员所共有的基本核心文化；二是随时间变化和外界因素影响而容易改变的社会次文化或亚文化。

1. 文化的特征

（1）民族性。任何文化总是依附在一定的民族基础上而存在的，世界上任何一个民族都有自己的文化。随着民族的繁衍和发展，形成了民族的文字、语言、民族传统以及生活方式、风俗习惯和价值观念。一个民族共同参与创造和享受文化的时间越是久远，受这种文化的影响也就越深刻，其心理和行为活动表现出的民族性也越强。在全球经济一体化的趋势下，文化的民族性仍然能够保持。各民族间的持续不断的文化交流，导致民族文化某些旧特征的消失和某些新特征的形成与发展，促使民族文化更加繁荣。

（2）习得性。文化人类学的研究表明，与遗传的生物特征（如肤色）不同，文化是后天习得的。

（3）共享性。文化特征、信念和价值观都不是某个社会成员所独有的，它们是一个社会的大多数成员所共有的。

（4）稳定性与发展性。文化一经形成，便以风俗习惯、思想观念、行为方式、特定风格、节日活动等形式表现出来，并以特有的稳定性保持相当长的时间，甚至百年、千年不变。当然，文化的稳定性并不是指文化特点会一成不变，科学技术的发展、人口的变化、资源的短缺、战争等因素都有可能导致文化的演变。

2. 亚文化

在一个国家和社会中，由于国籍、宗教、价值观、地理位置、种族、语言、民族、年龄等的不同，又会形成一种特定的、细致的文化，称为亚文化。具有亚文化特征的群体被称为亚文化群。社会成员一般都遵从自己生活中总的社会文化价值观，又要恪守他所属的亚文化群的独特价值观。

每一个社会，其整体文化观念都是由许多亚文化构成的。就消费心理学角度来讲，亚文化在某种程度上比社会文化更为重要，因为它对消费者购买心理与行为有着更为直接的影响。从我国情况看，对消费者行为有着较大影响的亚文化主要包括以下几个方面。

（1）民族亚文化。我国是一个多民族的国家，各民族在语言文字、宗教信仰、风俗习惯、生活方式等方面具有明显的文化差异，各有自己的鲜明特色。因此，营销人员应时刻注意文化、民族及其与产品之间的关系，以便销售适销对路的产品，切忌做出与民族文化传统相矛盾的事情。

(2) 地区亚文化。由于地理条件和区域性质不同，文化特征也在地域基础上形成了差异。从历史上看，齐鲁文化、岭南文化、巴蜀文化等都是中华文化宝库中的精品。从现实来看，沿海和内地，南方与北方，城市与农村，都有各自的文化特色，都对消费者心理产生较大的影响。例如南方人以大米为主食，北方人以面粉为主食；江、浙、沪、沿海一带的人喜食甜，而川、湘、鄂一带的人则喜辣。

(3) 宗教亚文化。不同的宗教信仰有不同的文化倾向和戒律，从而影响人们认识事物的方式、价值观念和行为准则，影响着人们的消费行为，带来特殊的市场需求。特别是在一些普遍信奉宗教的国家和地区，宗教信仰对市场营销的影响力更大。

宗教信仰会影响消费者行为，尤其是当消费者对宗教信仰的态度非常虔诚时，这种影响尤其明显。概括起来，宗教亚文化对消费心理与行为的影响表现为：①影响消费者对商品种类的选择；②影响消费者对商品式样及外观等方面的选择；③影响消费者选购商品的行为方式；④影响消费者禁忌商品的类型；⑤影响宗教信仰者对宗教用品的选择。

(4) 语言文字亚文化。语言文字是人类交流的工具，是文化的核心组成部分之一。不同国家、不同民族往往都有自己独特的语言文字，即使同一国家、同一民族，也可能有多种不同的语言文字，即使语言文字相同，也可能表达和交流的方式不同。当然，不同的国家、民族也可能会有相同的语言文字。

语言文字的不同对消费者心理活动有巨大的影响。一些企业由于其产品命名与产品销售地区的语言等相悖，消费者心理上厌恶，导致给企业带来巨大损失。例如，美国一家汽车公司生产了一种牌子叫“Cricket”（奎克脱）的小型汽车，这种汽车在美国很畅销，但在英国却不受欢迎。其原因就在于语言文字上的差异。“Cricket”一词有蟋蟀、板球的意思，美国人喜欢打板球，而且认为蟋蟀个头小、跑得快，所以很受欢迎。但在英国，人们不喜欢玩板球，不喜欢牌子叫板球的汽车。我国有一种汉语拼音叫“MaxiPuke”的扑克牌，在国内销路很好，但在英语国家不受欢迎，因为“MaxiPuke”译成英语就是“最大限度地呕吐”。此外，语言的差异有时在国内营销中也可能遇到麻烦。例如，美国一家销售“PetMilk”（皮特牛奶）的公司，在美国国内说法语的地区推销就遇到了麻烦，因为“Pet”在法语里有“放屁”的意思，那么“PetMilk”当然也就难以有好的销路。可见，语言文字亚文化的差异对企业的营销活动有重大的影响。企业在开展市场营销时，应尽量了解市场国的语言文字亚文化，掌握其语言文字的差异，准确把握消费者心理，这样才能使营销活动顺利进行。

二、消费价值观与审美观

在文化与亚文化的大背景下，消费价值观与消费审美取向对消费心理有着直接的影响。

1. 消费价值观

价值观念是人们对社会生活中各种事物的态度、评价和看法。价值观念反映在人们的消费过程中，就形成了不同的消费价值观。**消费价值观是消费群体对消费对象整体化的价值取向或评价。**通俗地说，消费价值观是指消费者崇尚什么、鄙视什么。不同的文化背景下，人们的消费价值观念差别是很大的，而消费者对商品的需求和购买心理与行为深受其价值观念的影响。生活中常见的消费价值观如下：

（1）实用主义消费观。此类消费者在购买商品时十分注重商品的实用价值。他们购买商品的出发点不一定是受制于经济能力，而是长期生活的经验使其形成了较为实际的消费行为。商品的实用性是其最基本的消费动机，而款式、时尚不是他追求的目标。

（2）炫耀主义消费观。此类消费者十分注重消费商品时别人的赞美性评价和良好反映，以期通过某种商品的消费引起他人注意和羡慕。一般来说，如果所购商品达不到这样的目的和效果，他们就很难做出购买决策和购买行为。

（3）个性主义消费观。此类消费者十分注重所购商品的独特性，以显示其个性。他们在商品的选择上较注意新奇特性，并且对各种商品的特性，特别是其消费效果有独到的看法，以图通过自己商品显示自己的个性。此类消费者大多是有鲜明性格、敢于率先使用新产品的人。

（4）品味主义消费观。此类消费者注重商品的品质与个人条件的匹配。在商品选择上他们往往不在乎价格的高低，不在乎个性的张扬，不炫耀自己的选择，而追求自己与他人所能够认同的商品选择行为的独特品位。

当然，以上几种常见的消费者价值观并不是彼此独立、割裂的，而是经常在消费者身上并存的，只是其强度顺序有所不同，即总有某一种消费观占据主导地位，故而表现出不同的消费行为。其强度顺序有时甚至可以转变的。

2. 审美观

审美观通常是指人们对事物的好坏、美丑、善恶的评价。不同的国家、民族、宗教、阶层和个人，以及不同的时代，往往因社会文化背景不同，其审美标准也不尽一致。例如，缅甸的巴洞人以妇女长脖为美；而非洲的一些民族则以纹身为美等。因审美观的不同而形成的消费心理与行为差异更是多种多样。例如，在欧美等国家，妇女结婚时喜欢穿白色的婚礼服，因为她们认为白色象征着纯洁、美丽；在我国传统的婚礼上，妇女结婚时喜欢穿红色的婚礼服，因为红色象征吉祥如意、幸福美满。又如，中国妇女喜欢把装饰物品配戴在耳朵、脖子、手指上，而印度妇女却喜欢在鼻子上、脚踝上配以各种饰物。因此，不同的审美观对消费心理的影响是不同的，企业应针对不同的审美观所引起的不同消费需求开展自己的营销活动，特别要把握不同文化背景下的消费者审美观念及其变化趋势，制定良好的市场营销策略以适应市场需求的变化。

三、社会阶层与消费心理

消费者的消费模式与其所属的社会阶层之间存在着极大的相关性。换句话说，消费者所属的社会阶层对消费者的消费行为有直接的制约作用。

1. 社会阶层的概念及其划分标准

所谓**社会阶层，是指所有社会成员按照一定的等级标准，被划分成相互区别的、地位从低到高的社会集团。**每个社会集团之间的消费态度、消费行为模式和价值观等具有许多相似性，而不同社会集团中的社会成员之间在这些方面却存在着很大的差异性。

一般来说，社会科学中常用“财富”（或者经济收入）、“权力”（个人选择或者影响他人的能力）和“声望”（被他人认可或赞同的程度）这3个维度来划分社会阶层。当进行消费心理与行为研究时，消费心理学中常用下列3个变量来划分社会阶层：职业地位、家庭经济收入、受教育水平。

职业是社会阶层划分中普遍使用的一个变量，也是研究得最多的变量之一。许多国家都有关于职业排行榜的资料，即关于不同职业的评分。其实，日常生活中我们也常用职业作为线索来评价一个人的地位和背景。一般来说，在职业排行榜上位置越高，收入也越多；但也有不少例外，因为职业评分中还涉及诸如受教育程度等因素。所以，仅凭职业来划分社会阶层，往往不是很充分，且由此也不能很好地预测购买力。在发达国家，职业类型和收入高低与所受到的教育的程度密切相关；在我国，教育水平与收入水平的相关程度还不是非常高，但随着科学技术的发展和进一步的社会分工，这种情况会同发达国家接轨。

一定社会阶层的成员基本上都把同阶层的其他人视作他们的平等人，当与这些人共同参加社会活动时，不会感到与他们的地位是不相称的。同时，他们把较高一层的社会阶层的人看作较重要的人物，生活在他们一般达不到的圈子里；而对于社会阶层较低的人，他们则对与这些人一起参加活动的兴趣不大。消费者的社会阶层等级性心理特征对营销者是非常重要的。一些购买者之所以消费某种商品或者服务，可能是因为这些产品或者服务被同阶层或者更高阶层消费者所看重；反之，则是因为他们认为那些是属于低一阶层的消费。

2. 社会阶层的划分

社会阶层是许多社会消费市场细分的重要指标，同一阶层的人们具有相同或相似的消费态度和价值观，他们的行为方式也趋同。不同的国家或者不同的学者可以采用不同的划分标准与方式。

在美国，学者们将美国人划分为6个阶层，如表9-1所示。

表9-1 美国社会阶层的划分

层次	职业地位	消费心理表现	消费行为
上上层	名门望族、受到良好的教育	要充分显示其高贵的地位和名望	名贵珠宝、古董、文物、旅游
上下层	超级专业人才、政治经济显要人物、社会各界名流	要充分显示其在社会中取得的成就和才华	豪华住宅，高档服饰与汽车
中上层	高级专业人才，如科学家、医生、教授、律师	与其生活方式、工作成就及职业有关，要求高质量的消费品	高营养食品、高科技商品、漂亮的住房等
中下层	规模较小的企业主、教师、技术人员、销售人员及高级雇员	尊重传统习俗、希望被社会尊重	传统商品、大众化商品、力图保持家庭整洁和舒适
下上层	熟练工，如小手工业者、下层职员和家庭主妇	经常受经济状况的左右	习惯性购买，对偏好的商品表现冲动性购买
下层	非熟练工，贫困阶层	重视商品的价格和实用	日常用品

在我国，以陆学艺为首的课题组推出《当代中国社会阶层研究报告》，认为中国社会已经分化出5个层级、10个社会阶层——国家和社会管理者，经理人员，私营企业主，专业技术人员，办事人员，个体工商户，商业服务人员，产业工人，农业劳动者和城乡无业、失业、半失业者，如图9-1所示。

3. 社会阶层对消费者心理的影响

社会阶层是具有相对同质性和持久性的群体。每一个阶层成员都有类似的价值观、兴趣爱好和行为方式。社会阶层对人们的消费心理、消费形态的影响主要表现在以下几个方面。

（1）同一阶层消费心理的相似性。

1）富有阶层。此阶层的消费者有一种永不满足的心理，过分追求商品的象征性和自我地位性，价格心理和实惠心理淡薄，求新、求特心理突出，不再有大众那种通常能感受到的消费冲动和消费满足感。高档消费已经在他们生活中常规化、随意化，其消费心理倾向几乎已移出了“物质消费”领域。其消费行为的特点是：奢侈享受型消费，如高档别墅、豪华汽车、高档时装等；炫耀显示型消费，如偏重名牌商品、住豪华星级饭店、打高尔夫球等；投资储蓄型消费，如房地产、股票、文物古董、名贵珠宝等。

2）富裕阶层。此阶层的消费者由于已完全具备良好的生活条件，因而追求消费个性化已经成为明确的消费主题。前卫的消费观念、高档名牌的消费目标，使他们跻身于新潮消费的前列。其主要消费行为特点是：象征标志型消费，注重商品的品牌，用以突出自己的身份和地位；高雅舒适型消费，讲究吃得精细、穿得时尚，偏爱高品位的商品。

3）小康阶层。此阶层的消费者一般讲究体面，消费者之间彼此影响较大，趋同心理和看齐心理突出。由于经济不再拮据，他们开始按照自己的心理倾向扩展消费领域，增加消费项目，开始具有投资意识，将节余购买力投向教育、证券等方面。其重要消费行为特点是：品牌型消费和个性化消费，看重生活的质量，强调商品的品质和独特风格，信任名牌商品和进口商品，有较强的品牌意识和个性需要；同时，还有简单快捷型消费，注重省时和高效的商品，偏爱科技含量高的商品，购买时也常考虑方便、省事、快捷。

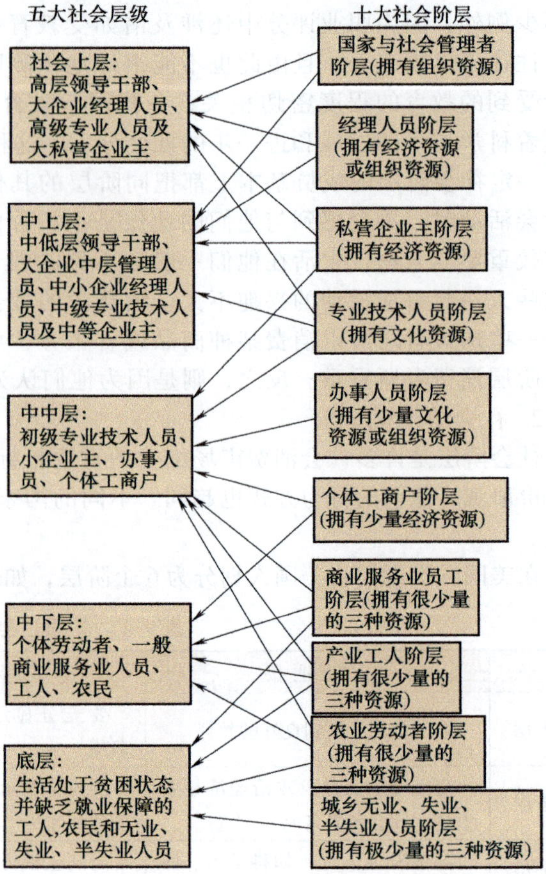

图 9-1　中国社会阶层的 5 个等级与 10 个阶层（陆学艺，等）

4）温饱阶层。此阶层的消费者存在着一种立即获得感与立即满足感的消费心理。他们谨慎地扩展消费项目，但由于经济并不宽裕而且有强烈的忧患意识，支持子女教育、储蓄为其主要消费心理倾向。其主要消费行为特点是：经济实惠型消费，较注重对日常生活物品的消费；对价格很敏感，追求物美价廉的商品，强调经久耐用，购物时精挑细选，比较再三；对质量稳定的老字号商品、老牌子有较强的忠诚感，不盲目追求时尚或名牌。

5）贫困阶层。此阶层的消费者几乎要将全部的收入用来维持基本生活，因而无法产生独立、清晰的消费意识，只是被生理需求牵着走。求实、求廉是其主导性消费动机。其消费行为特点是：勉强度日型消费；主要购买日常生活必需品；留心廉价低档商品，如折价处理品等。

（2）不同阶层消费心理的差异性。不同阶层的成员，由于其收入水平、教育程度、职业等方面存在着明显的差异，因此，其消费心理和行为自然会有较大的不同。其主要表现在以下几个方面。

1）消费观念不同。维持和延续生命动机、发展动机、求实和求廉动机、求新和求美动机、求名动机等均属于不同阶层的消费者。

2）购买地点不同。每个社会阶层都有各自认为最适合的购买地点。换句话说，社会阶层是一个影响到消费者购物地点选择的主要因素。消费心理学研究证明，消费者倾向于避免到与自己的社会自我意向或者社会阶层不相符合的商店去购物。高阶层消费者一般到一级商业区的名店购物，而低阶层的消费者一般喜欢到廉价的地摊、批发市场购物。

3）获取和传播信息的渠道不同。一般来说，低阶层消费者习惯于口碑式人际传播，而高层消费者爱从专业性刊物或其他大众传播媒介获取信息。

除了上述影响外，不同的社会阶层还有可能会在认知方式、评判原则、心理感受等方面形成较大的差异。另外，我们应该注意到，在同一社会阶层内仍存在着消费水平的高低之分。就经济而言，他们无疑属于同一阶层，但是他们的购买行为、偏好、消费与储蓄方式可能具有差异性。当然，同一阶层内的消费行为的差异性，比起来自两个不同社会阶层的人的行为，可能是微不足道。其次，现代社会具有明显的大众社会的特征，是大众消费流行的社会，是信息传播大众化的社会，从社会心理的特征来看，具有明显的同质性特征。同质性的社会又带来社会大众从众性、攀比性特征。这种社会机制，决定了在不同的社会阶层之间，其消费行为在某些方面会有某些共性；但这种共性不具有普遍性。

四、传统节日与消费心理

传统节日是社会文化的一个组成部分，各个国家各个地区的传统节日是多种多样的，这些传统节日在丰富人们的精神生活、调节生活节奏的同时，还深刻地影响到人们的消费心理和行为。

传统节日可以分为六大类：

一是气候性节日，如我国的春节、端午节、中秋节等。

二是国家的节日，如各国的国庆纪念日等。

三是民族性的节日，如我国蒙古族的那达慕、西藏地区的藏历年，日本的樱花节，巴西的狂欢节等。

四是宗教性节日，如西方大多数国家都要过的圣诞节、复活节等。

五是国际性节日，如五一国际劳动节、六一儿童节、三八妇女节等。

六是其他类型的节日，如情人节、母亲节等。

节日消费行为影响了国家的经济态势，所以出现了一个名词——“假日经济”。

传统节日的消费行为特点主要表现为：①满足平日无法实现的消费行为。比如，节日期间儿童所提出的消费愿望家长一般会予以满足；成年人在节日期间选购的购买比例大大增加。②节日期间的消费行为容易出现相互模仿的现象，从众行为比较普遍。热闹的销售场面提升了商品的吸引力，降低了消费者对商品风险的知觉。③节日专用商品消费量大增，如春联、春节礼品、祭奠用品、情人贺卡、鲜花、情人纪念品、摄影纪念品、方便食品、工艺品等。④节日旅游消费出现急速增长的趋势。多数居民选择在节假日外出旅游，这也表明了近年中国节假日时间增多对旅游市场的促进。

除了传统节日外，还有一些对消费行为影响极大的非传统节日，如美国的“黑色星期五”，我国的“双十一”、“双十二”等。这些节日里，消费者大多表现出疯狂抢购行为，创造着消费奇迹，其背后，主要是求廉心理、从众心理等，值得学者和商家深入研究。

第四节　家庭环境与消费心理

家庭是指以婚姻、血缘和有继承关系的成员为基础组成的一种社会生活组织形式。它是组成社会的基本单元，是一个人最基本的首属群体，也是消费的基本单位。家庭具有多种功能，与消费心理行为密切相关的功能包括：经济功能、情感交流功能、赡养与抚养功能、教育功能等。

经济功能是指为每一个家庭成员提供生活的条件和保障；情感交流功能是指家庭作为成员的思想与情感交流最充分的场所；赡养与抚养功能是指家庭抚养未成年家庭成员、赡养老人和丧失劳动能力的家庭成员；教育功能是指家庭作为家庭成员接受价值观、学习社会行为模式的场所，这种功能对儿童尤其重要。

与其他地区消费者不同，亚洲消费者普遍受传统家庭观念的影响较深，人们的收入较多地以大家庭为中心相对统一地支配，日用品、大件家用消费品，以及家庭轿车、住房等商品大多是以家庭为单位购买的。家庭对于消费者心理和行为的影响比其他因素要深刻得多，影响的时间也要长得多。影响家庭消费行为的因素主要有家庭结构、家庭发展周期、家庭收入、家庭消费计划和家庭消费角色分工等。

一、家庭结构

家庭结构包括家庭类型、人口结构、家庭成员的教育结构、年龄结构等形式，极少数家庭内部还有不同宗教信仰的家庭成员。

1. 家庭类型

家庭的基本成员由父母、夫妻、儿女构成。没有血缘关系的养子女、朋友，只要共同生活、起居，也属家庭的范畴。西方学者从考察“家庭文明”或“家庭目标”的角度，对家庭类型进行了如下划分。

第一类家庭被称为“以家庭为中心的家庭”。这类家庭的凝聚力很强，上一代人与下一代人之间的隔阂少。家庭中一般以孩子为中心，重视储蓄，重视孩子的教育和前途。

第二类家庭被称为“以事业为中心的家庭”。这类家庭的主人有很强的事业心，家庭的支出、家庭主人的精力和时间主要投放于事业的发展上。这类家庭的支出中，作为家庭地位象征的支出、用于家庭社交活动的支出是比较突出的。

第三类家庭被称为“以消费为中心的家庭”。这类家庭的主要愿望既不在家庭生活方面，也不在事业方面，而是竭力要提高目前的生活水平。于是，同生活享受有关的商品或劳务的支出、各种奢侈性的支出、经常性的旅游支出等占主要地位。

除上述3种类型的家庭以外，也还存在一些综合型的家庭，即以家庭、事业、消费当中的两者或三者并重的家庭。

我国学者从家庭消费决策的角度将家庭消费类型划分为以下4种。

第一种类型是重智力倾向家庭。这类家庭重智力投资，购买大量书籍，订阅大量报刊，购置各种贵重乐器和音像出版物，甚至购买计算机，以提高家庭成员的个人素质。

第二种类型是重用品倾向家庭。这类家庭注重购买各种家用电器和设备，而且还要不断更新，以便在自己充分享受的同时显示自己家庭的气派和地位。

第三种类型是重健康倾向家庭。这类家庭注重家庭成员的健康，注意增加吃的营养；爱好体育锻炼，不惜体育消费的开支；爱好逛公园和旅游。

第四种类型是重爱好倾向家庭。这类家庭成员有收藏爱好，如集邮、收藏古玩、字画等；或者喜欢养花、爱好摄影等。其家庭消费支出比较集中于所爱好的某一方面。

2. 家庭人口

2010年我国第六次人口普查（以2010年11月1日零时为标准时点）的数据显示，平均每个家庭人口为3.10人，比2000年平均每个家庭减少了0.34人。

家庭人口数主要从4个方面影响家庭消费：

一是影响商品的消费数量。一般情况下，家庭人口越多，商品购买的绝对量越大。

二是影响以家庭为购买单位的商品消费数量。例如电冰箱、电视机、小汽车一类的消费，主要是以家庭为消费单位。一个地区的家庭数量，一定程度上决定了这类商品在该地区的消费量。

三是影响消费行为的决策过程。一般来说，家庭人数越多，商品信息的来源越广，相互之间的可参考消费经验也就越多，消费心理与行为也就越成熟。

四是影响家庭生活水平和消费质量。在家庭收入一定的情况下，家庭人口数越多，那么人均消费水平就会降低，家庭生活质量也会不同程度地下降；而家庭人口数少，家庭消费水平就会相应地提高。

3. 受教育程度

受教育程度影响家庭成员获取商品信息的方式。受教育程度不同，在理解广告、公关宣传、商品功能说明、商品使用说明、商品包装说明等内容时，会有不同的差异。受教育程度越高，消费者的理解能力应该越强，收集商品信息的能力强，购买决策受周围环境的影响较少，愿意相对独立地做出购买的决定；尤其是对于专业性较强的商品说明，会因受教育程度低，而产生理解困难，当消费者面对难于理解的商品信息时，会转而求助于易于理解的替代形式，如购买其他品牌或中止消费。受教育程度高的消费者，容易受文字水平较高的报纸媒体、杂志媒体的影响；而受教育程度越低，受电视媒体的影响越大。

受教育程度影响商品种类的选择和消费技能。受教育程度越高，消费技能会相应地提高，特别是对一些需要一定专业知识才能使用的商品。在文化品消费方面，这种现象表现得十分明显。受教育程度越高，人们选择文化消费的倾向性越强烈，因为有些艺术形式的欣赏，本身需要欣赏者具备必要的文化素养和艺术训练。

二、家庭生命周期

家庭的生命周期是指一个家庭从建立、发展到解体的整个过程。一般家庭的生命周期分为5个阶段，即初婚期、生育期、满巢期、空巢期和鳏寡期。对具体某个家庭而言，不一定完全按照这个顺序严格排列，有时会出现顺序重叠、交叉、跳跃的现象。总体来看，这5个阶段是家庭普遍都要经历的。

1. 初婚期

初婚期是指从结婚登记成为合法夫妻并建立家庭，到生育第一个子女的这一时期。

我国家庭初婚期的消费特点是：消费支出额大，消费水平高，突击性消费行为明显，购买商品讲究时尚与流行。人们普遍的观念是把结婚作为人生一件大事，婚事操办隆重热烈，消费大量的婚庆用品与新家庭的必备品。

结婚期间主要购买的商品包括：家用电器（电冰箱、电视机、洗衣机、高级音响等），室内用品（床具、床上用品、家具等），结婚时所用的服装等。结婚时的食品消费也是很重要的一部分消费，大操大办的主要表现是在食品消费方面。我国住房制度的改革，使得初婚期购买独立的住房成为重大支出。许多家庭要通过多年的积蓄才能完成购买行为。

2. 生育期

生育期是指从第一个孩子初生到最小一个孩子被抚养成人这一阶段。对于只生一个孩子的绝大多数家庭来说，生育期近20年，少数家庭有两个或更多子女，生育期相对延长。

在家庭的生育期，家庭支出的大部分将用于后代的培养和教育，消费商品包括儿童食品、儿童文化娱乐品、儿童教育、儿童服装等。这一阶段，父母收入是消费的主要来源，儿童还不能做消费决策。

我国青年夫妇在刚刚结婚时，受到收入水平的限制，有些消费需要不能得到满足。进入生育期后，收入情况有一定程度的改善，在满足小孩消费需要的同时，一部分收入将用于补偿性消费。

3. 满巢期

从子女长大成人到结婚分居这一阶段，属于满巢期。子女长大成人，就要开始为他们的恋爱结婚做准备，这一阶段的家庭人口数最多，家庭成员基本上全部生活在一起。在多子女的家庭，生育期尚未结束，满巢期既已到达；在独生子女家庭，满巢期可以持续较长的一段时间。

在满巢期，子女已经长大成人，并且开始有一定的经济收入，家庭的总收入处于最高峰，总的消费水平很高，有能力共同购买大件的商品。子女的消费经验也开始成熟，他们能够共同参与商品的评价、选择和购买活动；有些家庭，子女已经成为购买商品的主要决策者。

满巢期的支出主要在这两个方面：一是满足整个家庭成员的消费需要；二是为子女结婚分居而进行的家庭储蓄。前者能够直接影响当前的日用品消费市场，后者对房地产行业、大型家电行业等市场构成重大影响。受家庭观念的影响，储蓄型家庭的储蓄比重较大，省吃俭用现象比较常见。

4. 空巢期

子女成家立业，陆续组织新的家庭或消费单位，家庭人口减少，这一阶段称为空巢期。在空巢期内，父母的总收入可能达到最高水平，因为家庭人口数的减少，人均水平会较高。在这一阶段，父母的收入支出主要用于以下4个方面：一是子女结婚时所需要的各项支出，这一支出所占的比例较大，它转变为初婚期的消费支出。二是用于家庭的储蓄，以应付意外灾祸和养老储备等。三是用于第三代的消费补充，这方面受传统家庭观念的影响很深，对第三代的关心越多，消费补充越大。在对中小学生的“零花钱”所做的调查中发现，这些学生的“零花钱”有相当一部分是爷爷、奶奶给的。四是用于自身消费。

空巢期父母自身的经济负担已经大大减轻，具备充分享受、充分消费的条件，心理学上把这一阶段称为第二次青春。相对于第一次青春来说，这一阶段的消费更具有消费的现实条件，而不会像第一次青春那样受经济能力的限制。

但是对于收入水平不高的家庭来说，其消费行为特点会相反，原来不能满足的消费愿望，会进一步压抑和克制，消费行为变得更为慎重，购买决策更为周密，对商品价格的变化更为敏感，更愿意选购物美价廉的商品。因为购买高档商品的愿望一直受到压抑，可能对高档商品消费及消费者产生“厌恶感”，对新潮和时髦消费的忍受度降低等。这类消费者十分注重家庭的储蓄。

5. 鳏寡期

夫妻一人去世之后的时期称为鳏寡期。夫妻一人去世，将会给家庭带来巨大的心理和行为变化，家庭经济也随之发生巨变，原来的经济收入可能锐减。

对于有劳动能力的少部分老人来说，他们可以取得一定的经济收入，由于消费行为比较谨慎，用于储蓄的比例较高，因此收入水平不能直接反映他们的消费水平。对于没有劳动能力的一部分老人来说，维持正常生活的消费主要依靠以前的积蓄，或者依靠社会救济与福利补助，这类消费者的消费基本上变为一种被动的消费。在整个21世纪，我国老龄化现象都将十分突出，鳏寡家庭的数量会大大增加。随着社会体系的演变和第三产业的不断发展，我国的大部分老年家庭也会像发达国家一样，在旅游消费、保健消费、临终关怀等方面得到完善、健康的服务。

三、家庭消费计划

家庭消费计划是指一个家庭在较长的时间内，统一管理家庭收入，并对日常消费和长期性消费支出做出具体的计划安排。家庭消费计划是消费技能的反映，影响家庭消费质量。

家庭消费计划具体反映在3个方面：一是对家庭收入做支出计划；二是对消费商品做购买计划；三是对家庭成员的消费需要做出安排。

家庭消费计划一般包括：一部分收入用于日常生活的消费，包括日常饮食、服装、水电交通等；另一部分收入用于家庭储蓄或投资，包括银行储蓄存款、投资股票证券、购买保险、教育投资，甚至直接用于家庭生产经营等；还有一部分收入用于临时性开支，如请客送礼、旅游娱乐等。

总的来说，善于制订家庭消费计划的家庭，整个家庭的消费质量较高，虽然家庭消费计划可能限制一些成员的消费心理行为，但如果整个家庭没有消费计划，消费质量肯定会降低。

四、家庭消费角色分工

家庭消费角色分工是指一个稳定的家庭内部，每位成员在消费过程中存在分工合作的现象，有些成员所起的作用相对大一些，有些成员所起的作用相对小一些。在一般家庭做出购买决策的过程中，我们通常可以发现家庭成员所扮演的角色有以下5种类型：①倡议者，即最初提议或想要购买某种商品的人。②影响者，即提供商品信息和购买建议，促成最后购买决策实施的人。③决策者，即单独或与家人协商共同做出购买决策的人。④购买者，即到商店或采用其他形式购买商品的人。⑤使用者，即使用或消费所购商品的人。

在实际生活中，某一家庭成员既可能是某一角色的扮演者，也可能是多个角色的扮演者。另外，每个成员在购买过程中扮演什么角色，会根据家庭的不同和所购商品的不同而变化。

比如口红、唇膏、香水一类的化妆品，它们的消费对象主要是女性消费者，购买决策者主要是女性；而剃须刀、五金工具一类商品，购买者或者使用者主要是男性消费者，购买决策者主要是男性。这就反映出不同商品的购买分工是有区别的。

一个典型的丈夫权威型家庭，消费决策会带有相应的男性色彩。比如，对于大型的五金工具、电器设备、机械用品等一类的商品，丈夫在购买中所起的作用十分明显。在典型的妻子权威型家庭，对于购买化妆品、服装、家庭室内装饰品等一类商品，妻子的作用会显得重要一些。而在一个相互依赖的家庭中，购买决策的分工不会很明确，以相互商量、相互参谋的决策形式为主。

在子女支配型的家庭中，可能因为夫妻双方的年龄较大，或因为子女的购买技能较高，这类家庭的购买决策带有明显的青年消费者特点，如对于新商品的兴趣较为强烈、购买决策的速度较快等。

研究家庭消费的角色分工，有助于营销人员塑造正确的产品形象并正确选择产品形象代言人。比较家庭IT产品市场，当前的主要决策者是家庭中的男性，所以媒体推广或产品形象代言人必须以男性为基本出发点，否则无法达到预期效果。

第五节 科技发展与消费心理

科学技术的发展对于社会的进步、经济的增长和人类社会生活方式的变革都起着巨大的推动作用，现代科学技术是社会生产力中最活跃的和决定性的因素。正是由于当代科学技术的飞速发展，伴随着人们对这种科学技术指数型发展规律的进一步了解，消费者的消费预期、购买决策过程与消费结构出现了一些新的变化和特点。

一、科技发展与消费者预期

科学技术的发展，使得每天都有新品种、新款式、新功能、新材料的商品在市场上推出。人们已经习惯于科学技术的飞速发展给人们带来的惊喜，越来越多的人确信科学技术的发展能够给人类带来生活所需要的任何产品。而且，伴随着信息社会的到来，各种信息在社会各个层面迅速、广泛传播，科技发展的动向为更广泛的人们所知晓，这就使得许多创新产品在运作上市之前就已经为消费者所期待。也就是说，由于科学技术的飞速发展和科技信息的迅速大众化传播，在知识经济时代消费者的预期比以往任何时期都明显多，而且准确。譬如，伴随着移动通信技术和与 Internet 技术的大规模商用以及有线电视信息的不断丰富，人们自然而然就产生了对手持多媒体终端的期望，从而催生了对手持多媒体终端的市场需求。在这种需求的牵引下，移动多媒体终端技术日渐成熟，并即将走向大规模商用。

此外，科技发展对消费者预期的影响还表现在服务领域。科学技术的发展使人们对服务效率有了更高的预期。例如，人们期望通过智能生产技术的发展提高生产效率，通过发明新的交通运输工具或改进旧的运输工具提高运输效率，通过信息、通信设备的改善或者通过采用网络交易、自动售货、邮购、电话订货、电视购物等方式提高营销效率，从而能使消费者购买过程尽快完成，也就是尽可能缩短消费者发出订单到开始消费产品或服务的间隔时间。从理论上讲，消费者对这种间隔时间的期望值是零。

二、科技发展与消费者购买决策过程

科学技术的发展对消费者购买决策过程的影响比较复杂。

首先，由于科技的发展，人们倾向于理性购买，而由于决策过程中接收到的信息剧增而使决策行为复杂化。科技发展使得消费者购买决策信息急速增加，人们通过自己的学习深入了解产品、深入剖析自身需求的可能性在不断增加。譬如，对照相有需求的人们可以通过 Internet 或者其他现代媒体途径学习，很快实现从对数码相机一无所知到熟知各种性能参数及其原理。同时，人们可以通过电视节目、网络论坛等途径了解他人的消费心得，以进一步明确自身的消费需求，最小化消费后悔值。

其次，科技发展促使消费者迅速做出购买决策。产品迅速的更新换代使持币待购人们并不能够看到终极版产品的出现。也就是说，不论什么时间购买，在消费者购买之后总会有升级换代产品出现，消费者原购商品总会成为非主流并降价。在这种情况下，成熟的消费者趋向于需要就尽快购买。

最后，科学技术的发展导致耐用消费品频繁更新换代，使得消费者购买行为自然形成明显不同的三大类。一种是趋向于购买最新的产品，以尽可能长时间保持对该产品消费的优越感，这种购买行为是基于消费者的求新、求奇心理的，消费者有明显的高科技产品消费偏好；一种是趋向于购买最便宜的但是能够满足最基本需要的产品，这种购买行为基于消费者的实用主义心理，消费者追求商品的基本使用价值；一种是趋向于购买“差不多”的、符合自己身份感与审美观的产品，这类购买行为基于消费者的折中消费心理，此类产品价格合适，商品又不过时，符合人们通常认为的理性消费的特点。

三、科技发展与消费结构

科学技术是一种“创造性的毁灭力量”。它本身创造出新的东西，同时又淘汰旧的东西。一种新技术的应用，必然导致新的产业部门和新的市场出现，使消费对象的品种不断增加，范围不断扩大，消费结构发生变化。例如，在美国，由于汽车工业的迅速发展，使美国成了一个“装在车轮上的国家”，现代美国人的生活无时无刻不依赖于汽车。这些生活方式的变革，如果能被企业深刻认识到，主动采取与之相适应的营销策略，就能获得成功。

总之，科学技术的进步和发展，必将给社会生活的各个方面带来深刻的变化，这些变化也必将深刻地影响消费者购买行为。因此，企业应特别重视科学技术发展对消费者购买行为的影响，以使企业营销工作能够有的放矢，提高效率，规避风险，实现企业发展目标。

第六节　参照群体对消费者行为的影响

参照群体是指消费者向往的群体。群体的标准和规范会成为消费者行为的指南，成为消费者希望努力达到的标准。消费者会把自己的消费行为与这种群体的标准进行比较，以改变自己不符合标准的某些行为。美国心理学家米德认为，这种群体的标准，会成为个人的“内在中心”。参照群体可以是一个实际存在的组织，也可以是虚拟的或者想象中的群体。

一、参照群体影响消费者购买行为的因素

参照群体对消费者购买行为的影响在很大程度上取决于以下几个因素：

（1）消费者个人的知识经验。在制约参照群体影响力的所有因素中，消费者所具有的商品信息和经验是一个首要因素。消费者本人如果具有商品或服务的亲身经历，或者能够容易地获得相关的商品或服务的全部信息，那么消费者购物时几乎不可能受其他人或者群体的影响；反之，消费者则将主动寻求参照群体的支持，以减少购买风险。

（2）参照群体本身所具有的可靠性、吸引力和实力。该因素是影响消费者购买行为的一个重要因素，如果消费者急于想获得某种商品的有关信息，而参照群体的实力和信誉是值得信赖的，那么消费者将会接受该群体的劝告和建议。如果消费者很想被自己向往的、将给自己带来某些好处的群体所接受和认可，那么他就会主动采用该群体所使用的商品或者服务，同时在其他行为方面尽力与该群体保持一致。

（3）商品本身的特点。商品所具有的显著特点也会对参照群体所引起作用产生影响。一般来说，商品如果在视觉上具有显著性特点（因为形状或色彩等使商品容易被他人注意到）或者言语上具有显著特点（口头上容易进行生动的描述），那么由消费者依赖或向往的参照群体推荐这种商品，将会对消费者的购买决策产生较大的影响。

二、参照群体对消费者心理的影响

（1）参照群体为消费者展示了各种新的行为和可供选择的消费方式。社会生活是丰富多彩、变化多样的，处于不同群体中的人们的行为活动会有很大差别。例如，白领人员的生活消费表现为高层次、多样化，对购买新产品、名牌产品的态度坚决；文教、科研人员购买商品的自主性很强，受社会流行与时尚因素影响较少，且求美动机较强烈；而画家、影视演员、歌星等，由于职业的影响，购买商品追求名牌、新颖、美观、多功能。这些不同的消费行为通过各种形式传播给

消费者，为其提供模仿的榜样。特别是对于缺乏消费经验与购买能力的消费者来说更是如此。参照群体无论是成员群体还是相关群体都是其参考的直接依据。所以，消费者对群体的依赖程度往往会超过其对商业环境的依赖程度。

（2）参照群体可引起消费者的仿效欲望，从而影响他们对商品的购买与消费态度。个体仿照一定的榜样做出类似的行为、动作的过程就叫作模仿。模仿是一种普遍的社会心理现象。从实质上看，模仿是一种学习的形式，人们在成长的过程中，就是要不断地模仿、学习，以适应社会。一般情况下，如果被模仿者有较高的权威和影响力，模仿者就越会亦步亦趋、完全仿效，模仿的行为也就越具有普遍性。在消费者的购买活动中，消费者对商品好坏的评价往往是相对的，当没有具体的模仿模式时，就不能充分肯定自己对商品的态度。但当某些参照群体为其提供具体的消费模式，而消费者又愿意接受和欣赏时，就会激起其强烈的仿效欲望，进而形成对商品的肯定态度。

（3）参照群体能使消费者的购买行为趋于一致性。消费者对商品的认识、评价往往会受到群体中其他人的影响，因为参照群体会使人形成一种团体压力，使群体内的个人自觉或不自觉地选择与群体内其他人相一致的品牌和商品，以使自己符合团体规范。

典型案例　寻找“中产阶级”

“在中国的消费群体数量和在美国是一样的。”科特勒营销集团总裁米尔顿·科特勒（Milton Kotler）如是说。他向中国品牌提供市场战略分析和品牌咨询服务，并在北京、上海、深圳设有办公室。科特勒同时也是美国市场营销协会（AMA）旗下 *Marketing Insights* 杂志的专栏作家。他说：“中国的中产阶级正在壮大，他们的工资在不断上涨，他们拥有房子、车子，并敢于在旅游和教育他们的孩子上花钱。”

BCG 认为，到 2040 年，中国中产阶级数量预计达到目前的 2 倍，接近 5 亿；家庭年收入在 10.6 万～22.9 万元的消费者将是这个国家的中上层阶级。而麦肯锡认为，2012 年，这部分人群家庭年收入为6 万～10.6 万元，仅占城镇总家庭数的 14%，比之中产阶级相形见绌。到 2022 年，中上层阶级的人们将占城镇家庭总人口的 54%，以及 56% 的个人消费，而中产们将缩至城镇人口的 22%。

麦肯锡认为，到 2022 年，城镇家庭收入将至少翻倍。今后 10 年里，中国的中上层阶级将成为世界消费品支出的发动机。麦肯锡发现，对奢侈品而言，中国是一个越来越有影响力的市场。2015 年，全球花在高端皮包、鞋子、手表、珠宝和成衣上的钱，有超过 1/3 将来自中国。

1985 年后出生的中国青年人，成长在一个相对富足的时期。麦肯锡的研究也表明，这一代的中国消费者是迄今为止最国际化的一代，倾向于认为昂贵的产品本质上比便宜的好，也比上一代更会查看网上他人的使用体验或评论。

吸引着许多西方中产阶级消费者的《财富》世界 500 强品牌在中国很成功，但它们开始面临更多来自中国本土品牌的竞争。科特勒说：“你看到了更多的麦当劳和沃尔玛。盖璞（GAP）在美国关闭 80 家门店而在中国开设了 80 家新店，所以中层外国消费品牌做得很好。在未来 5 年内，随着本土品牌在质量和价值方面的改进，我们将看到美国公司在中国遭遇巨大的本土竞争。”

“虽然相同的品牌在美国和中国可能都吸引中产阶级消费者，消费行为和喜欢的产品属性的区别，要求品牌在两个市场都得制订独特的市场营销战略。例如，在美国，干燥和便利性是宝洁帮宝适尿布的关键卖点，但宝洁的营销人员不得不重新审视自己产品的定位来吸引中国妈妈。”戴维·阿克（David Aaker）说。他是营销咨询公司 Prophet 的副总裁，*Aaker on Branding: 20 Principles that Drive Success* 的作者以及 *Marketing News* 的专栏作家。

"因为在中国，人们并不关心干燥或者便利。在做过调查之后，他们发现中国的妈妈们对宝宝的睡眠质量更在意。他们认为，这将会影响孩子日后在学校的表现能力。"之后，帮宝适的市场团队和北京儿童医院合作进行了一项研究，发现穿着帮宝适睡觉的孩子能更快地入睡，而且睡得更久，受到的打扰更少。这项发现成为帮宝适进入中国市场的一个新切入点。

"此外，中国中产消费者对品牌的价格和声望要求不同于美国。"纽约品牌代理机构 Red Peak Group 执行总裁詹姆斯·福克斯（James Fox）如是说。他在策划品牌活动方面有着丰富的经验。他说："许多在华品牌已经发现，做中产市场很难。GAP 在强调他们在中端品牌方面做得并不出色。中国消费者既会存钱去买高价品牌如路易·威登（LV）、蒂芙尼（Tiffany），也会选择那些打折的品牌。许多家用电器常常是便宜货或打折的中国品牌。因为那些东西是在你自己家里用，并不需要拿出去向任何人炫耀。相反，人们会攒钱买高价的衣服、珠宝这些可以穿戴出去的商品"。

案例讨论：文化因素、经济因素会对消费者形成哪些影响？

资料来源：Christine Birkner. 寻找中产阶级 .《销售与市场》，2014-10-31（引文有删改）

思考与训练题

1. 你如何看待当前世界政治环境对消费者行为的影响？
2. 影响消费者行为的环境因素都有哪些？
3. 你如何看待随着现代社会物质与文化产品的不断丰富，社会文化环境对消费者行为影响程度的变化？
4. 为什么说科学技术是一种"创造性的毁灭力量"？

第十章　消费习俗、消费流行与消费心理

本章提要

消费习俗的产生和形成是由生产方式、生活方式，以至交换方式所决定的，同时消费心理也起了重要作用。有些时候，正是由于消费心理促成了商品的流行，促成了消费习俗的变革。本章重点研究消费习俗、消费流行与消费心理的关系，并探讨如何利用消费心理引导消费流行，适应以至改变消费习俗。

引　例

5 升桶装是我们对食用油的惯常印象。但如今，1 升装以下的食用油越来越常见。大米也一改以往的 10 公斤装、5 公斤装。记者在天猫超市上看到，最小包装的大米仅有 300 克，使用易拉罐包装，一罐刚好够两人食用。

针对 95 后小家庭特别开发的易拉罐装大米与罐装可乐一样大小。据介绍，小罐米是针对 95 后家庭开发的，满足了年轻人偶尔做饭的需求，同时易拉罐也有量杯的作用，一罐大米配一罐水，恰好是一个较为合适的配比，降低了年轻人做饭的难度。

除了米面粮油“瘦身”，锅碗瓢盆、家用电器等厨房用具也一样在“瘦身”，例如传统 5 升电饭煲的市场正在被 2 升以下电饭煲挤占。但是容积小并不代表低端化。

不仅是线上超市如此，记者在超市发北京曙光花园店看到，不论是洗浴用品还是鸡蛋面包等食品都有迷你款产品。该店销售员告诉记者，超市紧挨居民区，以前店里备货主要是家庭大包装，但是近几年不少消费者都在询问是否有小包装产品，不仅有年轻人，还有不少老年人，因此店里也就准备了不少小包装产品。

思考：这种“迷你消费”的流行产生的原因是什么？消费流行与消费心理之间有着怎样的关系呢？

（资料来源：《中国消费者报》2021 年 8 月 26 日第 3 版：市场，引文有删改）

第一节　消费习俗与消费心理

人们在日常生活消费中，由于自然的、社会的原因，形成了各民族、各地区独具特色的消费习俗。这些消费习俗的形成有政治、经济的原因，也有消费心理的影响。消费习俗一旦形成，不但对人们的日常生活消费产生直接影响，对人们的消费心理也有一定的影响，因此，认识消费习俗与消费心理的关系，就成为消费心理学研究的重要内容。

一、消费习俗的含义与特点

消费习俗是一个民族或一个地区约定俗成的消费习惯，是社会风俗的重要组成部分。它具有以下几个特点：

（1）地区性。消费习俗是特定地区产生的，带有强烈的地方色彩，和当地人们的生活传统相一致，是当地的地方消费习惯。例如，一些烈性酒成为内蒙古少数民族御寒的饮料；西藏人由于其食物主要是青稞和酥油，故对茶砖有一种特殊的喜爱；而我国南方的一些少数民族，则将某些特殊的纺织品作为生活消费的必需品，等。

（2）长期性。消费习俗都是人们在漫长的生活中逐渐形成并不断发展的消费习惯，一般都要经过若干年乃至更长的时间。在长期的生活中，消费习俗潜移默化地进入人们生活的方方面面，不知不觉地发挥着影响作用。

（3）社会性。消费习俗是人们在共同的社会生活中相互影响而产生和形成的。它是社会生活的重要组成部分，带有社会性的共同特点。可以说，人们的生活消费只有受到社会影响，才能形成消费习俗。

（4）非强制性。许多消费习俗的形成，并非是依靠法令等强制性手段颁布实行的，而是人们的一种无形的社会习惯，同时也是一种无形的力量。它使得生活在某一区域的人们自觉或不自觉地遵守这些消费习俗。

（5）发展性。消费习俗形成之后并非是一成不变的，它将随着社会、经济、科技等环境因素的变化而有所改变。例如，随着各民族文化有逐步融合，某些消费习俗在某些地区正在悄然改变。

二、消费习俗的分类

（1）按不同的消费品形成的消费习俗，主要包括饮食方面和服装方面的习俗 。饮食方面形成的消费习俗，内容比较广泛，有由于宗教信仰形成的消费习俗，如在饮食上有一些禁忌；有由于地区生活习惯形成的消费习俗，如所谓的“南甜北咸东辣西酸”，就是地区的饮食消费习俗。

在服装方面的消费习俗，主要是各地区由于气候、环境、生活交往的差异，或是由于民族传统而形成的消费习惯。例如朝鲜族、蒙古族、藏族、维吾尔族等少数民族，在服饰方面各有不同，表现出强烈的民族特色；南方一些少数民族的蜡染布、筒裙也是民族特有服饰。我国地域辽阔，气候差别很大，产生了服装消费习俗的差异。例如，生活在南方的人们喜爱轻爽、舒适的纺织品；生活在北方，特别是东北地区的人们，则需要裘皮、毛皮等衣服。

（2）由于社会生活习惯不同而产生的消费习俗。城乡之间、地区之间由于生产劳动、社会生活不一样，因而产生了各具特色的消费习俗。例如，城市消费者的日常生活消费一般是月收月支，购物按月计划随时购买使用，购买生活零星频繁。而广大农村，则是在不同的季节需要购买较多的、不同的生产性和生活性商品，如春季购买良种、塑料薄膜，夏季购买化肥农药，秋季购买一些中小型农机具。一般来说，其生活消费是按年计划，在农作物收获之后，有了较多收入，则集中购买各种吃穿用的生活资料。

由于社会生活方式的影响，在社会交往较多的城市，消费者接受新商品、新事物较快，新商品能够很快进入居民生活消费。一些农村地区尤其是边远地区，由于交通、文化教育、信息等方面相对落后，因此对新鲜事物反应、接受较慢。这些消费习俗是我们研究市场营销，考察消费心理的一个组成部分。认识各种消费习俗，对于理解和把握消费心理很有启发。

三、消费习俗对消费心理的影响

随着社会的进步，人们的生活方式不断变化。新的消费方式进入人们的日常生活，虽然给消费习俗带来了冲击，但是，消费习俗对消费心理的影响仍可以时时感觉到。

第一，消费习俗给一些消费者心理带来了某种稳定性。消费习俗是长期形成的，对社会生活、消费习惯的影响是很大的，据此而派生出的一些消费心理也具有某种稳定性。消费者在购买商品时，由于消费习俗的影响，会产生习惯性购买心理，往往较长时间地去购买符合消费习俗的各种商品。

第二，消费习俗强化了一些消费者的心理行为。由于消费习俗带有地方性，很多人产生了一种对地方消费习惯的偏好，并有一种自豪感，这种感觉强化了消费者的一些心理活动。例如，广州人对本地饮食文化的喜爱；一些少数民族对民族服装的兴趣等。

第三，消费习俗使消费心理的变化减慢。消费心理有些是符合时代潮流的，有些是落伍的，但是由于消费习俗对消费心理的影响，使消费心理的变化比较困难。

消费习俗和消费流行一样，是消费心理学新的研究课题，在这里我们仅是初步地进行了分析，还有待深入探讨。

第二节　消费流行与消费心理

一、消费流行的概念

消费流行是一种经济现象，是指一种或一类商品由于它的某些特征受到众多消费者欢迎，在一段时间内广泛流行，有时这种商品在短时间内甚至成为消费者狂热的追求对象。这种商品称为流行商品，这种消费趋势称为消费流行。一般地说，一些吃、穿、用商品都有可能成为流行商品，尤其是穿着类商品、日用品商品流行的机会更多。

消费流行一般要经历这样几个阶段：①初级阶段。一些具有较高收入的消费者，对于具有特色的商品特别敏感，愿意出高价购买。②模仿阶段。具有特色的商品被少数消费者采用之后，迅速形成其他消费者追求模仿的趋势，市场上该商品供应量和销售量大大增加。③经济阶段。商品在众多的消费者中间流行，生产部门和商业企业在这种商品上获得大量利润后，利润开始减少。这时精明的企业家便开始转移生产能力，抛售库存，开发具有特色的新商品。

在商品短缺时期，商品流行表现得特别明显。在我国，20 世纪 60 年代，“三大件”——手表、自行车、缝纫机成为流行商品，在城市和农村都曾形成过消费流行趋势。20 世纪 70 年代，从大中城市开始，出现了新的流行趋势，即电视机、洗衣机、收录机成为新的流行商品。改革开放初期，在经济发达地区，彩色电视机、电冰箱、录像机又形成了这一时期的消费流行。服饰类商品中消费流行变化更加频繁，蝙蝠衫、牛仔服、手织棒针毛衣，都曾经形成过消费流行。

进入 20 世纪 90 年代以来，我国国民经济持续发展，告别了商品短缺时代。这期间，形成了多数商品供过于求的“买方市场”。居民“排浪式”的消费流行趋势发生了很大变化，消费流行更多地被消费时尚所替代。

从经济学意义上讲，消费时尚与消费流行没有本质的区别，只不过前者是商品充裕下的反映，而后者是商品短缺时期的表现。为了表现出连续性，我们在这里有时并不特别加以区别，但两者的不同特点还是存在的。

在西方发达国家，一种商品的流行时间更加集中和短暂。例如一种型号的汽车，至多只流行 1 ~ 2 年；新推出的一种型号计算机，只风光 1 年左右；而时装更是某一个季节的时尚。

消费流行受消费心理影响，如新潮时装往往由于影视明星、体育明星或其他知名人士穿戴而成为流行商品，这往往和崇拜名人、模仿消费的消费心理有关。

消费流行会对社会生产产生重大影响。企业推出的一种新产品能否成为流行商品，具有一定的风险。当一种商品成为流行商品以后，由于市场空间广阔、销售时间相对较集中，能给企业带来可观的利润。如果对消费需求估计过高，产品大量积压，将会给企业带来巨大的损失。因此，在企业准备大批量生产并推出某种新产品，并希望它成为流行商品之前，必须对市场进行认真细致的调查研究和反复的市场测试，充分掌握消费心理变化趋势，方可做到稳操胜券、成竹在胸。

二、消费流行的分类

从现象上看，消费流行的变化十分复杂，流行的商品、流利的时间、流行的速度等都不一样，但是从市场的角度来考察，消费流行仍有一定的规律性。因此，可将消费流行从以下几个角度进行分类。

（一）按消费流行的性质分类

按消费流行的性质分类，可分为吃的商品、穿的商品和用的商品的流行。

(1) 吃的商品引起的消费流行。这种消费流行是由于吃的商品的某种特殊性质而产生的，特殊性质包含的内容比较广泛，流行的商品数量、种类也比较多，而且流行的时间长、地域广。流行食品的价格，往往要高于一般商品。例如，20 世纪五六十年代高热量食品、高蛋白食品（巧克力、牛奶及其制品，牛肉、鸡蛋等）曾经在一些国家非常流行。又如 20 世纪七八十年代至今，健康无公害食品、天然食品（即绿色食品）在一些国家形成消费流行。

(2) 穿的商品引起的消费流行。这类商品引起的消费流行，往往不是由于商品本身具有的性能，而是由于商品的附带特性而引起消费者的青睐。例如，时装由于其颜色、款式、面料而形成流行。一般来说，穿着类商品中流行的商品比较少，流行的时间也较短，所以这种流行商品的价格往往要大大高于非流行商品，但一旦过了流行期，其价格则会大幅下跌。

(3) 用的商品引起的消费流行。用的商品由于能给人们的生活带来巨大的便利而形成消费流行，如手机使人们在工作、生活中的通信中变得方便、快捷；电视机丰富了人们的生活，使人们足不出户而知天下事，坐在家里即可欣赏戏剧、音乐，观看电影、电视剧；电冰箱具有食品保鲜、冷冻的特性，人们不必天天采购商品，可以节约时间。用的商品引起的消费流行，往往是性质相近的几种商品，流行的时间与商品的生命周期有关，流行的范围比较广泛，时间也较长。但比起吃的商品引起的消费流行，在地域和时间上要稍逊色一些。消费流行中用的商品一般价格较高。如果这些流行商品具有可比较商品，其价格往往要高于可比较商品几倍，甚至十几倍，如果没有相应的可比较商品，其价格只是稍稍高于其价值。

（二）按消费流行的时间分类

按消费流行的时间分类，有长期流行、中短期流行和短期季节流行。按时间分类，并无严格的界限，而且由于各地区情况不同，即使是同一种商品流行，流行时间也有长有短。

长期流行，只是相对而言，一般流行时间在 3 ~ 5 年以上，就称之为长期流行。长期流行只是某种笼统的消费趋势，流行商品的种类较多，凡是符合这一消费趋势的，都进入流行商品的行列。例如，世界性的复古商品流行、便利商品流行、健康食品的流行，都只是一种消费流行趋势。复古商品包括工艺品、针织刺绣商品、家具用具等；健康食品流行的种类就更多了，从矿泉水饮料到主、副食品，从天然添加剂到无污染蔬菜、无公害食品、绿色食品。这种消费流行已持续多年，目前仍有方兴未艾之势。

短期季节流行，如一种新款式、新颜色的时装，流行期很短，长的也就是两三年，短的只有一个季节。这种消费流行时间短、来势急，市场反响大。有时也由于气候、季节、环境的影响，形成一两种商品的短期季节流行。例如一段时间内，儿童中普遍流行卡通玩具，中学生中流行的送贺年卡、圣诞卡，以至观测日食用的镜片卡、变色太阳镜等，这些都是短期流行，过了流行期，流行商品身价大跌，消费者很少问津。

中短期流行介于长期流行和短期流行之间，它既不像长期流行时间那样长，又不像短期流行时间那样急促。例如，一些经济发达地区、大中城市，某些高收入阶层中购买汽车成为一种流行趋势。这种流行延续的时间比长期流行要短，这是因为只限于某些阶层的流行，对社会的影响程度有限；但又比短期季节流行时间长，因为汽车毕竟价格较高，购买时比较、选择的时间长，大多数人不可能短期内完成购买行为。

（三）按消费流行的范围分类

按消费流行的范围分类，可分为全球性、全国性、地区性、阶层性消费流行。

（1）全球性的消费流行。这种流行范围大、分布广，一般来源于全球范围内大家共同面临的一些共同问题。例如健康食品、保健食品的流行，来源于人们对环境的关心和担忧；仿古商品的流行，来源于人们对古代田园式生活的留恋。

（2）全国性的消费流行。所谓全国性的消费流行，并不能涵盖所有的消费地区和消费人口，而只是就大部分地区而言。全国性的消费流行有的是受到世界市场消费流行的影响而形成的，如健康、方便食品的流行。但是这种消费流行从总体而言速度慢、时间长，有时受到消费习惯的制约，受到经济发展水平的影响，流行只停留在某些经济发达地区和高收入阶层。

全国性消费流行一般起源于经济发达地区。有些全国性的消费流行由于流行速度快，呈现出明显的波浪式，在一些地区是流行的高潮，在其他地区可能是低潮，过一段时间后，高潮地区转变为低潮时，低潮地区反而成了高潮地区。时装的流行就具有这种鲜明的特点。例如某些大城市开始流行某种款式的服装，随后，迅速向全国其他大中城市扩散，然后是在中小城市和广大农村流行。

（3）地区性的消费流行。从现象上看，这种消费流行是最普遍、最常见的。从实质上看，这种消费流行有的来源于全国性的消费流行，又带有地区色彩，而有的则纯粹是一种地区性流行。有些全国性的消费流行由于在不同地区的流行速度不同，在某个地区形成流行高峰，而在其他地区是低谷，因而给人一种地区性流行的感觉。

纯粹的地区性流行是由地区消费的特点所产生的。在一些经济发达地区，一些具有创新观念的消费者不断追求新商品、新式样，因而带动了商品的流行。即使在一些中小城市，也会由于地方特点，使一两种具有明显地方特色的商品引起一场消费流行。地区性消费流行还有这样一种现象，即由于经济交往的扩大，人员流动的增加，某些大中城市的人们一般消费使用的商品，也会成为相对封闭地区人们模仿消费的对象，因而形成一般消费流行浪潮。

（4）阶层性消费流行。按照市场细分化的原理，有高、中、低档收入阶层市场，有婴幼儿、儿童、青年、中年、老年人市场，有大学、中学、小学、低文化程度消费者阶层的市场，有工人、农民、职员、知识分子市场等。有些商品只在某个细分市场引起很大反响，形成一种流行趋势。这种消费流行由于年龄、收入、职业等的差异，一般只限于在某个阶层流行，但有时其影响力也超出了阶层的范围。

（四）按消费流行的速度分类

按消费流行的速度分类，可分为迅速流行、一般流行和缓慢流行3种。商品流行的速度与商品的市场生命周期有关，也与商品的分类和性质有关。社会生产力不断发展，科学技术迅速进步，商品的市场生命周期呈逐渐缩短的趋势，导致消费流行的速度不断加快。市场生命周期较短的商品，其消费流行速度很快。而有些商品市场生命周期相对较长，因而流行速度较慢。还有些商品市场生命周期无严格界限区分，流行速度介于上述两者之间。这种现象是由消费心理引起的。市场生命周期较短的商品，消费者为追赶流行趋势，希望迅速购买，因而使流行速度加快；而市场生命周期较长的商品，消费者需要有一个比较、评估的过程，会稍晚一些购买，因此消费流行速度也就较慢。

消费流行速度与商品价格相关。流行商品价格高，流行速度较慢；相反则流行速度较快。这是因为消费者在购买价格高、贵重的商品时，收集商品信息、评估直至做出购买决策的时间较长，购买介入程度较高，购买较为慎重；相反，对于价格低、使用频率高的商品，形成购买决策的时间较短，购买迅速。

以上分类介绍了消费流行的几种情况，在实际生活中，各类消费流行不是单一线条发展的，而是交叉重叠在一起的，互相渗透、影响和联系。认识消费流行，也应从多方面、多角度考察，综合分析，探讨其规律。

三、消费流行的运动阶段与特点

按照市场营销学的理论，流行商品的生命周期决定着消费流行的运动阶段，但是，它又和一般商品的生命周期各个阶段不完全一样，它带有流行商品自身的特点。按照商品市场生命周期理论，商品进入市场有一个发生、发展，到最后被淘汰的过程。一种新产品出现，它的功能不但能代替老产品，而且某些方面还超过了老产品，这就意味着老产品的市场生命结束。从整体上看，一种产品的生命周期大致可分为4个阶段：市场介绍阶段、市场增长阶段、市场成熟阶段和市场衰退阶段。商品的流行生命周期也可按此分析。在**市场介绍阶段**，流行商品吸引了有名望、有社会地位的顾客和具有创新消费心理的顾客。他们对商品的使用会产生强烈的社会示范效应。这个阶段可称为消费流行的第一阶段。企业在这个阶段采取的市场营销策略主要是根据产品的特点，投入大量的广告费用，面向早期消费者，突出宣传产品的特点、优点、功能，甚至可采用赠送样品、优惠购物的形式吸引有影响的顾客，以树立商品形象。

在**市场增长阶段**，新产品的样品被早期顾客采用，由于他们的无形号召，许多热衷于时尚的消费者纷纷效仿，迅速形成一种消费流行浪潮。与一般商品的市场增长阶段不同，其增长率几乎一直呈直线增长趋势，对市场形成巨大的冲击。这是消费流行的第二阶段。企业在这个阶段应迅速扩大生产能力，并严格按原有样品生产，增加销售场所，便利消费者大量购买，在大量生产的基础上，可以考虑适当降低售价。

在**市场成熟与衰退阶段**，新产品在市场已大量普及，流行范围扩大，但势头已开始减弱，随后产品即进入衰退期。这是流行商品生命周期与一般商品的最大不同。市场成熟期十分短暂，成熟的同时即意味着衰退期的到来，成熟期与衰退期交织在一起。这就是消费流行的第三阶段。企业在这个阶段应迅速停止扩大生产，抛售库存，逐步淘汰老产品，并开始向新流行产品转移。

企业要想推出流行商品，需具有一定的经济实力，冒较大的经营风险。一旦掌握了消费者心理，推出流行商品获得成功，就可以使企业获得丰厚的利润。开发流行商品对于企业来说，一直是一个具有很大诱惑力的市场机会，但又可能成为一个陷阱。为了抑弊扬利，最有效的手段是调查预测市场需求，研究消费心理，掌握消费流行的运动规律。

四、消费流行的地域差、品种差、时间差

消费流行范围有全球性、全国性、地区性、阶层性等几种形式。全球性、全国性的消费流行在地区出现，也带有鲜明的地域特点，形成不同地区消费流行的地域差。一般而言，全球性消费流行是先从经济发达地区开始，进而到一些富裕国家和地区。这种消费流行的地域差表现为波浪式运动，当发达国家处于消费流行的第一阶段时，其他国家还未形成消费流行；当发达国家处于消费流行的第二阶段时，一些新兴工业国家和地区开始进入消费流行的第一阶段；当发达国家处于消费流行的第三阶段，新兴工业国家处于消费流行的第二阶段时，而广大发展中国家则刚进入消费流行的第一阶段。

由于消费流行地域差别的存在，企业在市场营销中可以采取各种策略，延长商品的市场生命周期，增加企业盈利。发达国家一般在消费流行进入第三阶段时，为减少损失，保持盈利，往往开始向发展中国家转移老产品的生产资金和技术设备，扩大产品的销售地区。作为发展中国家的企业，一方面应大胆引进技术，生产出适合本国需要的流行商品，另一方面利用发达国家的生产技术开发新产品，对产品进行创新设计，以便将产品打入发达国家市场。

我国国内形成的消费流行从地域角度分析，具有这样一些特点：商品一般从北京、上海、广州等大城市开始流行，逐渐向中部地区（南京、武汉、郑州等）转移，然后进入西安、重庆、兰州等地区。穿着类商品流行有时是从南到北逐渐流行。广州、上海等地区处于消费流行的第一阶段。当然，这种消费流行地域差别变化十分复杂，不能一概而论。有时时装流行从大连、青岛、天津等地开始进入内地，有时直接从北京开始传遍其他地区。利用消费流行的地域差，企业的市场营销大有可为：①可以按照地域流行规律，引进新产品，引导消费流行；②向其他地区扩大流行商品销售，延长商品生命周期，增加盈利；③与经济发达地区合作，利用本地资源、技术优势，共同开发流行商品。

消费流行在全国各个地区出现，除了表现出地域差别外，还表现出流行商品品种上的差别。例如，发达国家、发达地区流行的商品质地优良、功能比较完善，而在其他地区，则会衍变出价格较为低廉的品种，如使用便宜一些的原料，减少一些使用功能等。但是，这种差别要建立在商品流行特色不变的前提下。这种品种差别有时也来源于气候环境的不同。例如，同一种流行的时装款式，在我国南方和北方流行时，南方多使用轻薄、柔软的面料，而在北方，特别是在东北地区流行时，则会使用厚实一些的面料。消费流行中品种差的存在，客观上为增加流行商品品种、丰富商品种类提供了一种可能性，因此，按照消费流行的特点，在市场营销中，应研究本地区消费心理，创造出适合本地区消费流行商品的不同品种。

综合地观察一种商品消费流行的全过程，除了表现出地域差、品种差以外，还体现出在时间先后上的不同。这种情况为企业的市场营销活动创造了许多条件和机会。例如在发达国家流行商品刚露头时，就积极研制开发这类商品，然后，在分析本地消费者偏好心理的基础上，迅速将符合本地特色的流行商品投入市场。这样，在消费流行浪潮到来之时，产品已站稳脚跟，跟上了流行趋势，这势必给企业带来巨大的收益。

消费流行的地域差、品种差、时间差实际上是消费流行在不同地区、不同时间的表现形式，是综合、全面认识消费流行的重要方面。

五、消费流行与消费心理的相互影响作用

研究消费流行，应看到消费心理对消费流行形成与发展的影响；反过来，还应看到消费流行引起消费心理的变化。

在一般情况下，消费者购买商品的心理活动过程存在着某种规律性。例如，在购物的信息收集阶段，心理倾向是尽可能地多收集有关商品的信息，在比较中进行决策；在购物后，通过对商品的初步使用，产生对购买行为的购后心理评价。这些心理活动有一种正常的发展过程，循序渐进。但是，在消费流行的冲击下，消费心理发生了许多微妙的变化。考察这些具体变化，也就成为研究消费心理、搞好市场营销的重要内容。

（1）认知态度的变化。按正常的消费心理，顾客对一种新商品，往往开始时持怀疑态度，需要一个学习认识的过程。有的消费者通过经验，有的是通过亲友的介绍来学习，还有的是通过大众传播媒介来学习。但由于消费流行的出现，大部分消费者的认知态度会发生变化，首先是怀疑态度取消，肯定倾向增加；其次是学习时间缩短，接受新商品时间提前。

（2）驱动力的变化。人们购买商品，有时是由于生活需要，有时是因为人们为维护社会交往而产生的消费需求。由于这两种需求产生了购买商品的心理驱动力，这些驱动力是人们在购物时产生了生理动机和心理动机。按一般消费心理，这些购买动机是比较稳定的。当然有些心理动机也具有冲动性，如情绪动机。这种情绪变化是与个人消费心理相一致的。但是，在消费流行中，购买商品的驱动力会发生新的变化。如有时明明没有消费需要，但看到时尚商品，也加入了购买商品的行列，对流行商品产生了一种盲目的购买驱动力。这种新的购买驱动力可以划入具体的购买心理动机之中，如求新、求美、求名、从众心理动机。但有时，购买者在购买流行商品时，并不能达到上述心理要求，因此，只能说是消费流行使人产生了一种新的购买心理驱动力。研究这种驱动力对于认识消费流行的意义具有重要的作用。

（3）在消费流行中，一些消费心理会发生反方向变化。因为在正常的生活消费中，消费者往往要对商品比值比价，在心理上做出评价和比较后再去购买物美价廉、经济合算的商品。但是，在消费流行的冲击下，这种传统的消费心理受到冲击。一些流行商品明明因供求关系而抬高了价格，但是，消费者却常常不予计较而踊跃购买。相反，原有的正常商品的消费行为有所减少。如为了购买时装，对其他服装产生了等一等或迟一些时候再购买的消费心理。

在正常的消费活动中，消费者购买商品，是某种具体的购买心理动机起主导作用。如购买商品注重实用性和便利性的求实心理动机，但在消费流行中就会发生变化，对实用便利产生了新的理解。因为一些流行商品从总体上比较，比原有老产品有新功能，当然会给生活带来新的便利，特别是一些吃的商品和家庭用品。这些消费者加入消费流行，是心理作用强化的直接结果。

（4）有些顾客原有的偏好心理受到冲击。有些消费者由于对某种商品的长期使用，产生了信任感，然而在消费流行的冲击下，不断的耳濡目染使消费者逐渐失去对老产品、老牌子的偏好心理。这时，如果老牌子、老产品不能改变商品结构、品种、形象，不能适应消费流行的需要，就会有相当一部分顾客转向流行商品。

个人购物偏好心理是消费生活中较长时间的习惯养成的，这种习惯心理的养成是建立在个人生活习惯、兴趣爱好之上的。在消费流行中，这种偏好心理也会发生微妙的变化。有时，是消费者个人认识到原有习惯应该改变，有时是社会风尚的无形压力使之动摇、改变。

尽管这些常见的消费心理在消费流行中发生了变异，但综合来看，其变化的基础仍然是原

有的心理动机，形成强化或转移的形式，并未从根本上脱离消费心理动机。

典 型 案 例　高端餐饮亲民化，新型消费渐流行

中国领先的本地生活信息及交易平台大众点评网发布的《2013 北京城市生活消费报告》报通过丰富的数据揭示了2013年北京吃、喝、玩、乐等本地生活的风向。

2013年，随着团购市场的成熟和规模扩大，越来越多的北京消费者在吃、喝、玩、乐、购方面习惯团购，团购开始成为主流消费方式之一。这一年里，团购总共为北京消费者节省支出超过18亿元。此前高大上的高端餐厅也开始放下身段走亲民路线，2013年参加过团购的北京高端餐厅数量是前一年的近3倍。

1. 北京小吃单次全国最贵

2013年在小吃人均价格方面，随着物价的上涨，北京消费者在小吃上的人均消费价格均比去年有所增长。《2013 北京城市生活消费报告》显示，2013年全年大众点评网北京小吃的单次人均价格则为34元，较去年上涨2元，而北京小吃的价格在全国21座消费较为发达的城市排名第一，比第二名的上海高出5元。

此外，在正餐类型方面，火锅最受北京消费者的喜爱。报告显示，2013年，火锅成为北京人气最高的正餐菜系，北京菜和西餐则紧随其后。

2. 经济快捷酒店人气旺

作为首都且是著名旅游城市的北京，每年来往于此的商务、旅游人士数量庞大，酒店数量众多，不过在所有酒店中，方便快捷的经济型酒店人气最旺。报告显示，2013年大众点评网收录北京酒店超过14000家，其中经济型酒店占比25%，而在北京人气最高的10家酒店中，前9家均为经济主题型酒店，如家快捷酒店成为人气最旺的经济型酒店，而五洲大酒店则成为唯一入选的四星级酒店。

3. 休闲娱乐形式多样

闲适与忙碌这两种特征在北京展现得淋漓尽致。老北京的悠闲，新北京的快节奏，体现在休闲娱乐方式上就是更加多样化。报告显示，在北京人气最高的休闲娱乐类目中，足疗按摩馆、KTV、电影院、密室逃脱、公园均有上榜，成为京城消费者闲暇时间爱去的地方，而其中，KTV更是上榜4家，成为北京最受欢迎的休闲娱乐方式之一。

4. 高端餐厅走亲民化路线

在新的市场环境下，京城高端餐饮商户开始走亲民化路线，参团商户数量有显著增加。根据报告显示，截至2013年年底，大众点评收录餐饮单次人均消费在200元以上的餐饮商户累计超过600家，其中接近1/4的餐饮商户做过团购，参团商户数量是2012年的2.4倍。

5. 新兴消费服务方式流行

2013年以餐厅在线预订为代表的服务型需求走红，越来越多的消费者会在大众点评网上查询到心仪餐厅后随手做一个预订。报告显示，大众点评网餐饮在线预订自2013年年初正式上线以来到2013年年底，全国餐厅在线预订总订单超过120万，其中2013年第三季度、第四季度订单总和超过百万，日均订单量和支持在线预订的商户数，年底较年初增长达30倍。在线预订也更加方便了京城消费者外出就餐。报告显示，餐厅在线预订的订单量是电话预订的3倍。用户平均提交一个餐厅预订的时间只需20秒。

电子会员卡逐渐走进了京城消费者的生活，快捷轻便、低碳环保的特性受到了多卡及环保一族的青睐，大有取代实体会员卡的趋势。报告显示，2013年，京城有超过475万张电子会员卡被申领，覆盖美食、休闲娱乐、生活服务、购物、运动健身、丽人等多个类目；对口味较重的北京消费者来说，餐饮类目中川菜类商户的电子会员卡被申请数量最多，其次是火锅和西餐。

案例讨论：新型的消费流行方式会对个性消费产生哪些影响？

（**资料来源**：报告称：高端餐饮亲民化　新型消费渐流行.《中华工商时报》，2014-02-11）

思考与训练题

1. 什么是消费习俗？消费习俗对消费心理有什么影响？
2. 什么是消费流行？消费流行有哪些类型？消费流行有哪些运动阶段？
3. 消费心理对消费流行有什么影响？
4. 消费流行对消费心理有什么影响？
5. 结合实例，谈谈针对消费流行特点，企业应采取哪些市场营销策略？

第四篇

营销策略与消费心理

第十一章 产品策略与消费心理

本章提要

产品是消费者从事消费活动的对象和载体，消费者的各种心理活动、需求动机、购买决策及购买行为都是围绕产品发生和进行的。企业的产品能否为消费者认可、接受，直接关系到企业的竞争成败。为此，本章介绍了新产品开发与消费心理，商品名称、商标、包装与消费心理，以及消费者的品牌心理等。

引 例

海尔商标的演变是海尔集团从中国走向世界的见证。海尔的故事，就是一部中国企业创业史。1985年，海尔集团创业刚起步时，从德国利勃海尔公司引进电冰箱产品的先进的生产技术和设备，生产出亚洲第一代“四星级”电冰箱，当时双方签订的合同规定，为体现双方合作，海尔可在德国商标上加注厂址在青岛，于是海尔引进“琴岛——利勃海尔”作为公司的商标。(琴岛，青岛的别称)。

当时从电冰箱装饰考虑，设计了象征中德儿童的吉祥物“海尔图形”(海尔兄弟，见图11-1)。海尔卡通吉祥物标志的设计寓意：中国的海尔和德国的利勃海尔，中德双方的合作如同这两个小孩一样充满朝气和拥有无限美好的未来。

图11-1 海尔兄弟

这些识别标志经广告广泛宣传，使海尔商标初步深入人心，为企业发展起到了积极的促进作用。到20世纪八十年代末九十年代初，“琴岛——利勃海尔”电冰箱在中国已是家喻户晓，成为优质产品的代名词。

从1985年创业至今，海尔集团经过了名牌战略发展阶段、多元化战略发展阶段、国际化战略发展阶段、全球化品牌战略发展阶段、网络化战略阶段。海尔产品的商标也不断地发展与完善，海尔的新口号是“你的生活智慧，我的智慧生活”。

商标设计要符合商品本身的性质和特点，海尔的商标设计体现了海尔战略的发展。

产品的设计、品牌名称、商品包装与消费者心理需求有什么关系呢？

(来自：资料来源百度百科：海尔，整理得出。)

第一节 新产品开发与消费心理

一、新产品的概念和分类

（一）新产品的概念

新产品的概念是从“整体产品”的角度来理解的。**在“整体产品”中，只要对一个产品层次进行创新和变革，使产品有了新的结构、新的功能、新的品种，增加了新的服务，从而给消费者带来新的效用和利益，与原产品产生了差异，即视为新产品。**

（二）新产品的分类

通常可以按照新产品与老产品的差异程度将其分为以下3类。

（1）**全新产品**。这一般**是指运用新技术或为满足消费者某种新的需要而发明的、功能相近的同类产品中产生了实质性变化的新产品。**全新产品无论从设计原理、工艺结构、性能特征及外观造型上都与原有产品完全不同。这类新产品的问世和使用一般会引起消费者消费方式和心理需求的变化，需要消费者改变过去的使用习惯和消费方式，创立全新的消费行为。

（2）**革新产品**。这**是指在原有产品的基础上采用新技术或新材料，使产品性能有了重大突破，或将原单一性能发展成为多种性能及用途的产品。**例如，洗衣机从半自动过渡到全自动计算机控制，性能有了重大突破。这类新产品要求消费者在使用过程中部分地改变已经形成的消费行为和习惯，因而对消费者心理影响较大。

（3）**改进产品**。这**是指在原有产品的基础上进行某些改进，仅发生次要或微小的变化，因而对已经形成的消费者购买心理与习惯行为影响很小的新产品。**这类产品的特点是，在原产品基本用途不变的情况下，或增加某些性能，或增加花色品种，或改进外观造型，使产品结构更加合理。消费者在接受这类新产品时，基本上沿用类似老产品时的消费行为，需要新学习的消费方式只占很少一部分。

二、新产品购买中消费者的态度差异

（一）购买新产品的消费者类型

由于各种因素的影响，不同消费者对新产品接受的快慢程度会有所不同。根据消费者对新产品的态度与行为差异可将其分为以下5类。

（1）最早购买者，也称创新采用者，是新产品上市之初，最先实施购买的消费者，又称新产品消费带头人，约占全部潜在购买者的2.5%。这部分消费者求新、求奇、求美的心理需求强烈，富于创新和冒险精神；收入水平、社会地位和受教育程度较高，对风险有较强的承受能力；大多为年轻人，交际广泛且信息灵通。最早购买者人数很少，但可以起到示范、表率、带动其他消费者的作用，因而是新产品推广的首要力量。

（2）早期购买者，也称早期采用者，是指新产品上市初期，继最早购买者之后，马上进行购买的消费者，约占全部潜在购买者的13.5%。这部分消费者大多是某个群体中具有很高威信的人，受到群体其他成员的爱戴、景仰和追随。他们对新生事物感兴趣，对新产品有比较强烈的消费欲望，是新产品购买的积极分子。早期购买者人数较少，但他们购买产品较早，并且有一定的权威性，因而对带动其他消费者购买新产品有重要作用。

（3）较早购买者，也称早期大众。这是经过“最早购买者”和“早期购买者”对新产品的特点、性能、用途等证实之后，继而实施购买行为的消费者。这类购买者采用新产品的时间较平均采用时间要早，约占全部潜在购买者的34%。他们的购买行为基本上发生在产品成长阶段。这部分消费者在消费中具有明显的同步仿效心理，他们乐于接受新生事物，但是一般小心谨慎。该类消费者数量较大，是促成新产品在市场上趋向成熟的主要力量。

（4）晚期购买者，也称晚期大众，是指当大部分消费者接受并使用新产品后才开始购买新产品的消费者。这类购买者的购买时间较平均购买时间稍晚，约占全部潜在购买者的34%。这部分消费者的思想谨慎，对新生事物反应迟钝。他们从不主动采用或接受新产品，当看到购买新产品的人越来越多，并已证实新产品的特点及由此带来的消费趋势后，他们才开始购买。这部分消费者对于新产品在市场上达到成熟饱和状态作用重大。

（5）守旧者，也称落后采用者，是指最后购买和最终拒绝购买新产品的消费者。这类消费者是采用新产品的落伍者，约占全部潜在购买者的16%。这类消费者受保守心理、传统观念、文化水平及所处环境的束缚，拘泥于传统的消费行为模式，其社会地位和收入水平一般较低。当新产品处于饱和状态或趋于衰退状态时，他们才实施购买，或最终拒绝购买和使用任何新产品。

（二）影响新产品购买行为的心理因素

导致消费者对新产品购买态度与行为差异的因素包括：收入水平、职业特点、性别、年龄等社会和生理因素，还有需要、认知、个性特征、自我概念等心理因素。在社会环境大体相同的情况下，后者的影响更为突出。

（1）消费者对新产品的需要。需要是消费者一切行为活动的基础和最初原动力，也是消费者购买新产品与否的决定性因素。只有符合并能够满足其特定需要的新产品，才能吸引消费者积极购买。由于不同消费者的需要内容、需要程度千差万别，因而对新产品的购买行为也各不相同。

（2）消费者对新产品的感知程度。消费者只有对某一新产品的性能、用途、特点有了基本了解之后，才能进行分析和判断。当消费者确信购买新产品能够为自己带来新的利益时，就会由此激发购买欲望，进而实施购买行为。感知能力的强弱也会直接影响消费者接受新产品信息的准确度和敏锐度，从而导致消费者购买新产品的时间差异。

（3）消费者的个性特征。消费者的气质、性格、自我概念、兴趣爱好、价值观等个性心理特征千差万别，这直接影响到消费者对新产品的接受程度与速度。个性灵活、乐于接受变化、富于冒险和创新精神的消费者，往往比思想保守、兴趣单一、固执守旧的消费者更易于接受新产品，且接受速度更快。

（4）消费者对新产品的态度。消费者对新产品所持的态度，是影响新产品购买行为的决定性因素。消费者在对新产品感知的基础上，会对新、旧产品的各项指标进行比较。如果比较后确信新产品具有独创、新奇、趋时的特点，能为自己带来新的利益及心理上的满足时，消费者就会对新产品产生好感，抱有积极、肯定的态度。

三、新产品设计的心理研究

随着消费者生活水平和文化素质的提高，其心理欲求在购买行为中所占的地位越来越重要。消费者是否购买某一新产品，常常取决于新产品能否满足其心理欲求。所以，新产品的设计要适应消费者不断发展的心理欲求。具体来讲，要从以下几个方面研究设计。

（一）根据消费者的个性心理特征进行产品个性特色设计

消费者的个性心理特征对其购买动机有重要影响。消费者之间个性心理特征的差异表现为对产品的不同需要。因此，在设计新产品时，一方面要考虑产品的性能、结构等共性要求；另一方面还要考虑产品的独特性，使新产品与众多同类产品有显著的区别，即有明显的个性特色。产品的个性特点具体体现为以下几点。

（1）体现威望的个性特色。具有这种特色的产品，在某种程度上能够提高消费者的社会威望和表现其个人成就，如高档手表、名牌服装、高级轿车等。为此，在设计这类产品时，要考虑选用上乘或贵重的材料，款式要豪华精美，要保证一流的工艺和质量；同时，对这类产品的产量要严格控制，价格要昂贵。

（2）显示年龄的个性特色。在人的生命周期中，要依次经过儿童、青年、中年、老年等阶段。在不同的年龄阶段，人们的生理与心理成熟程度不同。设计新产品时，要注意适应不同年龄阶段消费者的成熟程度，以满足其心理要求为目标进行设计。

（3）标志社会地位的个性特色。某些产品具有明显的社会地位或阶层属性，是某一社会阶层成员的共同标志，使用者可以借此表明自己属于该社会阶层或集团的身份。而不同的社会阶层，其消费习惯及心理特征有着明显差别。所以，在设计这类产品时，要根据特定阶层消费者的工作环境、社会地位、经济收入以及消费习惯和消费心理来确定产品策略。

（4）满足自尊和自我实现的个性特色。购买装饰品、美容用品、学习用品以及有助于提高某方面技能的专门用品时，人们会刻意寻找和要求有助于增强自尊、社会尊重和自我价值实现的商品。在设计这类产品时，应以美观协调、高雅庄重、特色鲜明、功能突出为原则。

（5）满足情感要求的个性特色。现代社会，随着生活节奏的加快，消费者在强调产品实用性的同时，越来越注重情感消费，即希望通过消费活动获得某种情绪感受，满足特定的感情需要，如表达友情、亲情，寄托希望、向往，追求自然、回归。展示情趣、格调等。例如工艺品、装饰品、玩具等商品，因其设计新颖、造型别致而蕴涵丰富的感情色彩，能够满足消费者的情感需要，因而受到消费者的特别青睐。这类产品的设计应强调新、奇、美、趣、雅等特点。

总之，在进行新产品设计时，要努力创造产品的个性特色，力求满足消费者的个性心理需求。这是新产品设计和推广成败与否的关键。

（二）按照人体工程学原理进行产品结构设计

新产品设计必须适应人体结构的要求。与人体生理改造和生命发展相适应的产品，在消费过程中可以给人以安全感、舒适感，可以减轻人体疲劳，加速人体机能的恢复。

根据现代人体工程学原理，新产品要根据人体各部位的结构特征、生理机能以及使用环境等进行综合设计。比如座椅的设计，应根据人们腿部的长度决定高矮，根据人们腰部的特征决定靠背的角度，根据手臂长短安置扶手，才能使体重负荷、血液循环、姿态安稳、筋肉放松等方面都能符合人体的需要。

（三）参照时代现象进行新产品设计

产品的时代性是一种社会现象。它表现为在某一时期内，社会中某一群体或某一阶层的众多消费者承认、接受或使用同一商品样式，即流行式样。

时尚商品的流行，一方面反映了社会文化和科学技术的进步，另一方面也反映了消费者渴望变化，求新、求美、求奇的心理倾向。有些消费者对具有特色的新产品极具热情，喜欢带头使用新产品，由此形成了时尚商品流行的源头，这部分消费者被称为“消费带头人”。他们将首先购买和使用新产品引以为荣，他们的消费行为起到了宣传示范作用，引起其他消费者的模仿购买，并逐步形成消费流行高潮。这时，如果产品不能及时再创新，这一流行高潮就会逐渐减退，直至消失。

为此，企业在进行新产品设计时，应善于吸收和发展市场上最新流行产品的长处；同时，要善于研究和迎合消费者追求时尚的心理，创造出新颖独特、顺应时尚潮流的新产品

四、新产品推广的心理策略

新产品问世后，企业面临的重要问题是，如何使消费者尽快认识、承认并接受新产品。消费者接受新产品要经过引起注意、产生兴趣、进行联想、产生欲望、实施购买5个阶段。这5个阶段能否顺利发展，一方面与产品的质量、价格、性能等密切相关；另一方面又与消费者接受新产品过程中的各种心理因素相关。为此，企业在推广新产品时，必须根据消费者的心理特点，制定相应的策略。

新产品应满足以下心理特点：

（1）产品的相对优点。**产品的相对优点是指新产品优于老产品的程度。**对于消费者来讲，这是最具吸引力的一点，也是消费者购买新产品的重要心理动机。新产品的创新程度越高，在市场上的扩散率及占有率也就越高。

（2）产品使用上的一致性。新产品的使用能否与消费者在长期消费过程中逐步形成的消费方式、消费习惯及价值观念保持一致，对新产品能否为消费者承认并接受影响较大。能够与现有消费方式保持基本一致的新产品，可以减少消费者调整原有价值观念、适应新的消费方式和习惯的环节，消除消费者的心理障碍，从而使新产品在市场上迅速推广。

（3）产品的可试性。耳闻目睹不如亲身一试，如果消费者能亲自试用某一新产品，体验一下新产品特点的话，比采用其他方式进行宣传的影响程度大得多。例如，美国沃尔弗林环球股份公司在推广新产品——“安静的小狗”牌猪皮便鞋时，首先拿出100双无偿送给100名顾客试穿8周。消费者经过自己穿用，体会到了这种便鞋柔软舒适、轻便耐磨的优点，以至于在8周后愿意支付5美元买下了各自的猪皮便鞋。而该产品也由此很快打开市场。

（4）产品的可传达性。新产品一般在性能、用途、工艺以及效用上优于老产品。这些优点若能准确明了地为消费者感知、想象和形容，则表明新产品可传达性强。消费者购买新产品，不仅要满足试用上的需求，同时还希望自己购买的新产品的优点也能传达给其他消费者，并得到他们的承认和理解，由此得到心理上的满足。因此，可传达性强的新产品比可传达性弱的新产品的发散速度快。例如，新型的家用电器、新式的服装、家庭陈设品等的可传达性就比较强。

要保证新产品在市场上获得成功，除了要设计出能满足消费者生理和心理需求的产品外，还要运用正确的策略去推广新产品。

新产品最初出现在市场上时，消费者对它还很陌生，因而在心理上缺少安全感。这种心理障碍会导致许多消费者采取等待观望态度。针对这一问题，在新产品进入市场的初期，企业要采用各种方式和手段，大力宣传和介绍新产品的性能、效用、使用方法以及售后服务等，来消除消费者心理上的障碍。这一阶段的宣传，对于具有强烈消费欲望和求新、求美、求奇心理需要的消费者影响很大，他们会因此而首先购买和试用新产品，起到消费带头人的作用。

当产品进入成长阶段后，新产品在市场上已有了立足之地。但是，由于新产品进入市场的时间还不长，大多数消费者还未完全消除心理上的障碍，有些消费者对新产品仍持怀疑或观望态度。这一时期，企业的宣传促销策略应该是，着重运用消费者乐于接受的方式，宣传使用新产品后形成的新的消费习惯、消费方式有何优越性、科学性等，逐步消除抵触情绪。这一时期，企业还要注意收集新产品的反馈信息，根据消费者的态度反应，有针对性地进行宣传。

第二节 商品命名、商标、包装与消费心理

在购买过程中，商品的品牌名称、商标和包装直接作用于消费者的感觉器官，被消费者首先感知并引起相应的心理反应。根据消费者的心理特点采取适当的命名、商标和包装策略，是企业制定市场营销策略组合的重要组成部分。

一、商品命名与消费心理

（一）商品命名的作用和心理要求

1. 商品命名的作用

商品命名就是选定恰当的语言文字，概括地反映商品的形状、用途、性能等特点。现实生活中，消费者在未接触到商品之前常常通过商品名称来判断商品的性质、用途和品质，所以一个好的名称可以提前引起消费者的注意。另外，一个简洁明了、引人注目、富于感染力的名称，不仅可以使消费者了解商品，还会使人们产生美好的联想，从而刺激消费者的购买欲望。

2. 商品命名的心理要求

商品命名的根本目的是使商品的名称与消费者的心理相吻合，对消费者产生积极的影响，所以在命名时应注意符合下列心理要求：

（1）名实相符。商品名称要与商品的实体特征相适应，使消费者能够通过名称迅速了解商品的基本效用和主要特征。

（2）便于记忆。商品的名称主要用来吸引消费者，加深消费者对商品的印象，所以商品的名称应易读易记，以便减小记忆难度。

（3）引人注意。这是商品命名最主要的目的，也是最重要的要求。好的商品命名应能在众多同类商品名称中脱颖而出，迅速引起消费者的注意。

（4）激发联想。激发联想是商品命名的一项潜在功能。通过名称的文字和发音使消费者产生恰当、良好的联想，可以使消费者产生良好的心理感受，激发其购买欲望。

（5）避免禁忌。由于不同国家、民族的社会文化传统不同，因此商品命名应符合消费者的习惯、偏好，避免触犯其禁忌。其中，要注意语言文字的差异对正确理解的影响。

（二）商品命名的心理策略

商品命名的心理策略可归为以下几种：

（1）以商品的主要效用命名。其特点是名称直接反映商品的主要性能和用途，使消费者能迅速了解商品的功效，加快对商品的认知，多用于日用工业品、化妆品和医药品。比如“气滞胃痛冲剂”，一看便知是治疗胃病的药物；“金鱼洗涤灵”，是洗涤餐具或水果的洗涤剂；还有“玉兰油防晒霜”“美加净护手霜”等，均可直接从名称上了解商品的用途和功效。这种开门见山的命名方法迎合了消费者追求商品实用价值的心理。

（2）以商品的主要成分命名。这种命名方法是为了突出商品的主要成分和主要材料，通常用于化妆品、食品和医药类商品。这样的命名方法可使消费者从名称上直接了解商品的原料构成，以便根据自己的实际情况选择商品。比如“螺旋藻麦片”可以看出麦片中加入了螺旋藻；“复方甘草合剂”主要成分是止咳的甘草；“靓妃珍珠面膜”原料里有养颜增白的珍珠。这些商品名称或强调货真价实，或突出原料名贵，都起到了吸引消费者的作用。

（3）以商品的外形命名。这种命名方法多用于食品、工艺品类商品的命名。它的特点是形

象化，能突出商品造型新奇、优美的特点，引起消费注意和兴趣。比如有的首饰用“繁星满天”命名，有的食品命名如“佛手酥”“猫耳朵”等。采用这种方法，应注意名称和形象的统一，否则会弄巧成拙。

(4) 以制作工艺或制造过程命名。这种方法多用于具有独特制作工艺或研制过程有纪念意义的商品，这是一种经常被采用的方法。例如，“二锅头”酒在制作过程中要经过两次换水蒸酒，且只取第二锅酒液的中段，酒质纯正、醇厚。以此命名能使消费者了解该酒不同寻常的酿制工艺，从而提高商品声望。

(5) 以商品的产地命名。以产地命名主要是由于产品具有悠久的历史，产地有特色，享誉盛名，冠以产地名称可以突出该商品的地方风情、特点，使其独具魅力，如“金华火腿”“云南白药”“汾酒”“北京醇”“青岛啤酒”等。这种命名方法符合消费者求名、求特、求新的心理，可以增加商品的名贵感和知名度，同时使消费者感到商品体现了地域的文化性，从而产生亲切感和偏好。

(6) 以人名命名。这是以发明者、制造者和历史人物等名字给商品命名的方法。这种方法将特定的商品和特定的人联系起来，使消费者睹物思人，引起丰富的联想、追忆和敬慕之情，从而使商品在消费者心目中留下深刻的印象，如“范思哲”“皮尔·卡丹”“圣罗兰”“拿破仑”酒“章光101毛发再生精”“李宁”牌运动服等。以人名命名还可以体现商品悠久的历史和文化，表明商品系出名门、正宗独特，以此诱发消费者的购买欲望。

(7) 以外来词命名。这种方法在进口商品的命名时常见。用外来语命名主要是满足消费者的求新、求奇、求异的心理，还可以克服翻译上的困难。但这要求读起来朗朗上口、寓意良好。最好的例子就是“Coca-Cola”，其中文译名选定为“可口可乐”，让人们联想到可口的饮料带来的舒畅感觉，以及由此产生的愉悦心情。

(8) 以吉祥物或美好的事物命名。有些商品为迎合人们图吉利、盼发财的心理，起名为“百合”被、“吉利”汽车等。而我国的一些中药，由于其成分原来的名字会使消费者感到畏惧，所以常用能使人产生良好联想的名称来代替原有名称，如“地龙”原指蚯蚓，“天龙”原指壁虎。

(9) 以色彩命名。这种方法适用于食品类商品。例如，“黑巧克力”原料中巧克力的成分比较高，黑色突出了纯度；“白玉豆腐”突出豆腐形态白嫩细腻；“白加黑感冒片”则突出了白片与黑片的不同效果。以色彩命名突出了消费者的视觉感受，使之对商品留下深刻印象。

二、商标设计与消费心理

（一）商标的心理价值和心理效应

商标是商品的标志。它是商品生产者或经营者为使本企业的商品与其他商品相区别而采取的一种标记，一般由文字、字母、图形、数码、线条、颜色及其组合构成。

(1) 商标的心理价值。商标是整体产品的一个重要组成部分，和产品是密不可分的。商标不仅仅表示产品的名称，还标志着产品的质量、规格和特征。因此，商标在消费者的心目中逐渐形成了某种价值。商标在消费者心理中形成的价值大体可分为两类：一是商标所代表的商品在消费者心目中有稳固而持久的良好印象。例如，消费者熟知的“可口可乐”“万宝路”“柯达”“摩托罗拉”等知名商标，消费者只要看到这些商标，对它们所代表的商品质量、价值就会深信不疑。二是商标的创制蕴涵了某种特殊的社会意义。我国徐州汉中实业集团曾于1995年10月获准注册的“1997”纪念酒商标，就与1997年中国政府恢复对香港行使主权这一重大历史事件直接联系在一起。

(2) 商标的心理效应。商标主要有以下 3 种心理效应：一是识别效应。商标是商品的一种特定标志，消费者在购买商品的过程中，可以通过商标对不同的商品进行识别。二是保护效应。商标一旦在国家商标局注册后就受到了法律的保护，它维护了商品生产者、经营者的形象和信誉，也保护了消费者的合法权益和经济利益。三是强化效应。这可以体现在两个方面：一个形象鲜明、富于想象力、声誉卓越的商标能够强烈地吸引消费者；而一个与消费者心理不符甚至相悖的商标，会强化消费者对商品的摒弃心理。

(二) 商标设计与消费心理

商标设计是商标发挥心理功能的基础。实践中，商标的设计可以采用文字、符号、图形及其组合等多种表现形式和手法，灵活运用。精良的商标设计必须考虑到商品的特色和消费者的心理，不能随心所欲。在商标的设计中应注意以下心理要求。

(1) 个性鲜明、富于特色。人们通常对特别的东西记忆深刻，因此，商标的设计应力求有别于其他同类商品的商标。例如，“小天鹅”洗衣机以一只美丽的小天鹅作为商标，使人们联想到美丽洁白的天鹅在明净的水面上畅游，从而产生洁净清爽的心理感觉。

(2) 造型优美、文字简洁。现代消费者不仅要求商标具有明确的标识作用，而且追求商标的美学价值。此外，人们对简单而符合审美情趣的图字往往记忆深刻。所以在设计商标时，语言应做到简洁鲜明，商标图案要简明，以满足消费者的审美要求。

(3) 具有时代气息、反映社会的潮流趋向。商标作为商品的标识与人们的生活息息相关，商标如果能结合特定的历史时期，反映时代的气息，甚至赋予一定的社会意义，可以激起消费者的购买热情，赢得消费者的青睐。

(4) 与商品本身的性质和特点相协调。商标既是对商品所要传达信息的提炼和精确表达，是商品的代名词，又要起到提示和强化的作用。这就要求商标能准确地体现所代表商品的性质，突出商品的特色。

(5) 遵从法律规定，顺应不同国家、民族、宗教、地域消费者的心理习惯。各个国家的商标法都有明文规定不允许注册为商标的事物。另外，由于不同的国家、民族、宗教、地域的消费者有着不同的心理习性，从而产生很多特殊的偏好和禁忌。在设计商标时应充分考虑这些因素。

(三) 商标运用的心理策略

巧妙运用商标，与商标设计一样是商标发挥其心理效应不可缺少的重要环节。为此，在使用商标时，应注意针对消费者的心理特点采用适宜的心理策略。

1. 是否使用商标

好的商标可以起到积极的提示和强化作用，但是对于消费者而言，并非所有商品都需要商标。是否使用商标是企业首先要决策和权衡的问题。

一般有以下几种情况可以不使用商标：一是商品本身属于无差别商品，只要品种、规格相同，商品的性质和特点就基本相同。二是一些差异较小的日常生活必需品及鲜活商品，消费者没有根据商标购买的习惯，可以不使用商标。三是一些临时生产的一次性商品，如纪念品等，也可以不使用商标。

2. 使用统一的商标还是独立的商标

统一的商标是指企业生产的若干类产品都使用同一商标，即同一商标的商品系列化。比如，索尼的播放器、随身听、电视等产品，都使用统一的 SONY 商标。统一商标可以强化消费者对该商标的印象，特别是对于那些已经树立起良好形象的商标，消费者会很自然地对标有该商标的其他商品抱有同样的好感和信任，从而激发消费者的延伸购买行为。再则，采用统一的商标可以节省设计、注册和推广费用，进而降低产品成本。最后，使用统一商标还可以保持企业在消费者心中的整体形象。

独立商标是指对同一企业的不同商品冠以不同的商标，使各产品之间相对独立。宝洁公司旗下的化妆品有300多个品牌，中国消费者熟知的就有“飘柔”“海飞丝”“沙宣”“诗芬”等多种。企业采用这种策略最主要的目的是突出各个商品的特色，以满足不同消费者的心理需求和习惯偏好。而且，消费者通常不会深究不同品牌是否来自同一公司，一旦一种品牌不能成功，也不会影响其他商品在消费者心目中的形象。

三、包装与消费心理

（一）包装的心理功能

商品的包装最开始是用来承载和保护商品的，以避免其损坏、散落、溢出或变质。随着科学技术的进步和新材料的广泛应用，商品的包装手段和方法日趋多样化，人们对包装的研究也更加深入。美国销售心理专家路易斯·切斯金曾通过一次实验对包装进行研究，结果表明，包装对消费者心理有巨大的影响，甚至可以左右他们对产品的认识和感受，因而被称为“沉默而极具说服力的推销员”。包装的心理功能有以下几种。

（1）识别功能。现代市场上，同类商品的同质化程度越来越高，质量、性能的接近使得包装和装潢成为产品差异化的重要组成部分。一个设计精良、独具特色、富于审美情趣的包装能使产品在众多的商品中脱颖而出，给消费者留下深刻印象。同时，包装上准确、详尽的文字说明，可以向消费者全面展示关于商品的产地、成分、重量、特色等重要信息。

（2）便利功能。良好的包装不仅能使商品别具一格，还可以有效地保护商品，有利于商品的长期储存，延长商品的使用寿命。包装的便利性还体现在包装的开启和携带是否方便。总之，根据实际需要，设计合理、便利的商品包装，能使消费者产生安全感和便利感，方便消费者购买、携带、储存和消费。

（3）美化功能。俗话说“三分人才，七分打扮”，可见，外部形象对体现事物的内部性质会起到相当重要的作用。美观的包装会使商品锦上添花，使消费者赏心悦目，有效地推动消费者的购买。

（4）增值功能。设计成功的包装融艺术性、知识性、趣味性和时代性于一身。高雅华贵的商品外观可以大大提高商品的档次，能让消费者在拥有商品的同时感到自己的身份地位有所提高，并使其自我表现的心理得到满足。

（5）联想功能。好的包装应该使消费者产生有助于表现商品特色的美好联想。比如，同仁堂等中国的百年知名品牌，刻意使用古代的包装形式，使人们联想到了老字号商店良好的声誉和突出的品质。

（二）包装对消费心理的作用过程

（1）唤起注意。包装的首要功能即是通过给予消费刺激，引起消费者的无意注意。作为消费刺激的重要表现形式，不同包装物给予消费者的刺激强度有明显差异。为使产品包装引起消费者的无意注意，需要不断提高包装的刺激强度。

（2）引起兴趣。包装除了要引起消费者的无意注意外，更重要的是要引起消费者对商品的兴趣，从而产生有意注意。消费者的年龄、性格、职业、文化、经济状况不同，对包装装潢的兴趣也会有所不同。这就要求设计包装时要研究消费者的兴趣偏好，不仅要使包装与商品的风格一致，还要符合消费者的价值标准。

（3）启发欲望。启发欲望其实就是刺激需求。消费者产生购买动机后，其购买行动的最终实现还要取决于对刺激物的感受。包装是使商品的味道、性能、使用方法等特性在潜在消费者中形成好感的最好手段。

（4）导致购买。导致购买是包装的最终目的。别具一格的包装往往会使消费者爱不释手，可以促使其产生试用的意念。一旦消费者对商品形成深刻印象，就有可能导致购买行为的发生。

（三）包装设计中的心理要求

商品的包装设计应符合以下心理要求。

（1）色彩协调。消费者接触商品，尤其是与商品有一定空间距离时，首先进入视线的就是色彩。一般地说，在保证商品质量良好的前提下，消费者会首先对商品的色彩做出喜爱或厌恶的判断，然后对自己喜爱的色彩的商品产生购买欲望，最终实现购买。

（2）符合商品的性能。许多商品由于物理、化学性质不同，其存在状态和保存方法也不同，所以要根据商品的形态和性能设计商品的包装。例如，易燃、易爆、剧毒的液体商品，包装不仅要封闭、安全，还应在包装上做出明显的标记。

（3）突出商品特征。由于商品的包装形式越来越趋向多样化，而且消费者多数经常通过包装来推测商品的真正品质。商品的包装突出，就会被消费者首先注意。要使包装形象突出，需要采用适当的包装形式，如开窗式、系列式、异常式等。开窗式包装往往能满足那些急于了解商品"真面目"的消费者的求知和好奇心理，也容易引起注意；系列式包装，是指企业对其生产的各种品质相近的产品，采用同种包装材料以及相似的形态、图案、色彩等；异常式包装是指反其道为之或与同类商品的传统包装形式差异很大。

（4）方便消费者。商品的包装为消费者观察、挑选、购买、携带和使用提供了方便。采用开窗式、透明式、半透明式包装会给消费者直观、鲜明、真实的心理体验，故在食品中多被使用。而将相关的商品组合并一起进行包装，也能给顾客带来方便。

（5）具有时代气息。具有时代感是指在材料的选用、工艺制作、款式造型、图案装潢、色彩调配等方面，都要充分利用现代科学技术，给消费者以新颖独特、简洁明快、技术先进、性能优良的美好印象。另外，包装还要符合和体现时代发展的最新潮流。

（6）具有针对性。消费者由于收入水平、生活方式、消费习惯及购买目的的不同，对商品包装的要求也有所不同。有的追求廉价实用，有的喜爱美观大方，有的则要求豪华高档。因此，包装设计应强调对特定消费者群的针对性。

第三节 消费者的品牌心理

一、品牌的心理作用基础

品牌是一种名称、术语、标记、符号或图案，或是它们的组合，主要用以识别某个生产者或某群生产者的产品或服务，并使之与竞争对手的产品和服务相区别。当代社会，随着科技的进步和生活水平的提高，人们的消费需求已经从低级的生理、安全需求上升为尊重、自我实现等高层次需要。消费者购买商品时，不再单纯是为取得商品的使用价值，而是同时要求获得心理和精神上的满足。这种精神层面的高层次需要是通过品牌消费来实现的。消费者对于品牌的精神诉求，可以分为以下3类。

（一）品牌的象征意义

消费者心理和精神需要的内容之一是社会象征性需要，也就是人们的一种认识自我，表达自我并且期待得到他人和社会肯定的需要。这种需要根据表达对象的不同又可以分为两种。

（1）自我个性的表现。每个人内心深处都对自己有一个定位，也就是自我形象。比如，有的人认为自己大胆时尚，是引领时代潮流的领先者；有的人则认为自己沉稳审慎，有独立见解，不随波逐流；还有的人认为自己品位高雅，与众不同等。正是由于诸如此类的自我描述，使得消费者在购买商品时，总是寻求那些能表现自我形象的商品。例如，乘坐奔驰可以表现主人的庄重和成功；佩戴斯沃琪（Swatch）手表则可以突显主人对潮流的敏感。

（2）自我价值的实现。自我价值的实现是指消费者通过购买和使用商品，向外界表达自我、证明自我的价值。“野马”汽车最初是为追求刺激的青年人开发的一款车型，但是上市后，有很多老年人争相购买。公司调查发现，这些老年人希望驾驶“野马”车表现自己仍然年轻而富有活力，以及在社会中的作用。吸烟的人相信能够通过不同的香烟品牌来传达自己的某些想法和追求。

品牌的象征意义是这两种需要实现的基础，它是指在消费者心目中，品牌所代表的与特定形象、身份、品味相联系的意义和内涵。在这里，品牌不再是一种符号、图形，而是一种精神、意义的载体。品牌可以体现消费者的文化、知识水平、生活方式、消费习惯、社会地位、名气声誉等。一定意义上，品牌象征是商品品牌赋予消费者表达自我的一种手段。

（二）品牌的情感意义

品牌的情感意义来源于消费者的情感需要。情感是与人的社会性需要和意识紧密联系的内心体验，具有较强的稳定性和深刻性。情感对消费者的影响是长久的和深远的。

品牌的情感意义是指在消费者的心目中，与品牌相联系的审美性、情感性文化意蕴。它巧妙地构建了一种生活格调。文化氛围和精神世界，引导人们通过移情作用，在商品的消费中找到自我，得到慰藉，获得情感上的寄托和心理共鸣。在这方面，可口可乐的品牌堪称经典。可口可乐公司经过长期的研究得出结论：“名牌的背后是文化”，因而刻意锻造品牌的文化内涵，使可口可乐成为美国精神的象征。正如一位美国的报纸编辑所说：“可口可乐代表着美国的全部精华，喝一瓶可口可乐就等于把这些美国的精神灌注体内，其瓶中装的是美国人的梦。”

（三）品牌文化

品牌文化是凝结在品牌中的经营观、价值观、审美观等审美形态以及经营行为的总和。品牌的文化价值使品牌具有了人格化的魅力，从而使消费者对其产生情感共鸣。

二、品牌的心理作用过程

（一）品牌认知

品牌的认知过程是指品牌被消费者注意和接受的过程。品牌的认知过程是品牌发挥作用的心理基础。消费者一旦形成对某个品牌的认知，就能从品牌中实现自我形象、社会象征、情感等方面的需要。这些需要获得充分满足，品牌就有可能与消费者形成一种长期的依存关系。

消费者的品牌认知是通过企业的品牌定位和品牌个性化实现的，后者是消费者形成品牌认知的基础。

（二）品牌的情感——品牌忠诚

消费者形成品牌认知后，会进一步对品牌产生情感。当前，建立和维护消费者的品牌忠诚度成为企业关注的重点，而忠诚度的形成在很大程度上依赖于消费者对品牌的情感忠诚。美国一家专门为企业进行营销策划的咨询公司——NPD 公司，对某一品牌的 4000 多名忠诚者进行调查。

调查结果将忠诚者分为低情感—低行为忠诚者、高情感—低行为忠诚者、低情感—高行为忠诚者、高情感—高行为忠诚者。显然，企业所追求的是高情感—高行为忠诚者。研究还表明：3% 的低情感—低行为忠诚者在第二年转变为高情感—高行为忠诚者；18% 的高情感—低行为忠诚者在第二年转变为高情感—高行为忠诚者。可见，情感对消费者的品牌忠诚度具有重要影响。

三、品牌的消费行为

消费者的购买决策过程要依次经过认识需求、寻找解决方案、评价比较方案、择优决定和购后评价等阶段。而品牌在这一过程中具有举足轻重的作用。

（一）品牌在寻找解决方案中的作用

消费者在寻找解决方案时，首先要广泛收集商品信息。这种收集工作可以通过很多渠道来进行，如个人的记忆和经验，从他人或群体的行为方式中得到的启示，各种媒体的宣传等。品牌的象征意义以及品牌独具的个性，使人们更容易记住品牌所代表的商品特点。而群体中人们惯常使用和喜爱的品牌，也会不断将商品的信息提示给购买者。此外，人们对特定品牌的情感也会使该品牌从大量的信息中脱颖而出，赢得消费者的注意。例如，人们在购买计算机的时候，最先想到的可能有联想、方正、恒生、IBM 等品牌；在购买彩电时，大多会从海尔、长虹、TCL、康佳、东芝、松下等品牌中加以选择。

（二）品牌在评价比较方案中的作用

在评价比较各种备选方案时，人们总是根据自身的价值观和偏好来进行决策。品牌的个性就是最强有力的决策标准。有的人可能喜欢物美价廉的商品；有的人则喜欢高新科技的创新成果；有的人更加关注有哪些类型的消费者曾经购买过这些商品。品牌的个性特征将商品的上述特色凸现出来，有助于消费者对各个竞争产品加以评价比较，做出正确选择。比如，在选择酒的品牌的过程中，有的人偏爱既尊贵又独具中国特色的茅台酒；有的人更喜爱华贵却充满异国风情的“人头马 XO”；有的人钟情于纯正而实惠的二锅头。

（三）品牌在购后评价中的作用

为了证实自己的方案最优，所得效用最大，消费者往往在购买结束后进行购后评价。这种评价可以由消费者自己进行，也可以征求亲友和同事的意见，或是观察社会反映。品牌文化所带来的社会影响和消费者对品牌的情感，将会给商品带来更多的附加价值，从而使消费者得到更多的效用。品牌在购后评价中起到了强化的作用。

据调查，目前中国消费者在购买决策过程中更加注重品牌的影响，购买力向名优品牌倾斜的特点十分显著，强势品牌的市场综合占有率不断提高。例如，有关数据显示，2014 年 8 月，中国洗衣机市场最受欢迎的十大产品排行榜，海尔拥有五款产品上榜，产品关注优势较为明显，其余三星、西门子、格兰仕、松下和小天鹅各一款。从产品参数来看，此 10 款产品均属于全自动洗衣机，且以滚筒式洗衣机居多，占据了 6 款，产品洗涤容量基本达 6kg 以上。不仅如此，农村消费者也逐渐开始形成注重品牌的消费倾向。据调查显示，海信、长虹、康佳、美的、TCL、LG、松下几大国际性家电品牌在农村家电市场的占有率也在逐年提升。

为此，企业应对消费者的品牌消费倾向予以足够重视，应将建立强势品牌提到战略高度，开展全方位的品牌营销，不断提高企业产品的品牌形象，使品牌在消费者心目中享有高知名度和美誉度，成为企业的核心竞争优势和宝贵的无形资产。

四、品牌定位和个性化

在品牌定位中，真正起主导作用的是消费者。企业进行品牌定位的最终目的，是使消费者形成品牌认同。为此，品牌定位必须符合特定目标消费者的自我定位，品牌个性选择必须符合目标消费者的个性特征。不仅如此，企业还要通过各种宣传手段传递品牌信息，帮助消费者理解产品的品牌定位。企业的品牌定位能否取得成功，最终取决于消费者的接受与否以及对品牌的认知程度。具体来说，品牌定位要注意以下几方面。

（1）品牌个性化的重要意义。品牌个性化是方便消费者认知品牌的又一个重要手段。如同人一样，商品品牌也有其独特的个性，消费者通过品牌的个性来形成对商品的认知。相应地，消费者也借助于品牌的个性来表现自我，寄托情感。

品牌的个性可以成为自我表现的工具。当一个男人想要表达自己在事业上的成功时，他会佩戴欧米茄手表、穿阿玛尼西服，因为这两个品牌的个性是显示成功。

（2）品牌个性的来源。

1）来自于商品自身的个性。例如，斯沃琪手表的特点是时尚，所以，斯沃琪品牌也具有潮流先锋的个性；强生公司的商品主要是针对婴幼儿设计的，所以，强生品牌具有温和、柔软、无刺激的个性。

2）来自于传递品牌信息的广告。1994 年，当美国联合航空公司的雇员们买下这家航空公司后，公司对品牌的个性进行了重新塑造。在公司交接的 24 小时内，巨大的四色户外广告就在所有的机场竖立起来。从纽约到旧金山，到处都展示微笑着的联合航空公司既当顾主又当雇员的人们的微笑。广告标识语是：“欢迎来到友谊的蓝天”。公司易手却产生了又一个有个性、更具人性化的品牌，并迅速获得乘客的同感。

3）来自于品牌的使用者。品牌的使用者也是建立品牌个性的基础。美国运通（American Express）公司的“会员资格就是特权”的印刷广告标识语，就是通过著名的摄影家安妮·雷波维茨的艺术展现的。我国的红旗轿车，以前是国家领导人和外事活动专用车，所以，一提到红旗轿车，就使人们联想到权力、地位、对外交往。

五、消费促进与培育国产名牌

（一）名牌的作用基础和构成要素

1. 名牌的含义及作用基础

所谓名牌，是相对于一般品牌而言的，是具有优秀品质、享有较高知名度和美誉度、拥有较高市场占有率的知名品牌。名牌实质上反映了一个品牌在质量、款式、价格、服务、信誉等方面对消费者的满足程度。换言之，名牌之所以成为名牌，关键在于它能够最大限度地迎合和满足消费者的需要，得到广大消费者的普遍认同和赞许，从而使消费者广泛而持久地购买和使用它。因此，名牌的作用基础在于消费者的心理指向，其形成和发展是消费者以自身的购买行为“投票”选择的结果。

2. 名牌的构成要素

纵观中外各种知名品牌，虽然产品性能、品质、用途各不相同，但都具有某些构成名牌不可或缺的基本要素。

（1）名牌的品质。这是构成名牌的基础，没有一流的优秀品质为基石，就不可能发展成真正的名牌。例如，法国名酒“人头马 XO”为了维护名牌的声誉，在制作过程中精益求精，丝毫不敢松懈。这种酒选用夏朗德省科涅克地区的优质葡萄为原料；其酿造采用两次蒸馏的工艺，只用较小的铜制蒸馏罐蒸馏；在储存上，酒桶只以利木赞地区生长百年以上的橡树为原料，绝不允许使用钉子或橡胶，而且只用白藤捆箍；并且要经若干年，让无色的酒变成诱人的琥珀色之后，才可以上市。正因为具有这种卓越超群的品质，“人头马 XO”才会享誉全球。但是，名牌的品质是一个动态的概念，不存在所谓“终身制”，真正的名牌必须经得起市场的长久考验。

（2）名牌的影响力。这是指名牌影响消费者购买心理与行为的深度和广度。一个产品品牌之所以成为名牌，应当在消费者心目中享有良好的声誉、形象，有较高的知名度和美誉度；在同类产品中具有明显的竞争优势，有强大、广泛而持久的市场影响力。而构成名牌影响力的除优良品质这一基本要素外，还包括外观造型、商标、品名、包装装潢、广告宣传、促销服务等一系列营销要素的综合作用。

“可口可乐”作为世界知名品牌，除独特配方和口感外，其成功还取决其他多种因素。例如，细腰身的玻璃瓶包装具有一种与众不同的魅力；“可口可乐”的名称和译名响亮、上口、易记，红、白两色的商标设计给人以强烈的视觉冲击力；无处不在的广告宣传令世人皆知；对体育、文艺及各种社会公益活动的积极参与，拉近了与公众的距离；令人眼花缭乱的促销活动，更使人时时感受到它的旺盛生机和活力。正是这种全方位的造势，使“可口可乐”深深扎根于广大消费者心中，成为具有强大影响力的世界著名品牌。

（3）名牌文化。从社会学角度看，商品是由品质、品韵和品德三种属性构成。商品的品质体现了商品的使用价值；品韵体现了商品的欣赏价值；而品德则体现了商品的伦理价值。这种伦理价值就是品牌的文化氛围。这种文化氛围或价值是名牌不可或缺的必备要素。一个为消费者广泛认同的名牌，必定在为社会提供优质产品的同时，创造或弘扬一种文化。这种文化在直接形态上表现为企业文化，如经营宗旨、企业精神、理念追求、风格风貌等。而任何企业文化又必然以所在国家民族的文化为依托，从而使名牌在不同程度上体现和折射出特定社会文化的共有特征。

北京“同仁堂”历经300余年，金字招牌仍熠熠生辉。其原因不仅在于它掌握了许多祖传秘方，更重要的是它始终严格承袭“古训”，即“炮制虽烦，必不敢省人工；品味虽贵，必不敢减物力”。它有着高尚的“药德”，将经商与做人融为一体，鲜明地体现了我国传统文化中道德价值高于商业价值的人格意识。

（二）创造国产名牌的重要性

我国的商品市场对外开放以来，大量的外国商品相继涌入，其中很多是国际知名品牌，如“可口可乐”“麦当劳”“IBM”“微软”“本田”等。这些国际名牌占领了从饮食到家电、汽车等各种各样的消费品市场，拥有一大批不断增长的国内消费者群，从而使诸多民族产业和产品品牌受到严重威胁。例如，在与可口可乐、百事可乐两大世界饮料巨头的较量中，我国的天府可乐等传统品牌终因力量悬殊而纷纷落马，甚至被逐出市场，销声匿迹。

从产品质量上看，我国不少国产商品与世界名牌的差距并非绝对悬殊，而且差距正在日益缩小。重要的问题是，国内很多企业的名牌意识远远落后于国外企业，而且在外国名牌的强大宣传促销攻势面前，许多国内企业缺乏明确的品牌战略和雄厚的财力支持而无力抗争。为了夺回失去的市场，创造中国的名牌已刻不容缓。

（三）如何建立中国自己的名牌

1. 加强商标意识，强化消费者对名牌的认知

（1）建立自己的商标。消费者选择购买商品常常依据自己所熟知的商标，因此，商标是树立名牌的重要环节。没有商标，消费者无法对商品形成明确的标识认知，树立名牌就无从谈起。但我国一些企业缺乏商标意识，未能及时注册商标。

（2）保护好自己的商标。我国知名商标在国外被抢注的情况也时有所见，多年来精心培育出的名牌成了“为他人做嫁衣”。例如，“青岛”啤酒在美国、“凤凰”自行车在印度尼西亚、“阿诗玛”烟在菲律宾，均遭到商标被抢注的厄运。而消费者购买商品时，往往只认商标，而不

太注意生产地，一旦商标被抢注，企业就会遭受非常大的损失。因此，保护自己的商标，是企业必须高度重视的一个问题。

2. 创造大众化名牌，扩大名牌的消费者群

名牌不等于高档，各个档次的商品都可以有名牌。不同档次的名牌对应于不同层次的消费者群。以我国目前大多数消费者的收入水平，名牌发展中单纯追求“贵族化”的倾向，只能令多数消费者望“名”兴叹。因比，创造出适合普通大众的平民化名牌，将会吸引更多的消费者。例如，同为传统白酒，“二锅头”因比“茅台”更大众化而受到北方普通消费者的欢迎。便宜的价格并不一定妨碍名牌的声望。将名牌与高价挂钩的观念，是企业创造名牌过程中对消费者心理的一种误解。创造不同档次的名牌以促进消费，扩大消费者群，是企业目前在中国市场扩张的一个可行策略。

3. 利用法律技术手段对抗假冒名牌产品

假冒伪劣产品是对名牌的最大威胁。

消费者如果买到假冒产品而不明真相，就会对该名牌失去信任。商界人士都有一个共识：一个品牌一旦倒了，要东山再起难似登天。为了维护名牌在消费者心目中的形象，企业必须采取措施保护自己的产品。例如，在包装上加防伪标记，不断改良创新产品，同时还要借助法律武器维护自己的知识产权和利益。

典型案例　给汽车起个好名字

汽车制造厂家都想给生产的汽车起个好名字。美妙的商标名称能取悦用户，打开销路。德国大众公司的桑塔纳高级轿车，是取“旋风”之意而得名。桑塔纳原是美国加利福尼亚一座山谷的名称，该地因生产名贵的葡萄酒而闻名于世。在山谷中，还经常刮起一股强劲的旋风，当地人称这种旋风为“桑塔纳”。该公司决定以“桑塔纳”作为新型桥车命名，希望它能像桑塔纳旋风一样风靡全球。

汽车的商标名称也有因疏忽而受“冷遇”的，往往使其销路大减。20世纪60年代中期，美国通用汽车公司向墨西哥推出新设计的汽车，名为“雪佛莱诺瓦”，结果销路极差。后来经调查发现，“诺瓦”这个读音，在西班牙语中是“走不动”的意思。又如，福特公司曾有一种命名为“艾特塞尔”的中型客车问世，销路不畅。原因是车名与当地一种伤风药（艾特塞尔）读音相似，给人一种“此车有病”之感，因此问津者甚少。

更有趣的是，美国一家救护公司成立30年来，一直以“态度真诚”“可靠服务”作为宗旨，并将这4个词的英文开头字母“AIDS”印在救护车上，生意一直很好。然而，自艾滋病流行以来，这种车的生产一落千丈。因为印在救护车上的4个英文字母恰恰与艾滋病的缩写（AIDS）完全一致，患者认为这是运送艾滋病人的车而拒绝乘坐。这家公司最终只得更换了30多年的老招牌。

案例讨论：结合上述例子，说明商品命名对消费者心理的影响。

思考与训练题

1. 购买新产品的消费者类型有哪些？
2. 新产品推广的心理策略有哪些？
3. 商品的包装设计应符合哪些心理要求？
4. 列举一个你所喜欢的或不喜欢的商品名称或商标，并说明原因。
5. 品牌在消费者的购买决策过程中的作用是什么？

第十二章 价格策略与消费心理

本章提要

价格是消费者最敏感的因素，是营销组合协奏曲中最活跃的音符。充分研究消费者对于价格的心理知觉及其变化规律，把握价格与消费心理的关系，有利于企业科学地确定商品价格，促进商品销售，这是每一个营销人员都要面对的课题。本章以商品价格的心理功能为基础，全面分析了消费者价格心理、商品定价的心理策略和和价格调整的心理策略。

引 例

16G 智能手机小米 4，不锈钢金属边框，5.0 英寸屏，超窄边；Qualcomm 骁龙四核处理器；3GB 内存，3080mA 锂电池；800 万以及 1300 万像素的摄像头，2015 年上市，有黑色和白色两种选择。小米手机的营销很成功，在价格方面也值得十分关注，小米 4 的 16G 版本售价确定为 1999 元。1999 元实际就是 2000 元，这个定价既符合小米用户追求高性价比的需求，同时又能抢占一些可待开发的二线市场，还躲开了苹果、三星等中高端市场，小米手机的这一定价策略可谓一举三得。一个合适的定价将帮助一款产品从多款同类产品中脱颖而出。的确，小米 4 的 1999 元，事实上就体现出定价的哲学，1999 元实际上就是 2000 元，别小看这 1 元钱。少了这 1 元，就是 1 开头，而多了这 1 元，就变成了 2 开头，这当中的“1”和“2”，对于消费者产生了巨大的心理影响。这就好比收费和免费的区别，免费的话，消费者感觉是白来的，所以不管喜欢不喜欢都会去尝试，就达到了产品推广的目的。而如果收费，哪怕是 1 元，也会给消费者造成心理压力，如果消费者不跨过这个心理门槛，将很难有机会接触到产品，就更别提去购买和使用了。

（资料来源：1999 元和 79 元！小米的定价学问何在？http://kosmos.baijia.baidu.com/article/23117，经整理。）

价格是企业市场营销组合的一个重要变量，也是最复杂、最敏感的一个市场因素。同时，商品价格也是消费者每天都要直接或间接接触的、影响消费者购买心理和行为的最具刺激性、敏感性的因素。价格像一只看不见的手，通过涨落波动无形地指挥着生产商、中间商、消费者的行为，牵动着亿万消费者的心。由于消费者对商品价格认知程度的差异及其个性心理特征的不同，消费者对商品价格的心理反应会有什么样不同的表现呢？

第一节　商品价格的一般心理功能

一、影响商品价格的主要因素

商品价格，是指商品价值的货币表现，是商品与货币交换比例的系数，也是商品经济特有的重要经济范畴。在市场经济条件下，影响商品定价的重要因素包括以下几个方面。

1. 商品价值对价格的影响

商品的价值是凝结于商品中的社会必要劳动时间，是商品价格的内在决定因素，其外在表现形式则由货币表现为某种商品的价格。由于商品价值量由社会必要劳动、时间决定，而生产商品的社会必要劳动时间是不断变化的，因此商品的价值及其价格也不可能是固定不变的。

在实际经济生活中，商品的价格是非常活跃的，并不总是与它的价值相一致，而是围绕价值上下波动。企业在制定和调整营销价格时，应以商品的价值为基础，使价格大体上符合价值，而不能相差太大。这样，才能体现等价交换的原则，体现价值规律的客观要求。

2. 商品供求关系对价格的影响

商品价格除受成本影响外，还受商品供求关系的影响。当商品的市场需求大于供给时，价格应高一些；当商品的市场需求小于供给时，价格应低一些。反过来，价格变动影响市场需求总量，从而影响销售量，进而影响企业目标的实现。因此，企业制定价格就必须了解价格变动对市场需求的影响程度，反映这种影响程度的一个重要指标就是商品的需求价格弹性。

3. 定价目标对价格的影响

任何企业都不能孤立地制定价格，而必须按照企业的目标市场战略及市场营销定位战略的要求来进行。企业制定营销价格的目标主要有两个：利润目标和市场占有率最大化目标。

（1）利润目标。利润是考核和分析企业营销工作好坏的一项综合性指标，是企业最主要的资金来源。以利润为定价目标有3种具体形式：预期收益、最大利润和合理利润。

1）获取预期收益目标。**预期收益目标是指企业以预期利润（包括预缴税金）为定价基点，以利润加上成本来确定价格，从而获取预期收益的一种定价目标。**预期收益高低的确定，应当考虑商品的质量与功能、同期的银行利率、消费者对价格的反应以及企业在同类企业中的地位和在市场竞争中的实力等因素。预期收益定得过高，企业会处于市场竞争的不利地位，定得过低，又会影响企业投资的回收。一般情况下，预期收益适中，可能获得长期稳定的收益。

2）获取最大利润目标。**最大利润是企业在一定时期内可能并准备实现的最大利润总额**，而不是单位商品的最高价格，最高价格不一定能获取最大利润。当企业的产品在市场上处于绝对有利地位时，往往采取这种定价目标，它能够使企业在短期内获得高额利润。

3）获取合理利润目标。**合理利润目标是指企业在补偿正常情况下的社会平均成本基础上，适当地加上一定量的利润作为商品价格，以获取正常情况下合理利润的一种定价目标。**企业在自身力量不足，不能实行最大利润目标或预期收益目标时，往往采取这一定价目标。这种定价目标以稳定市场价格、避免不必要的竞争、获取长期利润为前提，因而商品价格适中，顾客乐于接受，政府积极鼓励。

（2）市场占有率最大化目标。一个企业的利润高低并不必然反映这个企业的市场地位，更不能反映它同其他竞争企业的关系，而市场占有率则能准确反映企业在同行业的地位和竞争实力。因此，许多企业以市场占有率作为自己的价格目标。

4. 市场竞争对价格的影响

市场竞争也是影响价格制定的重要因素。根据竞争的程度不同，企业定价策略会有所不同。按照市场竞争程度，可以分为完全竞争、不完全竞争与完全垄断 3 种情况。

在完全竞争条件下，买者和卖者都大量存在，产品都是同质的，无论是买方还是卖方都不能对产品价格进行影响，只能在市场既定价格下从事生产和交易。

不完全竞争介于完全竞争与完全垄断之间，是现实中存在的典型的市场竞争状况。在不完全竞争条件下，最少有两个以上买者或卖者，少数买者或卖者对价格和交易数量起着较大的影响作用，买卖各方获得的市场信息是不充分的，它们的活动受到一定的限制；同类商品间有差异，相互之间存在着一定程度的竞争。在不完全竞争情况下，企业的定价策略有比较大的回旋余地，它既要考虑竞争对象的价格策略，也要考虑本企业定价策略对竞争态势的影响。

完全垄断是完全竞争的反面，是指一种商品的供应完全由独家控制，形成独占市场。在完全垄断竞争情况下，交易的数量与价格由垄断者单方面决定。完全垄断在现实中也很少见。

企业的价格策略，要受到竞争状况的影响。完全竞争与完全垄断是竞争的两个极端，中间状况是不完全竞争。在不完全竞争条件下，竞争的强度对企业的价格策略有重要影响。所以，企业首先要了解竞争的强度。竞争的强度主要取决于产品制作技术的难易、是否有专利保护、供求形势以及具体的竞争格局。其次，要了解竞争对手的价格策略和实力。最后，还要了解、分析本企业在竞争中的地位。

5. 产品成本对价格的影响

企业产品定价以成本为最低界限，产品价格只有高于成本，企业才能补偿生产上的耗费，从而获得一定盈利。但这并不排斥在一段时期内在个别产品上，价格低于成本。

在实际工作中，产品的价格是由成本、利润和税金三部分组成的。产品的价格有时是由总成本决定的，有时又仅由变动成本决定。成本又分为社会平均成本和企业个别成本，就社会同类产品市场价格而言，主要是受社会平均成本的影响。在竞争很充分的情况下，企业个别成本高于或低于社会平均成本，对产品价格的影响不大。价格如果过分高于成本会有失社会公平，价格过分低于成本又不可能长久维持。企业定价时，不应孤立地对待成本，而应同产量、销量、资金周转等因素综合起来考虑。成本因素还要与影响价格的其他因素结合起来考虑。

6. 其他因素

企业的定价策略除受成本、需求以及竞争状况的影响外，还受到其他多种因素的影响。这些因素包括政府或行业组织的干预、消费者习惯和心理、企业或产品的形象等。

（1）政府或行业组织干预。政府为了维护经济秩序或其他目的，可能通过立法或者其他途径对企业的价格策略进行干预。政府的干预包括规定毛利率，规定最高、最低限价，限制价格的浮动幅度或者规定价格变动的审批手续，实行价格补贴等。一些贸易协会或行业性垄断组织也会对企业的价格策略进行影响。

（2）消费者心理和习惯。价格的制定和变动在消费者心理上的反映也是价格策略必须考虑的因素。在现实生活中，很多消费者存在“一分钱一分货”的观念。面对不太熟悉的商品，消费者常常从价格上判断商品的好坏，从经验上把价格同商品的使用价值挂钩。消费者心理和习惯上的反应是很复杂的，某些情况下会出现完全相反的反应。例如，在一般情况下，涨价会减少购买，但有时涨价会引起抢购，反而会增加购买。因此，在研究消费者心理对定价的影响时，要持谨慎态度，要仔细了解消费者心理及其变化规律。

（3）企业或产品的形象因素。有时企业根据企业理念和企业形象设计的要求，需要对产品价格做出限制。例如，企业为了树立热心公益事业的形象，会将某些有关公益事业的产品价格定得较低；为了形成高贵的企业形象，将某些产品价格定得较高等。

二、价格的心理功能

商品价格的心理功能主要表现在以下几个方面。

1. 衡量商品价值和商品品质的功能

在市场上，人们常常可以看到，有些商品内在质量相似，由于包装装潢不同，价格相差较多时，消费者愿意购买价格较高的商品；而对于一些处理品、清仓品，降价幅度越大，消费者的疑虑心理越重，越不愿意购买。消费者每天要面对成百上千种商品，他们可能对某些商品制造过程、质量等有较为深入的了解，但对大多数商品，他们了解甚少，在这种情况下，消费者总是把商品价格和商品价值、商品品质联系起来，把价格视为商品价值大小的标志，把价格看成商品品质优劣的衡量尺度，认为价格高的商品，价值越大，品质就好。所谓“一分价钱一分货”，“好货不便宜，便宜无好货”，就是这样心理的明显反应。

2. 消费者自我意识的比拟功能

商品价格不仅表现商品的价值，有时还被认为是消费者社会地位的象征，是文化修养、生活情操的标志。商品价格在一定程度上反映了社会心理价值。消费者在商品购买过程中，通过联想和想象等心理活动，把商品价格与个人的偏好、情趣、个性心理特征等联系起来，通过价格的比拟来满足其社会心理需要和自尊心心理需要。例如，普通消费者为了方便，买个单屏手机能接打电话、收发短信就应足够了，但对于某些消费者来说，用单屏手机太“掉价”了，他们更愿意购买苹果、三星、中兴、华为等智能手机以显示自己的地位、身份。又如，一些音乐爱好者宁愿省吃俭用，也要买一架价格昂贵的名牌钢琴，以显示他们的文化修养和生活情操。

价格的自我意识比拟主要有以下几种形式：

（1）社会经济地位比拟。在现实生活中，有些消费者只到高档商店、精品店、专卖店、大型百货商店购买“名、优、特、新”商品或者进口商品，以显示自己的社会地位和经济地位，并获得心理上的满足。有些消费者则喜欢到大众商店、廉价商店去购买等外品、低价品、过季降价商品，认为这类商品物美价廉，适合自己的经济实力，符合自己的经济地位，也能得到心理上的满足。

（2）文化修养比拟。有些消费者尽管对书法、字画缺乏专业鉴赏能力，却要花费大量金钱购买名人字画挂在家中，希望通过昂贵的名人字画来显示自己有很高的文化修养；有些消费者购买大量书籍摆放在书柜中，以显示自己的文化修养。他们都得到了心理上的慰藉，这就是文化修养比拟。

（3）生活情趣比拟。有些消费者购置钢琴、高档音响设备等商品，以期得到亲朋好友、邻居等人给予“生活情趣高雅”的评论，获得心理上的满足。文化修养的比拟与生活情趣的比拟密切相关，有时很难加以严格的区分。

自我意识比拟的这种心理功能，在消费者心理上的反应可能是有意识的，也有可能是无意识的，但都有一个共同点，就是从满足社会需求与自尊需求出发，更多地重视商品价格的社会象征意义。

3. 调节消费需求的功能

商品价格和需求之间有着密切的关系，从这个意义上讲，商品价格具有调节商品需求的功能。价格调节需求的功能要受到商品需求的价格弹性的制约。不同种类商品的价格弹性是不同的。一般来说，与消费者生活密切相关的生活必需品的价格弹性较小，而非生活必需品的价格弹性较大。

心理学的研究也表明，消费者对商品价格的知觉所产生的心理效应也同样影响着商品的需求量，主要表现在以下两个方面。

（1）心理性需求越强烈，对价格的变动越敏感。例如，时装与一般服装比较，前者的灵敏性高，假如降低价格，需求量会大增；后者的敏感性较低，价格的变动对需求量的影响不是很大。

（2）由于消费者的期待心理或紧张心理，价格的变动可能会使需求曲线向不同方向发展。例如，当某商品涨价时，人们出于购买的紧张心理，认为价格可能还会上涨，反而刺激其购买的心理需求；当某商品价格下跌时，人们出自期待商品价格继续下跌的心理，反而会抑制其购买。

第二节　消费者价格心理

消费者价格心理是消费者在购买活动中对商品价格认识的各种心理反应及表现，它是由消费者自身的个性心理、对价格的判断、对价格调整的反应和对价格的风险知觉共同构成的，而且还受到社会生活各个方面的影响。

一、消费者的价格心理特征

1. 习惯性心理

习惯性心理是指消费者根据自己以往的购买经验，对某些商品的价格反复感知，从而决定是否购买的习惯性反应。虽然商品价格的制定具有一定的客观标准，但在实际生活中，由于各种因素的影响，消费者很难对商品价格的客观标准了解清楚。消费者对商品价格的认识，往往只是从多次的购买活动中逐步体验的结果。特别是一些日用消费品，消费者由于长期购买，在大脑中留下了深刻的印象，并形成了习惯价格。在习惯价格的基础上，形成了一种对商品价格上限和下限的概念，如果商品价格高于上限则会令人感觉太贵；如果商品价格低于下限则会令人产生怀疑。只有商品价格处于上限和下限之间，消费者才会乐于接受。如果商品价格恰好为消费者所认同，消费者则会产生最大的信任感。

消费者的价格习惯心理一旦形成，往往要稳定并维持一段时间，很难轻易改变。当有些商品价格必须变动时，企业一定要认识价格的习惯心理对消费者购买行为的影响，慎重行事。

2. 敏感性心理

敏感性心理是指消费者对商品价格变动的反应程度。由于商品价格直接影响着消费者的生活水平，所以消费者对价格的变动会有不同程度的反应。消费者对价格变动的敏感心理，既有一定的客观标准，又有经过多年购买实践形成的一种心理价格尺度，因而具有一定的主观随意性。

3. 倾向性心理

倾向性心理是指消费者在购买过程中对商品价格选择所表现出的倾向。商品的价格有高、中、低档的区别，它们分别标志着商品不同的品质。一般来说，当消费者对同类商品进行比较时，如果没有发现明显的差别，往往倾向于选择价格较低的商品。对各种不同种类商品的价格，消费者在比较时的倾向性也是不同的。对日常生活用品、短期时令商品，消费者倾向于选择价格较低的；对耐用消费品、高级奢侈品，消费者则倾向于价格较高的。消费者在社会地位、经济收入、文化水平、个性特点等方面存在差异，在选购商品时的价格倾向也不同，他们会根据自己的不同需求特点，做出不同的价格选择。

4. 感受性心理

感受性心理是指消费者对商品价格高低的感知程度。消费者对商品价格的高与低的认识和判断，不完全基于某种商品价格是否超过或低于他们认定的价格尺度，他们还会通过与同类商品的价格进行比较，以及与购物现场不同种类商品价格的比较来认识。这种受背景刺激因素的影响，导致价格在感受上的差异，被称为价格错觉。不同的商品和服务，不同的环境和营销氛围，消费者的不同心境和个性，都会产生不同的价格感受。这种感受性会直接影响消费者的价格判断。例如，一瓶葡萄酒，商场售价几十元，而在酒店里饮用，定价达百元乃至几百元，这是因为豪华优雅的环境和气氛影响了消费者对价格的感受性。市场营销中可以用优质的产品、优良的服务、优美的装潢、优雅的环境来影响消费者的心理活动，影响消费者的观念态度，从而影响其对商品价格的感受性。

二、消费心理中的价格阈限

任何感觉都存在阈限，如人们只能听到频率为20～2000Hz的声音。这里，20Hz就是听觉绝对阈限的下限，而2000Hz就是上限。而且，不同的人辨别音高的能力也有所不同，有的人能听出相差10Hz的频率的声音差别，有的人则只能听出相差20Hz频率的声音，这就是说人们的听觉存在着差别阈限，且其值因人而异。同样，人们对商品价格的感觉也有阈限，而且也分为绝对阈限和差别阈限。

1. 绝对价格阈限

绝对价格阈限是指消费者心理上能够接受的价格界限，包括上限和下限。绝对价格阈限的上限是指可被消费者接受的商品的最高价格，而下限则是指可被消费者接受的最低价格。

绝对价格阈限会对消费者的购买行为产生影响。一方面，商品价格不能高过上限，若超过上限，会使消费者感到零售商在漫天要价，于是就会抑制购买；另一方面，商品价格若比下限还低，则会使消费者产生种种疑虑，对产品质量起疑心，也会抑制其购买。故商品价格的定位除以产品本身制作成本为依据外，还必须考虑到消费者的价格阈限范围，超出此范围都可能会抑制消费者的购买行为。当然，消费者就某一商品的上、下绝对阈限不是绝对不变的。一般而言，通货膨胀会使价格上限全部上浮。另外，大量的广告宣传也可能提高产品价格的上限，例如，好利来的月饼定价从十几元到几十元再到几百元一盒。而季节性降价则可以下浮下限，即消费者把商品价格的降低归因于销售情况而不是质量问题，如夏季打折卖皮装，则可能降低下限，让游费者接受这一低价。

2. 差别价格阈限

只有当价格差别达到一定水平时，消费者才能知觉，这一刺激差别水平即差别价格阈限。韦伯定律表明，最小可觉差是刺激大小的函数，即$K=\Delta S/S$。其中，S是刺激的大小，ΔS是刺激增量，K是常数。因此，在考虑价格变化时必须以原价为依据，即S越大，ΔS也可越大。所以，一角钱的价差若发生在火柴的定价上人们很容易觉察到，但若发生在一辆汽车的价格上，则根本不会被注意。以此为依据，若希望消费者觉察到价格的变动，则ΔS必须足够大。

第三节 商品定价的心理策略

消费者的价格心理，是在购买活动中对价格认识的心理现象，它反映出消费者对价格的知觉与判断，也反映出消费者的个性心理。另外，价格制定策略是企业战略的重要组成部分，制定合理的商品价格，是企业市场营销管理中一个十分重要的问题，它不仅关系到买卖双方的切身利益，而且关系到商品是否能成功地走向市场和消费者消费水平能否稳步提高。因此，要充分发挥价格的心理功能，使之有利于促进销售，必须深入了解消费者的价格心理，为商品制定一个适当的价格。商品定价的心理策略主要有以下几种。

一、非整数定价策略

非整数定价策略就是给商品制定一个带有零头的价格，使价格的最后一位数是奇数或者接

近于零，也叫作零头定价、尾数定价。非整数定价策略在商品价格中是一种比较常用的策略，但在不同的国家和地区由于消费者的风俗习惯与价值观的差异，在具体运用时也存在一些差别。例如，在美国，因消费者普遍存在着“单数比双数少，奇数显得比偶数便宜”的心理定势。因此，美国零售商给商品定价时，价格的最后一位总是奇数，而且5美元以下的价格，末位数为9最受欢迎，5美元以上的价格，末位数是“.95”的定价销售情况最佳。而在日本，消费者对末位数为“8”的价格比较易于接受，因为“8”在日本代表“吉祥如意”的含义，类似于我国广东、香港地区，实践也证明了这一点。

非整数定价策略是一种典型的心理定价策略，这种策略的心理依据是利用消费者对商品价格的感知差异所造成的错觉而刺激购买。该策略之所以取得较好的实践效果，主要是因为它存在如下4种明显的心理功能：①给消费者造成价格偏低的感觉，如99.87元一台收音机比100.00元感觉便宜不少；②给消费者留下定价准确的印象；③给消费者一种数字的中意感；④给消费者一种降价的错觉，如9元8角7分，98元8角5分等，数字从大到小排列，会造成下降错觉，反之，11元2角5分，118元9角等，数字由小到大，会造成提价错觉。

总之，该定价策略意在根据消费者的某种特殊心理，利用一些巧妙的数字安排，给消费者造成某种错觉，从而满足其特殊需要，刺激消费。当然，也不能把价格搞得过于烦琐，不能对追求高价位形象的产品采用此策略，否则，效果可能适得其反。

二、方便价格策略

这种定价策略与非整数定价策略正相反，它是针对某些价格特别高或特别低的商品，在定零售价时有意取一个整数，以便利购销活动。这种价格称为方便价格，这种价格策略也被称为整数定价策略。对于特别高价的商品采用方便价格不仅可以方便消费者记忆，还可以提高商品地位，以满足消费者的社会性需要。对于特别低价的商品采用方便价格不仅在销售中减少找零钱的麻烦，而且会给购买者造成商品价格便宜、合算的感觉，利于促进购买。例如，50元两件内衣，10元3斤苹果等。

三、招徕价格策略

所谓**招徕定价，是指零售商利用部分顾客求廉的心理，特意将某几种商品的价格定得较低以吸引顾客。**例如，某些商店随机推出降价商品，每天甚至每时都有一两件商品降价出售，从而吸引消费者经常来采购廉价商品，同时顺便也采购了其他正常价格的商品。

四、习惯价格策略

这是根据消费者对价格的习惯心理而对某些商品按其习惯价格定价的方法。对于某些商品，其价值不高，但是消费者必须经常、重复地购买，这类商品的价格也就“习惯成自然”地为消费者所接受。采用习惯价格有两个明显的好处：一是给消费者以价格合理的感觉，易于为他们所接受，利于保持一个稳定的消费市场；二是由于价格在某种程度上的固定不变，给消费者留下一个价格稳定的印象。习惯价格策略适用于消费者所广泛接受的、消费量较大的商品，如日用轻工业品，包括肥皂、牙膏、火柴、洗衣粉等，以及生活必需品，包括粮食、植物油、食盐等。

消费者往往对这类商品价格变动的敏感性特别高，因此，对这类习惯价格的调整应当十分谨慎，要充分考虑消费者的这种习惯性倾向，尽可能采取渐进式的办法解决，以逐步形成新的消费价格。否则，一旦破坏消费者长期形成的消费习惯，就会使之产生不满情绪，导致购买的转移。若确实需要调整价格，则应预先做好宣传工作，让顾客充分了解调价原因，先让价格为消费者心理所接受，然后比照市场同类商品价格进行调价。

五、声望价格策略

与习惯价格策略相反，**声望价格策略是对某些名牌高档商品制定极高的价格，以确保只有很少一部分消费者有能力拥有它，从而满足这部分消费者的自尊需要，显示其雄厚的经济地位或社会地位。**例如，在美国市场上，价格高昂的通用凯迪拉克（Cadillac）和丰田雷克萨斯（LEXUS）汽车是高地位的象征。在这个例子中，价格中的一部分是为汽车的著名牌号的名誉所付出的。通常，使商品形成并维持声望价格的办法是控制消费者的拥有量，具体手段是限制名牌产品的供应量和保持高价。当然，这里的高价也不能高得“离谱”，因为其价格中的一部分是为虚名而付，所以价格的高低必须与其名声相符，否则可能适得其反。

另外，在一些新产品入市时，也有时会采取声望定价策略。例如，微软公司的Windows98（中文版）进入中国市场时，一开始就定价1998元人民币，便是一种典型的声望定价。用于正式场合的西装、礼服、领带等商品，因服务对象为层次较高的消费者，所以一般都采用声望定价，否则，这些消费者就不会去购买。

这种定价策略一般由那些具有较高声望有企业和较高声誉的著名品牌所采用。

六、折让价格策略

通过降低价格或直接给购买者以折扣等方式来争取消费者的定价策略称为折让价格策略。该策略的心理作用是直接而显著的，因为他让购买者的“爱占便宜”的心理得到充分而直接的满足，因而往往能有效地刺激和鼓励消费者大量购买乃至连续购买。

折让价格的方式是多种多样的：有的可以根据购买的金额或数量决定折扣率；有的可以采用优惠老顾客或经常购买者的方式，在他们重复购买时给以一定幅度的折扣等；有的可以采用优惠那些带头购买试销产品的消费者；有的则可以采用优惠那些在淡季购买商品的消费者的方式等。

另外，折让价格中可以充分利用“货币错觉”。例如，针对“降价没好货”的购买心理，日本三越百货公司利用“货币错觉”，实行“100元买110元商品”的推销术，第一个月即增销2亿日元。这是一种超常的折价术。一般折价时都喜欢用打折法，如“100元卖90元”为九折法，它给消费者的直觉反应是削价求售。而“100元买110元商品”其实是一种“偷梁换柱”的掉包计，但它却给人造成一种货币价值提高的心理。从表面上看，两者似乎都是10%的差价，而实际上“100元买110元商品”比打九折要高出约1%的利润。

七、最小单位定价策略

它是指企业把同种商品按不同的数量包装，以最小包装单位量制定基数价格，销售时，参考最小包装单位的基数价格与所购数量收取款项。通常，包装越小，实际的单位数量商品的价格越高，包装越大，实际的单位数量商品价格越低。这一策略的优点是：其一，能满足消费者在不同场合下的需求，如250g装的酒对旅游者就很方便。其二，利用了消费者心理错觉，因为小包装的价格使人误以为廉。实际生活中，消费者不愿意烦心去换算实际重量单位或数量单位商品的价格。比如，对于质量较高的茶叶，就可以采用这种定价方法。如果某种茶叶定价为150元/500g，消费者就会觉得价格太高而放弃购买。如果缩小定价单位，采用15元/50g的定价方法，消费者就会觉得可以买来试一试。如果再将这种茶叶以125g来进行包装与定价，则消费者就会嫌麻烦而不愿意去换算出每500g应该是多少钱，从而也就无从比较这种茶叶的定价究竟是偏高还是偏低。

八、处理品价格策略

处理品价格策略主要是针对那些因种种原因而造成损坏或者大量滞销压库的商品所采取的低价抛售的方法。这种价格策略倘若运用及时、得当，不仅可以减少损失，甚至可以带动其他正常价格的商品销售。

由于消费者对廉价处理的商品通常会有两种截然不同的反应：一是感到商品的价格低廉，经不住价格的诱惑而产生强烈的购买动机；二是因价格低廉而产生对商品质量的怀疑，从而抑制其购买欲望。因此，为保证廉价策略的成功，必须注意以下两条原则：①商品的降价幅度既要能引起消费者的注意，又要避免造成消费者的疑虑，一般降价幅度以10%～30%为宜。降价幅度超过50%时，消费者的疑虑会显著增强，从而影响购买的信心。②保持价格相对稳定。通常，商品价格在处理期间应保持相对稳定，避免今天降10%，明天又降20%，后天又降30%，这样必然会使消费者对商品质量彻底丧失信心，影响其购买。总之，采用该策略时，务必遵循实事求是的精神，以免自毁信誉。

九、分档定价策略

分档定价，是指把不同品牌、规格、型号的同一类商品（名牌商品除外）比较简单地划分为几档，每档定一个价格，以简化交易手续，便于顾客选购，节省顾客的时间。服务业、水果业、蔬菜业等行业，也普遍采用这种定价方法。分档定价，既体现出商品质量或者数量上的差别，又提高了营销效率，消费者还会感到营销者认真负责，从而提高了满意度。

十、新产品定价策略

上述9种价格策略对于新产品而言都有借鉴之处，但新产品价格的确定除考虑其成本因素外，从心理的角度又有新的特点。可采用以下两种方法。

1. 撇脂定价法

新产品上市之初，将价格定得较高，在短期内获取厚利，尽快收回投资，就像从牛奶中撇取所含的奶油一样，取其精华，称之为撇脂定价法。

这种方法适合需求弹性较小的细分市场，其优点是：①新产品上市，顾客对其无理性认识，利用较高价格可以提高身价，适应顾客求新心理，有助于开拓市场。②主动性大，产品进入成熟期后，价格可分阶段逐步下降，有利于吸引新的购买者。③价格高，限制需求量过于迅速增加，使其与生产能力相适应。其缺点是：获利大，不利于扩大市场，并会很快招来竞争者，迫使价格下降，好景不长。

2. 渗透定价法

在新产品投放市场时，价格定得尽可能低一些，其目的是获得最高销售量和最大市场占有率。当新产品没有显著特色、竞争激烈、需求弹性较大时，宜采用渗透定价法。其优点是：①产品能迅速为市场所接受，打开销路，增加产量，使成本随生产发展而下降。②低价薄利，使竞争者望而却步、减缓竞争，获得一定的市场优势。

对于企业来说，采取撇脂定价还是渗透定价，需要综合考虑市场需求、竞争、供给、市场潜力、价格弹性、产品特性、企业发展战略等因素。

总之，以上各种价格策略的运用都是从研究消费者心理的基础出发，而消费者的心理是不断变化的，为了使这些策略得到成功，就必须在坚持研究取得第一手资料的条件下，视具体情况区别对待，不可盲目、机械地搬用。

第四节　价格调整的心理策略

在营销实践中，商品价格的变动与调整是经常发生的。价格调整的原因有很多，如竞争对手调整价格、企业自身条件发生了变化、市场供求态势发生了变化、国际市场价格波动、消费趋向变化、政策法规调整等。在以消费者为中心的观念的指导下，企业在根据企业内外部营销环境的变化进行价格调整的时候，必须充分考虑消费者的心理反应，有针对性地制定价格调整策略。

一、降价与提价

1. 降价

降价的主要原因有：

（1）企业的生产能力过剩，因而需要扩大销售，但是企业又不能通过产品改进和加强销售工作等来扩大销售。在这种情况下，企业就需要考虑降价销售。

（2）在强大竞争者的压力之下，企业的市场占有率下降。例如，在国际市场上，由于日本竞争者的产品质量较高，价格较低，使美国汽车丧失了一些阵地，在这种情况下，美国一些公司不得不降价竞销。

（3）企业的成本费用比竞争者低，企图通过降价来掌握市场或提高市场占有率，从而扩大生产和销售量，降低成本费用。

2. 提价

虽然提价会引起消费者、经销商和企业推销人员的不满，但是成功的提价可以使企业的利润大大增加。提价的主要原因：

（1）由于通货膨胀，物价上涨，企业的成本费用提高。

（2）企业的产品供不应求，不能满足其所有顾客的需要。

（3）资源稀缺或劳动力成本上升而导致产品成本提高。

（4）开发新市场。

（5）经营环节增多等。

二、消费者对价格调整的心理反应

以上两种价格调整都会对消费者的心理产生影响，从而影响企业的销售。一般情况下，商品价格和需求量呈相反方向变动。商品降价会吸引消费者，促进商品销售；商品提价会失去消费者，减少商品销量。在某些情况下，消费者由于对商品价格知觉、理解程度的不同，社会地位和经济地位的不同，个性心理特征的不同，加之许多时候消费者无法直接了解到企业调整价格的真实原因，因此会有不同的心理反应。

1. 消费者对降价的心理反应

降价对消费者有利，理应激发消费者的购买欲望，促使其大量购买。然而现实生活中商品降价有时反而失去消费者，减少商品销售。面对降价，常见的消费者心理反应有：

（1）降价产品式样老了，是淘汰产品，新型产品即将问世，不能只图便宜。

（2）降价产品是滞销产品，质量低劣、款式落后，或者有严重缺陷，所以才销售不畅，要小心。

（3）企业财务困难，难以继续经营下去。

(4) 价格还要进一步下跌，等到价格更低时再买。

(5) 这种产品的质量肯定下降了，拒绝购买。

(6) 购买降价商品有失身份（有损自尊心和心理上的满足感）没面子，拒绝购买。

2. 消费者对提价的心理反应

提价通常对消费者是不利的，按理会减少需求，影响产品销售。但实际生活中，成功的提价反而能刺激消费者，促进商品销售。提价时，常见的消费者心理反应有：

(1) 这种产品很畅销，不买会错过机会买不到了。

(2) 提价是因为这种商品很有价值，质量好，有优越的性能，物有所值。

(3) 卖主想尽量取得更多利润。

(4) 商品已经涨价，可能还会继续上涨，将来购买会吃亏，不如现在就买。

总之，提价与降价都会对消费者的心理产生一定的影响，消费者对此可能会有错综复杂的反应。因此，企业在调整价格时，除了要研究市场的供求关系，还要仔细研究消费者的价格心理反应，使价格的调整既适合自身经济利益的要求，也适应消费者的心理要求。

三、价格调整的心理策略

根据消费者对商品降价与提价的心理反应，企业可以采取相应的降价与提价策略。

1. 降价的心理策略

企业要达到预期的降价目的，商品应具备与消费者心理要求相适应的特征：第一，消费者注重商品的实际性能与质量，而较少将所购商品与自身的社会形象相联系；第二，消费者对商品的质量和性能非常熟悉，如某些日用品和食品，降价后对商品保持足够的信任度；第三，能够向消费者充分说明降价的理由，并使其接受；第四，制造商和产品品牌信誉度高，消费者只有在以较低的价格买到“好东西”，才会感到满意。

(1) 正确选择降价时机。降价时机选择得好，会大大刺激消费者的购买欲望；反之则会抑制消费者的购买欲望。根据营销经验，一般认为：①对于时尚和新潮商品，进入模仿阶段后期就应降价。②对于季节性商品，在商品换季时就应该降价。③对于一般商品，进入成熟期的后期就应该降价。④根据我国近年来出现的“假日经济”现象，节假日实行降价优惠可以促进销售。⑤店庆也可以作为较好的降价时机。

应该注意的是，商品降价不能过于频繁，否则会造成消费者对降价的不切实际的心理预期或者对商品的正常价格产生不信任感的负面效应。

(2) 准确把握降价幅度。降价幅度应以能吸引消费者购买为宜。降价幅度太小，不能刺激起消费者的购买欲望；降价幅度太大，企业可能会亏本经营，或者使消费者对产品质量产生疑虑。经验表明，商品降价幅度以10%～30%为宜，降价超过50%时，顾客的疑虑会显著增强。

2. 提价的心理策略

为使消费者接受上涨的价格，企业应根据不同的提价原因，采取相应的提价策略，包括做好宣传解释工作，组织替代品的销售，提供热情周到的服务，尽量减少消费者的损失等，以求得消费者的理解与支持。从西方国家长期的市场经济实践来看，在通货膨胀、成本大幅上升、供求失衡等情况下，企业通常会采取的提价策略有：①采取推迟报价定价的策略。即企业决定暂时不规定最后的价格，等到产品制成时或交货时才规定最后价格。②在合同上规定调整条款。即企业在合同上规定一定时间内（到交货时截止）可以按某种价格指数来调整价格。③采取不包括某些商品、配件和服务的定价策略。即在通货膨胀、物价上涨等情况下，企业产品或服务价格不变，但是取消原来有的配套产品、免费服务或者配件等，这样，产品的实际价格就提高了。④降低价格折扣。即企业决定削减正常的现金或者数量折扣，并限制销售人员以低于价格表的价格招徕生意。⑤取消低利产品。即企业核算各种产品的利润贡献后，停止供应利润贡献较低的一种或几种产品。⑥降低产品质量，减少产品特色和服务。这种策略可以使企业保持一定的利润，但是会影响企业的声誉和形象，失去忠诚的顾客，一般情况下不宜采用。⑦在产品线中增加价格较高的项目。即通过增加高价、高利润的商品来保证企业经营业绩。⑧使用价格较低廉的包装材料，促销更大包装的产品，以降低产品的包装成本。⑨使用便宜的材料或者配方做替代用品。⑩压缩产品分量，价格不变。⑪直接提价。

值得注意的是，无论采取何种提价策略，为了减少顾客的不满，企业提价时应当向顾客说明提价的原因，并帮助顾客寻找节约途径，以善意、负责的形象对待消费者。

典型案例　某冰淇淋产品的调价策略

A公司的主线产品“妙脆”单箱价格20元，在哈尔滨售价20.8元，最近几年毛利一直维持在22%左右。但随着产品的原料巧克力、奶粉、奶油、镀铝膜以及管理费用等大幅涨价，使得毛利骤降到14%左右。同时，本产品畅销多年，占企业销售额的49%，如果长时间徘徊于此境遇的话，企业不要说发展，连生存都成问题了。于是，涨价课题摆在公司的面前……

一、参照他山之石，期待可以攻玉

涨价之初，公司参照了很多企业的做法，包括蒙牛、伊利的价格调整的方法，出现的问题，整改的措施等。一般是涨价之初释放消息，让经销商备货，或是直接促销给其备货，然后调整价格，逐渐让经销商适应；如果遇到一些渠道抵制，再以促销拉动渠道上路。这期间总是伴随着价格体系的混乱，终端零售价格也有波动，甚至出现一些窜货现象。这是直接涨价最常用的模式，也是弊端最多的模式之一。畅销产品采用这种方式的概率多些，因为更换产品包装和规格有可能使消费者混淆产品的VI（视觉识别），甚至以为是假冒产品。在冷饮行业跟随之风旺盛的今天，强势产品的涨价几乎都是直接涨价的。

二、价格未动，调研先行

公司的主打产品“妙脆”由于多年畅销东北区域市场，在脆皮市场占有高达50%的市场份额，但是也衍生了大量的渠道问题。通过对“妙脆”的SWOT分析，公司发现，产品的各个要素出现的问题矛盾最终都和价格体系息息相关，于是价格调整的紧迫感更加强烈了。

经过讨论之后，公司管理层最终集中在一个问题上，即消费者是否接受1元这个价格？区域代理商是如何看待区域市场价格的？

三、征求经销商意见

为了尽可能地把价格调整工作的风险降到最小，公司首先召开了一次中等规模的区域经销商大会。几乎所有的区域经销商都一致赞成调高价格，但同时希望公司管控好一线市场分销商的价格体系，避免跨区窜货，同时认为市场的接受程度不容置疑。这使公司极大地增强了涨价的信心。

但来自一线的所有分销商都反对调整价格，认为消费者根本就不会买账，威胁说如果调整价格将寻找新的脆皮替代产品，并要求厂家退还保证金、取消合同。

四、向消费者寻找答案

为了更好地把涨价工作进行下去，寻找一个最为合理的解决方案，公司精心组织了大规模的市场调研。市场调研在一、二线市场进行，一个省会城市，两个地级市场。公司还与专业咨询机构进行了合作，力求最精确地反映调研对象的实质问题。

调研分析的结果出来后，大量的表格资料和总结都使结论十分清晰。调研结果显示，虽然高达35.7%的准客户表示能接受1元的价格，但还有25.8%的有效消费者表示涨价后将不再购买。这也让公司左右为难。

同时公司也做了关于“妙脆”产品即巧克力风味的冰淇淋在市场上的接受程度调查。调查显示，受口感、脂肪含量等因素的影响，消费者对它的接受度还远远低于奶味和水果味的。这就意味着“妙脆”的主要消费群体还是忠诚度比较高的老消费者，特别是对一个畅销市场8年的老产品而言，更是如此，可见涨价的风 险之高，令人难以抉择。

五、涨价方案出炉

经过董事会和销售部门各级领导的多次磋商和研讨，最终董事长力排众议，拍案定音：涨！涨价是寻找生机，不涨是在等死！一时又没有更好的办法，况且调研结果显示风险在可承受范围之内。

主战场即一线分销市场执行23元/箱的出厂价格，外埠经销商供货价由原来的20元/箱涨到21元/箱。按照公司的预想，市场上的产品单支供货价超过0.7元，则终端就会售卖1元。利润高了砸价，低了终端抵制。

为了能够使涨价软着陆，公司原计划执行一个促销计划或给经销商一个备货的阶段，董事长以市场价格会混乱为由予以否决，但可以在市场面临消费者迟疑阶段，启动热身促销计划。在渠道管理上，公司对所有产品均加刻双重标志，对于窜货的客户，发现一次即予以取缔。

辅助策略：为了使涨价行动能够在相对平稳的情况下过渡，公司迅速启动了平面广告和媒体广告，在几个大中城市做了150辆车体广告，同时也在车站繁华路段甚至在某国际卖场楼顶上制作了巨型广告招牌。在哈尔滨以及长春的交通电台也热播关于“妙脆”的形象广告。

六、方案引发危机

令人意想不到的事情发生了，80%的分销商强烈抵制，拒绝进货。经销商倒是很理性，但进货频率也大打折扣，纷纷致电区域经理索要促销。

第一天冷清，销量不及平时的30%；第二天依然如此，只是哈尔滨市的分销商集体到企业来理论，纷纷要求解除合约，赔偿损失。一周过去了，市场上的反馈让公司管理层非常沮丧，市场调研的结果似乎玩弄了管理层的智商，于是公司及时启动了市场的促销计划，销量回升，但仍不理想。同时发现市场的铺市率大幅下滑，很多终端不再售卖了，原因是消费者不接受。

接着分销商为了完成任务额拿到月奖，将返点和促销打包折扣，将货物流窜到各地……。不甘心就此失败，销售部拿出最后一招，所有物流车辆集中铺市。公司调配了30辆依维柯铺本埠市场哈尔滨。由于渠道商的抵制以及终端的漠视，最终效果差强人意，草草收场。

一个月过去了，销量下滑了近40%。又一次会议协商后，销售经理下达了董事会的新决议：外埠经销商价格回落到20.5元/箱，分销市场价格下调到22元/箱，同时单箱返1元，这已经比较接近涨价前的原价了。

案例讨论：企业应该如何针对消费者与分销商心理采取措施以应对涨价带来的风险？

思考与训练题

1. 影响商品价格的主要因素有哪些？
2. 你如何看待影响商品价格的社会心理因素？
3. 请分别解释消费者心理中的绝对价格阈限和差别价格阈限。
4. 请列举并解释商品心理定价的基本策略。
5. 消费者对于企业的提价与降价行为会有怎样的心理反应？
6. 企业价格调整的心理策略都有哪些？

第十三章　广告策略与消费心理

本章提要

广告有产品广告和公共关系广告之分，本章针对的是产品广告。产品广告是一种面向目标市场消费群体和社会公众的付费传播行为，具有认知、诱导、教育、便利和促销等功能。本章主要介绍广告的特性与心理功能、广告媒体的心理特征、广告传播的诱导方式、增强广告效果的心理策略和广告心理效果的测定。

引　例

德芙巧克力的“牛奶香浓，丝般感受”的广告语可谓经典。之所以经典，在于它把巧克力细腻滑润的感觉用丝绸来形容，意境高远，想象丰富。“丝般感受”的心理体验，充分利用了联想感受，把语言的力量发挥到极致。德芙巧克力的《漩涡篇》广告更是配合了“丝般感觉”的广告语。低沉、感性的旁白，配合优美的吟唱音乐，渐渐引出缓缓旋转的巧克力漩涡，让人想起跳舞时旋转的裙摆。这个地地道道的巧克力漩涡不停地旋转，加上纯美的牛奶与巧克力的美妙结合，犹如跳着一首优美的华尔兹一般动人，它渲染出的美妙感受吸引你进入一个纯粹牛奶巧克力的世界。之后成型的巧克力块从香浓诱人的漩涡中飞出，使人想先尝为快的冲动再也按捺不住。这则广告将视觉与味觉的诱惑带到最高点，宛如经历了一场美好的巧克力餐宴。这就是德芙想呈现给观众的巧克力体验与全新感觉。

思考：广告组织的策划水平、广告设计的制作水平与消费者心理有着怎样的密切关系呢？

第一节　广告的特性与心理功能

一、广告的概念

广告的英文——Advertise，原意是“一个人注意到某件事”；以后又进一步延伸为“引起别人的注意，通知别人某件事”。17 世纪末，英国开始了大规模的商业活动，“广告”一词从此开始广泛使用。

（一）广义和狭义的广告

1. 广义的广告

广义的广告包括经济广告（商业广告）和非经济广告。对广告的定义有多种，其中较权威的是《简明不列颠百科全书》的解释："**广告是传播信息的一种方式，其目的在于推销商品、服务，影响舆论，博得政治支持，推进一项事业或引起刊登广告者所希望的其他反应。**广告信息通过各种宣传工具，其中包括报纸、杂志、电视、无线电广播、张贴栏及直接邮送等，传递给它所想要吸引的观众或听众。广告不同于传递信息的形式，它必须由登广告者付给传播信息的媒介以一定的报酬。"

2. 狭义的广告

有关狭义广告的定义也是众说纷纭。日本广告心理学家川胜久认为，**广告是将商品或服务向人们宣传，以说服其购买的传播技术**；美国市场营销协会（AMA）对广告的定义是："**广告是由特定广告主以付费方式对构思、产品或服务的非人员介绍及推广。**"

3. 商业广告

商业广告属于狭义范畴的广告。这里将其定义为：**商业广告是一种面向目标市场消费群体和社会公众的支付费用的传播行为，是广告主有计划地通过媒体传递商品和服务信息，以促进销售的公开宣传形式。**本章所讨论的广告属于商业广告的范畴。

（二）广告的基本功能

广告在现代市场经济条件下已经成为企业从事市场营销活动的基本策略和重要手段。它的基本功能包括：①将有关商品和服务的信息通告给广大消费者，激发其购买欲望，使其实施购买行为。②在需求衰退的市场上刺激需求，在匮乏需求的市场上创造需求。③现代广告在塑造良好企业形象及与消费者沟通方面具有重要作用。

二、广告的心理功能

广告的心理功能是指广告对消费者所产生的作用和影响。国际商界有这样一句名言："推销商品而不做广告，犹如在黑暗中送秋波。"这体现了广告在促销组合中的重要作用。广告作为促成企业与消费者之间联系的重要媒介，具有以下心理功能。

（一）认知功能

认知功能是指广告向消费者公开传递有关商品的商标、品牌、性能质量、用途、使用和维护方法、价格、购买的时间、地点以及服务的内容等信息，使消费者对其有所认识，并在头脑中形成记忆，留下印象。

由于广告媒体采用了多种传播渠道和传播形式，能够打破时间、空间的局限，及时、准确地将商品及服务的信息传输给不同地区和不同层次的消费者，增强他们对商品、服务的认知。

（二）诱导功能

广告的诱导功能有两层含义：①广告唤起消费者美好的联想，给消费者以某种美的享受，从而改变其对商品的原有偏见或消极态度，激发其购买欲望和动机。②广告迅速有效地吸引消费者的注意力，从而激发其对新产品的兴趣和向往，形成新的消费需要，促进购买实现。

（三）教育功能

广告的教育功能也包括两方面的内容。

（1）增加消费者的产品知识。质量上乘的广告以其科学、文明、健康、真实的内容与表现形式，可使消费者增加相关商品知识，开阔视野，掌握正确的选购和使用知识，引导消费者树立合理的消费观念。

（2）给消费者以美育教育。设计巧妙、制作精良的广告通过各种各样的艺术表现形式，使消费者在获得信息的同时丰富精神文化生活，得到美的享受。在现代生活中，广告已经成了人们经济文化生活的一部分，可以说是一种雅俗共赏、一举多得的美育方式。

（四）便利功能

现代的商品社会中，商品的种类和数量不计其数，新产品日新月异，层出不穷，完全替代和半替代产品荟萃云集。如果没有广告的介绍和指导，消费者面对众多商品将手足无措。

广告的便利功能是指广告能及时、反复地传播商品或服务的信息，便于消费者收集有关资料，对各种商品进行较为充分和有效的比较，为购买决策提供充分依据，从而替消费者节约购买时间，减少购买风险。

（五）促销功能

在市场营销中，广告是促销组合中一个重要、不可或缺的因素，促销功能是广告的一个重要功能。广告通过对商品或服务的宣传，把有关信息传递给目标市场的消费者公众，达到诱导消费者注意和产生购买动机的目的，从而导致购买行为的实现，进而实现促销目标。

第二节　不同媒体广告的心理作用特征

只有借助各种广告媒体，广告才能达到向消费者传递产品与服务信息的目的，才能引起消费者的注意，从而形成消费刺激。**广告媒体即传递广告信息的媒介物，它是指所有使广告接收者产生反应的物质、手段和方法。**借助各种广告媒体形成的广告形式的种类很多，各有其特点和使用途径，为了达到广告的最佳宣传效果，必须深入了解和比较各种广告形式的特点与差异。

在现代经济社会中，最为重要的广告形式包括报纸广告、杂志广告、广播广告、电视广告、直接函件广告和网络广告。此外，户外广告、交通广告、包装物广告、POP 广告（销售现场广告）等近年来也发展迅速，成为广告主的新宠。

一、传统广告

（一）报纸广告

报纸广告虽然是最古老的广告形式，但它的影响力和普及性却远远超过其他广告形式。如今，报纸广告仍是使用最普遍的广告形式。在我国，随着物质生活水平的提高，人们对精神生活的关注越来越强烈。报纸广告作为人们精神食粮的一部分，深刻影响着消费者的生活。

报纸广告是一种印刷广告，具有独特的特征。

（1）准确性。报纸广告向来以传播及时、准确著称。它能用相对较快的速度把广告信息准确地传递给消费者，并且可以反复、连续地传播，给消费者留下深刻的印象。而且，由于报纸广告以文字或图案清晰表达，明确无误，相对于电视广告和广播广告更具确定性，不容易被曲解。

（2）广泛性。随着物质生活水平的提高，看报的人数也越来越多，因此，报纸广告的传播范围自然越来越广，其影响力也越来越大。

（3）信赖性。由于报纸的历史及其特殊性质，大多数报纸在人们心中具有较高的权威性和信誉度。因此，不少消费者对报纸传递的广告信息往往也很重视，有较高的信赖感。

（4）消息性。报纸广告的基本功能和报纸一样，也是刊登消息。尤其是新产品研制成功和上市的消息，通过报纸的介绍与宣传往往可以大大促进其销售。从介绍新产品的全面性、时效性来看，报纸广告是推出新产品的捷径，同时由于报纸具有特殊的新闻性，从而使广告在无形之中也增加了可信度。新闻与广告的混排可以增加广告的阅读率，对广告功效的发挥也有直接影响。

（5）保存性。报纸有保存原形的特性，具有保留价值，不易消失，便于消费者反复阅读，且不受时间的限制。所以报纸广告对商品的描述可以较为详尽细致，有利于企业及商品在消费者心目中整体形象的树立。

（6）经济性。报纸本身售价低，有利于广告的传播。同时，由于报纸发行量大，广告制作成本较低，因此其广告费用相对低廉。另一方面，广告费用根据版面大小和刊登日期长短不同而有所区别，广告主可以灵活采用。

（二）杂志广告

我国杂志种类繁多，发行量相当大，且大多数杂志都将兼营广告业务作为重要的收入来源。因此，杂志也是主要广告媒体之一。杂志广告的心理特征包括如下几点。

（1）针对性强。杂志的读者阶层和对象极其明确，而且往往与广告的目标对象不谋而合。由于杂志定向性强这一特点，使它成为了各类专用商品广告的主要媒体，可以针对特定消费者的兴趣爱好、个性特点、教育水平和生活方式等进行有效的广告宣传。例如，延年益寿、抗衰老药物的广告大多刊登在老年杂志上；体育用品广告很多都刊登在专业体育杂志上；而一些相对大众化的商品则选择综合性杂志刊登广告。

（2）保存期长。杂志的时效性较强，且内容丰富，能够吸引消费者的长期注意，容易为消费者反复阅读和传阅。一般来说，拥有最快阅读速度的人约 30 分钟至一个小时看完一本杂志，阅读速度慢的人约需要两三天时间。同时，杂志便于保存，优秀的杂志往往具有收藏价值，读者不会任意丢弃。因此杂志广告的稳定性强，影响作用时间长，有利于深化和扩大广告宣传的效果。

（3）宣传效率高。一般来说，杂志广告印制精美、色彩艳丽、形象生动、设计新颖，可采用多种广告表现手法展示商品的品牌、特点，在吸引消费者注意方面具有一定优势。此外，杂志广告往往采用专页刊登广告，因此既可以详尽地介绍商品或服务的性能特征，又显眼夺目。

但是，杂志广告也有其局限性：阅读范围相对较小，广告的传播面有限；制作周期固定且较长，灵活性和时效性不如报纸广告、电视广告、广播广告；翻作和印刷费用较高；不少杂志没有报纸严肃，尤其是娱乐性杂志。

（三）广播广告

广播广告是以无线电波为载体的大众传播形式，它时时处处存在，是传播范围最广、速度最快的广告形式之一。广播广告具有以下独特的心理作用特征。

（1）传播迅速及时。广播通过无线电波传播，可以在短时间内把广告传递到千家万户。

（2）作用空间大。目前我国广播电台的传播网络已遍及城乡各地，一些电台的广播甚至已经拓展到海外，像中国国际广播电台的播音在全世界大部分地方都能收到。因此，广播广告作用的广泛性是其他任何广告形式都无法比拟的。

（3）针对性。广播具有一定的针对性，各个波段的不同专题节目，相对来说都有稳定的听众。因此，广播广告的付费者和策划者可以根据特定听众群体的兴趣、需要、文化程度、年龄等心理特征，有针对性地进行广告宣传，从而达到预期效果。

（4）权威性。长期以来，广播电台在我国广大人民群众心目中一直享有较高声望，这一状况现在仍然很明显。因此，在消费者心目中，广播广告具有较强的权威性。

（5）灵活性。用声音语言来传递广告信息，无论是在时间上，还是在空间上都有较大灵活性。广播广告可以采用单播、对答、配乐以及情节处理等多种表现形式，有利于增强广告效果。

广播广告的局限性也很突出。广播广告的载体只限于声音，所以广告传递的信息往往转瞬即逝，不易保留。同时，由于缺少视觉形象，留在消费者记忆中的印象比较模糊，而且如果消费者事先不加以注意，往往不能在短时间内完全抓住广告的要旨。

（四）电视广告

通过电视播放广告，可以把视觉、听觉刺激结合起来，因而具有强大的宣传魅力，很容易引起消费者的注意与兴趣。现代电视广告已成为广告宣传的主要形式，同时也是最受消费者欢迎的广告传播形式。电视广告具有如下心理作用特征。

（1）表现力强。电视广告的表现手法灵活多样，丰富多彩。它综合运用一切可以利用的艺术手段，生动形象地传递所要展示商品的造型、色彩、功用、使用效果等特征，使消费者得到直观形象的认识，从而在其脑海中留下深刻的印象。

（2）作用力大。精美的电视广告把视觉感受和听觉感受完美地结合在一起，给人以身临其境的感觉，从而具有极强的感染力。因此，从传播效果来说，电视广告这种广告形式对消费者的影响作用明显优于其他广告形式。

（3）传播范围广泛。随着电视机的迅速普及，以及电视节目和电视广告制作水平的不断提高，电视广告的收视率越来越高，对消费者的吸引力也越来越大。就我国而言，黄金时间或重要新闻、文艺节目中插播的广告，收视者可达几亿人之多。

（4）重复性高。电视广告可以不断重复播放，这种重复可以强化商品印象，对消费者进行潜移默化的诱导，使消费者对广告内容主动接受或是被动地受其影响。

但是电视广告也有不少弱点：电视的声音和画面转瞬即逝，如不重复播放，往往不易给消费者留下印象，然而重复过多的广告则“过犹不及”，甚至引起消费者的反感；电视广告要求有特定的时间和地点，还需要有特定的相关设备（如有线电视网），在使用条件上有一定限制；电视广告的费用在所有媒体中是最昂贵的。

（五）直接函件广告

美国直邮及直销协会将直接函件广告定义为：“**对广告主所选定的对象，将印就的印刷品，用邮寄的方法传达广告主所要传达的信息的一种手段**。”这种广告形式又称邮寄广告或DM，在发达国家的使用率相当高。直接函件广告具有以下心理作用特征。

（1）针对性强。直接函件广告是针对收信人的选择意识进行的诉求。不同消费者群体的需求是千差万别的，直接函件广告可以选择特定的消费者，根据其特点，有针对性地进行函件广告投放，同时避免一天之内对相同对象的重复投放。

（2）亲切感。消费者收到函件时，会认为“只有我这一张”，从而产生受到重视的亲切感，这种情感极易唤起消费者的购买欲望。

（3）选择性强。由于不受时间和地域的限制，直接函件广告具有一定的选择性，可以选择投放邮寄的时间和地区，也可根据商品或服务的具体特点选择某一特定阶层的消费者投寄。

（4）排斥性小。通常来说，消费者一天收到数封直接函件广告的情形不多见。而且由于直接函件广告是相互独立的，即使消费者同时收到几封，函件广告仍然具有单独阅读性，因而可以减少不同广告之间的冲撞和排斥。

（5）其他特点。直接函件广告可以较为详细地介绍商品特点、购买地点和方式、价格，制作方便灵活，费用较低。

但是，直接函件广告的不足之处较为明显，包括广泛性差，显露性小，反应不太敏感，回收率低，反馈时间长。

二、网络广告

（一）网络媒体和广告的发展

随着信息技术的迅速发展，网络作为一种新兴媒体，在世界范围内得到广泛普及。网络媒体的迅猛发展极大地改变着人们的生活，同时也对传统的广告形式产生深远影响和巨大冲击。以互联网为传播媒介的网络广告已成为当今欧美发达国家发展最快的广告形式；我国广告公司和客商也开始涉足网络广告。这使得无论广告公司或生产厂商都面临着改变广告传播方法及选择广告媒体的压力和机遇。

（二）网络广告的几种形式

以网络为媒介发布广告的形式主要包括以下几种：

（1）在国际互联网上注册独立域名，建立公司主页，向公众发布信息。

（2）在一些人气旺盛（访问率高）的热门站点（诸如知名搜索引擎、提供免费电子邮箱的网站、名人的个人主页、综合资讯娱乐服务网站等）上宣传产品信息与公司形象。

（3）在热门站点上做横幅广告（Banner Advertising）及做链接；登录在各大搜索引擎上方便顾客搜求信息。

（4）在访客多的 BBS（电子公告板）上发布广告信息，或开设专门的信区研讨解决有关问题，传播新信息等。

（5）以电子杂志等形式，定期通过电子邮件（E-mail）以极低廉的成本发送信息到目标消费者那里。

（三）网络广告的心理作用特征

（1）信息容量大，传播范围广。在互联网上，广告主提供的信息容量是不受限制的。互联网是由遍及世界各地大大小小的各种网络，按照统一的通信协议组成的一个全球性的信息传输网络，因而，网络广告可以把广告信息全天候、24 小时不间断地传播到世界各地。

（2）信息传递的非强迫性。众所周知，报纸广告、杂志广告、电视广告、广播广告、户外广告等都具有强迫性，都是要千方百计吸引消费者的视觉和听觉，强行将信息灌输到他们的头脑中。而网络广告则属于按需广告，它不需要消费者彻底浏览，可以让消费者自由查询，将他们需要的信息集中呈现出来，从而为消费者节省了时间。

（3）广告投放的准确性。网络广告的准确性包括两个方面：一方面是广告主投放目标市场的准确性；另一方面体现在广告受众的准确性上。一般消费者浏览站点时，只会选择其真正感兴趣的广告信息，所以网络广告信息到达受众方的准确性高。

（4）受众数量可统计性。利用传统媒体做广告，很难准确地知道有多少人接触到广告信息。以报纸为例，虽然报纸的读者是可以统计的，但是刊登在报纸上的广告有多少人阅读过却只能估计，而不能精确统计。而在互联网上，可通过权威公正的“访客流量统计”系统精确地统计出每个客户有广告被多少个用户浏览过，以及这些用户查阅的时间分布和地域分布，从而有助于客商正确评估广告效果，审定广告投放策略。

（5）信息传播的交互性与感官性。网络广告的载体基本上是多媒体、超文本格式文件，只要受众对某样产品感兴趣，仅需轻按鼠标就能进一步了解更多更详细、生动的信息，从而使消费者能亲身“体验”产品、服务与品牌。网络广告还可以利用虚拟技术等，让消费者如身临其境般感受商品或服务，并在网上预订、交易与结算，从而大大增强网络广告的实效

（6）实时性与持久性。网络媒体具有随时更改信息的功能，广告主可以根据需要随时改动广告信息，调整商品信息。网络媒体也可以长久保存广告信息，随时等待消费者查询。

（四）网络广告的劣势

近年来，网络广告市场增长速度放慢，这一变化让人们在为网络媒体的独特优势所吸引的同时，不得不注意到网络广告的局限性和不足。

（1）网络广告的效果至今无法像传统媒体那样容易把握，包括网络广告所影响的区域、对象以及对象的购买力等，不确定因素较多。

（2）网民对网络广告不感兴趣。以前，在网上做广告的大多是一些高科技公司或家电行业的大型企业，而我国网民大多是16～30岁的年轻人，这些人对上述企业的网络广告几乎没有太大兴趣；而30岁以上能够成为网络广告受众的人士目前还未成为上网的主要人群。目前，随着大批消费产品进入网络广告领域，这一状况有所改善。

（3）网络广告业的专业策划、制作水准较低。电视广告的从业者往往是影视导演或摄影专业人员，广告的创意、制作水准较高。而在国内网站中，网络广告从业者通常分属两个领域，即销售人员和网络技术人员，二者往往缺乏统一的客户导向，因而影响了网络广告的制作水平和宣传效果。

三、其他媒体广告

（一）户外广告

户外广告是针对行人或乘车、骑车、驾驶汽车的消费者而做的，它一般包括招贴广告、霓虹灯广告、路牌广告、壁画等。其心理作用特征包括如下方面：

（1）有效时间长，艺术感染力强，能吸引消费者的注意；将电光、色彩及动感结合起来，广告文字一般极为简练，易为人们记忆。

（2）户外广告，特别是一些重要建筑物或高大建筑物上的巨幅霓虹灯广告以及黄金地段的大幅路牌广告，可以提高企业或商品在消费者心目中的地位。

（3）户外广告能被消费者反复接触，容易促成消费者的无意识记忆，形成潜移默化的影响。

（二）交通广告

火车、汽车、地铁、轮船等交通工具的车厢内外广告和车站的招贴广告统称为交通广告。随着交通运输工具的迅速发展，交通广告已成为重要的广告形式。其心理作用特征包括如下方面：

（1）移动性，可以扩大与消费者的接触范围。

（2）重复性，一般交通广告的持续时间较长，可对一部分固定乘车者产生持续的影响。

（3）引人注目的效果，尤其是移动中的车厢外广告，因为处于运动状态的广告信息更易于吸引消费者的注意力。

（4）价格相对较为低廉。

但交通广告不容易面对特定的消费阶层进行宣传，缺乏良好的针对性；同时它无法吸引高需求阶层的注意。

（三）包装物广告

包装是指商品的包装纸或购物袋，它不仅具有保证商品安全、方便顾客携带的基本功能，同时也是一种重要的广告媒体。企业可以通过包装物的造型、质地、图案设计、色彩搭配等充分展示商品的外在特点及内在质量。因此，与其他广告形式相比，包装物广告对消费者的心理影响往往更加直接和具体。例如，包装精美华贵，消费者可能据此判断商品属高档消费品；包装平实朴素，消费者会认为该商品属于大众消费品。

此外，包装物广告具有一定的流动性。一些设计别致、精美、经久耐用的包装袋经消费者购买携带，经常成为活动的广告媒体，从而扩大了广告信息的传播范围。

（四）POP广告

POP又称现场销售广告，是指在超级市场、百货商场、连锁店、药房、杂货店等零售店的

橱窗、走道、货架、柜台、墙面甚至天花板上，以消费者为对象设置的彩旗、海报、招贴、陈列品等广告物。POP广告的使用，可以弥补其他媒体广告的不足，强化零售终端对消费者的影响力。POP广告能唤起消费者的记忆，进一步激发起购买欲望，特别是在自助商店、超级市场等无人售货的销售现场中，POP广告可以代替销售人员起到直接诱导说明的作用。POP广告有以下心理作用特征。

（1）直接性。POP广告在消费者购置货物的时点上对消费者产生影响，从而对消费者的最终决策产生最直接的宣传和诱导作用，并能快速帮助消费者知晓有关商品的价格、用途、促销方法等信息。

（2）视觉性强。POP广告充分利用销售现场的三维空间关系以及环境中的色调、光线、照明等环境情况，配合所陈列商品的大小与展示情况，使广告形象突出，视觉效果最佳，从而刺激消费者的购买欲望。

（3）诱导性。POP广告是其他广告媒体的延伸，对消费者已有的广告意向能产生强烈的诱导功效，激发起消费者的冲动性购买欲望。据统计，一般情况下，目的非常明确的购买仅占总购买行为的28%~30%，而其他多数购买行为是受POP影响和驱动的。

（4）系列性和多种类。POP广告可以补充报纸广告 、杂志广告、广播广告、电视广告的不足，混合应用多种类型的POP广告，可以营造热烈的销售或促销气氛；同时采用多种表现手法，形成系列性的整体广告，有助于塑造商品的整体形象。

第三节　广告传播的诱导方式

在竞争高度激烈的现代市场环境中，各种广告大量充斥市场。所有厂商都力求通过广告宣传使消费者认知本企业的商品，唤起他们的购买欲望，促成购买和实现商品销售。一则广告要想在众多广告中突现出来，达到预期的宣传目的，就需要广告制作者和传播者千方百计运用各种诱导方式，促进提高传播效果。**广告传播的诱导方式就是指企业在广告活动中为了取得最佳效果而采用的方法和手段。**从不同的角度，可以将其划分为多种类型。

一、按广告传播的不同性质划分

按广告传播的不同性质可将广告传播的诱导方式分为语言、文字、画面和图解、实物、示范、空白和人物等。

（一）语言

语言是人类用来表达思想、交流意见的工具，它是由语言、词汇和语法构成的完整系统。语言是广告传播方式中最常用的一种，它运用范围广，涉及领域多，具有极强的穿透力和影响力。名列美国《广告时代》杂志评选的最佳广告策划前20名的经典广告之一——Amein去痛片的广告词为：“快，快，快速见效”。对于被疼痛困扰的消费者来说，这无疑是一剂强心针，乐于一试。

用语言表达广告内容，可使消费者准确理解商品信息，坚定购买信心。为了增强广告效果，要做到“三言”，即言出达意、言简意赅、言不虚发。当然，仅仅借助语言这种诱导方式还存在局限性，它缺乏形象表现力，不能对消费者形成多方位的冲击。因此，语言应该与其他的诱导方式一起使用，以增强感染效果。

（二）文字

文字是语言的书面表现形式，也是经常采用的一种广告诱导方式。文字广告的形式有多种。有单一的文字广告，多见诸报纸广告及户外广告。例如，日本丰田车以“车到山前必有路，有路必有丰田车”的广告词赢得了众多消费者的首肯。另一种是指对产品内容的解释、说明，出现在封面、插图、包装等部位，起提示说明作用。

与语言相比，文字是一种被动的宣传方式。它被认知的前提，一是认知者要有一定的文化水平；二是取决于消费者的主观意愿，即是否愿意加以认知。只有在以上前提下，文字广告宣传才能达到诱导目的。不过，文字广告可以长期保留，便于反复记忆，因而有其独特的效果。

（三）画面和图解

画面和图解是一种非语言文字形式，具有生动的直观形象性。采用画面和图解作为诱导方式，可以通过视觉形象传递信息，形成直观感受，说明事实，用以补充语言文字的不足。

（1）画面。人们常在报纸、杂志、电视和广告牌上看到画面广告，通过画面，向消费者展示产品，传播观念，可以达到“此时无声胜有声”的效果。画面广告的形象表现力很强，容易使消费者产生相关联想，从而加深对商品的认识。此外，它还极具艺术感染力，能够营造美的氛围。

（2）图解。图解是运用表格或者图形解释、宣传商品的诱导方式，在房地产广告中被经常运用，如立体解剖图、平面图等。图解广告可以客观、真实地宣传商品，提高消费者对广告内容的信赖程度和形成正确认识。

（四）实物

实物广告包括产品巨型模型广告和实物尝试广告两方面。

（1）巨型模型广告。**巨型模型广告是指把要推向市场的产品，放大后展现出来，以使消费者关注。**例如，不少保龄球馆在其门口树立放大多倍、有数人之高的保龄瓶，十分显眼。又如，美国加利福尼亚州一家经营开山机械的公司，把营业总部大楼设计成一台开山机械的造型，楼前还堆筑了一座假山，从高速公路上远远望去，仿佛一台巨大的开山机械正在工作，从而形成一种永久性广告。

（2）实物尝试广告。实物尝试广告主要包括食品的品尝和日用品的试用，如试用手机、试听音响等。采用这种诱导方式可以迅速缩短消费者与商品之间的距离，使消费者亲身领略商品的功效，从而排除虚假成分，对消费者产生最直接的影响。例如，超市里的熟食专柜前经常有摆放切好并插上牙签的熟食，供消费者免费品尝，很多消费者就是在品尝后做出购买决定的。

（五）示范

示范是通过销售人员的演示，让消费者了解商品的功能、用途的一种诱导方式。这种方法对新产品的宣传尤其有效。在现实生活中，许多商品不被消费者认知的重要原因之一就是因为消费者不了解它们的功能、用途。进行示范宣传，可以使消费者对商品及其功能和使用方法一目了然，形成正确了解，进而激发购买欲望。同时有助于消费者掌握正确的使用方法。适宜进行示范性宣传的商品很多，尤其以穿、用商品占多数。身穿时装的模特、健身器械的示范操作等对消费者来讲，都可产生意想不到的效果。

（六）空白

空白是利用时间的短暂停顿和空间的局部空白，引起消费者的注意，达到广告宣传的目的。这是广告传播的一种独特的诱导方式，它能产生意想不到的心理效果。例如，美国一家刚开业的银行，为提高知名度，别出心裁地出了个点子，向人们提供“沉默的时间”。他们买下了纽约各广播电台同一黄金时间里的10秒钟。播音员在广告开头说："听众朋友，从现在开始，播放由本市国际银行向您提供的'沉默时间'"。然后，整个节目突然中断10秒钟。这时，全纽约所有电台都出现了沉默。听众被这莫名其妙的10秒钟激起了兴趣，于是，几天的"沉默"时间成了纽约人茶余饭后最不"沉默"的话题，该银行的知名度因此大大提高。这里，时间的短暂停顿造成了一种特殊的空白，而对消费者产生了强烈的影响。

（七）人物

人物是借助名人、明星的权威效应和巨大的影响力，来说服、引导消费者的一种诱导方式。名人、明星在社会生活中占有特殊地位，是人们崇拜和模仿的对象，他们的消费行为和劝说语言具有极强的感染力和示范效应，常常成为时尚的领导者。

二、按广告传播诱导方式的作用划分

按广告传播诱导方式的作用不同，可以将广告分为通知广告、劝说广告和提示广告。

广告的最终目的是促进产品的销售，而产品的市场发展存在生命周期性，广告必须针对产品生命周期的不同阶段，采用不同的诱导方式。从诱导方式所起的作用来看，可以分为通知广告、劝说广告和提示广告。

（一）通知广告

在产品生命周期的引入阶段，产品的功能、用途、特色等对于消费者来说都是陌生的，此阶段，通知广告的主要作用就是让消费者认识新产品。

从内容来看，通知广告有多种形式：①向消费者介绍一种新产品；②向消费者说明某种产品的新用途；③通知消费者某种产品价格发生了变化；④介绍新产品的使用方法；⑤告知消费者某种商品的促销活动正在举行等。

（二）劝说广告

在产品生命周期的成长阶段，消费者逐步了解了新产品并对其产生一定程度的需求，但对商品的品牌、款式、质量等正在考虑和选择之中。这时，广告则担负着劝导消费者购买本企业产品、诱导消费者确定有利于本企业的购买倾向的重大责任。劝说广告是产品成长期的一种主要广告诱导方式。它的目的在于保证商品销售的稳步增长，在需求减退的市场上维持销路。

（三）提示广告

在产品生命周期的成熟阶段，同类产品的竞争相当激烈，有些产品在市场竞争中脱颖而出，已经成为该市场的知名品牌。此时，广告的作用已不是通知或劝说消费者购买，而是起提示作用。通过不断提示，树立起良好的产品形象和企业形象，维持较高的顾客忠诚度。例如，可口可乐已经成为众所周知的知名品牌，它的广告作用是不断强化消费者对可口可乐品牌的印象，培养和增强消费者对可口可乐的忠诚度。

三、按广告的表现手法划分

广告是借助于各种媒体，运用多种表现手法来进行宣传的。不同的广告媒体有不同的传播手段和传播特点，但也有共同的表现技巧，这种表现技巧就是广告的表现策略。常见的表现策略有写实、对比、权威、示范、艺术化、想象、威吓等多种形式。

（一）写实

写实手法是直接陈述广告信息的一种诱导方式，如对产品的名称、品牌、功能、特性、使用方法、价格、购买地点等做如实介绍。写实是广告表现的基本手段，一般来说有以下几种表现形式。

(1) 叙事，即通过文字的叙述和语言的报道原原本本地介绍广告内容，这是常见的一种广告形式。

(2) 新闻，即广告的信息具有新闻性，以新闻报道的形式传播广告，以引起消费者的注意，如企业开张、节日酬宾等。

(3) 展示，即直接展示商品的外观或内在结构，并加以叙事报道，如产品陈列，配合宣传商品的传单或小册子等。

(4) 布告，即利用固定的格式来发布广告，如家电维修、美容美发等各种消费技能的培训、招生广告。

(5) 图解，即运用图表方式来展示广告，如房地产广告附上平面设计图，使人一目了然。

(二) 对比

对比是通过商品之间的对比或对照关系来说明、展示商品的差异性，以此启发消费者的联想，使之留下深刻印象。对比有以下 3 种基本形式。

(1) 功效对比，即将商品使用前后的两种状态加以对照，给消费者以直观的感受。例如衣服上的污渍难以洗净，而使用某品牌的洗衣粉后，衣服洁净如新。

(2) 革新对比，即对比产品革新前后的功能，以突出新产品的优点。例如飘柔宣传其新款去屑洗发露的时候，将以前的洗发露与新去屑配方的洗发露使用后的效果做比较，以显示新配方的良好效果。

(3) 价格对比，即对商品的价格进行对比，突出商品的物美价廉，以诱导追求经济实惠的消费者。

(三) 权威

这类广告的表现策略是利用社会名流和相关专家来推荐或证明某种商品的品质，提高商品的知名度，增加消费者对产品的信任，推动人们仿效购买。

(四) 示范

这是通过实物的实际表演、操作、使用，来证明商品的品质优良。示范可分为正面示范和反面示范两种。

(五) 艺术化

这是指运用各种艺术形式来表现广告内容，使广告具有艺术性和趣味性。例如，诗歌、音乐、舞蹈、短剧等形式，都可使消费者在娱乐中获得有关商品信息。实践表明，这种诱导方式极易引起消费者的兴趣，并使之顺利接受。

(六) 想象

这是指用各种衬托事物，以新颖的创意来启发消费者的联想，渲染商品形象。具体手法包括以下两种：

(1) 比喻，即运用人们所熟知的事物做类比，来说明广告中所选择的商品的形象与特征，使人们产生联想，增强对商品的认识。

(2) 夸张，即用显而易见的含义夸张与形体夸张来突出产品形象。

(七) 威吓

这是指运用不幸的遭遇，引起人们的恐慌，督促人们要听取广告的劝告，才可免除不幸。

第四节　增强广告效果的心理策略

广告要达到预期的效果，就必须在计划、设计、制作和播出的全过程中重视对消费者心理活动规律与特点的研究，巧妙地运用心理学原理，增强广告的表现力、吸引力、感染力和诱导力。广告信息首先作用于消费者的听觉、视觉等感觉器官，并在消费者的大脑中引起不同程度的反应，从而形成一系列复杂的心理活动过程，导致需求的产生和购买行动的实现。

广告引发消费者心理反应的过程一般有以下 4 个环节。

一、引起注意

注意是增强广告效果的首要因素。能够引起人们的注意，推销就已经成功了一半。

注意是心理活动对一定事物的指向和集中。它反映人的意识对客观事物的警觉性与选择性。注意主要由两种因素引起：①刺激的深刻性，即外界刺激的强度及刺激物的突然变化；②主体的意向性，是指因主体的需要或兴趣而自觉地将意识集中于某一事物。由于引起注意的因素不同，人的意识反映特点和反映时序也不同，从而形成了三种既有联系又有区别的注意：有意注意、无意注意及有意后注意。

根据注意的引发因素和形式不同，广告可以采取多种心理策略来引起消费者注意。

（一）加大刺激的强度

刺激达到一定的强度，即刺激量要大于人的感觉阈限值，才能引起人的注意。而且在一定的范围内，刺激物的强度越大，人对这种刺激物的注意就越集中。不仅刺激物的绝对强度有这种作用，相对强度也有这种作用。比如，广告色彩艳丽，文字醒目优美，音乐悠扬悦耳，画面清新脱俗，表现方式别出心裁等，都能较好地引起消费者的注意。在广告设计中，应该特别注重对色彩或光线、字体或图案以及音效的合理综合运用，以达到强化信息的影响程度、引起高度注意的效果。

（二）加大刺激元素间的对比

刺激物各元素间显著的对比也容易引起人们的注意。在一定限度内，广告中刺激物各组成部分的对比度越大，人们对刺激物所形成的条件反射也就越明显。因此，在广告设计中，可以有意识地处理各种刺激物的对比关系和差别。例如，在画面布局上采用动静对比与黑白对比，图案的大小对比与色调对比，色彩和光线的明暗对比与强弱对比，音响和语调的节奏对比与高低对比，文字语句的长短对比与轻重对比等。除了广告本身各元素的对比外，还有与周围环境的对比，使色彩相映、浓淡相间、大小对照、高低错落、轻重有别，目的是形成产品的独特形象，使广告易听、易视、易读、易记。

（三）利用刺激物的运动变化

运动着的事物、变化中的刺激更容易引起人们的注意，动画片的效果胜过幻灯片就是一个显著的例子。诸如影视广告、大屏幕点自动化广告等中忽明忽暗的光线、户外不断闪烁变化的霓虹灯、忽隐忽现的图案、播音员声音的抑扬顿挫等，都是常用的运动刺激手段。

（四）力求刺激的新奇

相同或相似的刺激接受过多，消费者会慢慢变得迟钝起来。罕见的、奇异的、一反常态的事物，却能给人以比较强的刺激力度。广告刺激的新异性通常还表现在其形式和内容的更新上。一个颇有经验的广告主在宣传产品时，往往不是集产品的各种性能或特点于一幅广告中长期不变。相反，他总是在相继推出的广告中不断变化地介绍其产品的不同特性，以期达到保持广告新异性的目的。

（五）增强广告的感染力

在广告中，厂商应该有意识地增大广告各个组成部分的感染力，采取多种艺术手段，激发消费者对广告的兴趣，以保持他们对广告和产品的持续注意。

例如“白猫”洗洁精广告，以动画片的形式，通过一只可爱的小白猫充满谐趣的表演，配以一首悦耳的广东曲调，将洗洁精的牌号、功能等商品特征做了极其生动的介绍，妙趣横生，引人注目。

二、启发联想

联想是一种由当前感知的事物回忆起过去的另一事物，或者由所想起的某一事物联想起其他相关事物的一种神经联系。事物之间存在着的共性和人对事物认识上的关联性构成了联想的客观和主观基础。在广告宣传中，充分利用事物之间的联系，启发消费者的联想，无疑能起到提示消费者回忆、提高记忆效果、刺激消费需求的心理作用。启发联想的手法有以下几种：

（1）形象法，即利用消费者熟知的某些形象，来比喻和提高广告商品的形象。明星广告就是典型的例子。

（2）暗示法，也称暗喻，即通过语言或画面创造出一种耐人寻味的意境，给消费者留下宽广的联想空间。例如某皮鞋广告，画面出现两个妙龄女郎正在赤足涉水过小溪，每人手中提一双皮鞋，字幕与画外音：“宁失礼不湿鞋”，暗喻了皮鞋的珍贵，给人以回味的余地。

（3）反衬法，即广告商品不直接对准传播对象，而以其他形式来表现广告商品，以此影响真正的传播对象。例如，法国的“克隆堡”啤酒为了打开美国市场，广告商在美国电视中安排了这样的广告画面：法国人特别爱喝“克隆堡”啤酒，当这种啤酒被装船运往美国时，法国男女老少都依依不舍地留下悲伤的眼泪。这种幽默的反衬手法，使该酒打开了在美国市场的销路。

（4）讲述法，即利用文字或画外音述说一个传说或典故，来意指广告商品的名贵和历史悠久。不少传统名酒即采用此种广告手法。

（5）比喻法，即利用某些恰到好处的比喻来宣传商品或服务，如某眼镜广告：“眼睛是心灵的窗户，为保护您的心灵，请给您的‘窗户’安上玻璃吧”。

三、增进情感

消费者的情感状态直接影响着他们的购买行为导向。积极的情感体验，如满意、愉快、喜爱等，能够增进消费者的购买欲望，促进购买行为；而厌烦、冷漠、恐惧等消极的情感体验则会抑制消费者的购买行为。一则好的广告，应该有助于促进消费者形成以下积极的情感。

（1）信任感。广告通过自身的媒介行为激发起消费者对所宣传商品的信赖心理。消费者对广告的信任，是产生购买欲望的前提条件。如果不存在值得信任的宣传内容，购买则无从谈起。实事求是、客观公正的广告，往往能达到增加消费者信任感的目的。

（2）安全感。清除消费者对商品的不安全心理，增强心理安全感是广告宣传的重要内容。广告应该让消费者感到产品安全可靠，保证无毒、无害、无副作用，并有益于增进人体健康。食品、药品、保健品的广告尤其应注意这一点。

（3）亲切感。广告宣传要设身处地为消费者着想，表现出对消费者的关心、爱护，或者创造一种温馨的意境，从而给人以亲切感，使消费者加深记忆，达到增加信任的目的。

（4）美感。爱美是人类的天性，美是促使人类社会生活日益丰富的心理因素。广告应该运用语言、色彩、画面等手段增强宣传内容的艺术性，使消费者赏心悦目，得到美的享受。

（5）好奇感。好奇心是人们认识事物、探求真理的一种内在驱动力，是一种大众心理。广告若能利用这一心理，激发消费者的好奇心，就能有效地吸引消费者的注意，大大提高宣传效果。

四、增强记忆

记忆是人脑对过去感知过的事物的反映，是对经历过的事物和感受由记到忆的一种心理活动过程。对广告信息的记忆是消费者认知、判断、评价商品以及做出购买决策的重要条件。因此，在广告的设计与传播中，有意识地增强消费者的记忆是非常必要的。经常采用的增强消费者记忆的策略有如下几种。

（1）减少材料数量。记忆的效果与广告材料的数量有这样的关系：在同样的时间内，材料越少，记忆水平越高。所以，广告的文案应力求扼要、精练，尤其是广告标题要短小精悍，有一鸣惊人的效果。

（2）适当重复。重复是加深记忆的重要手段。人们对事物的记忆往往不是一次就能完成的，而需要经历多次重复的过程。广告可以对有关信息中关键的部分加以重复，可以在同一传播媒介上反复播放同一广告，还可以在不同媒介重复同一广告，以达到强化消费者记忆的目的。

（3）增进理解。理解是记忆的前提。通常，人们对于能理解的事物才能记忆深刻，所以广告要根据消费者记忆的特点，善于化抽象的事物为具体的形象，尽量发挥形象记忆的优势，同时通过深入浅出地说明解释，增进消费者的理解和记忆。

（4）运用多种艺术形式。广告中适当运用各种艺术表现形式，也能够帮助人们加深记忆。例如，将广告词写成诗歌、顺口溜、对联等形式，可以使之合辙押韵、朗朗上口；使用成语、双关语、谐音等，巧妙地说明商品的特性，可以做到语意双关，引人入胜；运用相声、漫画、卡通等形式，使用幽默、夸张等表现手法，会令人忍俊不禁，会心一笑。这些形式可使消费者对广告内容经久难忘。

第五节　广告心理效果的测定

广告心理效果是广告信息经特定媒体传递给消费者后，对消费者心理活动的影响程度。这种效果具体反映在对消费者认识过程、情感过程和意志过程的影响上。因此，广告作用于消费者而引起的一系列心理效果，主要表现在对广告内容的感知反应、记忆程度、思维活动、情感体验和态度倾向等几方面。消费者的这些心理效应是相互联系、相互促进的。广告心理效果的发展程序及其相互关系如图 13-1 所示。

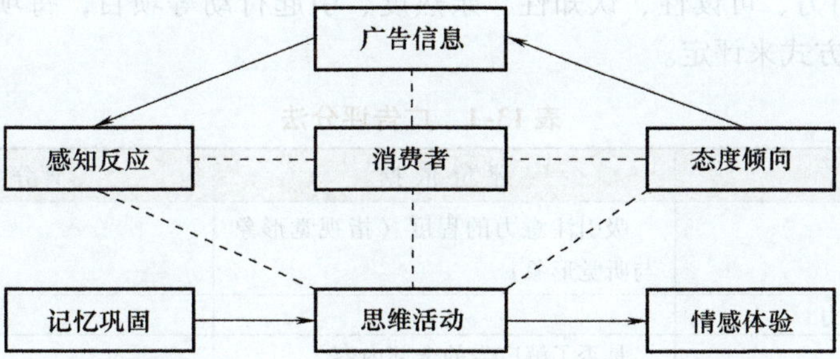

图 13-1　广告心理效果的发展程序及相互关系

一、广告心理效果测定的内容和类型

（一）广告心理效果测定的内容

广告心理效果测定主要是判定广告对目标市场消费者引起的心理效应大小，包括对商品信息的注意、兴趣、情绪、记忆、理解、动机、行动等心理活动反应。由于广告的心理效应是隐含的、潜在的、缓释的，因而往往不能直接通过市场上商品的销售量测定出来，而是用广告的收视率、收听率、商品知名度、注意度以及记忆度等来测定。测定的主要项目一般有：

（1）注意度，主要了解消费者是否接触到广告，广告作品的吸引力如何。

（2）知名度，主要了解消费者中有多少人知道商品的品牌和品质。

（3）理解度，主要了解消费者对广告作品内容的理解程度，广告主题是否明确。

（4）记忆度，主要了解消费者对广告印象的深刻程度，能否追忆广告内容，如商品的品牌、特性、企业名称、商标等。

（5）购买动机，主要了解消费者购买商品是随意购买还是受广告影响而购买。

（6）视听率，主要了解广告接触到多少消费者。

（二）广告心理效果测定的类型

1. 事前测定

这是广告作品未正式传播之前的预测，目的在于收集消费者对广告作品的反应，以便修正广告作品；或从多个广告作品中选出较好的广告样本，因此又叫预审法。

事前测定可以通过有计划地邀请若干有代表性的消费者来判断广告作品的心理效果，也可以在小区域范围内预报广告，然后收集消费者的反馈。在修正广告作品之后，再向大范围区域做正式的广告传播。这种实地预审法，适用于费用庞大的广告活动，可以避免因作品失败而导致经济上的损失。

2. 事后测定

这是广告作品正式向大众传播后，进行总结性的收集广告心理效果，以便为下一阶段的广告活动决策提供依据，故又称复审法。事后测定是以广告播出的实地消费者为对象所收集的心理效应。

二、广告心理效果测定的方法

（一）广告发布前心理效果的测定方法

1. 广告评分法

广告评分法的具体做法是抽查或邀请一定范围、一定人数的视听者或有关专家来评价广告内容。评分时设吸引力、可读性、认知性、亲热度、引起行动等项目，每项的最高分是 20 分。可以按照表 13-1 的方式来评定。

表 13-1 广告评分法

评价项目	评价依据	评分百分比（%）
吸引力	吸引注意力的程度（指视觉形象与听觉形象）	15
对潜在需求者的推动力		5
可读性	是否了解广告的全部内容	10
认知性	对广告信息焦点的认知程度	10
亲热度	对广告的兴趣	10
由广告引起的实现需求愿望的迫切感		10
引起行动	由广告引起的立即购买行为	20
由广告唤起的潜在购买准备		20

优劣	最佳	优等	中等	下等	最差
分数线	100～80	80～60	60～40	40～20	20～0

2. 组织测试法

组织测试法是在广告刊出以前，预先加以测试，被测试者必须从广告商品的目标消费者群体中选出。例如，测试书包的广告应以学生为对象。测试时将同一商品的多种广告样本交给被测试者看，并做如下一些询问：

“请问您认为哪一幅广告最有趣味？”

“您最喜欢哪一幅广告，为什么？”

“您认为这幅广告所要宣传商品的特点是什么？”

这种询问方式，可以测试出哪一幅广告最具有吸引力、广告的意图是否正确等。也可以将一组广告样本交给被试者看多次，然后让其回忆所见过广告的印象，并对每一则广告的特点加以说明。这种方法对于比较表现方式不同的广告的传播能力大小有一定作用。

3. 实验室法

这种方法是以心理上的反应来测量广告的潜在效应。目前正在研究和使用的方法大体上有两种。一种是根据人的脑电波变化来判断是否对广告上宣传的商品感兴趣。这种测试仪器主要由脑电波记录器、分析仪和显示器三大部件组成。当看广告的人对所宣传的商品或广告本身的设计感兴趣时，就会刺激他的大脑，使其兴奋，这种兴奋能被仪器根据大脑电波的变化测得。第二种是按照人的瞳孔的放大或缩小来判断对广告的反应。其原理是根据医学上的试验，即当人们感觉到对某种事物有兴趣时，瞳孔就会放大。这种方法有其科学的一面，也有缺点，如测试仪不能分辨消费者对广告是喜是憎，因为一些令人厌恶的广告也同样会使人冲动而放大瞳孔。

（二）广告发布后心理效果的测定方法

1. 回忆测验

回忆测验的具体做法是找出一些接触到广告的消费者，请他们回想在接触的广告中，哪些广告曾引起他们的注意，其效果怎样。例如：

“您看过这种标题的广告吗？”

“那是什么化妆品的广告，您知道吗？”

“哪些广告使您印象深刻，为什么？”

这种测试最好定期且有计划地进行，比如在广告发布3个月后进行测试，对了解广告被人们注意和印象滞留的程度有一定作用。

2. 认知测验

这种方法是请某一媒体的受众（如报纸的读者）回答一些有关的问题，如“请问您看过这则广告吗？”被提问者可以以看过、看过一部分、粗略看过、未看过等几种方式作答。提问者则按这几种答复方式来统计百分比，算出覆盖率。运用这种方法最好在报刊到达读者手中的最短时间内进行。如果进行得太迟，读者就有可能忘记看过的广告。在测试中还应把刊出的广告明确提示给测试对象。要了解电视、广播、网络广告的视听率，也可以运用这一方法，即采取问卷等形式与消费受众交流与沟通。

（三）广告心理测定的相关计算

通过上述方法收集基本情况和数据后，一般可以运用下列公式进行测算。

$$注意率 = \frac{b+c}{a} \times 100\%$$

式中，a 为阅读报纸的总人数；b 为似乎看过报刊广告的人数；c 为确实看过广告的人数。

$$阅读率 = \frac{c_1 + c_2 + c_3}{a} \times 100\%$$

式中，c_1 为看过报刊广告的图片、标题，但详细内容未看的人数；c_2 为只阅读过一部分内容的人数；c_3 为内容详细阅读过的人数；a 为阅读报刊的总人数。

$$视听率 = \frac{a}{b} \times 100\%$$

式中，a 为广告节目视听户数；b 为电视机（收音机）所有户数。

$$认知率 = \frac{b}{a} \times 100\%$$

式中，a 为广告节目视听户数；b 为认知广告名称人数。

广告心理效果的测定，要求消费者给予切实合作，以了解到真实的情况。因此，调研者需要采用科学的方法，并有高度的责任感，同时要注意选择被试消费者的代表性。

典型案例　伊利纯牛奶的平面广告

伊利纯牛奶的平面广告用了三则系列广告，这些广告主要由画面中心的象声词构成，再配以角落里的品牌标识及产品包装，以及下方的广告文案说明。分别是：

第一则“咕咚咕咚、呼噜呼噜、滋溜滋溜”。文案为“无论怎么喝，总是不一般的香浓！这种不一般，你一喝便明显感到。伊利纯牛奶全乳固体含量高达12.2%以上，这意味着伊利纯牛奶更香浓美味，营养成分更高。”

第二则“嘎喃嘎喃、咔嚓咔嚓、哎哟哎哟”。文案为“一天一包伊利纯牛奶，你的骨骼一辈子也不会发出这种声音。每1100ml伊利纯牛奶中，含有高达130ml的乳钙。别小看这个数字，从骨骼表现出来的会大大不同！”

第三则“哗啦啦，啾啾啾，啤啤啤”。文案为“饮着清澈的溪水，听着悦耳的鸟鸣，吃着丰美的青草，呼吸新鲜的空气。如此自在舒适的环境，伊利产出的牛奶自然品质不凡，营养更好！”

案例讨论：分析伊利纯牛奶的平面广告策略，指出其成功的关键是什么？

思考与训练题

1. 广告的心理功能有哪些？
2. 电视广告具有哪些心理特征？
3. 增强广告效果的心理策略有哪些？
4. 广告心理效果测定的内容有哪些？

第十四章　公共关系策略与消费心理

本章提要

消费者作为企业公共关系的公众，有其特有的心理特征，本章重点介绍了消费者公众的心理特征、人际关系与消费心理，并指出了在企业开展营销活动时如何掌握和运用公共关系心理策略。

引　例

一位知名的企划人士说："我做企划的时候，经常去跑市场，这种跑市场并不是量化调查，主要是找感觉。"这种"感觉"，就是要实现对消费者真实需求的破译，或者说对消费者需求的洞察。

伊利"四个圈"冰淇淋的调查过程中，发现影响消费者购买的因素大致有八个：瞎吃、解暑、好奇、清爽、好玩、美味、解渴、随便，其中瞎吃、好奇、好玩和随便占54%。策划者从中洞察到：消费者不仅是在"吃"冰淇淋，也是在"玩"冰淇淋。

咖啡为什么在中国这样一个有着悠久饮茶传统的国度取得成功？对消费者的洞察破译出的结果是：消费者喝咖啡并非出于对咖啡的认同，而是对咖啡所代表的生活方式的认同。

那么，对消费者心理的深刻洞察是否是企业公共关系策划永久的话题呢？

第一节　消费者公众的心理特征

一、公共关系心理的含义和特点

公共关系心理是指与公共关系行为以及公共关系活动相关的心理现象。

公共关系心理是不受年龄、性别、社会角色制约的，它不是特指某种心理过程或个性心理，而是以是否与公共关系行为和公共关系活动相关为依据的，也就是说是以行为涉及的领域和活动进行的范围作为划分依据的。研究公共关系心理，既可以研究不同年龄、不同性别、不同角色等的不同心理，也可以研究各种心理过程、心理特征和心理倾向等内容。

作为特定的公共关系领域中的心理现象，公共关系心理本身具有以下4个特点。

（一）可知性

心理是人脑和神经系统的活动，它是不可见的，但又是能够被认识的，因为人们的心理活动总是在不经意中通过人的举手投足、声音、面部表情等表现出来。公共关系心理的可知性特点表现在公共关系上，是一种充满主动性的行为和活动，公众不同的行为，是公众不同的心理作用的结果。对公共关系心理的认知与对公众心理的认知同样带有主动性。公共关系活动的过程从心理学的角度来看就是寻求沟通、理解和支持的过程。能否达到相互理解、互相支持，首先取决于正确地认知和把握公众心理，这样才能做到根据公众心理和公共关系活动的要求，有意识地调整和改善企业公共关系策略。

（二）情感性

企业公共关系活动的目的是树立良好的社会形象，而社会形象的好坏是除了企业要做得好之外，更多的是公众的一种主观判断，而这种主观判断更多地来自于公众的情感因素。因此，有学者将公共关系定义为："公共关系是博取好感的技术"，"公共关系就是讨公众喜欢"。也就因为是这样，许多企业在开展公共关系活动时，往往把"以情感人"放在第一位。比如，美国的希尔斯连锁店的经营口号就是："第一，顾客永远是正确的；第二，如果顾客是错的，请参照第一条。"如今，如何通过情感沟通，让消费者从情感上接受并满意，已经是众多企业开展公共关系活动时所重点考虑的问题。

（三）自利性

作为盈利性的商业企业，其公共关系活动的开展旨在扩大企业自身的知名度和美誉度、提高企业的社会形象，从这一点来看，公共关系活动是具有自利性的。而公共关系客体，即公众，其公共关系心理也是具有自利性的。公共关系客体在参与公共关系活动时，更多的是从自身需求的角度出发，以维护自身的利益为前提条件的。双方维护自身利益的心理贯穿于公共关系活动的始终，渗透并作用于公共关系心理的全过程。

（四）广泛性

由于公共关系活动的广泛性，公共关系心理也具有广泛性。并且，公共关系心理的广泛性比其他同类分支心理学的研究对象更明显、更突出。例如，与管理心理、宣传心理和商业心理比较，公共关系活动兼有管理、宣传的职能，因此，公共关系心理兼容管理心理和宣传心理。不仅如此，随着我国市场经济体制的进一步完善，公众素质的不断提高，主动开展公共关系活动的社会组织范围越来越广泛，不仅是盈利性的商业企业，还包括了非盈利的政府部门和事业单位，公共关系心理的广泛性也得到了进一步的显示。

二、企业公共关系活动对消费心理的影响

（一）企业良好的信誉和形象是吸引消费者的基础条件

现代社会，企业之间的竞争不仅是技术和经济实力的竞争，而且还表现在企业信誉的竞争。企业信誉不仅是企业文明经商、职业道德的反映，也是企业经营管理、工艺设备、技术水平、人才智力等企业素质的综合反映。

企业形象是公众对于企业的总体评价，是企业的表现与特征在公众心目中的反映。认知度、美誉度与和谐度是评价企业形象好坏的基本指标。**认知度是指一个企业被公众认识、知晓的程度，包括被认识的深度和广度两个方面；美誉度是一个企业获得公众赞美、称誉的程度；和谐度是一个企业在发展运行过程中，获得目标公众态度认可、情感亲和、言语宣传、行为合作的程度，是企业从目标公众出发、开展公共关系工作获得回报的指标。**企业信誉高，即美誉度、和谐度高，说明企业的形象好，而良好的企业形象是企业无形的资产和财富。消费者在购买选择过程中，会倾向于购买信誉高、形象好的企业生产的产品，因此良好的企业信誉和良好的企业形象是

吸引消费者的基础条件。另外，企业树立了良好的信誉和形象之后，它又反作用于消费者公众的心理，促进其对本企业的信任和依赖；或者通过消费者相关群体之间的口碑宣传，使更多的消费者会对本企业的良好信誉和形象取得认同。久而久之，就会形成一定的消费者忠诚。

（二）双向信息交流与沟通是掌握和引导消费者公众心理变化的基本手段

公共关系是企业运用传播手段，与社会公众沟通信息，在公众中树立企业良好形象、建立信誉的过程。传播是人们之间共同分享信息的活动，既包括传递信息的过程，又包括接收信息的过程，是双方建立共识、共知、共感的过程。信息交流与沟通，一方面可以密切企业与消费者的感情与业务联系，使企业形象价值越来越高；另一方面能进一步了解消费者需求，推动企业提供更加适销对路的产品和更优质的服务。

（三）及时解除消费者公众的疑虑

消费者公众的购买疑虑来自多个方面，包括产品质量、产品价格、售后服务等方面。疑虑的产生有些是由于销售人员不能有效证明产品该方面信息造成的，或者企业没有及时处理消费者投诉导致在重复购买的过程中产生疑虑，公共关系活动可以消除这些疑虑。如果是由于前者造成的疑虑，企业可出具相关证明，如产品质量保证书、售后服务维修保证以及“同类产品，价格最低”的承诺等。而对于后者，企业可以及时处理消费者投诉，在稳定老顾客的同时，缩小影响。

（四）通过消费教育培养消费者忠诚

消费者忠诚是消费者持久地选择、支持的概率。品牌忠诚是消费者对品牌感情的程度，反映消费者转向另一品牌的可能程度。企业通过公共关系活动对消费者进行消费教育和消费引导，在消费者中培养起本企业产品和服务的崇拜者，使之成为企业的忠诚顾客。消费教育主要是向消费者传授有关的产品知识或服务知识，并通过公共关系活动培养具有现代消费意识、能够自觉维护消费者权利的消费者，使消费者成为具有健康、自觉消费行为的社会人。比如通过广告让消费者知道如何去辨别相关产品的真伪，帮助消费者正确识别企业产品的防伪标识；对于新产品和新的服务项目，则要通过消费教育培养消费者新的消费观念或新的消费需求。

（五）强化能促进消费者行为的学习过程和决策过程

在消费心理学中，把增强某种商品与消费者反应之间的联系叫作强化。消费者由于强化的原因，可能对某种事物学习得更快，也可能使他停止某种学习；强化既可使他再次产生某种行为，也可能使他对某种商品产生过几次购买行为后突然中断。

消费者行为的强化因素很多，不仅包括商品本身的特点，还包括一种人际关系的因素，即消费者与营业员之间的关系是否融洽。通常，消费者喜欢再次到服务态度好的商店购买商品，对于那些曾经给了他们难堪的商店，除了他需要的商品只在这家商店才有之外，他们很难再次光临。

三、消费者公众之间的相互心理影响

消费者的消费活动和购物活动都不是孤立存在的，而是互相影响的。人们的消费心理、消费行为必然受到其相关群体的影响。例如消费者为了购买某种商品，常常与其亲朋好友进行商量，这种消费者之间的沟通交流对消费心理的影响程度要远远大于大众传媒中的广告对于消费心理的影响。

非正式组织中的群体规范对消费者心理的影响具体体现在两个方面：第一，群体规范转化为一种无形的心理压力，迫使群体内部各个消费者按照一定的规范从事自己的消费活动。在这种情况下，个体消费者所固有的一些消费心理就会受到抑制，取而代之的是规范范围内的新的消费心理，以此来与群体取得一致。例如，在提倡节约、反对浪费的群体规范中，一些经济状况好的消费者在自由消费过程中会不得不强行改变自己铺张的消费心理，使自己和群体的消费行为尽量趋于一致。第二，群体规范顺应个体消费者的心理特点，这个消费者便会产生安全感，从而使其进一步强化其原来的消费心理。

群体内部的信息沟通本身并不对消费者心理产生影响，对消费者心理产生影响的是群体内部所沟通的信息内容和信息沟通的效应。群体内部的信息主要包括消费者行为的信息、消费者态度的信息等，这些内容将对群体内其他个体消费者产生一定的影响。特别是在初级群体内部，一个消费者的行为和态度必将引起其他消费者的关注，有的甚至即刻被模仿和参照等。在这方面，信息沟通的及时性或时效性是影响消费者心理的一个重要因素。**信息沟通的效应主要是指群体内部在信息沟通过程中的失真度。**信息沟通，特别是非正式沟通，受到的环境干扰较大，因此，信息在沟通过程中容易产生失真，这将影响到消费者的消费心理和消费行为。例如，群体内部某个消费者对某种商品或某个商店不满意，一般情况下，他将把不满意的商品或商店告诉其他消费者，这就形成了信息沟通。美国学者曾做过一项调查，结果显示：每当有一个通过口头或书面直接向公司提出投诉的顾客，就有26位保持沉默的感到不满意的顾客，这26位顾客每人都会对另外10位亲朋好友产生消极影响，而这10位亲朋好友中，约33%的人会再把这个坏消息传给另外的20个人。即只要有一个顾客不满意而投诉，就会产生$26 \times 10 + 10 \times 33\% \times 20$的结果，即326人不满意。由于信息沟通过程本身带有主观性，个体消费者在向下一个消费者沟通此信息时，常常会增加一些感情因素。因此，沟通后的信息与原始信息相差甚大。而这些失真的信息会对消费者心理产生很大的影响，使消费者的实际行为和合理行为产生差异。

第二节　公共关系心理策略

一、消费者公众的心理分析

任何类别的公众都是由许多个体组成的，而每个人又担任着某种不同的角色，如男、女，老年、中年、青年和少年等。任何个体又均处于某种正式或非正式的群体之中。也就是说，一个个体公众同时又是角色公众和群体公众。因此，公众心理也就包括个体心理、角色心理和群体心理。

公众心理所包括的3个组成部分是相对独立、互相影响的。**公众的个体心理是角色心理和群体心理的基础，它显示的是个体在心理上与其他个体的差异，是最具有稳定性和独立性的心理。公众的角色心理是同类公众共同心理的抽象，它显示的是该类角色与他类角色在心理上的差异，具有变换性和伸缩性。公众的群体心理是公众在群体互动中产生的和个体心理相对应的心理，它显示的是人类普遍的社会性和群体性的特质，具有凝聚性和排他性。**每一个公众都同时具备这3种心理，因而它们是统一的，又必然是互相影响和互相制约的；每一种心理在不同公众身上的表现是不一样的，因而它们是相对独立的，是不能相互取代的。企业在开展市场营销活动时，要考虑消费者公众的心理状态，以便有针对性地展开双向信息交流与沟通工作。

消费者公众在与企业双向沟通过程中必定产生认知、动机、态度和相应的行为，这就是企业开展公共关系心理策略的全部环节和基本内容。**公共关系心理策略就是采取一定的谋略手段和操作方法，对消费者公众的认知、动机、态度和行为进行有计划的调节和有意识的引导。**

二、消费公众心理策略

（一）增强消费者的认知

消费者对企业的认知是指他们对企业行为的知觉、印象、记忆、想象、判断和理解。消费者对企业形象的认知和信息接受，是消费者心理活动的开端。企业形象的好坏一方面取决于企业自身的行为；另一方面取决于消费者对它的认知程度。企业要增强消费者对企业的认知，应从以下几个方面开展工作。

1. 公共关系活动中不断增加企业的透明度

企业的透明度是指企业的管理决策及其日常行为能被公众感知的清晰程度。消费者只有对企业活动看得清、看得准，才能在全面认知的基础上与企业保持良好的合作关系。在企业公共关系工作中，增加企业的透明度，必须提倡“玻璃屋式”的经营管理做法，以便让广大消费者更详尽地了解企业的全貌。通常的做法如下。

（1）敞门法。为了增进消费者对本企业的认识，进而取得他们的信任和支持，不少企业专门设立“开放日”，经常安排各界公众参观企业，向他们介绍企业的现状、困难和发展远景。比如，国内一些企业邀请消费者代表参观企业的工厂和生产车间，让消费者了解产品的生产过程，从而让消费者相信产品的品质。

国内善用此法的企业有青岛啤酒、汇源果汁、北京现代、阿里巴巴等，如参观青岛啤酒厂甚至成为了外地人去青岛的一个旅游热点，了解啤酒酿造过程、品尝原汁原味的青岛啤酒的安排颇受旅游者欢迎，而且他们还会对自己的亲朋好友津津乐道，无形中极大地推广了企业的品牌。

（2）对话法。我国不少企业近年来在企业内外广泛开展“对话”活动，并逐步形成制度，取得了显著成效。企业通过与消费者对话，一方面可以让消费者清楚地了解企业的经营方针、企业的任务和企业的经营决策等；另一方面可以赢得消费者的谅解，对消除彼此之间的隔膜，尤其对争取消费者对企业的长期支持具有积极作用。

（3）安民告示法。企业可以经常地、主动地通过发布新闻、刊发专栏、寄送资料等方式向消费者发布企业信息，以求得消费者的理解和信任。例如北京的宜家家居，有一次有一名员工在整理玩具货品时发现当时正畅销的一款毛绒玩具出现了破损，里面的填充物流了出来，员工发现该填充物极有可能被孩子误食并发生危险，在经过紧急磋商后，宜家家居决定对该款玩具进行产品召回，以免造成恶性后果。宜家家居的这一行为不仅没有引起消费者对产品的不满，反而令消费者感到非常满意。

2. 努力培养企业的特色

一般来说，企业特色越明显，就越容易引起消费者的注意，而且越能在消费者心目中留下深刻的印象。尤其是现在，消费者在购买过程中，挑选商品的余地越来越大，企业要让消费者在众多企业中选择自己的产品，就应该逐渐培养起企业自身所独有的特色。企业经营活动的每一个方面都可以形成特色。

（1）产品特色。产品特色本身的内容很丰富，包括产品质量、外观设计、产品技术性能、产品使用、产品售后服务、产品规格和产品组合等方面的特色。例如，在产品外观设计方面，有的企业将计算机鼠标设计成小动物的形状，让消费者看到后就爱不释手。又如在产品售后服务方面，海尔集团首创“海尔星级服务”，提出了售后服务一、二、三、四模式：即一个结果——服务圆满；两条理念——带走用户的烦恼，留下海尔的真诚；三个控制——服务投诉率 < 10%，服务遗漏率 < 10%，服务不满意率 < 10%；四个不漏——一个不漏地记录用户反映的问题，一个不漏地处理用户反映的问题，一个不漏地复审用户反映的问题，一个不漏地向用户反映结果。这种模式为消费者留下了极其深刻的印象。

（2）企业形象特色。企业形象包括企业的内在形象和外在形象，总结起来有四大方面：企业理念、企业标识、企业行为和企业环境。树立企业形象特色应从以下几个方面着手开展工作。

第一是企业理念，企业理念是企业整体的价值观和经营思想，是企业经营观念和经营战略的统一，通常包括企业使命、企业精神、企业价值观和企业目标等，这些可以由具有特色的标语或口号来表现，以发挥既能让消费者识别，又容易留下深刻印象的作用。例如，日本松下公司的“松下精神”：产业报国，光明正大，友善一致，奋斗向上，礼节谦让，顺应同化，感激报恩。

第二是企业标识特色，主要是企业名称或企业商标要有特色。以企业创始人的名字来命名的企业，往往给人留下较深的印象，因为这样的取名容易引发消费者的联想。还有一些企业的名称具有特定的含义，也会令消费者难以忘却。企业商标的设计应该是设计独特、容易识别、美观大方的，无论采取哪种设计方法，都应该让消费者感觉到美感，从而还可以起到一种促销的作用。例如，美国迪士尼的商标设计，线条流畅，人物美观，再加上迪斯尼动画片的影响，让许多小朋友看到商品就爱不释手。

第三是企业行为特色，主要是企业在实际经营过程中，企业行为和员工操作行为要有特色，而员工行为是消费者接触最多也是最直接的企业行为。员工行为包括语言行为和肢体行为，在创建特色员工行为的时候，员工的语言行为要规范、亲切和真诚，并创立本企业所特有的语言内容。员工的肢体语言表现在员工的举手投足上，行为要一致，并突出本企业的文化特色。例如，麦当劳员工规范的操作流程、标准的服务语言都会让每一个到过麦当劳的顾客难以忘怀。还有现在北京的一些老字号的餐馆，在员工服务特色上也在不断创新，如在迎客语言的使用上用老北京传统的迎宾语言，在茶艺表演上突出老北京的茶文化艺术，在员工的服饰装扮上也是尽显特色。

第四是企业环境特色。企业环境不仅是指企业的内部环境，还包括企业外部的环境，以及两者所共同构成的整体环境的和谐程度。总体上来讲，企业要打造环境特色，要从行业特色、企业特征和企业文化入手，突出品位，并能够迎合本企业大部分消费者的审美情趣。例如，北京长安大戏院广场前的京剧脸谱造型设计，会让路过的人产生很多联想。

(3) 企业宣传特色。企业宣传特色主要表现在媒体的选择和宣传内容的设计上。媒体的选择要结合企业以及产品的市场定位来选择。比如，一些国际知名的化妆品企业，其产品的宣传媒介只选择一些高档的时尚杂志，宣传的重点也是突出高贵典雅、凸现消费者身份地位的内容。

3. 重视企业给消费者的直接印象

企业留给消费者的印象有3类：真实的企业形象、想象的企业形象和隐含的企业形象。真实的企业形象存在于消费者与企业的直接接触中，想象的企业形象存在于企业的广告宣传与友善推广活动中，隐含的企业形象存在于企业从事的某些象征性的行为中。在上述3类印象中，对于一个企业来说最重要的是真实的企业形象，即广大消费者直接接触交往过程中对企业的整体评价。宣传广告或其他象征性活动对促进消费者印象有一定的效果，但其作用是间接的，而且如果可能，最终将被真实的企业形象所取代。

因此，企业的公共关系不但要善于开展广告宣传，还要善于督促企业的相关部门要注意给消费者留下良好的直接印象，让消费者亲身体验和实地掌握企业在产品和服务方面提供的可靠信息。

4. 重视消费者对企业产生的第一印象

从消费者的认识规律来看，人们对认知对象留下的第一印象很重要，即所谓“先入为主”的心理现象，属于一种心理定势。消费者对某企业有一个好的第一印象，以后很可能长时期地保持这一印象；反之，如果消费者对该企业的第一印象很差，以后就很难改变这种不良印象。

企业新产品推出、新厂（店）开业、新顾客上门等场合都务必要精心布置，周到接待，以求给新老顾客留下一个良好的印象。比如有消费者反映，春节到北方某城市的滑雪场游玩，刚到那里就被滑雪场服务人员的恶劣态度给吓了回来。其实，近几年，由于人们公休假日的增加，利用假期出门旅游的人越来越多，而有些景区的景色可谓是四季皆有不同，也就是说如果运营得当，是可以让旅游者重复游玩的。因此，景区在提高服务质量的同时，别忘了要“装点门面”，精心准备接待游客的工作，当地政府也要全面治理社会秩序、治理环境、交通以及住宿条件，让旅游者对景点以及城市留下美好的第一印象，对提高旅游景点的美誉度和认知度都大有帮助。

5. 增强与消费者的沟通交流

企业与消费者的沟通交流可以采取面对面的形式，也可以采取非面对面的间接交流形式。

在实际工作中，沟通交流的具体形式是五花八门的，直接的面对面交流包括：有些企业每逢重大节日就会定期或不定期地举办新老顾客茶话会，会上企业代表与顾客畅所欲言，为企业的发展献计献策；有些医疗机构在节假日免费开展义诊，并将活动深入到社区；有些宾馆酒店利用经营的淡季，优惠老顾客让其免费使用康体娱乐设施，等等。如今，企业越来越重视发展与消费者的良好关系，因此企业也日益主动地开展与消费者的沟通交流，以获取市场的第一手信息。

非面对面的间接交流形式更多。比如，企业会定期向消费者邮寄广告、贺卡和意见征询表等资料，一方面将企业的信息及时传递给消费者；另一方面通过参与抽奖、有奖竞猜、获赠免费纪念品等形式提高信息的回复率，及时掌握消费者的信息，为以后双方进一步沟通提供条件。

（二）激励消费者的动机

动机是消费者为了满足一定的需要而产生的兴趣、意愿和期望。消费者动机是消费者为了满足需要而产生的对某一个企业的一种心理。企业要激励消费者的动机，可以运用以下策略。

1. 树立良好的企业信誉

信誉是企业的无形资产，是企业谋求生存、争取发展的重要保证。企业从打造精品、树立产品信誉出发，逐步树立起企业信誉，良好的企业信誉为企业市场的开拓、新产品的市场开发、消费者的维护等均具有良好作用。

树立企业信誉的公共关系工作可以分为进取型、预防型和治疗型 3 种类型。**进取型**即积极树立企业信誉，扩大企业的影响；**预防型**即消除各种可能有损于企业信誉的隐患，保持企业的良好信誉；**治疗型**即当出现企业信誉受损害的情况时，采取有效的补救措施，转变顾客态度，挽救和恢复企业的信誉。

2. 联络消费者公众的感情

企业要重视对消费者的感情投资，尤其是对企业的老顾客和忠诚顾客，适当的感情投资是对他们长期支持企业的一种回馈，也是为了满足消费者最基本的一项心理需求。在日常工作中，感情投资不受时空条件的限制，与有形的物质联系相比，情感投资产生的作用更持久。企业开展感情投资，可以通过参加适当的社会活动来实现，如赞助社会公益活动，不仅可以向外界显示企业实力，还可以在感情上缩小与消费者的距离；主动协助一些消费者团体的社会活动，如为其活动提供设备和场地，对团体成员提供价格优惠或提供全面的销售服务等，都可以扩大企业的影响，联络与消费者的感情。

此外，为了避免、减轻、消除公众对企业的抱怨，还要注意以下几个问题：

（1）适当降低消费者的期望值。消费者对企业的情感好恶与他们对企业的期望有关。例如，人们对名优产品的期望值高，因此往往更不能容忍这些产品的质量问题。例如在 2006 年的八九月，闹得沸沸扬扬的某公司某品牌化妆品事件，当该产品被查出某种有害物质超标时，绝大多数消费者都选择了退货，并且多数人表示以后再也不会购买该品牌产品了，昔日被誉为“化妆品中的贵族”的某品牌不得不选择撤销在各大商场的专柜，并开始处理有关退货的问题。消费者对产品和企业的期望值越高，失望的可能性就会越大，企业的小小失误就可能会引起消费者的极度不满。

所以，名牌企业应适当注意控制消费者的期望值，不应在广告宣传或促销活动中有过分的渲染和言过其实的承诺。另一种方法就是企业可以给消费者创造适当的惊喜，即一些有益的馈赠或奖励事先不告诉消费者，而是在其购买完成后给他们一个意外的惊喜。

(2) 坦率地承认错误。企业在面对和处理消费者的不满和抱怨时，要时刻遵循“顾客永远是正确的”这一处理原则，对有关问题明确承认错误。而对于有些明显是消费者的错误的情况，也要首先满足消费者在心理上的需要，学会“把正确让给顾客”，然后再解决实际存在的问题。这样消费者在接受企业的建议时就会显得豁达一些，而不会过分的苛刻。比如，国内某航空公司曾经遇到过这样一则官司，一个刚刚满月的婴儿在飞机飞行过程中突然发病，虽经乘务人员的多方努力，婴儿还是不幸夭折了。之后，婴儿的父母将航空公司告上了法庭，起诉理由是航空公司没有履行告知义务，即没有告诉乘客几岁以下的孩子乘坐飞机会发生危险。而关于这一点航空公司根本没有过规定，而且相关医疗机构也表示没有相关规则，只是有相关建议：年龄比较小的孩子最好别乘坐飞机出行。后经查实，该婴儿在乘坐飞机前，曾经患有严重的肺部疾病，在没有经过医生允许的情况下擅自办理出院，并立即随同父母乘坐飞机准备回家过年。事实上，是由于婴儿父母的过失才导致婴儿意外死亡。官司以航空公司胜诉告终。即便如此，航空公司事后也没忘了到死者家中表示慰问，并给予了一定的慰问金，这一举动让乘客非常感动。

(3) 适当使用“发泄疗法”。当消费者存在不满情绪，并且当时情绪表现得异常激烈时，不妨采用“发泄疗法”，先让消费者将心中的不满情绪发泄出来，以减轻心理上的痛苦。对报纸、杂志、广播、电视等大众传媒上的不利报道，也不要立即组织澄清或反击，而是先要静观其变，等待合适的时机再发表言论。

(4) 提供确实的保证。在商品交易中，产品保证是消费者最基本的权利。产品必须符合其产品说明书所表明的功能和效果。现实中，消费者对那些虚假的毫无意义的“承诺保证”非常反感。企业要避免出现类似情况。比如，任意一家小店在产品售后服务上都可能打出“终身服务，终身维修”等承诺，此时更让消费者质疑的可能并不是产品售后服务问题，而是这家店面会持续经营几年的问题。

(三) 转变消费者的态度

态度是公众对某类事物所持有的一种心理倾向，这种心理倾向包括认识的因素、情感的因素和意向的因素。人的态度对自身的行为具有指导性和动力性的影响，因为态度通过行为表现自己，行为的动力蕴藏在态度之中，态度影响到公众对客观事物的认识，而对客观事物的认识又会强化他的态度。消费者对于企业的态度不是天生的，而是在日常生活中经过学习而逐渐形成的。企业通过各种宣传、沟通活动，可以逐步改变消费者的态度。

但要注意的一点是，除非必要，企业不要“明目张胆”地去改变消费者的态度，即不能明确地指出消费者的错误之处。企业在任何时候都不要期望消费者在企业面前认错，那样做对企业没有任何好处。转变消费者态度的工作应是潜移默化的，是“润物细无声”的。

转变消费态度有以下途径：

1. 克服消费者公众对企业的偏见

现实生活中，人们在观察事物时，由于对该事物的某种特征印象深刻，并进而推及该事物的总体特征，从而产生美化或丑化该事物的印象，有时会以偏概全。这种心理作用让消费者不能看到企业的其他方面，也导致有些企业常常因为某方面存在让消费者知晓的不足而影响到企业整体的形象。企业要想克服该类偏见，应首先研究不同消费者对企业经营的哪些方面最敏感，或者是企业采取哪种做法最容易消除消费者的偏见。其次是通过增加透明度的方法，使消费者在必要的时候能够更全面地了解企业。

2. 利用权威的力量转变消费者的态度

所谓权威就是在处理和解决问题时，对消费者的态度和行为有影响力的人物。尊重权威是人们普遍具有的一种心理。企业在公共关系活动中所启用的权威对目标消费者影响较大的权威人士，这些人虽然数量较少，但却可以起到短期内聚集公众舆论的作用。如果他们对企业做出了评价，就往往会在很大程度上影响公众对企业的态度。比如，在 2002 年 3·15 前夕，日本某航空公司为了扭转较长时期中国乘客对其公司服务态度的不满，就邀请国内各大媒体的记者，包括以前报道过该航空公司服务劣迹的记者，免费乘坐该航空公司的飞机，让他们亲自体验一下改良之后的服务态度，最终这次活动取得了预期的效果。除此之外，企业应该善于利用政府机构对企业进行评价的机会，向消费者全面展示企业生产经营的全貌，尤其是产品质量问题，从而树立企业全面的形象，转变消费者对企业的某些不利态度。

3. 通过参与企业活动转变消费者的态度

吸引和邀请消费者参与企业活动，通过相互间直接的接触，可以提高消费者对企业的认知水平，增强与企业的感情联系，因而有利于转变消费者的态度。

例如，我国有些企业所组织的社会群众组织监督，已经走向制度化和成为商业和服务业企业管理的一个重要组成部分。社会群众监督的内容有物价监督、商品监督、服务监督和政策监督；社会群众监督的形式有消费者座谈会、顾客意见簿、柜台意见簿、顾客接待室、对顾客进行调查访问和成立消费者监督委员会等。社会群众监督，特别是消费者公众广泛地参与企业管理活动，可以为转变公众态度打下良好的基础。

4. 推广企业为顾客服务的形象

当今世界上经营卓越的企业，不论它们从事何种行业，都一律以“服务业”自居，以争取社会各界的信任和支持。这些公司以追求优质的服务为最高目标，同时，他们毫不讳言，企业收入的主要来源是向顾客提供服务。

5. 正确对待消费者的投诉

从某种意义上说，恰当地处理消费者投诉是最重要的售后服务。一个企业不能一方面在广告和促销活动上花费上百万美元来达成交易和建立顾客忠诚，另一方面却又对消费者的合理投诉置之不理。

国外权威统计表明，即使有劣质服务，不满意的消费者中也仅有 5%～10% 的消费者会投诉或可能投诉，多数消费者没有投诉但会到其他地方购买，甚至会告诉其他人不要到有服务缺陷的企业购物。

对于大多数企业来说，出现消费者投诉并不可怕，问题是如何正确看待和处理消费者的投诉。一个企业要面对各式各样的消费者，每天进行大量、复杂的销售业务，要使每一项业务都让每一个消费者感到满意是很难的。因此，企业要加强与消费者的联系，倾听他们的不满，不断改进销售业务中的错误与不足，弥补和挽回给顾客带来的损失，为不断巩固老顾客、吸引新顾客而努力。因为，对于任何一个企业来说，优异的销售业绩和利润来自于满意顾客的重复购买。也就是常说的“维持一个老顾客比开发一个新顾客更重要”。

不仅如此，常言说："塞翁失马，焉知非福"，消费者的投诉往往正是企业需要不断改进的地方，也即企业的"软肋"。该类问题往往能体现企业在经营过程中的缺陷，如果不能及时发现的话会给企业带来巨大的损失。换个角度来说，消费者投诉是在帮助企业不断改进工作，使企业做到持续经营和发展。

（四）注重社会整体效益

社会整体效益包括了社会经济效益、社会生态效益和社会精神文明建设3个方面。企业经营所追求的经济效益要与社会经济效益保持一致，两者如果出现相互违背的情况，尤其当企业为了追求企业经济效益而损害社会经济效益时，不仅会使消费者的利益首先受到损害，而且会危及到企业的长期发展。从长期来看，企业的生产经营活动不能损坏社会生态环境，即不能以损坏环境为前提为企业谋求利润最大化。环境是大家的，保护环境人人有责。试想一个长期向河湖任意排放污水的企业，它如何能够得到社区公众的支持，它又如何能长期让消费者满意呢，更何况还有相关政府部门的监督管理。

（五）充分发挥参考团体的引导作用

通常，对个人有重要作用的团体称为参考团体，它影响个人的信念、行为及判断能力。参考团体可分为：所属团体，即个人是该团体的成员；理想团体，指个人有诚意参加的团体，他的行为会向该团体靠拢。参考团体对消费者行为的影响有：第一，可以影响个人的社会化过程，即影响个人学习或认识、行为、生活的方式等；第二，对个人的发展及"自我"评价相当重要；第三，是一种社会规范的工具。所以，多数人会以社会的价值观或潮流趋势作为判断的准则，并非单凭个人的判断。

实践中，我们可以通过研究参考团体的行为，分析人际间的沟通系统，并探讨产品多元化策略与口碑宣传的关系。事实上，许多消费者的购买行为是以周边的人作为参考团体，通过彼此交流信息而采取的。例如企业在销售新产品时，可以先了解团体的性质，并找出与购买关系最密切的因素，然后根据它来拟订有效的新产品销售策略。

典型案例　京港地铁：无文化，不公关

2014年9月28日是北京京港地铁有限公司（简称"京港地铁"）4号线开通5周年的纪念日。自打进入北京，这个地铁界的"时尚小伙儿"就以亲民的活动和开诚布公的态度，不断颠覆着大众心中对于轨道交通那个冰冷的固有印象。那么，"他"的背后又隐藏着怎样的故事？日前，《国际公关》记者采访了京港地铁公司副总经理郑燕平。

1. 把宣传做出时尚品位

"我们从来不觉得自己在做公关，我们所做的都是责任。"郑燕平在采访伊始，就给了记者这样的定义。

事实上，这便是最高深的公关艺术。

京港地铁是国内城市轨道交通领域首个引入外资的合作经营企业，成立于2006年1月16日，由北京市基础设施投资有限公司出资2%，北京首都创业集团有限公司和香港铁路有限公司各出资49%组建。目前，负责运营北京地铁4号线、大兴线及14号线。

这个带有"外来血统"的地铁公司在成立之初，就实行了企业化运营和管理。目前，京港地铁有着一支将近20人的公关团队，工作内容涉及公关宣传、品牌推广、乘客服务等。

京港地铁自4号线开线以来，开展了数十次以乘客安全、文明、文化、环保为主题的宣传活动，融入了不少乘客互动体验。在这个过程中，还把行为艺术、快闪、说唱表演、漫画等多种艺术形式带进地铁。“我们在4号线国家图书馆及北京南站设立的5个雕塑作品就非常受欢迎，5年了，其中一个铜人的脑袋都被大家摸光溜了，还没有任何损坏，说明大家对这类艺术品在地铁站内的展示还是非常喜欢和认可的。”郑燕平说。

在北京轨道交通行业中，京港地铁于2011年5月率先开通了官方微博，用亲近的姿态与乘客之间开展互动。郑燕平说，微博、热线等互动平台的使用，可以让公司了解到乘客最真实的反馈与需求，为地铁文化建设带来有益的建议。让地铁和乘客之间的互动交流、乘客和车站的联系和情感，都得到了更为广义的延伸，产生了巨大的社会影响力。

2. 赋予品牌文化气息

今年，京港地铁推出30集的大型乘客安全宣传系列卡通片《菜鸟“铁”事》，以茄子、荷兰豆、香蕉等8个蔬菜水果为原型，以不同性格特质进行了人物塑造，通过在乘坐地铁过程中发生的调皮、逗乐行为，以及绘声绘色的肢体语言进行了剧情的生动描述。对它们因不熟悉地铁设备的正确使用、不了解地铁的安全规范，以及只顾自己、不顾他人而发生的各种不安全、不文明的乘车行为，每集剧情都进行了夸张演绎。从前期策划，到征集片名，都得到了网友和乘客的积极参与，其中片名还是从乘客中征集来的。

郑燕平介绍，这部卡通片已经陆续在北京地铁4号线、大兴线及14号线上播放，收到很好的效果。未来，京港地铁还将继续推出卡通片，坚持在这方面的投入和宣传。

在打造文化地铁方面，4号线是国内首家在站内设置雕塑的线路，同时，推广4号线“壁画展”“美术馆”“诗歌坊”“儿童大学”“图书漂流”等公益项目，不断提升地铁站内的文化气息，渲染地铁站内的文化氛围，打造全新地铁文化。

3. 把沿线乘客当朋友

郑燕平表示，京港地铁始终秉承“乘客与我们相互成就”的理念。5年来，作为一个社会公共交通运营企业，持续进行安全宣传、文化建设，正体现了对社会、对乘客的责任。而同时，沿线社区乘客良好的素质和长期的信任也是地铁安全运营的保障。

案例讨论：企业运用了哪些公共关系心理策略？

资料来源：红乐. 京港地铁：无文化，不公关.《国际公关》，2014（5）：66-67（引文有删改）

思考与训练题

1. 举例分析公共关系心理的特点。
2. 结合自己的购买经历，谈谈消费者公众有哪些心理特征？
3. 什么是消费者教育？为什么要对消费者进行教育？
4. 举例说明公共关系心理策略的运用。

第十五章　商品零售策略与消费心理

本章提要

销售是商品经流通领域进入消费领域的关键环节。企业针对消费者心理与行为特点所采取的产品设计、商标设计、包装设计、定价、广告促销、公共关系等各种心理策略的效果，最终取决于商品能否为消费者实际购买和使用。本章分析了零售业态、商店内部环境、服务管理的消费心理，介绍了销售人员与消费者的关系协调。

引　例

海尔空调的服务承诺：只要您拨打一个电话，剩下的事由海尔来做。服务宗旨：用户永远是对的。服务政策：海尔集团公司郑重向消费者推出海尔“全程管家365”服务新概念，将海尔服务直观地传达到消费者。海尔家电“全程管家”服务人员一年365天为用户提供全天候上门服务，具体服务内容包括：售前上门设计；售中咨询导购、送货到位；售后安装调试、电话回访、指导试用、征询用户意见并及时反馈到生产开发部门，不断提高产品的设计。另外，根据用户的预约还可以为用户提供上门维护、保养等服务。消费者只需直接拨打海尔24小时服务热线，即可预约海尔“全程管家”为消费者提供的先设计后安装、保养、清洗、维护家电的全方位服务，同时通过在全国售后系统建立“一站到位、一票到底”的服务流程，让员工树立起“我代表海尔集团、我就是海尔服务”的意识，实现“一次服务，用户全部产品受益”的服务目标。海尔“全程管家365”这种深入人心、饱含亲情的服务推出，不仅带动了国内同行业服务水平的提升，更在国际上较好地树立起了中国家电企业的新形象。

思考：营销服务对消费者心理有什么影响？

第一节　零售业态与消费者购买行为

消费者的购买行为通常是在一定的购物场所或环境中实现的。购物环境的优劣对消费者购买过程中的心理感受具有多方面的影响。因此，适应消费者的心理特点，提供良好的购物环境，是企业扩大商品销售必不可少的条件，也是消费者心理与行为研究的重要内容之一。需要说明的是，这里研究的购物环境是狭义的，主要是指零售业态及商店内外环境设施等硬件系统。广义的购物环境还应包括销售方式、售货人员素质、服务态度、服务质量等软件系统。

一、零售业态——商店类型的心理影响

虽然现代商品销售形式日趋多元化，直销、邮购、电话订购、网上购物等无店铺销售方式迅速兴起，但店铺经营由于具有现场选择、综合服务、功能齐全、能满足消费者多方面需要等优势，因而在各种销售方式中仍占据重要地位，至今仍是消费者购物的主要渠道。因此，购物环境对消费者心理与行为的影响还主要体现为商店环境的影响作用。

现代零售企业类型众多，消费者对商店类型的要求和选择也呈现出不同的心理趋向。

（一）百货商场

百货商场一般选址于繁华商业中心，商店规模大，营业面积大多在5000m^2以上，采取柜台销售与自选（开架）销售相结合的方式。大型百货商场经营门类广泛，品种齐全，商场设施一流，服务周到，拥有良好信誉，具有较强的综合功能，可以满足消费者的求全心理、选择心理、安全心理及享受心理等多方面的心理需要，同时适应各种职业、收入、社会阶层消费者的心理特性，因而对大多数消费者具有较大吸引力，是消费者集中选购多种商品、了解市场信息、享受购物乐趣的主要场所。一些知名度较高的大型百货商场，如北京王府井百货大楼、赛特购物中心、上海第一百货商店、巴黎春天商店、东京西武百货公司等，都成为当地消费者和旅游者购物的选择目标。

（二）专卖店

专卖店是指以专门经营某一品牌或某一大类商品为主，配有丰富专业知识的销售人员和适当的售后服务，满足消费者对某大类商品选择需求的零售业态。其具体类型有：品牌专营的专卖店，如耐克专卖店、佐丹奴专卖店；以产品链为经营特色的专卖店，如眼镜专卖店、皮鞋专卖店、饰品专卖店等。

近年来，专卖店的发展很快，成为零售业的一种主要业态，尤其是品牌专卖店，与超市一起成为我国近年零售业态发展中的重要趋势。品牌专卖店之所以被消费者认同，主要是基于几种消费心理：首先，专卖店中同一品牌的商品门类齐全，购买方便，并且有完善的售后服务；其次，专卖店中的商品正宗，杜绝了假冒伪劣，使消费者购买时有安全感；此外，品牌专卖店，特别是一些高档品牌专卖店，其出售的商品及店内的环境本身就显示了一种消费层次，可以满足消费者自我定位和社会形象认同的需要。

（三）超级市场

超级市场是指采取自选的销售方式，以销售食品、生鲜食品、副食品和生活用品为主，满足顾客每日生活需求的零售业态。其主要特点如下。

（1）购物便利。超级市场经营商品的种类齐全，以食品和日用消费品为主，是消费者最常购买的种类，方便了消费者的日常购物。另外，其选择的便利性大大节省了消费者的购物时间，适应了现代社会快节奏的生活方式。据一项调查表明，在超级市场购物要比到其他商店购物节省近30%的时间。

（2）环境舒适。超级市场采用开架式销售、顾客自己挑选商品的经营形式，环境更为自由、宽松，减轻了柜台式销售的购物压力，使购物成为了一种享受。

（3）自我满足感。超级市场采取消费者自选商品的方式，使其更多地参与购买过程，为消费者提供了较多体现自身能力的机会，满足消费者在购买过程中的参与感，以及发挥主动性、创造性的心理需要。同时，超级市场采取的开架式销售，减少了顾客与售货人员产生人际摩擦的可能性，改善了商家与消费者之间的关系。

（四）连锁商店

连锁商店是零售企业扩张的一种重要形式，因其具有统一经营方式、统一品种、统一价格、

统一服务、统一标识、分布广泛、接近消费者等特点，而在众多商店类型中独具特色，受到消费者的青睐。在连锁商店购物，可以使消费者消除风险防御心理，减少比较选择时间，缩短购买过程。尤其是一些连锁快餐店、便利店，如麦当劳、肯德基、永和大王、好邻居等，其方便、快捷、舒适、便于识别等优势，充分适应了现代消费者求快、求便的心理需要。

（五）货仓式销售

货仓式销售是指将零售、批发和仓储各个环节合而为一的经营方式。货仓销售的特点是批量销售、价格低廉，一反传统销售方式，采用小批量的形式，如成盒、成打地出售商品，因而可以最大限度地节约仓储、包装、运输等流通费用，进而大幅度降低商品的零售价格。所以，尽管这类商场环境设计简单，服务设施较少，但因价格低廉的突出优势迎合了消费者求廉、求实的心理需要，因此对多数消费者具有强大的吸引力。

二、零售商店的招牌、标志与消费者心理感受

（一）招牌与消费者心理

招牌是商店的名字，是用以识别商店、招揽生意的牌号。设计精美、具有高度概括力和吸引力的商店招牌，不仅便于消费者识别，而且可以形成鲜明的视觉刺激，对消费者的购买心理产生重要影响。

随着市场经济的发展，流通领域企业的品牌与商品品牌一样，具有越来越重要的地位和作用。一个深受消费者信赖的商店品牌相当于对消费者做出的一种承诺，使消费者在购买时有安全感、信赖感。例如，沃尔玛、家乐福等世界知名的零售企业，其品牌就是向消费者承诺本商场里出售的商品都是经过精挑细选的，是最符合消费者利益的。消费者在购物时通常会选择具有一定知名度和美誉度的商场，以求减少购物风险。

在商店招牌的设计上，可以从以下两点来考虑。

1. 招牌命名的心理要求

招牌的首要问题是命名。好的店牌命名要便于消费者识别、注意、上口易记，要适应和满足消费者方便、信赖、好奇、慕名、图吉利等心理需要，以便吸引众多的消费者。具体做法如下。

（1）以商店主营商品命名，使消费者产生直观方便感。这种命名方式，通常能从招牌上直接反映出商店经营商品的类别，如“雪亮眼镜店”“亨得利钟表店”等。

（2）以商店经营特点命名，唤起消费者的信赖感。例如，北京老字号“六必居酱菜园”突出了该店商品用料必精、加工必细等特点；“精时钟表店”可使人联想到钟表的精确和准时。

（3）以名人、名牌商标或象征高贵事物的词语命名，满足消费者的求名、求奢心理。随着收入水平的提高，现代消费者不仅追求“名牌商品”，同时也追求“名牌商店”。同一种商品，在东京银座的西武公司、香港先施公司商店的价格，尽管比普通商店高出许多，但仍有众多消费者趋之若鹜；而希尔顿、王府、贵宾楼等高档饭店更成为显示身份、地位和财富的标志。

（4）以新颖、奇特的表现方式命名，引起消费者的好奇心理。日本一家专售妇女内衣的商店，招牌上写着“芳迪挑选顾客”。这在奉行“顾客是第一位”的日本商界，自然耸人听闻，因而引起人们的好奇心。尽管店内有各种苛刻规定，如顾客挑选商品时，不准乱翻；试穿后的衣服必须叠好放回原处等，但人们仍然受好奇心驱使，纷纷光顾。

（5）以寓意美好的词语和事物命名，迎合消费者的喜庆吉祥心理。受民族文化传统影响，我国消费者历来把吉祥喜庆作为一种重要的心理需求。以寓意美好的词语、数字或事物命名，可以给消费者以吉祥如意的心理感受，平添一分对商店的好感。例如，“咸亨酒店”的“咸亨”二

字含义是大家都时运通达；“康宁药房”给患者一种药到病除的祥兆；而北京的“全聚德”“同仁堂”“盛锡福”“祥泰义”“稻香村”等老字号，因其美好的命名而给几代消费者留下了美好的印象，且历久不衰。

2. 招牌的艺术表现形式

确定了招牌的命名之后，还必须配以良好的艺术表现形式。表现形式较之命名给消费者的视觉冲击更为强烈，因而是招牌设计中不可忽视的重要内容。招牌形式的表现手法有多种，如请名人或书法家题写店名；字体与背景的对比鲜明醒目；采用立体化的艺术造型；使用霓虹灯、灯箱、电子显示牌等新型材料；招牌与人流方向相切的侧向悬挂等。

（二）标志的心理功能

所谓**标志，是以独特造型的物体或特殊设计的色彩附设于商店的建筑上而形成的一种识别载体**。在现代商店外观设计中，标志具有多方面的心理功能。

（1）标志是一家商店与其他商店的区别所在。由于标志通常设计独特，个性鲜明，为一家商店或企业所独有，因而成为商店的主要识别物。消费者仅从标志上即可对各种商店加以辨认和区别。尤其在由多家商店组成的连锁经营方式中，标志更成为连锁组织的统一代表物。

（2）标志是商店或企业形象的物化象征。标志往往蕴涵着丰富的内涵，是企业或商店经营宗旨、企业精神、经营特色等的高度浓缩和象征。通过标志的视觉刺激，可以向消费者传递有关企业理念的多方面信息，使消费者获得对该企业或商店形象的初步了解，并留下深刻印象。

（3）标志具有广告宣传功能。标志如同招牌、橱窗等外观要素一样，还具有重要的广告宣传功能。它通过不间断地强化消费者的视觉感受，以引起过往以及一定空间范围内众多消费者的注意和记忆，从而成为招揽顾客的有效宣传手段。

为充分发挥标志的心理功能，企业在设计标志时，应充分适应消费者的心理特点，体现以下基本要求：①独特。避免相似或雷同是标志设计的最基本要求。独具特色、别具一格的标志可以将本企业与其他同类企业明显区别开来，使消费者形成正确而清晰的企业认知。②统一。不言而喻，连锁店或企业集团内各个分店或分支机构的标志必须是统一的。不仅如此，标志的字体、造型、色彩等还应与企业的形象识别系统（CIS）相统一，不仅要与其中的视觉识别系统如标准色、标准字等保持一致，而且应尽可能体现理念及行为识别系统的内涵与要求，以使消费者从标志中感知到企业或商店的整体形象。③鲜明。标志的色彩应力求鲜明，以便形成强烈的视觉冲击效果，给消费者留下深刻印象。例如，麦当劳快餐店的红黄对比、7-11 连锁店的白绿对比等，都因对比鲜明而产生良好的视觉效果。④醒目。标志在形状大小和位置设计上还应做到醒目突出，能够为消费者迅速觉察。其设置位置一般应矗立在建筑物顶端或商店门前。例如，日本的大百货商店建筑物顶端常竖有葵花、和平鸽等巨型标志，数公里之外清晰可见。

第二节 商店内部环境与消费者心理

内部环境是商店内部建筑、设施、柜台摆放、商品陈列、装饰风格、色彩、照明、音响、空气等状况的综合体现。就消费者心理而言，内部环境在整体购物环境中起着主导的决定性作用。

一、柜台设置与商品陈列的心理艺术

（一）柜台设置的心理艺术

柜台与货架是陈列商品的载体。柜台与货架的设置方式直接影响消费者的购买心理。

1. 按照售货方式不同，选择开放式和封闭式的货架陈列

开放式柜台采取由消费者直接挑选商品的方式。消费者可以根据自己的需要和意愿，任意从货架上拿取、选择和比较商品，从而最大限度地缩短与商品的距离，增强亲身体验和感受；可以获得较大的行为自由度，产生自主感和成就感；可以减轻心理压力和其他因素的干扰，在自由接触商品中形成轻松愉悦的情绪感受；还可以感受到商店对自己的尊重和信任。这些都会进一步激发消费者的购买欲望，促成购买行为。书店、鲜花商店、家具商店、超级市场、专卖店等大多采用开放式柜台。现在，一级大商场也在采用开放式货架陈列，如服装区、儿童玩具区等。

封闭式柜台是依靠售货员向消费者递拿、出售商品的设置形式。这种形式增加了消费者与商品联系的中间环节，扩大了距离感，降低了个人的行为自主性，同时增加了与售货员产生人际摩擦的可能性，对消费者心理的负面影响较多。但在诸如珠宝首饰、钟表、熟食等不宜或无法直接挑选的商品销售中，封闭式柜台仍不失为较为妥当的柜台形式。

2. 按照排列方式不同，可以采用直线式和岛屿式柜台两种方式

直线式柜台是将若干个柜台呈直线排列。这种方式便于消费者通行，视野较开阔和深远，但不利于迅速寻找和发现目标。一般常用于小型商店的柜台设置。

岛屿式柜台是将一组柜台呈环状排列，形成一个“售货岛屿”。这种排列方式可以增加柜台的总长度，扩大商品陈列面积，还可以按经营大类划分和集中陈列商品，以便于消费者迅速查找和发现所要购买的商品。这种方式还有利于营业现场的装饰和美化，通常为大型商场采用。

3. 按照经营商品的特点及消费者的购买特点。可以选择不同的设置区位

在柜台的摆放地点或区位设计中，应以经营商品的性质及消费者的需求和购买特点作为主要依据。人们日常生活必需、价格较低、供求弹性小、交易次数多、无售后服务的便利商品，如香烟、糖果、电池、饮料等柜台，应摆放在出入口附近，以满足消费者求方便、求快捷的心理；对于一些价格较高、供求弹性较大、交易次数少、挑选性强、使用期较长的选购商品，如时装、家具等，应相对集中摆放在宽敞明亮的位置，以便让消费者观看、接近、触摸商品，从而满足消费者的选择心理。对于一些高档、稀有、名贵、价格昂贵的特殊商品，如彩电、照相机、工艺品、珠宝首饰、古董等柜台，可以摆放在距出人口和便利品柜台较远、环境优雅的地方，以满足消费者求名、自尊、私密等特殊需求。

（二）商品陈列的心理艺术

商品陈列是指柜台及货架上商品摆放的位置、搭配及整体表现形式。商家应根据消费者的心理特性来陈列商品，做到醒目、便利、美观、实用。

不同的零售业态因为其经营特点、出售商品和服务对象的不同，在商品陈列上也表现出不同的形式。总的来说，商品的陈列可采用以下方法。

1. 醒目陈列法

商品摆放应力求醒目突出，以便迅速引起消费者的注意，具体体现在以下几个方面。

（1）陈列高度。商品摆放位置的高低会直接影响消费者的视觉范围及程度。心理学研究表明，人眼的视场与距离成正比；而视觉清晰度与距离成反比。通常，消费者在店内无意注意的展望高度是0.7～1.7m。在1m的距离内，视场的平均宽度为1.64m；在2m的距离内，视场达3.3m；在5m的距离内，视场达8.2m；到8m的距离内，视场就扩大到16.4m。商品摆放高度要根据商品的大小和消费者的视线、视角来综合考虑。一般来说，摆放高度应以1～1.7m为宜，与消费者的距离约为2～5m，视场宽度应保持3.3～8.2m。

（2）商品的量感。所谓量感，是指陈列商品的数量要充足，给消费者以丰满、丰富的印象。

量感可以使消费者产生有充分挑选余地的心理感受，进而激发购买欲望。据一项市场调查显示，有明确购买目标的顾客只占总顾客的25%，而75%的消费者属于随机购买和冲动型购买。因此，如何增强商品的存在感，使店内商品最大限度地变得让顾客目之可及，伸手可得，进而吸引顾客更长时间停留，最终实现冲动购买，便成为一个关键性问题。

（3）突出商品特点。商品的功能和特点是消费者关注并产生兴趣的焦点。突出商品独有的优良性能、质量、款式、造型、包装等，可以有效地刺激消费者的购买欲望。例如，把气味芬芳的商品摆放在最能引起消费者嗅觉感受的位置，把款式新颖的商品摆放在最能吸引消费者视线的位置，把名牌和流行性商品摆放在显要位置，都可以起到促进消费者购买的心理效应。

2. 重点陈列法

现代商店经营商品种类繁多，少则几千种，多则几十万种。要使全部商品都引人注目是非常困难的。为此，可以选择为消费者大量需要的商品作为陈列重点，同时附带陈列一些次要的、周转缓慢的商品，使消费者在先对重点商品产生注意后，附带关注大批次要商品。对于重点陈列，业内有一种商品布局中的**磁石理论**。所谓磁石，顾名思义，即卖场中最能吸引顾客眼光，最能引起购买冲动的地方，而要发挥这些磁石的作用，必须依靠一些布局技巧来完成。在商品布局中运用磁石理论，具体而言就是在卖场中最优越的位置陈列最合适的商品促进销售，并且以此引导顾客顺畅地逛遍整个卖场，达到增加顾客随机消费和冲动型购买的目的。

3. 连带陈列法

许多商品在使用上具有连带性，如牙膏和牙刷、照相机和胶卷等。为引起消费者潜在的购买意识，方便其购买相关商品，可采用连带陈列方式，把具有连带关系的商品相邻摆放。此外，还应注意到消费者的无意注意。无意注意是指消费者没有目标或目的，在市场上因受到外在刺激物的影响而不由自主地对某些商品产生的注意。如果在售货现场的布局方面考虑到这一特点，有意识地将有关的商品柜组设置在一起，如妇女用品柜与儿童用品柜、儿童玩具柜邻近设置，向消费者发出暗示，引起消费者的无意注意，诱导其产生购买冲动，会获得较好的效果。

4. 裸露陈列法

好的商品摆放，应为消费者观察、触摸以及选购商品提供最大便利。为此，多数商品应采取裸露陈列，应允许消费者自由接触、选择、试穿试用、亲口品尝商品，以减少消费者心理疑虑，降低购买风险，坚定购买信心。

5. 季节陈列法

季节性强的商品，应随着季节的变化不断调整陈列方式和色调，尽量减少店内环境与自然环境变化的反差。这样不仅可以促进应季商品的销售，而且可以使消费者产生与自然环境和谐一致、愉悦顺畅的心理感受。

6. 艺术陈列法

这是通过商品组合的艺术造型进行摆放的方法。各种商品都有其独特的审美性，在陈列中，应在保持商品独立美感的前提下，通过艺术造型使各种商品巧妙布局，相映生辉，达到整体美的艺术效果。

在实践中，上述方法经常可以灵活组合，综合运用，同时要适应环境和需求变化，不断调整，大胆创新，使静态的商品摆放充满生机和活力。

二、店内通道设计的心理艺术

在现代零售企业，通道设计也成为改善店内环境、为消费者提供一个舒适购物环境的重要因素。良好高效的通道设计，能引导顾客步入卖场的每一个角落，接触尽可能多的商品，消灭死角和盲点，使入店时间和卖场空间得到最高效的利用。售货现场的通道设计要考虑便利消费者行走、参观浏览、选购商品，同时特别要考虑为消费者之间传递信息、相互影响创造条件。

合理的通道设计还起到了诱导和刺激消费者购买的作用。进入商店的人群大体可分为3类，即有明确购买动机的消费者、无明确购买动机的消费者和无购买动机的消费者。引起后两类消费者的购买欲望是零售企业营销管理的重要内容之一。而这种欲望、动机的产生，在很大程度上是消费者在商店进进出出、在卖场通道之间穿行时相互影响的结果。因此，在售货现场的通道设计方面，要注意柜台之间形成的通道应保持一定的距离。中央通道要宽敞些，使消费者乐于进出商店，并能够顺利地参观浏览商品，为消费者彼此之间无意识的信息传递创造条件，扩大消费者彼此之间的相互影响，增加商品对消费者的诱导机会，从而引起消费者的购买欲望，使其产生购买动机。

三、内部装饰的心理影响

内部装饰是指商店内部的建筑形式、设施、色彩、照明、音响、空气等。这些要素与商品摆放一样，是内部环境不可分割的组成部分，对消费者的心理有重要影响。

（一）商店店门

店门是商店内部与外部的分界线，也是消费者进入商店的必经之路。店门形式与大小的选择，不仅应考虑利于消费者进入，还要从内部装饰的角度考虑对消费者心理的影响。店门通常有3种类型。①封闭型。这种形式可将店内与外部环境完全隔离开来，形成安静、高雅的购物气氛。这种类型适合高层次的购物消费，如美容中心。②开放型。这种形式将店门前面全部开放，消费者可以从外部直接观看店内全貌，并方便出入。内部琳琅的商品陈列可以吸引消费者的注意，并刺激其购买欲望。专卖店一般都采用这种方式。③半开放型。即将上面两种形式结合起来，配设橱窗，并根据季节和客流量变化调节大门的开放度。百货商场、精品店常用这种类型。

（二）建筑的使用功能和辅助设施

在使用功能方面，主要应考虑对以下几方面的设计。

（1）空间设计。商店的室内高度要与面积相适应，要保证通风和采光。多层商店中，底层高度不宜过低，以免使消费者产生压抑感。空间结构可采用丰富多变的设计手法。例如各层中央留有垂直空间，使消费者从每一层都可以看到商店全貌，给人以宏大感。

（2）楼梯。合理的楼梯设计应以方便消费者上下行走为原则，要尽可能扩大客流量。现代大型多层商店中，自动滚梯的商店可以将高层商场的客流量提高1～3倍。

（3）辅助设施。辅助设施是指商店内为消费者提供非商品销售的服务性设施，如临时幼儿寄托室、休息室、问询处等。这些设施可以为消费者提供托儿、休息、咨询指导等多方面的服务，使消费者在购买过程中获得极大便利感，并对商店的内部环境产生良好的印象。

（三）色彩

色彩包括商店内部四壁、天花板和地面的颜色。在商店内部环境设计中，色彩可以用于创造特定的气氛，它既可以帮助顾客认识商店形象，也能使顾客产生良好的记忆和深刻的心理感觉。不同的环境色彩能引起顾客产生不同的联想和不同的心理感受，激发人们潜在的消费欲望，同时还可以使顾客产生即时的视觉震撼。

一般而言，商店内部装饰的色彩以淡雅为宜，如象牙白、乳黄、浅粉、浅绿色等，会给人以宁静、清闲、轻松怡人的感受，同时也易突出所陈列的商品，达到浓淡相宜、色彩协调的整体效果；反之，配色不适或色调过于浓重，会喧宾夺主，使人产生杂乱、沉重的感觉。

（四）照明

照明直接作用于消费者的视觉。营业厅明亮、柔和的照明，可以充分展示店容，宣传商品，吸引消费者的注意力；可以渲染气氛，调节情绪，为消费者创造良好的心境；还可以突出商品的个性特点，增强刺激强度，激发消费者的购买欲望。

灯光照明是对商场的“软包装”，体现着商家在一定时期内销售主体的诉求意向，也是向顾客传递购物信息的媒介。店内的照明光源一般分两大类：一类是为了保持整个商店空间亮度的基本照明光源，又称为总照明；另一类是以装饰功能为主兼作照明的装饰光源，又称附加照明，包括特别照明和装饰照明。前者是为增加柜台光度配置的，多采用聚光灯、探照灯等照明设备定向照射；后者的配置一般要视主要商品的特性而定，大多采用彩灯、壁灯、吊灯、落地灯、霓虹灯等照明设备。不同光线、不同光源能使环境形成不同气氛。

店内的灯光照明应与消费者通过视觉所反映的心理感受相适应，这样才能增强感官刺激强度，渲染店内气氛，激发顾客的购物情绪。店内灯光照明的科学化、艺术化，可以渲染烘托整个商店的气氛，突出商店的格调和商品的特性，对顾客产生强烈的诱感，同时也会给顾客带来舒适、愉悦的心理感受。

针对经营商品的不同，在灯光的应用上也应采取不同的方案。对消费者挑选性强的商品，如妇女用品、结婚用品、各式服装等，照明度要强一些；对消费者挑选不细的商品，如日用杂品、化学用品等，照明光度可以弱些。珠宝首饰、工艺美术品、钟表眼镜等贵重、制作精密的商品，可用定向光束直射，以显示出商品的灵秀、华贵、精细，使消费者产生稀有、珍贵的心理感受。

（五）音响

音响也是商店气氛的重要组成部分，用音乐来促进销售，可以说是古老的经商艺术。

心理学研究表明，人的听觉器官一旦接受某种适宜音响，传入大脑中枢神经，便会极大地调动听者的情绪，造成一种必要的意境。在此基础上，人们会萌发某种欲望，并受到欲望驱使而采取行动。但是，并不是任何音响都能唤起消费者的购买欲望。一些不合时宜的音响会使人产生不适感。店内的各种声响一旦超过一定限度，不仅使顾客心情烦乱、注意力分散，还会使顾客产生反感情绪。一些轻松柔和、优美动听的乐曲能抑制噪声并营造欢愉、轻松、悠闲的浪漫气氛，使店内顾客产生一种舒适的心情，放慢节奏，甚至流连忘返。一项调查结果表明：有 77% 的调查对象在其购物活动中偏爱有背景音乐的伴随。

商店背景音乐的选择一定要结合商店的特点和顾客特征，以形成一定的店内风格。同时还应注意音量高低的控制，既不能影响顾客用普通音量说话，又不能被店内外的噪声淹没。

（六）气味

宜人的气味也通常对人体生理有积极的影响。空气污浊有异味的商店顾客不会久留，无味的商店易使顾客感到疲劳。而清新的、令人心旷神怡的购物环境则能使顾客得到美的享受。商店内部如能根据所经营的商品特征适宜地散发一些宜人的气味，能使顾客在购买活动中神清气爽、心情舒畅。

有的食品零售店利用气味对消费者的影响来诱发消费者的购物动机，以此增加销售。像一些糕饼店人为地制造出诱发人食欲的气味，吸引过往行人的注意，并刺激其购买行为。一些出售小装饰品、礼品的精品店使用清淡的花香型香料，营造店内温馨、雅致的氛围，可以与其陈列的精美商品相呼应，给消费者以美的享受，进而激发其购买欲望。

四、店内售货现场景点设计的心理影响

售货现场景点是零售商场景点的一个组成部分。零售商场景点作为当代国际上流行的零售

营销手段传播到我国后，越来越受到零售业界的青睐。尤其是大中型零售商场，开始将这一营销手段运用于企业整体营销战略之中。**零售商场景点是指零售商业组织为了吸引消费者，在商场外与售货现场内营造的可供消费者观赏、浏览的景致，包括非商品因素的活动项目或活动设施。**它是现代商场环境因素的重要组成部分，既能为消费者提供良好的购物环境，又能独立地吸引消费者光顾商场。因此，营造零售商场景点与促进商品销售有着密切的关系。

第三节　消费者购买心理与销售服务管理

销售是商品在市场运行过程中经历的最后环节，也是最关键的一环。各种营销策略和措施是否有效及其效用的大小，最终体现于销售过程。因此，如何针对销售过程中消费者的心理特点，在销售方式、服务质量、服务艺术和技巧、销售人员与顾客相互关系等方面采取相应的心理策略，始终是消费者行为的研究重点。

销售的目的是将商品推销给消费者，因此销售人员必须了解和掌握消费者的购买心理。只有对消费者在购买过程中的主要心理活动（如购买动机、购买习惯及特点等）都了如指掌，销售人员才能有针对性地为消费者提供最佳服务。

一、消费者购买动机与销售服务

购买动机是引发购买行为的直接原因和驱动力，它决定着消费者购买活动的发生、指向和最终结果，因而在消费者购买过程中占有重要地位。某种商品能否为消费者所购买，很大程度上取决于该商品与消费者购买动机的相符程度。了解和研究消费者的购买动机，可以帮助销售人员理解消费者为什么选购某种商品，以及不同的购买动机会导致何种购买行为。

二、消费者购买心理过程与销售服务

购买心理过程是销售人员提供销售服务时需要理解顾客的另一重要方面。其中包括从顾客进入商店后如何被商品吸引，产生购买兴趣，到决定购买某种商品并交款取货的完整过程。有关购买心理过程的研究，可以帮助企业和销售人员理解顾客购买心理的发展阶段和环节步骤，从而有助于他们制定恰当的促销策略，以吸引顾客，顺利地销售商品。

消费者在购买活动中，通常经过注意和认知、兴趣和情感、联想和想象、欲望和动机、思索评价、信心和决定、采取行动、体验满足等心理过程或阶段。销售人员针对消费者心理过程的各个阶段的不同特征，应相应采取待机接触、提示介绍、诱导说服、促进成交等不同的销售服务方法和技巧（见图 15-1）。

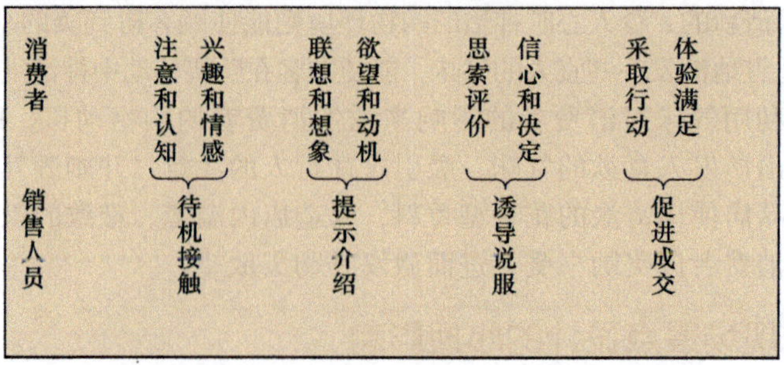

图 15-1　购买心理过程与销售服务艺术

（一）待机接触

从消费者注意、认知商品，到对商品发生兴趣、产生好感阶段，销售人员接待服务的正确方法是观察判断消费者的意图，寻找恰当的接触时机。因为消费者对商品形成感知和产生情绪体验，需要经过一个自主的、内在的时间过程。倘若接触过早，会使消费者因未完成这一过程而受到情绪干扰，产生为难或戒备心理；反之，接触过迟，消费者又可能因感觉受到轻视、冷淡而降低以致丧失兴趣和热情。

此外，进入商店的消费者，购买意图存在着多种差异，有的抱有明确的购买目标，并已预先拟订购买决策，进店的目的是直接实现购买行为；有的并无确定的购买目标，进店的目的在于观察比较，若对某件商品产生兴趣好感，则有可能诱发购买欲望；还有的消费者不存在购买意图，他们进店的目的在于随意浏览参观，或仅仅是为了寻求某种感觉、体验。因此，对不同购买意图的消费者，接触时机的早晚以及是否发生接触，也应有明显区分。这就需要选择最佳接触时机。根据经验，一般情况下，以下6种情景可以认为是最佳的接触时机：①当消费者长时间凝视某商品时；②当消费者从注意的商品上抬起头来时；③当消费者突然止步盯看某一商品时；④当消费者触摸商品时；⑤当消费者在货架上寻找商品时；⑥当消费者与销售人员的目光相对时。

（二）提示介绍

在消费者进行联想、想象，甚至产生购买欲望和动机阶段，销售人员应提供有关商品提示介绍的服务，即把商品的性能、质量、价格、使用效果等全面清晰地介绍给消费者，并力求诉诸多种感官刺激，强化消费者的心理感受，促进其产生丰富的联想和想象，进而诱发购买欲望。针对这一阶段消费者要求大量掌握商品信息的心理特点，提示介绍的内容应包括以下方面：①如实介绍商品的性能、质量、使用效果等情况，满足消费者的求实心理；②尽可能提供试穿、试用、品尝，以便增加消费者对商品的亲身体验和全面感知；③从商标、命名、包装、造型等方面展示商品的独特性和魅力，丰富消费者的联想和想象，增强其获得精神享受的欲望。

（三）诱导说服

消费者产生购买欲望后，还会对已掌握的商品信息进行分析思索和评价比较，通过评价选择坚定购买信心，做出购买决策。此时，销售人员应充当消费者的参谋和顾问，为消费者提供建设性的、富有成效的意见和建议，帮助和促成消费者做出购买决定。为此，销售人员应当向消费者适当提供若干同类商品，如实指明各种商品的优缺点，以便消费者进行比较和选择；同时详细介绍商品使用保养和维修知识，减少消费者在使用年限、维修条件方面的顾虑。

此外，还应根据不同消费者的需求特性和主导欲望，有针对性地进行重点说服和诱导。例如，对注重商品审美价值的消费者，可以突出显示商品外观的美观别致；对求廉务实的消费者，可以着重说明商品价格低廉，结实耐用；对追求社会象征意义的消费者，可以特别强调商品的名望、高档和拥有者的特殊身份；对崇尚时尚潮流的消费者，则可以强调商品款式的入时、流行和新潮。

这里需要指出的是，劝说诱导应当从消费者角度出发，围绕消费者利益进行。只有如此，才能使消费者切实感到劝说者是在为自己的利益着想，从而提高心理开放程度，增强对销售人员的信赖感，主动接受说服。

（四）促进成交

消费者做出购买决定后，便进入实施购买行动和进行购后体验的最后阶段。此时，消费者虽然已有明确的购买意向，但仍需要销售人员巧妙地把握成交时机，促进交易达成。这种时机通常在以下情况中出现：①当消费者多次反复咨询同一商品的时候；②当消费者开始询问售后服务问题的时候；③当消费者提完问题而沉默不语的时候；④当消费者开始讨价还价的时候；⑤当消费者最后向他人征求意见的时候；⑥当消费者直接表明购买意愿的时候。

若销售人员能及时巧妙地抓住上述时机，辅以恰当的语言和递拿动作，即可迅速成交。当交易达成，贷款结算后，应妥善包扎商品，并尽量采用适应消费者携带习惯、使用习惯和特定心理需要的包装方法，同时向消费者表达感谢购买、欢迎惠顾的语言和情感，使消费者体验到买到满意商品和享受良好服务的双重满足感。

三、销售服务方式的消费心理影响

现代社会，随着消费者生活水平和需求层次的不断提高，传统的人员售货的单一方式已不能适应多样化的消费需要。许多新的销售服务方式应运而生，如自助式售货、自动售货机售货、邮寄售货、电话订购、电视购物、网络购物等。按照有无人员参与，上述售货方式可以分为两类：一类是有人售货的销售服务；另一类是无人售货的销售服务。销售服务方式也会影响消费者购买过程中的心理。

（一）有人售货方式与消费者心理

有人售货是通过销售人员向消费者出售商品的一种传统服务方式。这种方式的特点是售货员可以充当消费者的顾问和参谋，主动为消费者介绍商品特性和使用方法，帮助消费者选购商品，消除其犹豫、疑虑心理，促成购买决心。同时，销售人员热情亲切的态度、细致周到的服务，还会给消费者以亲切感和温暖感，提高其购买热情。此外，有人售货方式还能促进销售人员与消费者的人际交往，在一定程度上满足消费者的社交需要。因此，这种方式长期以来一直为柜台式或敞开式售货的零售商店所普遍采用。

但是，由于有人售货方式依赖于销售人员与消费者的直接接触，二者之间发生矛盾和冲突的机会随之增加。倘若销售人员对商品缺乏了解，服务技术欠佳，或态度冷淡粗暴，则会使消费者感到失望、气愤，以致完全丧失购买欲望。因此，采用传统的有人售货方式，应注意处理好销售人员与消费者之间的关系。

（二）无人售货方式

无人售货方式主要包括自动售货机和自助式售货等。第二次世界大战以来，自动售货机在美国、日本等发达国家迅速普及，主要用于出售购买频率较高的食品和日常用品，如香烟、饮料、糖果、书刊、胶卷等。自动售货机设置灵活，分布广泛，使用方便，在满足现代消费者追求便利、快捷的需要方面有极大的优越性。

当前，最有发展前途、应用最为广泛的无人售货方式是自助式售货。与传统的有人售货相比，这种方式具有明显的优越性。它可以充分发挥消费者在购买过程中的自主性和主动性，提高购物热情。此外，消费者直接大量接触商品，简化了寻找和挑选商品的过程，在很大程度上摆脱了对销售人员的依赖，从而大大减少了发生矛盾或冲突的机会。但是，自助式售货也有其负效应，如缺乏人际交往中的人情味；消费者难以及时得到咨询、参谋和热情周到的服务；有关监测设施和规定容易给消费者带来不信任感或不尊重感，以致消费者丧失购物热情。

四、完善售前和售后服务

除在销售过程中为消费者提供优质的售中服务外，销售人员还应该根据消费者不同的购买动机和心理行为特征，为他们提供恰当满意的售前和售后服务，从而为消费者提供全方位的优质服务，提高他们的满意度和忠诚度。

（一）售前服务

消费者在购买商品之前首先要收集商品的信息，了解商品的特性，这是消费者对商品认知过程的第一步，也是至关重要的一步。为帮助消费者尽快形成对商品的正确认知，企业应为消费者提供详细周到的售前服务，使消费者能够快捷全面地了解商品及企业各个方面的信息。

（二）售后服务

售后服务是指营销者（包括生产者）在商品销售以后，为实现其使用价值而向消费者提供各项服务和利益的总称。售后服务是消除消费者心理障碍的最后措施，对商品使用价值的实现起着保证作用。良好的售后服务不仅可以使消费者得到完整的商品使用价值，而且还会使其在心理上获得某种满足感，从而增加消费者对商品及自身购买行为的肯定和强化，促进其主动进行重复性购买。

另外，满意的售后服务还会促使消费者主动为企业产品及服务进行口头传播，进而说服和带动其他人购买。因此，精明的企业家常说："满意的顾客是最好的广告，满足的顾客是最好的推销员"。据施乐公司调查显示，满意的用户会告诉其他4～5个用户；不满意的用户会对其他9～10个用户说长道短；问题得到令人满意解决的用户有70%会成为公司最忠实的用户。由此可见，搞好售后服务工作，充分发挥售后服务的心理作用，可以赢得消费者的信赖，提高企业的声誉，扩大产品的市场销售。

第四节　销售人员与消费者关系的协调

在销售过程中，销售人员与消费者作为商品的卖方和买方，相互之间必然会发生交往联系。若交往顺利，会有助于促成商品成交；反之，交往出现障碍，则有可能中断交易，甚至导致人际冲突。因此，协调销售人员与消费者之间的相互关系，对销售过程的顺利实现具有重要作用。

一、销售活动中人际关系的基本类型

（一）人际关系的基本倾向

销售人员和消费者在商业交往中往往表现出不同的人际关系倾向，如主动结交、被动接受、支配控制、服从追随等。人际关系基本倾向的差异来自不同的人际需求。这些需求大致可以分为3类。

（1）包容的需求，即希望与别人交往，建立并维持和谐的关系。这种需求在人际关系倾向上表现为交往、沟通、参与、包容等，但也可能表现为疏远、退缩、希望别人主动接纳自己等相反的倾向。

（2）支配的需求，即希望通过权力积极与别人建立并维持良好的关系。其人际关系倾向表现为运用权力和权威来控制、支配与领导他人，同时也有相反的表现，如迷信权威、服从秩序、受人支配、追随他人等。

（3）感情的需求，即在感情上希望与他人建立并维持良好的关系。这种需求在人际交往中表现为喜爱、亲密、同情、热爱等基本倾向，其消费倾向是希望得到别人的喜爱和同情，要求别人主动和自己亲近。

如果将各种人际关系倾向分为主动性和被动性两极，分别与3种人际需求相结合，可以分出6种基本的人际关系倾向（见表15-1）。

表 15-1　人际关系的基本倾向

需求 / 倾向性	主　动　性	被　动　性
包容	主动与他人来往	期待别人接纳自己
支配	支配他人	期待别人引导自己
感情	对他人表示亲密	期待他人对自己表示亲密

（二）销售中人际关系的基本类型

在商品销售的过程中，销售人员与消费者分别表现出上述某种人际关系倾向。不同倾向的买卖双方进行交往，又组合成多种不同的人际关系类型。这里仅举几种常见的基本类型。

（1）包容型人际关系。在这种类型中，销售人员或消费者至少有一方有包容的人际需求，表现出主动与他人接近的意愿，因而在相互交往中会尊重他人，宽容体贴，尽量避免与他人发生冲突。这是一种协调的人际关系。

（2）支配型人际关系。在这种类型中，销售人员或消费者至少有一方具有支配他人的人际需求，表现出权威性支配欲望，因而在交往过程中极易出现关系紧张。倘若双方都希望支配对方，并要求对方服从自己，紧张关系就有可能升格为冲突。这是一种不易协调的人际关系。

（3）感情型人际关系。在这种类型中，销售人员或消费者至少有一方具有主动对他人表示友好的愿望，从而表现出待人接物热情亲切，善于关心体贴别人。这种行为倾向有助于双方在交往中建立协调的关系和避免冲突的发生。这是一种协调的人际关系。

（4）期待型人际关系。在这种类型中，销售人员与消费者至少有一方的人际关系倾向表现出较大的惰性。他们在交往时往往过分期待别人主动做出亲密的姿态，而使自己处于消极被动的地位。受这种倾向影响，交往过程会呈现不协调和不稳定状态。但是只要一方表现出积极主动的交往态度，不协调状态就会得到改变，因而这是一种可调节的人际关系。

二、销售人员与消费者的相互作用

上述人际关系的基本类型是以销售人员与消费者所具有的最稳定的人际需求倾向和行为特征来划分的。实际当中，买卖双方的交往关系还受到各自情绪状态的影响。而情绪或情感因素带有很大的不稳定性和偶然性，从而使人们在交往中的心理状态和行为表现呈现出某种不确定性和复杂性。例如，具有包容倾向的销售人员会因情绪不佳而表现出冷淡、急躁；而通常呈被动消极倾向的消费者，可能因情绪良好而主动摆出交往姿态。如果把人们在交往中的心理状态或态度看作是情绪与积极性、主动性的结合，则表现为以下 4 种心理和行为状态。

（1）情绪好与积极性高相结合的状态。在这种状态下，人们通常心情愉快，主动热情与人交往。对于消费者来说，这意味着销售人员具有很高的服务热情。

（2）情绪好与积极性低相结合的状态。个体在这种状态下往往温和沉静，精力不足，动作迟缓。对消费者来说，表现为从容不迫，小心谨慎，有条不紊；销售人员则表现为热情适度，缺乏主动性。

（3）情绪差与积极性低相结合的状态。在这种状态下，个体表现为消沉、孤僻、冷漠、漫不经心。消费者会呈现出对购买缺乏兴趣，表情冷淡而言语少：销售人员则目光呆滞，行动迟缓，反应冷漠。

（4）情绪差与积极性高相结合的状态。在这种状态下，个体表现为易激动，好挑衅，过于苛求。作为消费者多表现为过分挑剔，不尊重销售人员；作为销售人员多表现为职业道德水准较低，缺乏公正感。

为了便于理解，以上 4 种状态可以用一个直角坐标系来表示（见图 15-2）。其中，X 轴代表情绪；Y 轴代表积极性；O 代表情绪和积极性的平均状态。显然，任何一种心理状态都可以由图上的情绪与积极性的交点来表示，这个交点称为“心理状态点”。从坐标原点 O 向“心理状态点”引出一条直线，则可以得到一个向量，称为“心理状态向量”。这个向量越大，心理状态越明显。

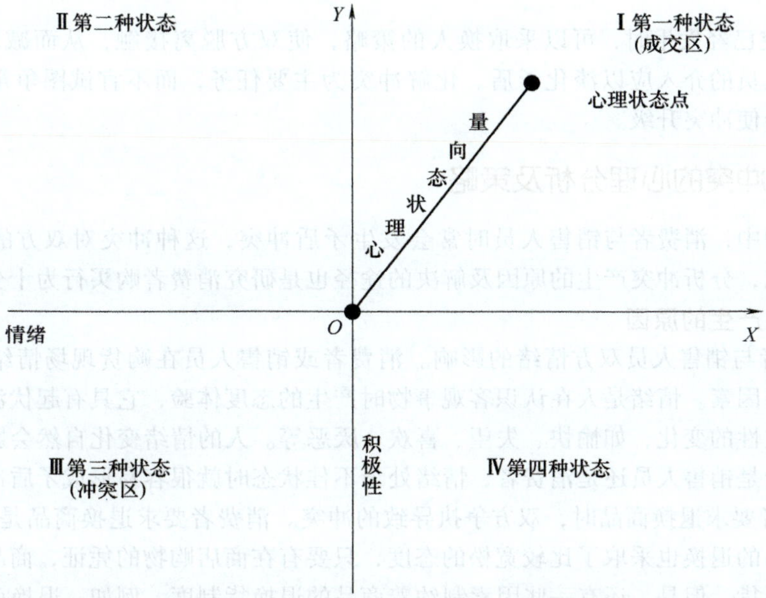

图 15-2 销售人员与消费者的心理状态对相互关系的影响

那么，销售人员与消费者的心理状态对他们之间的相互关系有什么影响呢？我们可以通过研究心理状态向量来回答这个问题。首先要看双方心理状态向量所在象限。如果双方的心理状态向量都在同一个象限，那么它们的合并向量也在同一象限，且大于两个分向量；如果双方的心理状态向量不在同一象限，那么合并向量的方向与大小首先取决于双方心理状态的方向，其次取决于双方心理状态向量的大小之比。一般而言，合向量处于第Ⅰ象限，成交的可能性比较大，据此可以划出一个“成交区”；如果合并向量处于第Ⅲ象限，发生冲突的可能性就比较大，据此可以划出一个“冲突区”。总之，积极性的向量处于 X 轴上方，则成交的希望较大；合向量位于 X 轴下方，则说明销售人员未曾与消费者进行有效的接触，成交的前景十分黯淡。当然，这种“成交区”和“冲突区”的划分不是绝对的。由于多种因素的影响，有时在发生冲突的情况下买卖也能成交；而有时即使双方的心理状态向量处于“成交区”内，也有可能发生冲突。

三、销售过程中的交往策略

由以上分析可见，销售人员与消费者之间的买卖交往，并不是一个固定的静态过程，而是一个相互影响、相互作用的动态过程。双方在交往中的态度因人、因时、因物的不同而经常发生变化。为促成商品顺利成交，销售人员应当善于了解和掌握这种变化，针对不同消费者的心理状态采取适宜的交往策略。

（1）销售人员应坚持以热情的态度和良好的情绪接待消费者。无论何时，亲切、友善、和气、礼貌等言行举止都有助于引起消费者的好感，缩短双方的距离，避免冲突的发生。

（2）对情绪不稳定、易激动、好争斗的消费者，销售人员应保持沉着冷静，充分抑制自己的情绪，尽力避免触动对方情绪爆发。

（3）积极性具有可调性和易控性的特点，销售人员应当以善于调节积极性作为交往的基本策略。当消费者情绪处于良好状态时，销售人员应充分发挥积极性，尽快促成交易。如果消费者处于情绪低落、消极冷淡时，只要销售人员发挥极大的积极性和韧性，努力创造条件，也有可能促成交易。

（4）当冲突已经发生时，可以采取换人的策略，使双方脱离接触，从而减弱或消除冲突。但是其他销售人员的介入应以淡化矛盾、化解冲突为主要任务，而不宜试图争辩是非，分清曲直，否则反而会使冲突升级。

四、购买冲突的心理分析及策略

在购买活动中，消费者与销售人员时常会发生矛盾冲突，这种冲突对双方的身心都会产生不良影响。因此，分析冲突产生的原因及解决的途径也是研究消费者购买行为十分重要的方面。

（一）冲突产生的原因

（1）消费者与销售人员双方情绪的影响。消费者或销售人员在购货现场情绪的好坏是引发冲突的一个重要因素。情绪是人在认识客观事物时产生的态度体验，它具有起伏波动的特点，并经常会形成对抗性的变化，如愉快、失望、喜欢、厌恶等。人的情绪变化自然会影响人的言谈举止。所以，不论是销售人员还是消费者，情绪处于不佳状态时就很容易形成矛盾冲突。

（2）消费者要求退换商品时，双方争执导致的冲突。消费者要求退换商品是经常发生的事，现在商家对商品的退换也采取了比较宽松的态度，只要有在商店购物的凭证，商品完好无损，一般商家都予以退货。但是，还有一些因素制约着商品的退换货制度。例如，退换商品的时间限制问题；对于商品质地保证完好的标准；顾客购买时的商品价格和退换时商品价格不一致等。双方议定的标准不同或缺乏统一的认定标准，都是导致矛盾冲突的导火线，特别是当消费者要求商家对自身遭受的人身伤害给予精神赔偿时更是如此。由于牵涉到双方的实际利益，因此，双方心境变化比较激烈，情绪十分容易波动，这种冲突的消除相对比较困难。

（3）销售人员不能正确对待顾客意见所引发的冲突。在购买活动中经常会出现顾客给企业和销售人员提意见的情况。顾客提出的意见形式多样，原因复杂，如有善意的批评意见、自我表现式的反对意见、带有强烈感情色彩的偏见，甚至有恶意的中伤。对于这些意见，如果销售人员不能正确对待，妥善处理，只是消极拖延或针锋相对地反驳，很可能造成矛盾冲突，甚至造成难以收拾的局面。

（二）冲突的类型

冲突表现的类型因引起冲突的原因不同和发展形式不同而有所区别。

（1）按冲突形成的原因划分。①真正的冲突，即由双方或任何一方过失或无理而形成的冲突。这种冲突可能损失一方或双方的利益，对彼此的身心及情绪都影响很大。②误会性的冲突，这类冲突是指一方误解了另一方的意思或行为而形成的冲突。一旦误会消除，由冲突引起的不愉快也会消失，双方还可能产生比较融洽的关系。所谓“不打不相识”就是这个道理。

（2）按冲突发展的形式划分。①渐进式的冲突。这是指冲突的形成是由小到大逐渐发展起来的，过程比较缓慢，甚至曲折。②猛烈爆发的冲突。这种冲突的形成往往是先在一方经过一段的潜伏期后，猛烈地爆发出来，破坏力也较大。

（三）避免或消除冲突的方法

冲突是商品销售活动中十分消极的影响因素。它不仅会影响购买行为的完成，而且还对冲突双方当事人的心理、情绪产生长久不良影响，同时也会影响企业的信誉。为此，企业必须采取多方措施，尽量避免或消除购买行为中的矛盾冲突，使交易过程在融洽的气氛中顺利完成。

1. 提高销售人员的自我修养，增强自控能力

修养是个人思想道德水准的体现，自制力是个人控制和支配自己行为的能力。对于销售人员来讲，这两者都是不可缺少的。良好的思想道德修养可以使销售人员热爱本职工作，树立端正的服务态度，并在服务过程中保持高度热情。而自制力的提高则使销售人员在面对各类顾客时都能够从容应对，处变不惊，并善于缓和紧张的局势，调节顾客的不良情绪，掌握销售服务的主动权。

2. 树立“顾客至上”的营销理念

“顾客至上”的理念早已得到企业界的广泛认同。但真正把这一理念根植于企业的服务实践中却并非易事。企业应当教育员工树立“顾客第一”的思想，真正站在顾客的立场上，急他们之所急，想他们之所想，坚持始终如一地将顾客放在第一位。

3. 正确处理消费者意见

销售人员学会妥善处理消费者意见，将有助于消除购买冲突，缓和购买气氛，促进交易实现。这就需要销售人员掌握持反对意见的消费者的心理特点。

（1）要学会分辨消费者反对意见的性质。有些反对意见是消费者因关心商品而发出的疑问；有些则是消费者不买商品的一种借口；还有的是消费者对商品性能误解而形成的偏见；在有些情况下，还可能是消费者表现自我的一种形式。销售人员在回答消费者的反对意见前，要仔细辨明消费者是在什么情况下、处于什么心理状态提出的，对症下药，问题就比较容易解决。

（2）销售人员在解答消费者的反对意见时要争取主动，不仅经验要丰富，还要善于控制局面。如果销售人员能够与消费者相处融洽，赢得消费者的信任，效果是最好的。

（3）要掌握在什么时候、什么情况下反驳消费者的不同意见。消费者提出不同意见，销售人员不能怕得罪消费者而一味迎合。选择适当的时机，寻找恰当的词汇予以解释说明却是十分必要的。有些反对意见必须马上回答，有些则不需要回答，还有的以延缓回答为宜。

（4）销售人员处理反对意见也要考虑量力而行，对于不清楚或不知道的问题不要勉强回答，否则弄巧成拙，反倒失去了消费者的信任。

第五节　当代销售服务新动向

当今世界，企业之间的竞争在于对顾客的竞争，而对顾客的竞争又聚焦于服务的竞争。随着经济的发展和生活水平的提高，消费者对服务需求的内涵也在不断丰富和发展。为顺应现代消费者的服务需求，企业加强了对销售服务方式和技巧的创新，许多新兴的销售服务方式相继涌现。

一、零干扰服务

零干扰服务是一种新兴的商业服务观念，意指企业在提供销售服务的同时不对顾客构成干扰和妨碍，为消费者提供适时、适度的服务。

零干扰服务体现了现代服务“以人为本”的理念，强调充分发挥消费者在购买过程中的自主性、主动性，提高购物热情。此外，消费者直接面对商品，自主进行选择，从而在很大程度上摆脱了对销售人员的依赖，大大减少了相互之间产生矛盾和冲突的机会。而且零干扰服务所体现出来的对消费者的信任感和尊重感，使整个购买过程更加人性化，更富有人情味。

不过，零干扰服务也有其局限性，即由于没有固定的模式，要求销售人员“看人行事”，以识别顾客为第一要事。商业企业面对的顾客成千上万，每个顾客对服务要求的“时”与“度”各不相同，因而要求企业拥有高素质的销售服务人员，能够准确把握为不同顾客服务的“时”与“度”。而我国目前商业企业销售人员素质普遍偏低，这就增加了零干扰服务的操作难度。

总之，零干扰服务对商业企业提出了更全面、更高层次的要求：不仅要求商业企业提供一流的购物环境，而且要求其拥有高素质的服务人员。现代商业企业的竞争焦点主要表现在服务的竞争上，谁能提供高质量、高境界的服务，谁就掌握了驾驭市场的主动权，就能在日益激烈的市场竞争中发展壮大。

二、一对一销售服务

一对一销售服务是指销售人员通过与每一位顾客进行一对一沟通，明确把握每一位顾客的需求，有针对性地为其提供专门的个性化服务，以求最大限度地满足购买者的需求。

在一对一销售服务中，销售管理是以顾客为中心开展的，对企业的每一位顾客都必须设定直接的管理者。由于顾客的人数众多，每一位顾客管理者往往要同时管理许多顾客。所以，每个顾客管理者都应设立自己的“顾客库”，并与“顾客库”中的每一位顾客建立良好关系，以求最大限度地提高每位顾客的价值，提高企业的顾客占有率。

在顾客管理的组织结构中，虽然也有产品管理，但其作用已经不再是将产品卖给尽可能多的顾客，而是针对每一位顾客开发、提供顾客需要的特定产品，从而支援顾客管理者。进行一对一销售服务，必须追踪每一位顾客并分别与之进行沟通。信息与网络技术的高速发展为企业与顾客一对一沟通提供了越来越多的选择手段。

三、e 化服务

伴随着计算机的普及和互联网的应用，以及人们生活节奏的加快，将服务搭载上因特网，利用电子化工具这一新技术手段来提升自己的服务竞争实力，已成为大势所趋。e 化服务也由此成为 21 世纪新兴的销售服务方式。

（一）e 化服务的内容

e 化服务，就是通过计算机和因特网，通过服务运营的电子化，来完善售前、售中服务，重塑售后服务，为企业降低服务成本，为顾客提供个性化的最佳定制服务。e 化服务应包括以下方面：

（1）完善的客户数据分析库。企业可以通过客户数据分析库，了解用户的消费动态、消费能力、个人兴趣、需求信息、购买习惯等。根据顾客的实际需要，以合理的产品开发目标市场，提供一对一服务，指导产品的及时更新和营销策略的调整。

（2）推荐产品和服务。产品服务推荐中心通过计算机、动画、声音、三维造型等极富创意的手段介绍企业的产品与服务，最大限度地吸引顾客注意，引发其购买兴趣。

（3）提供用户自助服务机制。改变传统服务中用户被动接收者的地位和信息单向流动的局限，让用户成为服务提供者、生产参与者和问题的自主解决者，充分发挥网络互动功能，使用户能自主获取信息和帮助，包括跟踪订单、调整订单、检修产品等。

(4) 专家咨询。企业应安排产品知识丰富和人际沟通能力强的专业人士负责处理用户的投诉与咨询，解决用户的抱怨。

(5) 专题讨论。讨论的内容应与企业的产品服务相关，企业可以控制并引导讨论的主题和内容。

(6) 创立自己的电子杂志和刊物。在网上创办刊物，介绍企业信息、行业信息、商品信息、市场信息、商品目录、行销内容等，也可以转载一些合法新闻来激发顾客兴趣。通过电子刊物的信息传播，帮助企业从潜在顾客中培养最终顾客，从现实顾客中培养忠实顾客。

(7) 建立电话应答中心。以电话为客户沟通渠道，配以先进的话务管理和信息控制系统，将网络数据库和电话应答中心整合起来，使应答中心客户化，使用户能直接找到最能解决问题的服务人员。

(8) 建立休闲娱乐中心。这是为增强网站的情感性、亲和力和注意力而建立的服务系统的辅助内容，如会员中心、车迷俱乐部、明星俱乐部等，以留住浏览者的注意力和让参与讨论的人员轻松休闲之用，同时可在此发布产品广告。

(二) e 化服务的操作

实现 e 化服务应注重以下方面：

(1) 方便与及时性为重中之重。实行网络销售服务就是要满足消费者追求方便快捷的心理，因此，在提供网络销售服务时应力求网站方便快捷、易于访问，应提供方便的检索方式，拥有方便的操作流程，及时统计、分析和整理用户资料，及时解决用户的投诉和咨询。

(2) 依靠内容与情感吸引客户。要不断推出新创意，提供有用的内容吸引客户上门，同时充分利用电子邮件来维持与顾客的情感交流，增强其对产品和企业的信任。

(3) 实体服务系统的作用不可忽视。目标顾客是多样化的，由于经验、文化水平、爱好习惯的不同，决定了不可能所有顾客都成为网络族，也不是每个人都熟悉网络。对非网络用户的服务过程还需要用传统方式来维持。传统服务体系中的仓储、运输、配送、安装等过程无论在何种技术状态下都不可缺少，服务人员仍然担当着服务实施的主角色。如果实体服务体系不能让顾客满意的话，那么顾客对网上服务会更加挑剔。

典型案例　蒂芙尼与劳伦泰勒的橱窗设计

独具匠心的橱窗内部物品摆放的设计布置是许多著名的大商店非常重视的一件大事。美国最有名的珠宝公司蒂芙尼（Tiffany）坐落在纽约第五大道最繁华的路段，大门外两侧墙壁的面积，足足有12幅宽银幕大小，而它的橱窗却仅仅只有一个手提公文箱那么小，里面只摆了一件首饰，毫无疑问，墙壁与橱窗颜色的对比、情调、比例及格局，都是经过艺术家精心设计的。

一种神秘感油然而生，过往行人都要驻足探秘。距此名店不远处还有一家劳伦泰勒的高档珠宝礼品店，它的橱窗在每年的圣诞节前一个多月就蒙上了彩布，艺术家按其一年一度的设计方案，在里面精心布置，一周左右后，当圣诞节购物高潮开始时，在乐队的伴奏下，摄影师镁光灯的闪烁中，翘首期盼的观众的欢呼声里，橱窗帷幕徐徐拉开向人们显示，瞬间产生的轰动效果令人惊奇，相关媒体的记者争相报道这一橱窗的艺术风姿。这种充满精心设计、创意独特的橱窗，营造了一种高档、雅致的营销环境和购物氛围，并且无形之中吸引了广大消费者的注意，起到了比较好的塑造企业形象的效果。

案例讨论：结合这则案例，谈谈你认为橱窗设计对消费者心理的影响。

思考与训练题

1. 商品陈列的心理艺术方法有哪些?

2. 举例说明内部装饰对消费者心理的影响。

3. 销售人员针对消费者心理过程的各个阶段的不同特征，应相应采取哪些不同的销售服务方法和技巧?

4. 销售过程中的交往策略有哪些?

5. 针对购买冲突的策略有哪些?

第十六章　网络营销与消费心理

本章提要

网络营销伴随着互联网技术，特别是移动互联网技术的发展和移动网民的增加而越来越受到重视。本章首先介绍了网络营销的定义、特点与内容，并重点从网络消费者、网络消费心理、网络消费购买动机、网络消费影响因素与心理分析等方面分析了网络消费者的行为特征，并在此基础上从产品、价格、渠道、促销四个方面提出了网络营销一般性策略，最后分析了移动网络消费与消费心理。

引　例

阿里巴巴集团，是一家由中国人创建的国际化的互联网公司；经营多元化的互联网业务，致力为全球所有人创造便捷的交易渠道；自成立以来，集团建立了领先的网络消费、网上支付、B2B、C2C、B2C及阿里云计算业务，近几年更积极开拓无线应用、手机操作系统和互联网电视等领域。他们让小企业通过创新与科技扩展业务，服务来自超过240个国家和地区的互联网用户。集团及其关联公司在大中华地区、印度、日本、韩国、英国及美国的70多个城市共有20400多名员工。

2014年11月底，在首届世界互联网大会上阿里巴巴、腾讯、百度、京东4家企业进入全球互联网公司十强。

作为全球电子商务行业的标杆，阿里巴巴的成就令人瞩目。那么，电子商务的发展为何这么快呢？网络消费者有什么样的消费心理呢？

第一节　网络营销概述

经过短短十多年的发展，互联网已经对我国社会和网民的生活产生了深远的影响，电子商务逐渐普及。根据著名咨询网站艾瑞网的报告数据，2014年中国网络购物市场交易规模达到2.8万亿元，增长48.7%，仍然维持在较高的增长水平。根据国家统计局2014年全年社会消费品零售总额数据，2014年网络购物交易额大致相当于社会消费品零售总额的10.7%。由此可以看出，网络购物在整个终端销售中已经占据了举足轻重的地位。2015年3月，李克强总理在政府工作报告中首次提出“互联网+”行动计划，这无疑对我国电子商务又是一次极大的推动。作为身处电子商务这一大环境的各类企业，必须重视网络营销。

从研究消费心理的角度来讲，可以将网络看作商品营销的一种渠道和手段，因而网络营销也可以遵循传统消费心理学的理论和规则，但是由于网络具有的重要性和特殊性，使得在网络营销中，消费心理又体现出其特有的规律。下面就将基于其特殊性，简要介绍网络营销及网络营销中的消费心理。

一、网络营销的定义

网络营销（e-Marketing）是企业整体营销战略的一个组成部分，是为实现企业总体经营目标所进行的，以互联网为基本手段营造网上经营环境的各种活动。

根据网络营销的定义，也可以得出下列认识：

第一，网络营销是手段而不是目的。网络营销具有明确的目的和手段，但网络营销本身不是目的，网络营销是营造网上经营环境的过程，也就是综合利用各种网络营销方法、工具、条件并协调其间的相互关系，从而更加有效地实现企业营销目的的手段。

第二，网络营销不是孤立的。网络营销是企业整体营销战略的一个组成部分，网络营销活动不可能脱离一般营销环境而独立存在，在很多情况下网络营销理论是传统营销理论在互联网环境中的应用和发展。由此也确立了网络营销在企业营销战略中的地位，无论网络营销处于主导地位还是辅助地位都是互联网时代市场营销中必不可少的内容。

第三，网络营销不是网上销售。网上销售是网络营销发展到一定阶段产生的结果，网络营销是为实现产品销售目的而进行的一项基本活动，但网络营销本身并不等于网上销售。这可以从三个方面来说明：①网络营销的效果表现在多个方面，如提升企业品牌价值、加强与客户之间的沟通、拓展对外信息发布的渠道、改善顾客服务等；②网站的推广手段通常不仅仅靠网络营销，往往还要采取许多传统的方式，如在传统媒体上做广告、召开新闻发布会、印发宣传册等；③网络营销的目的并不仅仅是为了促进网上销售，在很多情况下，网络营销活动不一定能实现网上直接销售的目的，但是可能促进网下销售的增加，并且增加顾客的忠诚度。

第四，网络营销不等于电子商务。网络营销和电子商务是一对紧密相关又具有明显区别的概念，许多人的认识还存在一定的误区。网络营销是企业整体营销战略的一个组成部分，无论传统企业还是互联网企业都需要网络营销，但网络营销本身并不是一个完整的商业交易过程，而只是促进商业交易的一种手段。电子商务主要是指交易方式的电子化，可以将电子商务简单地理解为电子交易，电子商务强调的是交易行为和方式。所以，可以说网络营销是电子商务的基础，开展电子商务离不开网络营销，但网络营销并不等于电子商务。

第五，网络营销不是“虚拟营销”。网络营销不是独立于现实世界的“虚拟营销”——尽管一些文章中喜欢这样描述网络营销，其实网络营销只不过是传统营销的一种扩展，即向互联网上的延伸，所有的网络营销活动都是实实在在的。网络营销的手段也不仅限于网上，而是注重网上、网下相结合，网上营销与网下营销并不是相互独立的，而是一个相辅相成、互相促进的营销体系。

二、网络营销的特点

市场营销中最重要也最本质的是在组织和个人之间进行信息的广泛传播和有效的交换，其根本目标是以尽可能低的成本实现交易。互联网在信息传播和交换方面卓越的性价比正是市场所追求的，与传统的市场营销相比，网络营销呈现出以下一些特点。

1. 跨时空

市场营销的最终目的是扩大市场份额。互联网能够超越时间约束和空间限制，使得跨时空的信息交流成为可能。

2. 多媒体

互联网可以传输多种媒体的信息，如文字、声音、图像等，使为达成交易进行的信息交换可以以多种形式存在和交换，可以充分发挥营销人员的创造性和主动性。

3. 交互式

除传统的企业—消费者的单向信息发布，企业还可以通过网络和消费者进行双向互动式的沟通，收集市场情报、进行产品测试与消费者满意度的调查等。

4. 人性化

网络营销具有一对一的、理性的、消费者主导的、非强迫性和循序渐进式的特点，这是一种低成本与人性化的促销方式，可以避免传统的推销活动所表现的强势推销的干扰，并通过信息提供与交互式沟通，与消费者建立起一种长期的、相互信任的良好合作关系。

5. 成长性

遍及全球的互联网上网者的数量飞速增长，而且上网者中大部分是年轻的、具有较高收入和较高文化程度的群体。由于这部分群体的购买力强，而且具有很强的市场影响力，因此网络营销是一个极具开发潜力的市场渠道。

6. 整合性

在互联网络上开展的营销活动，可以完成商品信息的发布到交易操作的完成和售后服务的全过程，这是一种全程的营销渠道。另一方面，企业可以借助网络将不同渠道的营销活动进行统一的设计规划和协调实施，起到整合的作用。

三、网络营销的主要内容

1. 网上市场调查

企业可以直接在网上通过问卷进行调查，也可以通过网络收集市场调查中需要的一些二手资料。利用网上调查工具，可以提高调查效率和效果。

2. 网上消费者行为分析

互联网用户作为一个特殊群体，有着与传统市场消费群体不同的特性，因此要开展有效的网络营销活动，必须深入了解网上用户群体的需求特征、购买动机和购买行为模式。互联网作为信息沟通工具，正成为许多兴趣、爱好趋同的群体聚集交流的地方，并且形成一个个特征鲜明的网上群体，了解这些群体的特征和偏好是网上消费者行为分析的关键。

3. 网络营销策略制订

不同企业在市场中处于不同地位。在采取网络营销实现企业营销目标时，必须采取与企业相适应的营销策略。网络营销虽然是非常有效的营销工具，但企业实施网络营销是需要投入并且是有风险的，同时企业在制订网络营销策略时，还应该考虑到产品周期对网络营销策略制订的影响。

4. 网上促销与网络广告

互联网作为一种双向沟通渠道，其最大优势是可以实现沟通双方突破时空限制，直接进行交流，而且简单、高效、费用低廉。因此，在网上开展促销活动是最有效的沟通渠道，但开展网上促销活动必须遵循网上一些信息交流与沟通的规则，特别是遵守一些虚拟社区的礼仪。依赖互联网的网络广告作为最重要的促销工具，具有交互性和直接性等特点，是报纸、杂志、无线广播和电视等传统媒体无法比拟的。

5. 网络营销管理与控制

网络营销作为在互联网上开展的营销活动，必将面临许多传统营销活动没有碰到的新问题，如网上销售的产品质量保证问题、消费者隐私保护问题，以及信息安全与保护问题等。这些都是网络营销必须重视和进行有效控制的问题，否则网络营销效果可能适得其反，甚至会产生很大的负面效应。这是由于网络信息传播速度非常快，并且网民对反感问题的反应比较强烈而且迅速。

第二节 网络营销的消费心理分析

一、网络消费者的特点

消费者行为以及购买行为永远是营销者关注的一个热点问题，对于网络营销者也是如此。网络用户是网络营销的主要个体消费者，也是推动网络营销发展的主要动力，它的现状决定了今后网络营销的发展趋势和道路。我们要搞好网络市场营销工作，就必须对网络消费者的共同特征进行分析以便采取相应的营销对策。网络消费者的特点主要表现在以下4个方面。

（一）注重自我

由于目前网络用户多以年轻、高学历用户为主，他们拥有相对独特、个性的思想和喜好，有自己独立的见解和想法，相信自己的判断能力，所以他们的具体要求越来越独特，而且变化多端，个性化越来越明显。因此，从事网络营销的企业应想办法满足网络消费者独特的需求，尊重其意见和建议，而不是用大众化的标准来寻找大批的消费者。

（二）头脑冷静，擅长理性分析

由于网络消费者是以城市、高学历的年轻人为主，不会轻易受舆论左右，对各种产品宣传有较强的分析判断能力，因此从事网络营销的企业应该加强信息的组织和管理，加强企业自身文化的建设，以诚信待人。

（三）喜好新鲜事物，有强烈的求知欲

这些网络消费者爱好广泛，无论是对新闻、股票市场还是网上娱乐都具有浓厚的兴趣，对未知的领域有永不疲倦的好奇心。

（四）好胜，但缺乏耐心

网络消费者多以年轻人为主，因而比较缺乏耐心，当他们搜索信息时，比较注重搜索所花费的时间，如果连接、传输的速度比较慢的话，他们一般会马上离开这个站点。

网络消费者的这些特点，对于企业的网络营销决策和实施都十分重要。企业要想吸引潜在消费者，保持持续的竞争力，就必须对本地区、本国以及全世界的网络消费者情况进行分析，了解他们的特点，制定相应的对策。

二、当代网络消费心理

互联网商务的出现，使得消费者的消费观念、消费方式和消费地位正在发生着重大变化。当代网络消费心理主要有以下8个方面的特点。

（一）个性消费心理回归

在近代，由于工业化和标准化生产方式的发展，使消费者的个性被淹没于大量低成本、单一化的产品洪流之中。随着21世纪的到来，这个世界变成了一个计算机网络交织的世界，消费品市场变得越来越丰富，消费者进行产品选择的范围全球化、产品的设计多样化，消费者开始制定

自己的消费准则，整个市场营销又回到了个性化的基础之上。没有一个消费者的消费心理是一模一样的，每一个消费者都是一个细小的消费市场，个性化消费成为消费的主流。

（二）消费者需求的差异性

消费者的个性消费使网络消费需求呈现出差异性，不同的网络消费者因其所处的时代环境不同，也会产生不同的需求，不同的网络消费者，即便在同一需求层次上，他们的需求也会有所不同。网络消费者遍布世界各地，拥有不同的国别、民族、信仰和生活习惯，从而会产生明显的需求差异性。所以，从事网络营销的厂商，要想取得成功，就必须在整个生产过程中，从产品的构思、设计、制造，到产品的包装、运输、销售，认真思考这些差异性，并针对不同消费者的特点，采取相应的措施和方法。

（三）消费的主动性增强

在社会化分工日益细化和专业化的趋势下，消费者对消费的风险感随着选择的增多而上升。在许多大额消费中，消费者往往会主动通过各种可能的渠道获取与商品有关的信息并进行分析和比较。或许这种分析、比较不是很充分和合理，但消费者能从中得到心理的平衡，以减轻风险感或减少购买后产生的后悔感，增加对产品的信任程度和心理上的满足感。消费主动性的增强来源于现代社会不确定性的增加和人类需求心理稳定和平衡的欲望。

（四）消费者喜欢直接参与生产和流通的全过程

传统的商业流通渠道由生产者、商业机构和消费者组成，其中商业机构起着重要的作用，生产者不能直接了解市场，消费者也不能直接向生产者表达自己的消费需求。而在网络环境下，消费者喜欢而且能够直接参与到商品的生产和流通中来，与生产者直接进行沟通，从而减少了市场的不确定性。

（五）追求消费过程的方便和享受

在网上购物，除了能够完成实际的购物需求以外，消费者在购买商品的同时，还能得到许多信息，并得到在各种传统商店没有的乐趣。今天，人们的现实消费出现了两种追求的趋势：一部分工作压力较大、紧张程度高的消费者以方便性购买为目标，他们追求的是时间和劳动成本的尽量节省；而另一部分消费者，是由于劳动生产率的提高，自由支配时间增多，他们希望通过消费来寻找生活的乐趣。今后，这两种相反的消费心理将会在较长的时间内并存。

（六）消费者选择商品的理性化

网络营销系统巨大的信息处理能力，为消费者挑选商品提供了前所未有的选择空间，消费者会利用在网上得到的信息对商品进行反复比较，以决定是否购买。对企事业单位的采购人员来说，可利用预先设计好的计算程序，迅速比较进货价格、运输费用、优惠、折扣、时间效率等综合指标，最终选择有利的进货渠道。

（七）价格仍是影响消费心理的重要因素

从消费的角度来说，价格不是决定消费者购买的唯一因素，但却是消费者购买商品时肯定要考虑的因素。网上购物之所以具有生命力，重要的原因之一是网上销售的商品价格普遍低廉。尽管经营者都倾向于以各种差别化来减弱消费者对价格的敏感度，避免恶性竞争，但价格始终对消费者的心理有重要影响。因为消费者可以通过网络联合起来向厂商讨价还价，所以产品的定价逐步由企业定价转变为消费者引导定价。

（八）网络消费心理仍然具有层次性

在网络消费的开始阶段，消费者偏重于精神产品的消费；到了网络消费的成熟阶段，等消费者完全掌握了网络消费的规律和操作，并且对网络购物有了一定的信任感后，消费者才会从侧重于精神消费品的购买转向日用消费品的购买。目前，网络仍然在不断地对传统购物方式进行渗透，在网络消费发达的地区，人们的衣食住行都开始与网络息息相关。

三、网络消费者的购买动机

所谓动机，是指推动人进行活动的内部原动力（内在的驱动力），即激励人行动的原因。人只要处于清醒的状态之中，就要从事这样或那样的活动。无论这些活动对主体具有多大的意义和影响，对主体需要的满足具有怎样的吸引力，也无论这些活动是长久的还是短暂的，它们都是由一定的动机所引起的。**网络消费者的购买动机是指在网络购买活动中，能使网络消费者产生购买行为的某些内在的驱动力。**

动机是一种内在的心理状态，不容易被直接观察到或被直接测量出来，但可以根据人们长期的行为表现或自我陈说加以了解和归纳。对于企业营销部门来说，通过了解消费者的动机，就能有依据地说明和预测消费者的行为，采取相应的手段。而对于网络营销来说，动机研究更为重要。因为网络营销是一种不见面的营销，网络消费者复杂的、多层次的、交织的和多变的购买行为不能直接观察到，只能够通过文字或语言的交流加以想象和体会。

网络消费者的购买动机包含两个方面：需求动机和心理动机。前者是指人们由于各种需求，包括低级的和高级的需求而引起的购买动机，而后者则是由于人们的认识、感情、意志等心理过程而引起的购买动机。

（一）需求动机

网络消费者的需求动机是指由需求而引起的购买动机。要研究消费者的购买行为，首先必须要研究网络消费者的需求动机。美国著名的心理学家马斯洛把人的需要划分为五个层次，即生理的需要、安全的需要、社会的需要、尊重的需要和自我实现的需要。需求理论对网络需求层次的分析，具有重要的指导作用。而网络技术的发展，使现在的市场变成了网络虚拟市场，在虚拟社会中人们主要希望满足以下 3 个方面的基本需要。

1. 兴趣需要

分析畅游在虚拟社会的网民，我们可以发现，每个网民之所以热衷于网络漫游，是因为对网络活动抱有极大的兴趣。这种兴趣的产生，主要来自于两种内在驱动。一是探索的内在驱动力，即人们出于好奇的心理探究秘密，驱动自己沿着网络提供的线索不断地向下查询，希望能够找出符合自己预想的结果，有时甚至到了不能自拔的境地。二是成功的内在驱动力，即当人们在网络上找到自己需求的资料、软件、游戏，通过学习资料获得知识、学习软件掌握技能、在游戏中升级或玩通关时，自然会产生一种成功的满足感。

2. 聚集需要

虚拟社会提供了具有相似经历的人们聚集的机会，这种聚集不受时间和空间的限制，并形成富有意义的个人关系。通过网络而聚集起来的群体是一个极为民主的群体。在这样一个群体中，每个成员都有独立发表自己意见的权利，使得在现实社会中经常处于紧张状的人们渴望在虚拟社会中寻求到解脱。

3. 交流需要

聚集起来的网民，自然产生一种交流的需求。随着这种信息交流的频率增加，交流的范围也在不断地扩大，从而产生示范效应，带动对某些种类的产品和服务有相同兴趣的成员聚集在一起，形成商品信息交易的网络，即网络商品交易市场。这不仅是一个虚拟社会而且是高一级的虚拟社会。在这个虚拟社会中，参加者大都是有目的的，所谈论的问题集中在商品质量的好坏、价格的高低、库存量的多少、新产品的种类等。他们所交流的是买卖的信息和经验，对于这方面信息的需求，人们永远是无止境的。

（二）心理动机

心理动机是由于人们的认识、感情、意志等心理过程而引起的购买动机。网络消费者购买行为的心理动机主要体现在理智动机、感情动机和惠顾动机3个方面。

1. 理智动机

理智动机建立在人们对商品的客观认识的基础上。网络购物者大多是中青年，具有较高的分析判断能力。他们的购买决策是在反复比较各个在线商场的商品之后才做出的，对所要购买的商品的特点、性能和使用方法，早已心中有数。理智购买动机具有客观性、周密性和控制性的特点。在理智购买动机驱使下的网络消费购买动机，首先注意的是商品的先进性、科学性和质量高低，其次才注意商品的经济性。这种购买动机的形成，基本上受控于理智，而较少受到外界气氛的影响。

2. 感情动机

感情动机是由于人的情绪和感情所引起的购买动机。这种购买动机还可以分为两种形态。一种是低级形态的感情购买动机，它是由于喜欢、满意、快乐、好奇而引起的。这种购买动机一般具有冲动和不稳定的特点。还有一种是高级形态的感情购买动机，它是由人们的道德感、美感、群体感所引起的，具有较大的稳定性和深刻性。

3. 惠顾动机

惠顾动机是基于理智经验和感情之上的，是对特定的网站、图标广告、商品产生特殊的信任与偏好而重复地、习惯性地前往访问并购买的一种动机。惠顾动机的形成，经历了人的意志过程。从它的产生来说，或者是由于搜索引擎的便利、图标广告的醒目、站点内容的吸引；或者是由于某一驰名商标具有相当的地位和权威性；或者是因为产品质量在网络消费者心目树立了可靠的信誉。因此，网络消费者在做出购买决策时，心目中首先确立了购买目标，并在各次购买活动中克服和排除其他的同类产品的吸引和干扰，按照目标采取购买行动。具有惠顾动机的网络消费者，往往是某一网站的忠实浏览者。他们不仅自己经常光顾这一站点，而且对众多网民也具有较大的宣传和影响功能，甚至在企业的商品或服务一时出现某种过失的时候，也能予以谅解。

四、影响网络消费心理的主要因素

消费者心理与行为取决于他们的需求和欲望，而消费者的需要和欲望以至于消费习惯和行为，是在许多因素的影响下形成的。影响网络消费心理的因素主要有以下几个方面。

（一）传统购物观念

长期以来消费者形成的“眼看、手摸、耳听”的传统购物习惯在网上受到束缚；网络消费不能满足消费者的某些特定心理，也很难满足消费者的个人社交需求。

（二）产品特性

首先，由于网上市场不同于传统市场，网络消费者有着区别于传统市场的消费需求特征，因此并不是所有的产品都适合在网上销售和开展网上营销活动。根据网络消费者的特征，在互联网上销售的产品一般要考虑产品的新颖性，即产品是新产品或者是时尚类产品，比较能吸引消费者的注意。追求商品的时尚和新颖是许多消费者，特别是青年消费者重要的购买动机。

其次，考虑产品的购买参与程度，一些产品要求消费者参与程度比较高，消费者一般需要现场购物体验，而且需要很多人提供参考意见，对于这些产品不太适合网上销售。对于消费者需要购买体验的产品，可以采用网络营销推广功能，辅助传统营销活动进行，或者将网络营销与传统营销进行整合。可以通过在网络上宣传和展示产品，消费者在充分了解产品的性能后，可以到相关商场再进行选购。

（三）产品的价格

从消费者的角度讲，价格不是决定消费者购买的唯一因素，但却是消费者在购买商品时肯定要考虑的因素，而且是一个非常重要的因素。网络营销产品的价格，对于互联网的用户而言是完全公开的，价格的制定要受到同行业、同类产品价格的约束，因为互联网为消费者提供了一个广泛的比较空间，制约了企业通过价格来获得高额垄断利润的可能。现在越来越多的企业通过电子邮件进行议价；在自己的网站上设立“价格讨论区”，并在网上通过智能化议价系统直接议价；或者通过其他平台进行竞价、拍卖等。

现实世界是一个不完全竞争的市场，这个市场最明显的特征是垄断、寡头和垄断竞争，决定商品价格的主体是企业，尤其是那些具有垄断性质的大企业。而互联网的出现，为创造一个完善的市场机制创造了条件。因为在互联网中，信息具有透明性、完全性和平等性等特点，消费者的选择权大大提高，交易过程更加直接。

另外，消费者对于互联网有一个免费的心理预期，那就是，即使网上的商品不是免费的，那么价格也应该比传统的销售渠道的价格要低；而且网络市场与传统营销市场相比，也能够减少营销活动中的中间费用和一些额外的信息费用，可以降低产品的成本和销售费用，这也正是互联网商业应用的巨大潜力所在。但目前据统计，消费者对网上商品的预期心理比商场的价格便宜20%～30%，而目前网上商品仅比商场便宜4%～10%，加上配送费用，消费者所享受到的价格优惠是有限的。

（四）购物的便捷性

方便快捷的购物方式是消费者购物首先考虑的因素之一。消费者选择网络购物的便捷性主要体现在以下两个方面。

一是时间上的便捷性。网上虚拟市场一年 365 天、一天 24 小时全天候提供销售服务，随时准备接待顾客，不受任何限制。

二是商品挑选范围的便捷性。消费者可以足不出户就在很大范围内选择商品。对个体消费者来说，网上购物可以“货比多家”，精心挑选。对采购人员来说，其进货渠道和视野也不再局限于少数几个定时、定点的订货会议或几个固定的供应厂家，而是在更大范围内选择品质最好、价格最便宜、各方面最适用的产品，这是传统的购物方式难以做到的。

（五）安全性和可靠性

影响消费者进行网络购物的另一个重要因素，就是安全性和可靠性问题。61.5%的网民认为不进行网上交易的原因是交易安全性得不到保障，因此对于现阶段的网络营销来说，安全问题很关键。有时在支付过程中消费者的个人资料和信用卡密码被窃取盗用；有时还会遇到虚假订单，没有订货却被要求支付货款或返还货款，这些情况使消费者望而生畏。因此，对网络购物的各环节，都必须加强安全和控制措施，保护消费者购物过程的信息传递安全和个人隐私，以树立消费者对网络购物的信心。

五、网络营销利弊的心理分析

（一）网络营销的心理优势和吸引力

对网络购物的研究表明，消费者之所以选择网上购物，心理因素是主要动因。网络营销在以下方面具有与众不同的心理优势。

1. 网络营销是一种以消费者为导向，个性化的营销方式

网络营销的最大特点在于消费者主导。消费者将拥有比过去更大的选择自由。他们可以根据自己的个性特点和需求在全球范围内寻找满足其需求的产品，不受地域限制。通过进入感兴趣的企业网址或虚拟商店，消费者可获取更多的有关信息和其组合，使购物更显个性化。消费者甚至有权决定是否接收广告信息或接收哪些类型的信息。以个人报纸（Personalized Newspaper）为例，消费者可事先设定他们偏爱的栏目和版面，由此而获得一份完全依据其个性设计的报纸。这种个性消费的发展符合了消费者的心理需求。随着计算机辅助设计、人工智能、遥感和遥控技术的进步，现代企业将具备以较低成本进行多品种小批量生产的能力，这一能力的增强为个性营销奠定了基础。但要真正实现个性营销还必须解决庞大的营销费用问题。网络营销的出现则为这一难题提供了可行的解决途径。企业的各种销售信息在网络上将以数字化的形式存在，可以极低的成本发送并能随时根据需要进行修改，庞大的营销费用因而得以节省。企业也可以根据消费者反馈的信息和要求通过自动服务系统提供特别服务。例如，可以通过电子邮件向消费者传送特定的信息或致以节日的问候。

2. 网络营销具有极强的互动性，可为消费者提供全程服务

传统的营销管理强调 4P（产品、价格、渠道和促销）组合，现代营销管理则追求 4C（顾客、成本、方便和沟通），然而无论哪一种观念都必须基于这样一个前提：企业必须实行全程营销，即必须由产品的设计阶段就开始充分考虑消费者的需求和意愿。遗憾的是，在实际操作中这一点往往难以做到。原因在于消费者与企业之间缺乏合适的沟通渠道或沟通成本过高。消费者一般只能针对现有产品提出建议或批评，对尚处于概念阶段的产品则难以涉足。此外，大多数的中小企业也缺乏足够的资源用于了解消费者各种潜在需求，它们只能从自身能力或市场领导者的策略出发进行产品开发。在网络环境下，这一状况将有所改观。即使是中小企业也可通过即时通信、电子邮件等方式以极低成本在营销的全过程中对消费者进行及时的信息收集。消费者则有机会对从产品设计到定价（对采用认识价值定价法的企业尤具意义）和服务等一系列问题发表意见（例如，近来出现的“众筹”营销就可以看作是消费者对产品和定价的参与）。这种双向互动的沟通方式提高了消费者的参与性和积极性，更重要的是它能使企业的营销决策有的放矢。

3. 网络营销能满足消费者对购物方便性的需求

网络提供 24 小时服务，不存在节假日或营业时间限制。消费者可随时查询所需资料或购物。查询和购物过程需时极短，程序简便快捷。在一些选购品或有特殊性的商品购买中这种优势更为突出。例如书籍的购买，消费者不必遍寻各大书店，也不会因本地书店没进货而求之不得。这一特点使网上购物特别受需要大量信息进行决策的分析型消费者或以缩短购物时间为目标的消费者的青睐。

4. 网络营销能满足价格重视型消费者的需求

如前所述，网络营销能为企业节省巨额的促销和流通费用，使产品成本和价格降低成为可能。而消费者则可以在全球范围内找寻最优惠的价格，甚至可绕过中间商直接向生产者订货。与电视直销或多层次营销相比，消费者不必负担高昂的广告费用或营销员的多层销售提成，因而能以更低的价格实现购买。

5. 基于客户评价的网络营销能促使消费者做出购买决策

对于消费者来说，有时候在网上购物只能看到商品照片，无法看到、摸到商品实物，从而形成一种信息的不对称。但基于评价和信誉的网络营销却能给消费者提供传统购买方式很难获取的信息——其他消费者的购物体验。目前，很多购物网站都提供商品评价功能，这能让消费者获取宝贵的信息，从而帮助其做出购物决策。例如，一名消费者在淘宝或者亚马逊等网站选购一副

耳机，通常都会参考之前的用户评价，看看已购用户对耳机的评价，是高音表现好还是低音表现好等，从而选择适合自己的款式。据调查，网上消费者通常认为用户评价的客观性和真实性都优于商家自身的广告，因此，越来越多的网上消费者将用户评价作为重要的决策因素，而电子商务网站的评价体验功能，也成为是否能吸引顾客、留住顾客的重要因素。

（二）网络营销的不足之处

万物各有所长，也必有所短。作为新兴营销方式，网络营销具有强大的生命力，但就其本身特点和发展现状而言，在消费心理方面，它仍存在着不足之处。

1. 消费者现阶段对网络营销仍缺乏信任

首先，网络应用于企业经营时一个突出的特点是能使大企业变小，小企业变大，即所有企业在网上均表现为网址和虚拟环境。在传统的现实环境中，中、小企业会受到经济规模和企业历史等条件的束缚，而在网上它们则更加自由，可利用信息武装自己，缩小与大企业的差距。对中、小企业来讲，这是优点。但也因此增加了消费者鉴别、选择企业或产品的难度。一些在实体环境中可帮助有效判别和预期产品服务质量的感觉，如对零售企业营业面积、店容店貌等的感受，在网上将无用武之地。消费者必须重新学习或继续以现实途径进行辅助判别，这就提高了消费者判别的难度、增加了购物成本。此外，网络商店较容易设立，因而也容易作假，消费者对此也会心存疑虑。因此许多进行网络营销的企业仍会借助实体设施来提高信誉和知名度。但这反过来又会削弱网络营销的优势。

其次，现阶段网络购物的安全性仍然不足。目前，网络购物的危险主要源于两方面：一是消费者的私人资料如信用卡资料在传输过程中可能被截取或被盗用。现时加密技术的发展仍不能完满地解决这一问题。另一方面，“恶作剧”或蓄意的计算机病毒也令人望而生畏。如果病毒一旦在网上发作，破坏力将无法预测。

最后，互联网是一个开放和自由的系统，目前仍缺乏适当的法律或其他手段进行规范。因此如果网络购物发生纠纷，消费者的权益未必能获得足够的保障。

2. 网络营销无法满足某些特定的心理需求

网络营销的特点决定了它不能满足特定的某些消费心理需求。由于网络购物可替代部分人际互动关系，也就不可能满足消费者在这方面的个人社交动机。例如，家庭主妇或朋友间希望通过结伴购物来保持与左邻右里的关系或友情等。此外，虚拟商店也无法使消费者因购物而受到注意和尊重。消费者无法以购物过程来显示自己的社会地位、成就或支付能力。而且网络商品的价格欠缺灵活，会令某些喜欢在现场讨价还价的消费者大失所望。

当然，目前一些基于网络社区的营销也在逐渐改变这种情况。

第三节　基于消费心理的网络营销策略

一、网络营销策略制定的基础

按照整合营销和第五项修炼的观点，网络营销策略应该是系统思考的结晶，在当前网络经济时代，系统的网络营销策略应该具备以下特点或属性。

（一）产品定制化

现代消费者对商品普遍求新、求美、求奇，渴望个性化消费。现代企业开展网络营销时，要充分发挥互联网的优势，根据消费者的不同特征划分不同的目标市场，满足消费者的个性需求，提供定制化服务。例如，海尔在我国率先推出的 B2B2C 全球定制模式，可以按照不同国家和地区不同的消费特点，进行个性化的产品生产，目前可以提供9000多个基本型号和20000多个功能模块供消费者选择。用海尔首席执行官张瑞敏的话说就是“如果您要一个三角形的冰箱，我们也可以满足您的需求”。在短短一个月时间里，海尔就拿到100多万台定制冰箱的订单，由此说明产品定制化的时代已经到来。

（二）价格柔性化

只有实现价格优惠、价格公开，才能促使网络消费者进行网络购物的尝试并做出购买决定。随着市场垄断性的弱化，价格垄断已被打破，这就要求企业选择定价策略时必须加强灵活性，建立柔性价格体系。一是自动调价体系，即根据季节、市场需求变化和同类商品价格等因素进行价格的灵活调整；二是智慧型议价系统，即允许消费者在网上直接与商家协商价格。

（三）营销互动化

电子商务区别于传统营销的最显著特点就是网络的互动性，满足消费者自主、独立的购物心理。网络上的互动式营销，至少要做到两点：一是对顾客信息需求的即时反馈。如果在几分钟内得不到答复，商家可能就会失去这位顾客。二是在顾客阅读了在线信息后，企业必须及时提供反馈信息的方式，以便与之建立联系。应允许顾客选择其感兴趣的信息，并且可以修改上面的内容。

（四）配送社会化

对于企业来说，进行网络营销就要保证商品在最短的时间内由最近的分销网点送到消费者手中，这必须靠现代化的物流配送体系来完成。例如，海尔已建成以订单信息流为中心，以全球供应链资源网络、全球用户资源网络和计算机信息网络为支撑的现代物流体系。海尔现在完成客户化定制订单只需10天时间，而一般企业至少需要36天。海尔在国内已建成42个配送中心，每天可将50000多台定制产品配送到1550个海尔专卖店和9000多个营销点。在中心城市实现8小时配送到位，辐射区域内24小时内到位，全国4天以内到位。

（五）服务人性化

网络营销除了也要吸引人潮，更重要的是挖掘那些想要在网上购物的人，这就要求企业提供人性化服务。例如，热情地招呼好每一位在线顾客；适时提供良好的产品建议；创建24×7服务模式（每周7天、每天24小时为顾客服务）；注重培养顾客的安全感与信任感；以含蓄的方式建立网上社区并在社区内建立情感纽带等。

（六）交易安全化

对虚拟的购物环境心存戒备是网络消费者的普遍心理。他们大多数人都遭遇过诸如信息不实、产品质量不合格、售后服务不完善及厂商信用不可靠等问题。建立良好的企业形象和品牌形象，通过良好的信誉取信于消费者是满足消费者安全需要的根本措施，是电子商务成功的前提和基础；另外，建立完善的信用机制，提供公平规范的法律环境，搭建优越的技术平台，健全相应的网络配套体系也是网上交易安全化的必要保障。

二、网络营销策略

（一）产品策略

从理论上讲，在网络上可营销任何形式的合法商品，但从消费心理方面来讲，适合网络营销的产品应该是消费者认为适合在网上购买的商品，总结起来有以下几种：

①具有高技术性能或与计算机相关的产品。

②市场覆盖较大地理范围的产品。

③不太容易设店的特殊产品。

④网络营销费用远低于其他销售渠道费用的产品。

⑤消费者可从网上取得信息并做出购买决策的产品。

⑥网络群体目标市场容量较大的产品。

⑦便于配送的产品。

⑧名牌产品。

⑨信息产品。

企业在选择网络营销产品时应注意以下问题：

①要充分考虑自身产品的性能。

②要充分考虑产品营销的区域范围及物流配送体系。

③要充分考虑产品市场生命周期。

（二）价格策略

价格策略是企业营销策略中最富有灵活性和艺术性的策略，是一种非常重要的竞争手段，是企业营销组合策略中的重要组成。在进行网络营销时，企业应特别重视价格策略的运用，顺应消费者心理。

价格的形成是极其复杂的，它受到多种因素的影响和制约。一般来说，影响企业产品网上定价的因素主要有成本、供求关系、竞争因素以及其他因素（如产品、营销渠道、促销手段以及消费者心理因素和企业本身的规模、财务状况和国家政策等）。

网上定价的策略很多，即有心理定价策略，也有折扣定价策略、地理定价策略和信用定价策略。本部分主要根据网络营销的特点，着重阐述个性化定价策略、声誉定价策略及折扣定价策略。

1. 个性化定价策略

个性化定价策略就是利用网络互动性的特征，根据消费者对产品外观、颜色等方面的具体需要，来确定商品价格的一种策略。网络的互动性使个性化营销成为可能，也将使个性化定价策略有可能成为网络营销的一个重要策略。企业可根据消费者特殊需要的程度，来确定出不同的价格。

2. 声誉定价策略

在网络营销初期，消费者对网络购物和订货还存在着许多疑虑，如在网上所订购的商品，质量能否得到保证、货物能否及时送到等都是消费者所关心的问题。在此情况下，对于形象、声誉较好的企业来说，产品价格可以相应地定高一些；反之，产品价格则定低一些。

3. 折扣定价策略

在实际营销过程中，网上折扣价格策略可采取如下几种形式：

（1）数量折扣策略。为了鼓励消费者多购买，企业在确定商品价格时，可根据消费者购买商品所达到的数量标准，给予不同的折扣。购买量越多，折扣可越多。在实际应用中，其折扣可采取累积和非累积数量折扣策略。

（2）现金折扣策略。它是指企业对于付款及时、迅速或提前付款的消费者，给予不同的价格折扣，以鼓励消费者按期或提前付款，加快企业资金周转，减少呆账、坏账的发生。

（三）渠道策略

营销渠道是指某种商品和服务从生产者向消费者转移过程中，取得这种商品和服务所有权或帮助所有权机构转移的所有企业或个人。简单地说，营销渠道就是商品和服务从生产者向消费者转移过程的具体通道或路径。网络购物发展到今天，并不是像一开始那样企业开个网站在上面销售那么简单了，也涉及复杂的渠道选择。

1. 影响网络营销渠道选择的因素

（1）目标市场。目标市场的状况如何，是影响企业营销渠道选择的重要因素，是企业营销渠道决策的主要依据之一。市场因素主要包括：目标市场范围的大小及潜在需求量，市场的集中与分散程度，顾客的购买特点，市场竞争状况等。

（2）商品因素。由于各种商品的自然属性、用途等不同，其采用的营销渠道也不相同。影响网络营销渠道选择的商品因素主要包括：商品的性质，商品的时尚性，商品的标准化程度和服务，商品价值的大小，商品市场寿命周期等。

（3）生产企业本身的条件。具体主要包括：企业的生产、经营规模，企业的声誉和形象，企业经营能力和管理经验，企业控制渠道的程度等。

（4）环境因素等。

2. 营销渠道策略的选择

企业在确定了目标市场后，并对影响营销渠道决策的各因素进行了分析，就需进行营销渠道的决策。传统的渠道策略有直接营销渠道与间接营销渠道、长渠道与短渠道、宽渠道与窄渠道等策略。

直接营销渠道也称零层分销渠道，是指商品直接从生产流通消费者或使用者的营销渠道。间接营销渠道，也称层次分销渠道，是指把商品通过中间商销售给消费者或使用者的营销渠道。

长渠道是指经过多层中间商，而短渠道则相反。

所谓营销渠道的宽窄，是以渠道的横向联系来考察的，即在渠道的某一层次上使用同种类型中间商数目多少，构成渠道的宽度。一般的分类标准是指商品生产者在某一特定目标市场某一层次上（如批发或零售）选择两个以上中间商销售本企业的产品称为宽渠道，只选择一个中间商的称为窄渠道。

网络营销对销售渠道的影响是颠覆性的，总的来说呈现出渠道普遍缩短的形势。以往适合间接营销的商品，如家用电器、化妆品等，自从有了网络营销以后也纷纷开始尝试直接营销，并取得了成功。

但并不是所有的商品都适合在网上销售，这要考虑对消费者的影响。例如对于某些商品，典型的如奢侈品，消费者对传统营销渠道有牢固的心理需求，消费者更喜欢装修得富丽堂皇的传统店面，贵族文化气息洋溢，以及服务人员彬彬有礼的尊贵感觉，也就是说奢侈品买的其实不单单是产品，而是一种心理上的满足感，一种高贵、稀缺、个性等精神需求。企业要想改变此类消费者的消费心理与行为是很困难的。在这种情况下，是否开展网上销售有待商榷。

在网上销售的渠道选择上，也需要制定符合产品和消费者特点的策略，例如：是企业自己开店还是在第三方平台上开店；是否参加第三方平台组织的渠道，如团购等。在这里，第三方平台可看作网络时代的中间商。

（四）促销策略

在进行网络营销时，对网上营销活动的整体策划中，网上促销是其中极为重要的一项内容。**网上促销（Cyber Sales Promotion）是指利用互联网等电子手段来组织促销活动，以辅助和促进消费者对商品或服务的购买和使用。**下面主要是针对消费者的网上促销策略。

1. 网上折价促销

折价亦称打折、折扣，是目前网上最常用的一种促销方式。因为目前消费者在网上购物的热情远低于商场超市等传统购物场所，因此网上商品的价格一般都要比传统方式销售时要低，以吸引人们购买。折价券是直接价格打折的一种变化形式，有些商品因在网上直接销售有一定的困难性，便结合传统营销方式，可从网上下载、打印折价券或直接填写优惠表单，到指定地点购买商品时可享受一定优惠。

目前，折价促销的形式层出不穷，如之前流行的团购、现在流行的扫二维码获取优惠等，不断推出新颖的、能吸引消费者的促销方式，是商家间竞争的焦点。

2. 网上变相折价促销

变相折价促销是指在不提高或稍微增加价格的前提下，提高产品或服务的品质数量，较大幅度地增加产品或服务的附加值，让消费者感到物有所值。由于网上直接价格折扣容易造成降低了商品品质的怀疑，利用增加商品附加值的促销方法会更容易获得消费者的信任。

3. 网上赠品促销

赠品促销目前在网上的应用不算太多，一般情况下，在新产品推出试用、产品更新、对抗竞争品牌、开辟新市场情况下利用赠品促销可以达到比较好的促销效果。

赠品促销应注意赠品的选择：①不要选择次品、劣质品作为赠品，这样做只会起到适得其反的作用；②注意时间和时机，注意赠品的时间性，如冬季不能赠送只在夏季才能用的物品；③注意预算和市场需求，赠品要在能接受的预算内，不可过度赠送赠品而造成营销困境。

4. 网上抽奖促销

抽奖促销是网上应用较广泛的促销形式之一，是大部分网站乐意采用的促销方式。**抽奖促销是指以一个人或数人获得超出参加活动成本的奖品为手段进行商品或服务的促销，**网上抽奖活动主要附加于调查、产品销售、扩大用户群、庆典、推广某项活动等。消费者或访问者通过填写问卷、注册、购买产品或参加网上活动等方式获得抽奖机会。

网上抽奖促销活动应注意的几点：①奖品要有诱惑力，可考虑大额超值的产品吸引人们参加；②活动参加方式要简单化，太过复杂和难度太大的活动较难吸引匆匆的访客；③抽奖结果的公正公平性。

5. 积分促销

积分促销在网络上的应用比起传统营销方式要简单和易操作。网上积分活动很容易通过编程和数据库等来实现，并且结果可信度很高，操作起来相对较为简便。积分促销一般设置价值较高的奖品，消费者通过多次购买或多次参加某项活动来增加积分以获得奖品。

现在不少电子商务网站“发行”的“虚拟货币”应该是积分促销的另一种体现。网站通过举办活动来使会员“挣钱”，同时可以用仅能在网站使用的“虚拟货币”来购买本站的商品，实际上是给会员购买者相应的优惠。

6. 网上联合促销

由不同商家联合进行的促销活动称为联合促销，联合促销的产品或服务可以起到一定的优势互补、互相提升自身价值等效应。如果应用得当，联合促销可起到相当好的促俏效果，如网络公司可以和传统商家联合，以提供在网络上无法实现的服务等。

第四节　移动网络消费与消费心理分析

在闲暇的旅途中，在无聊的公车上，在空虚的等待里，我们能用手机干什么？玩游戏、听音乐、看电影、发信息、打电话这些都是消磨时光的“传统”方式。现在，很多人选择通过手机浏览和购买自己心仪的衣服或者生活用品、订机票、订酒店，这就是移动网络消费。

一、移动网络消费概述

移动终端或者叫移动通信终端是指可以在移动中使用的计算机设备，广义地讲包括手机、笔记本、POS机甚至包括车载电脑，但是大部分情况下是指智能手机。随着集成电路技术的飞速发展，移动终端的处理能力已经拥有了强大的处理能力，移动终端正在从简单的通话工具变为一个综合信息处理平台。这也给移动电子商务增加了更加宽广的发展空间。

移动互联网消费者是指使用手机、平板电脑等便携式终端设备，通过GPRS、3G、4G、Wi-Fi等无线网络访问互联网、移动互联网并进行消费的人群。我国网络消费者上网设备中，手机使用率达83.4%，也就是说现在的网络消费更多地通过手机实现。

资料链接：移动互联网的稳定快速发展，带动移动应用行业的迅速崛起。有统计显示，苹果App Store中的应用总数已经超过65万。美国一家名为Flurry的移动数据分析平台跟踪了2014年智能手机应用的使用量，发现2014年智能手机应用使用量较2013年增长了76%，其中购物和生活方式类应用的使用量增速达到174%，是平均水平的两倍还多，位列各大类之首。

Flurry报告称，如果2013年是通信类应用崛起的一年，2014年则是零售与购物类爆发的一年。为什么移动网络消费会取得如此大的发展呢？一方面，移动端的优势是随时随地，而且结合了LBS、社交网络以及相机等传感器，可以获得更多碎片化的购物机会，另一方面，移动设备的支付体验比PC更顺畅。

"手机购物之所以便捷，其中一大原因是利用了人们冲动消费的心理，"Flurry首席执行官西蒙·卡夫卡称，与台式计算机不同，手机更便于携带，可以满足人们随时随地购物的期望。

二、我国移动网络消费发展状况

中国互联网络信息中心发布的2014年《中国移动互联网调查研究报告》显示，我国移动网络消费发展现状如下。

（一）移动网络消费者的规模

我国移动网络消费者规模接近5.27亿人，网上消费者中使用手机上网的人群占比进一步提升，移动网络消费者规模首次超越传统PC网上消费者规模。移动网络消费者规模在2013年全年激增8009万之后，潜在移动网络消费者已被大量转化，移动网络消费者在整体互联网消费者中的占比已经处于相当高位，未来一段时间我国移动网络消费者增长将主要依靠创新类移动应用，迎合非移动网络消费者潜在网络需求来拉动。

（二）移动网络消费者的结构

1. 性别结构

根据调查，截至2014年6月，我国移动网络消费者中的男女比例为55.9∶44.1，性别比例差距为11.8个百分点，相比2013年6月减少了2.8个百分点。考虑男女比例总体差距，则移动网络消费者的性别倾向并不明显。

2. 年龄结构

我国移动网络消费者以年轻用户为主，但在高年龄段群体的分布有所增加。根据调查，年龄为30岁及以下的移动网络消费者占60%。其中，以20~29岁年龄段移动网络消费者占比最大，为33.4%。我国移动网络消费向高龄群体的渗透进一步加大，40岁以上群体占比为16.1%，相比2013年6月增加了1.9个百分点。

3. 学历结构

低学历水平人群是我国移动网络消费者的主要群体。其中，初中学历和高中、中专、技校学历的移动网络消费者占全体手机网民的比例分别为35.7%和31.7%，构成手机网民的主体。然而，移动网络消费者的学历水平相对较高，大专及以上学历人群占比为21.6%。（数据来源：中国互联网络发展状况统计调查，2014年6月）。

4. 城乡结构

城镇用户是我国移动互联网发展的主力，在移动网络消费者中的占比达72.4%，高出乡村移动网络消费者44.8个百分点。随着城市化进程的加快，我国移动网络消费者中的乡村用户占比将进一步下降。

5. 职业结构

我国移动网络消费者职业分布与整体互联网消费者的职业分布基本相似，以学生群体占比最大，为24.9%。但随着学生群体中移动网络消费容量逐渐饱和，其增长动力逐渐向非学生群体转移。相比2013年6月，学生群体在移动网络消费者中的占比下降了4个百分点，个体户/自由职业者和企业（公司）一般职员的占比则有所上升，占比分别为22.1%和12.8%。

（三）移动网络消费者的上网行为

1. 移动网络消费者手机上网频率

我国移动网络消费者手机上网黏性进一步增加。根据调查，87.8%的移动网络消费者每天至少使用手机上网一次，其中的66.1%移动网络消费者每天使用手机上网多次。各类手机应用软件几乎覆盖了生活的各个方面，如地图软件、二维码扫描软件等，在带给消费者网络购物便利的同时，增加了手机的使用黏性。

2. 移动网络消费者的手机上网时长

随着智能手机的普及和移动应用的丰富，移动网络消费者每天使用手机上网的时长不断增加。根据调查，我国移动网络消费者中每天手机上网4h以上的重度使用者比例达36.4%，相比2013年增加了16.4个百分点。其中，每天实时在线的消费者在整体移动网络消费者中占比为21.8%。

3. 移动网络消费者的手机上网场所

手机上网常态化特征进一步明显。对我国移动网络消费者最常使用手机上网的场所进行调查发现，卧室与宿舍、工位与教室的比例较高，分别为88.2%和49.7%，相比2013年6月增加显著，而交通工具、休闲场所等场所的占比则有所减少，说明手机上网已逐渐从碎片化向常态化转变，成为一种日常的生活方式。

三、移动网络消费心理分析与营销策略

（一）消费心理分析

从实际逛街到网络购物，对用户来说这是一个漫长的转变过程。而现今生活节奏变得越来越快，压力变得越来越大，很多人不得已将自己之前用来逛街购物的时间，转化为休息放松的时间。有了之前网络购物习惯作为基础，再加上这种生活方式的转变，使网络购物这类更加便捷的消费方式深受消费者的青睐。

从本质上说，目前的移动网络购物与计算机上网购物并无本质差异，只是上网工具改变而已，但这种工具的改变也会促使消费心理发生转变，从而使移动网络购物呈现出一些新的消费心理特点，集中体现在以下几点。

1. 消费更加冲动

由于依赖的平台和购物时间不同，用户使用计算机上网购物的时候比较理性，一般是用户有大量的时间，可以慢慢地在网站上挑选商品。而移动端的网购则不是这样的心理，用户会利用

在公交车上的零碎时间随便逛逛，也许看到一件心仪的商品，在下车之前就付款了。这是移动网络消费心理最突出的特点。

2. 消费的目的有所变化

用计算机上网搜索购物，一般都有较明确的目的，而移动网络购物则不然。一般用户在用手机浏览商品时没有强烈购物的目的，更主要是为了打发时间而已。

3. 对安全的顾虑较小

大部分消费者对终端和网络的技术构造并不是十分了解，普遍存在这样一种心理趋势，即手机购物比计算机购物安全。这样的认识并没有多少科学依据，但是因为手机诞生到普及应用至今，发生的安全事故远远小于人们所知道的计算机网络发生的安全事故。

（二）营销策略

移动网络购物是一种感性特色很鲜明的消费。它与通过计算机的网络购物的本质区别就是消费心理上的差异，因此要想做好移动电商，必须抓住这点细微的消费心理区别。

1. 方便化

如前所述，在移动网络上消费的消费者，利用的大多是零散的时间，或者是休闲的时间，因此，一切营销活动都要突出“方便”两个字。操作复杂的东西，即使吸引力再大，消费者也轻易不会在手机上实施。

2. 简单化

简单化也是由“方便化”派生出来的要求。一方面，限于手机屏幕的大小，移动终端能提供的信息要大大少于计算机，因此要求营销商简化提供的信息、简化交易界面、简化用户操作。另一方面，限于手机的功能以及消费者的消费心理特点，也不可能在移动终端上进行太复杂的操作。

3. 开发适宜移动网络营销的产品或项目

目前用户的手机购物行为处在习惯培养阶段，商家首先要考虑依托于实体经营、网站营销，先开发小额支付的产品，以培养购买习惯，增强消费信心；其次，抓住消费者冲动消费和感性消费的特点，提供能在短时间内激发消费者购买兴趣和消费欲望的商品。最后，要聚焦与地理位置紧密联系的服务产品，即位置营销。**位置营销是指企业和商家基于自己的位置，针对处于或进入其商业半径范围内、具有位置属性的目标客户进行精准营销。**

移动网络购物与 PC 网络购物相比，其明显的一个强项就是能进行移动定位，因此基于位置的营销也是移动网络营销的价值点。例如，消费者即使在路途中，也可以通过移动互联网，随时了解附近的美食分布，一键即可团购晚餐、预订房间，这些都是传统 PC 网络购物难以做到的。

典型案例　7 天连锁酒店的微信营销

说起铂涛酒店集团可能很多人都不知道，但提起一个品牌大家则会感觉非常亲切——7 天连锁酒店。7 天连锁酒店目前是铂涛集团旗下最重要的酒店资产之一。而在移动互联网的冲击下，7 天连锁酒店也在发生着激烈的变革，首当其冲便是颠覆传统的微信营销。

截至 2014 年 12 月中旬，7 天连锁酒店微信公众号有 200 万以上的会员，日均订单近万个。如果通过传统分销渠道来完成这个数量的预订，则需要花费数千万元才能实现，但是通过微信，基本上不需要花钱的。

相比原先的电话呼叫中心业务模式，微信服务号的形式解决了大量问题。过去，铂涛酒店集团客服电

话量为每
服任务量
7天
在到店
消费者
终提高 利
谈
国内各
一个
个位
来辅
务服

为什